Carsten Weber

AF201491

Syntaktisch-semantisches Parsing des Italienischen

Implementierung unter Berücksichtigung von Korpusdaten

PETER LANG
Frankfurt am Main · Berlin · Bern · Bruxelles · New York · Oxford · Wien

Bibliografische Information der Deutschen Nationalbibliothek
Die Deutsche Nationalbibliothek verzeichnet diese Publikation in der Deutschen Nationalbibliografie; detaillierte bibliografische Daten sind im Internet über http://dnb.d-nb.de abrufbar.

Zugl.: Erlangen-Nürnberg, Univ., Diss., 2011

Gedruckt auf alterungsbeständigem,
säurefreiem Papier.

D 29 (n 2)
ISBN 978-3-631-63114-0

© Peter Lang GmbH
Internationaler Verlag der Wissenschaften
Frankfurt am Main 2012
Alle Rechte vorbehalten.

Das Werk einschließlich aller seiner Teile ist urheberrechtlich geschützt. Jede Verwertung außerhalb der engen Grenzen des Urheberrechtsgesetzes ist ohne Zustimmung des Verlages unzulässig und strafbar. Das gilt insbesondere für Vervielfältigungen, Übersetzungen, Mikroverfilmungen und die Einspeicherung und Verarbeitung in elektronischen Systemen.

www.peterlang.de

Vorwort

Der Aufbau des Projekts „italiano“ fing im Jahre 2007 an, als ich ein automatisches Wortformerkennungssystem für das Italienische schrieb. Dieses bot in seiner ersten Version im Vergleich zum heutigen Stand nur rudimentäre grammatische Informationen, die für eine syntaktisch-semantische Analyse bei weitem nicht ausreichend gewesen wären. Im Zuge ständiger Erneuerungen und Erweiterungen, auch im Rahmen meiner Forschungs- und Lehrtätigkeit an der Professur für Computerlinguistik der Friedrich-Alexander-Universität Erlangen-Nürnberg, konnten sowohl das „italiano“-Projekt als auch der Parser JSLIM für flächendeckende syntaktisch-semantische Analysen optimiert werden. Aufgrund des fortgeschrittenen Implementierungsstands von JSLIM ist zu erwarten, dass in Zukunft, neben den bereits erstellten syntaktisch-semantischen Analysesystemen für unterschiedlichste Sprachen, noch viele weitere folgen werden. Vorteil von JSLIM ist hierbei die sprachunabhängige Entwicklungsmöglichkeit, sodass beispielsweise Sprachen auch in verschiedenartigen Schriftsystemen implementiert werden können. Als Teil des Projektteams kann ich zurückblickend feststellen, dass sich die mühsame Arbeit der vergangenen Jahre mit JSLIM gelohnt hat. Die folgenden Kapitel stellen in einer anschaulichen Weise ein syntaktisch-semantisches Analysesystem für die italienische Sprache dar, das ich im Rahmen meiner Dissertation im Fach Linguistische Informatik an der Professur für Computerlinguistik der Friedrich-Alexander-Universität Erlangen-Nürnberg entwickelt habe.

Ohne die Hilfe und Unterstützung vieler Personen wäre das erfolgreiche Gelingen meines Projekts jedoch nicht möglich gewesen.
Zuerst möchte ich mich ganz herzlich bei Professor Dr. Roland Hausser, Ph.D., meinem Doktorvater und Erstgutachter, bedanken. Er gab mir in unseren Besprechungen immer wieder nützliche Hinweise und Ratschläge, um meine Arbeit suk-

zessive zu verbessern. Vor allem für die praktische Umsetzung der verschiedenen Konstruktionen in das syntaktisch-semantische Analysesystem des Italienischen konnte er mir stets hilfreiche Implementierungsvorschläge geben.
Ich danke weiterhin Professor Dr. Ludwig Fesenmeier für die bereitwillige Übernahme des Zweitgutachtens. Durch ihn erhielt ich eine große Stütze, da er meine Arbeit gezielt aus Sicht der italienischen Sprachwissenschaft betrachtete und mir immer wieder förderliche Tipps zur Optimierung meines Analysesystems gab. Ich danke ihm zudem für seine vielen Literaturvorschläge.
Bezüglich der praktischen Implementierung geht ein herzlicher Dank an meinen Kollegen Dr. Johannes Handl. Ohne seinen ständigen Einsatz bei der Weiterentwicklung des Parsers JSLIM hätte ich die vorliegende Arbeit wohl nie in ihrer jetzigen Fassung abgeben können. Meinen speziellen Wünschen bezüglich der syntaktisch-semantischen Analyse des Italienischen hörte er geduldig zu und realisierte diese in einer für mich leicht umzusetzenden Weise.
Für die in der Arbeit vorkommenden deutschen Übersetzungen italienischer Textbeispiele danke ich Dr. Davide Schenetti. Er stand mir bei Übersetzungs- und Grammatikfragen stets hilfreich zur Seite. Ebenso half mir Susanne Dietz, der ich hiermit meinen Dank ausdrücken will, bei kniffligen Übersetzungsbeispielen.
Für die Gestaltung des Einbandes möchte ich mich zudem bei meinem Cousin Wolfgang May recht herzlich bedanken.
Zuletzt danke ich meinen Eltern Georg und Christine Weber sowie meiner Schwester Andrea Weber für all die Unterstützung der letzten Jahre. Meinem Vater und meiner Schwester danke ich darüber hinaus für die bereitwillige Übernahme des Korrekturlesens, genauso wie meiner Freundin Sylvia Kosche, die mir weiterhin bei fachlichen Fragen immer eine große Hilfe war.

Interessenten am Quellcode der praktischen Implementierung kontaktieren mich bitte unter folgender E-Mail-Adresse: cnweber@gmx.net.

Erlangen, im März 2012 Carsten Weber

Inhaltsverzeichnis

Tabellenverzeichnis

Abbildungsverzeichnis

Quellcodeverzeichnis

Abkürzungsverzeichnis

ARS	Augmented Relational Structures
ATN	Augmented Transition Network
CATN	Cascaded Augmented Transition Network
CoLFIS	Corpus e Lessico di Frequenza dell'Italiano Scritto
COSMAS	Corpus Search, Management and Analysis System
DBS	Datenbanksemantik
dt.	deutsch
HL	Hapax Legomena
itWaC	Italian Web as Corpus
LA-it	Left-Associative Grammar for Italian
LAG	linksassoziative Grammatik
LIP	Lessico di frequenza dell'italiano parlato
NP	Nominalphrase
nw	next word
PP	Präpositionalphrase
REP	Repubblica-Korpus
SS	Sentence Start
TUT	Turin University Treebank

1 Einleitung

Per le troppe regole di grammatica e di sintassi da applicare ist eine Textstelle aus einem Artikel[1] der italienischen Tageszeitung „La Repubblica". Dieser handelt von Schwierigkeiten italienischer Schüler bei ihrer Abiturprüfung im Fach Latein und veranschaulicht eine der zentralen Problemstellungen dieser Arbeit. *Aufgrund der zu vielen anzuwendenden Grammatik- und Syntaxregeln* konnten einige der Schüler den gestellten Text nicht zügig übersetzen und rechtzeitig abgeben. Doch was macht die Grammatik- und Syntaxregeln so komplex? Warum ist es von derart großer Bedeutung, diese einzuhalten? Und was passiert, wenn man die Regeln nicht befolgt? Battaglia u. Pernicone (1980) formulieren den Wert grammatikalischer Normen folgendermaßen:

> „Ogni norma grammaticale ha valore in quanto s'è venuta maturando lungo il corso di tante generazioni che hanno parlato e scritto la nostra lingua. Nel rispettarla, facendola strumento duttile e personale della nostra espressione, non soltanto restiamo fedeli alla tradizione di cui ci si sente eredi, ma possiamo attuare anche quella solidarietà con gli altri che è la ragione fondamentale della parola. [...] E tanto meglio si comunica quanto più si possiede il mezzo linguistico. [...] La coscienza della grammatica, vale a dire della lingua nella sua particolare struttura, ci unisce alla società di cui facciamo parte [...]."[2]

---

[1] Der gesamte Artikel kann unter der URL http://ricerca.repubblica.it/repubblica/archivio/repubblica/1989/06/24/ci-aspettavamo-proprio-autore-degli-annales.html [Stand: 15.03.2012] eingesehen werden.

[2] „Jede grammatikalische Norm hat insofern einen Wert, als sie über all die vielen Generationen hinweg gereift ist, die unsere Sprache gesprochen und geschrieben haben. Indem wir sie respektieren und zu einem flexiblen und persönlichen Instrument unseres Ausdrucks machen, bleiben wir nicht nur der Tradition treu, als deren Erben wir uns fühlen, sondern verwirklichen auch jenes Gefühl der Zusam-

Sie sehen in der Einhaltung von Grammatik- und Syntaxregeln auch einen gesellschaftlichen Faktor. Ohne ihre Beachtung wäre eine Kommunikation mit anderen nur schwer möglich. Die vorliegende Arbeit beschäftigt sich ebenso mit dem Befolgen von Grammatik- und Syntaxregeln, jedoch liegt der Schwerpunkt in der praktischen Implementierung eines Satzanalysesystems für die italienische Sprache. Sie gibt einen Einblick in die Komplexität von Grammatik- und Syntaxregeln bezüglich des Parsings[3] natürlichsprachlicher Sätze und Texte. Ziel ist es, ein syntaktisch-semantisches Analysesystem zu erstellen, das in der Lage ist, automatisch vom Anwender eingegebene Sätze bezüglich ihrer grammatischen Relationen und ihrer Korrektheit zu analysieren. Auch hier müssen Grammatik- und Syntaxregeln angewendet werden. Sie sind programmiertechnisch in ein funktionierendes Gesamtsystem zu integrieren, welches der Texteingabe zugrunde liegt. Das System soll dem Anwender einen Hinweis darauf geben, ob ein eingegebener Satz bezüglich der erstellten Grammatik- und Syntaxregeln wohlgeformt ist oder nicht. Zudem soll die Implementierung anhand von digitalen Texten evaluiert werden. Die Ergebnisse sollen Aufschluss darüber geben, ob ausreichend Regeln für das System erstellt wurden, um bestimmte Satz- und Satzteilkonstruktionen auch zuverlässig in bereits geschriebenen Texten zu erkennen. Das Projekt bekommt den Namen **LA-it** in Anlehnung an bereits definierte Projekte in anderen Sprachen.[4]

Die in Abschnitt 1.1 postulierten Zielsetzungen sind als Richtlinie für die gesamte Arbeit anzusehen. Ihre Einhaltung ist als zentrales Vorhaben für die praktische Implementierung zu verstehen.

---

mengehörigkeit, in dem zuvorderst der Zweck der Sprache liegt. [...] Und je besser man das sprachliche Mittel beherrscht, desto besser lässt sich kommunizieren. [...] Die Besinnung auf die Grammatik, das heißt auf die einzelsprachspezifische Struktur, vereint uns mit der Gesellschaft, der wir angehören".

[3]Unter Parsing verstehen beispielsweise Giorgi u. a. (1991) „il processo di analisi automatica di una sequenza di parole, secondo una grammatica preassegnata" („den Prozess der automatischen Analyse einer Sequenz von Wörtern, gemäß einer vordefinierten Grammatik"). Die vordefinierte Grammatik stellt die Gesamtimplementierung des syntaktisch-semantischen Analysesystems dar. Die automatische Analyse der Sequenzen von Wörtern kann entweder durch die Eingabe eines Satzes durch den Anwender oder das automatische Einlesen digitaler Texte geschehen.

[4]Dies sind beispielsweise „LA-d1", „LA-d2", „LA-d3" und „LA-d4" für die deutsche Sprache oder „LA-e1", „LA-e2" und „LA-e3" für die englische Sprache (vgl. Hausser 2000, S. 344–391).

1.1 Zielsetzungen

Ausgehend von der eingangs genannten Textstelle lautet die Hauptschwierigkeit für die vorliegende Arbeit wie folgt: *Aufgrund der zu vielen anzuwendenden Grammatik- und Syntaxregeln konnten wohlgeformte Sätze oder Satzteilkonstruktionen nicht analysiert werden.* Um diesen Problembereich einzuschränken, wurden vor der Implementierung vier oberste Zielsetzungen an LA-it gestellt.

Genauigkeit der Implementierung

Die in den folgenden Kapiteln erläuterten Konstruktionen können aufgrund der insgesamt hohen Komplexität von Grammatikregeln nicht das gesamte Spektrum der italienischen Syntax abdecken. Es wird jedoch Wert darauf gelegt, bei der Behandlung eines Themenkomplexes möglichst sorgfältig vorzugehen. Als Beispiel sind die Determinierer innerhalb von Nominalphrasen zu nennen, für die zuerst eine Subklassifikation bezüglich ihrer Stellung notwendig ist. Danach muss ihre Kombinierbarkeit mit anderen Determinierern beachtet werden. Weiterhin müssen bei der Implementierung die Numerus-Genus-Kongruenz zwischen Determinierer und Substantiv sowie in einigen Fällen gewisse Beschränkungen bezüglich des Anlauts des nächsten Wortes befolgt werden. Nur wenn alle erläuterten Bedingungen implementiert und eingehalten sind, können Ableitungen bezüglich ihrer grammatikalischen Korrektheit überprüft werden.

Interaktion der einzelnen Komponenten

Nur ein flüssiges Zusammenspiel der verschiedenen Komponenten von LA-it kann eine genaue und zugleich flächendeckende syntaktisch-semantische Analyse gewährleisten. Werden die Lexikoneinträge über den Allomorphgenerator nicht korrekt gebildet, können sie innerhalb der Morphologiekomponente nicht verwendet werden, was zu niedrigeren Erkennungsraten führt. Fehlende Allomorphe im Lexikon beeinflussen jedoch auch die Syntaxkomponente von LA-it, denn nicht erkannte Wortformen wirken sich negativ auf die syntaktisch-semantische Analyse aus. Ist eine Wortform bereits in der Morphologie nicht analysierbar, besteht keine Chance, sie in einer syntaktisch-semantischen Ableitung zu erkennen. Um diese Probleme zu vermeiden, müssen alle Komponenten durchgehend in korrekter Weise implementiert sein und fließend zusammenarbeiten. Ein zentraler Gesichtspunkt ist auch die Schnittstelle zwischen Morphologie- und Syntaxkomponente. Hier muss eine vollständige Funktionalität gewährleistet sein, um beispielsweise Analyseausgaben mit Valenzrahmen zu annotieren.

Vermeidung von Über- und Untergenerierung

Werden zu viele syntaktische Strukturen als wohlgeformt zugelassen, wären auch „pure Listen" oder ein „Wortsalat", wie Graffi u. Scalise (2003, S. 163) treffend an ihrem Beispiel **il Pietro pianoforte bene di ragazza suona la* verdeutlichen, möglich. Bei zu wenig implementierten Strukturen wäre jedoch die korrekte Reihenfolge der Wörter, *la ragazza di Pietro suona bene il pianoforte*, nicht analysierbar. Aus diesem Grund sollen die implementierten Konstruktionen sowohl an eigenhändig erstellten positiven und negativen Testlisten als auch an Konstruktionen aus verschiedenen Korpora verifiziert werden.

Nutzung von Korpusdaten

Korpusdaten spielen innerhalb der vorliegenden Arbeit eine relevante Rolle. Zum einen werden syntaktisch-semantische Beispielableitungen an Satz- oder Satzteilkonstruktionen, die in Korpora vorkommen, illustriert. Zum anderen wird die gesamte Implementierung an Korpusdaten bezüglich Erkennungsraten und Ambiguitätenraten getestet. Dies verleiht LA-it mehr Authentizität und macht es interessant für andere Teilbereiche der maschinellen Sprachverarbeitung wie beispielsweise für Übersetzungsprogramme.

1.2 Aufbau

Die Arbeit gliedert sich insgesamt in neun Kapitel. In Kapitel 2 sind die theoretischen Grundlagen erklärt, die als Basis für die gesamte Arbeit dienen. Mit einbezogen ist auch eine Einführung in den Parser JSLIM.
In Kapitel 3 zum Stand der Forschung werden drei syntaktisch-semantische Analysesysteme für das Italienische vorgestellt und ein Überblick über ihren jeweiligen

Aufbau und ihre Leistungen gegeben. Darüber hinaus werden einzelne Komponenten und Merkmale der Systeme mit LA-it verglichen.
Inhalt von Kapitel 4 ist es, das dem syntaktisch-semantischen Analysesystem zugrunde liegende Morphologiesystem zu erläutern. Dieses wird um neue Allomorphe erweitert. Es werden weiterhin für die folgenden Kapitel verwendete terminologische Richtlinien wie Kategorievergaben oder Attributserläuterungen eingeführt. Das Kapitel schließt mit einer Auswertung der Morphologiekomponente an neun ausgewählten Korpora und digitalen Texten.
Grundlegende Eigenschaften wie der allgemeine Aufbau eines Projekts oder eine abstrakte Schreibweise einer Regel für das syntaktisch-semantische Analysesystem werden in Kapitel 5 erklärt. Es soll als Hilfestellung dienen, um die in den folgenden Kapiteln dargestellten Analyseableitungen transparenter und verständlicher zu gestalten.
Kapitel 6 erläutert den strukturellen Aufbau des semantischen Lexikons für eine Eingliederung in LA-it. Dieses spielt eine zentrale Rolle für die syntaktisch-semantische Analyse, da einerseits durch die Morphologiekomponente entstandene Lesarten disambiguiert, andererseits die Lexikoneinträge der Verben mit Informationen zu Valenzrahmen und den benötigten Auxiliaren zur Bildung von zusammengesetzten Tempusformen ausgestattet werden. Es wird außerdem ein Modell für eine Erweiterung des semantischen Lexikons mit semantischen Typen und Restriktionen der Verben bezüglich ihrer Argumente konzipiert.
Der umfangreichste Teil der vorliegenden Arbeit findet sich in Kapitel 7. In ihm werden Implementierungen für Satz- und Satzteilkonstruktionen an ausgewählten Beispielen illustriert. Das Kapitel ist in die Bereiche der Nominalphrasen, der Präpositionalphrasen, der Verbalphrasen, der Adverbiale und der Satztypen unterteilt, in denen jeweils verschiedenartige Analyseableitungen anhand von Abbildungen grafisch dargestellt und erläutert werden. Darüber hinaus wird bei den meisten implementierten Konstruktionen ein Vergleich mit der deutschen Sprache gezogen. Ein weiterer Abschnitt stellt drei spezielle Phänomene des Italienischen vor, deren Implementierung eine besondere Herausforderung bei der praktischen Umsetzung ist.
In Kapitel 8 werden, wie in Abschnitt 1.1 als Zielsetzung postuliert, die implementierten Konstruktionen an Korpusdaten getestet. Als Korpus steht hierbei

die Online-Version des „Repubblica-Korpus" zur Verfügung. Die Ergebnisse der Tests werden sowohl einer quantitativen (Erkennungs- und Ambiguitätenraten) als auch einer qualitativen (Fehleranalyse, elidierte Artikel und Valenzrahmen) Untersuchung unterzogen.

Die Zusammenfassung in Kapitel 9 veranschaulicht noch einmal alle Implementierungen und Ergebnisse und gibt einen Ausblick auf mögliche Anschlussarbeiten und Erweiterungen für das implementierte syntaktisch-semantische Analysesystem.

2 Theoretische Grundlagen

Die maschinelle Verarbeitung natürlicher Sprache auf dem Computer setzt eine geeignete, auf computerlinguistische Fragestellungen zugeschnittene Sprachtheorie voraus. Der auf den Prinzipien der SLIM-Sprachtheorie beruhende Grammatikformalismus der linksassoziativen Grammatik (im Folgenden LAG) erlaubt gleichermaßen eine deskriptive Beschreibung und ein effizientes Parsen natürlicher Sprache. Um LA-it, das syntaktisch-semantische Analysesystem des Italienischen, erfolgreich implementieren zu können, folgt diese Arbeit der SLIM-Sprachtheorie. Sie ist in Abschnitt 2.1 vorgestellt und erläutert. Der Grammatikformalismus der LAG wurde ab Hausser (1999) sukzessive für die Datenbanksemantik (im Folgenden DBS) genutzt. Beide sind in Abschnitt 2.2 beschrieben. Der Parser, der auf Grundlage der SLIM-Sprachtheorie und LAG entwickelt wurde und auf dessen Basis auch die syntaktisch-semantische Analyse des Italienischen implementiert ist, heißt JSLIM. Abschnitt 2.3 befasst sich mit ihm.

2.1 SLIM-Sprachtheorie

Ansätze der SLIM-Sprachtheorie sind erstmals in Hausser (1989) skizziert. In Hausser (2000) beziehungsweise Hausser (2001) werden die Grundprinzipien der Theorie in einer deklarativen Spezifikation aufgestellt. SLIM ist hierbei ein Akronym für „**S**urface compositional **L**inear **I**nternal **M**atching“. Ziel ist es, die Analyse natürlichsprachlicher Kommunikation nach den „allgemeinsten methodischen, empirischen, ontologischen und funktionalen Prinzipien“ (Hausser 2000, S. 8) zu strukturieren. Die Grundprinzipien lauten:

- **Surface compositional** - auch methodisches Prinzip genannt: Es besagt, dass eine syntaktisch-semantische Komposition nur konkrete Wortformen verknüpfen darf. Null-Elemente, Identitätsabbildungen und Transformationen sind ausgeschlossen.[1] Für das Projekt LA-it bedeutet diese Definition, dass bei syntaktisch-semantischen Ableitungen keine zusätzlichen Elemente in irgendeiner Form hinzugefügt werden dürfen. Als gutes Beispiel eignet sich hierfür die Tatsache, dass das Italienische eine sogenannte Pro-Drop-Sprache[2] oder auch Null-Subjekt-Sprache[3] ist. Anstatt in Deklarativsätzen wie *Leggo un libro.*, in dem die Subjektposition in der Oberfläche nicht besetzt ist, verschiedene Operationen wie den Einbau von sogenannten „Traces“ (siehe Abschnitt 3.2.2 am Beispiel der „Turin University Treebank“) oder von logischen Formen, die unterhalb der syntaktischen Ebene liegen[4], zu vollziehen, werden in der SLIM-Sprachtheorie nur konkrete Wortformen in einem Ableitungsschritt kombiniert. Die hinzugefügten Elemente, die nicht in der Oberfläche des Satzes vorkommen, sind nicht zugelassen.

- **Linear** - auch empirisches Prinzip genannt: Es besagt, dass Produktion und Interpretation von Äußerungen in der SLIM-Sprachtheorie auf einer streng zeitlinearen Ableitungsordnung basieren. Für die Implementierung der italienischen Syntax spielt dies eine wichtige Rolle, da syntaktisch-semantische Ableitungen streng von links nach rechts zu analysieren sind. Es wird nicht dem Prinzip der möglichen Substitutionen gefolgt, wie dies beispielsweise in der Phrasenstrukturgrammatik oder Kategorialgrammatiken wie der C-Grammatik der Fall ist, sondern dem der möglichen Fortsetzungen.[5] In der Praxis bedeutet das, dass ein Satz wie *Il ragazzo legge il libro.* nicht zuerst in Verbalphrase und Nominalphrase aufzuspalten ist, sondern jede Wortform einzeln einzulesen und syntaktisch-semantisch zu interpretieren ist.

---

[1] Eine genaue Begründung, warum Null-Elemente und Identitätsabbildungen nicht zu verwenden sind, gibt Hausser (2000, S. 449ff.). Der allgemeine Ausschluss von Transformationen ist in Hausser (2000, S. 88–91) erläutert.

[2] Nach Bußmann (2002, S. 537) ist eine Pro-Drop-Sprache so definiert, dass „im finiten Satz eine [...] erzwungene leere Subjektposition (notiert als *pro*) vorkommen kann, die pronominale, d.h. referentielle Eigenschaften hat. Solche Sprachen sind dieser Festlegung zufolge z.B. Italienisch und Spanisch, nicht aber Deutsch [...].“

[3] Terminologie nach Müller u. Riemer (1998).

[4] Vgl. beispielsweise Graffi (1994, S. 134–138).

[5] Vgl. Hausser (2000, S. 204f.).

- **Internal** - auch ontologisches Prinzip genannt: Es besagt, dass im Rahmen der SLIM-Sprachtheorie sowohl Produktion als auch Interpretation von Äußerungen als ein Sprecher-Hörer-interner, kognitiver Prozess zu analysieren sind. Der Parser für die syntaktisch-semantische Analyse des Italienischen ist in Abschnitt 2.3 erläutert. Bei der Sprachanalyse befindet man sich im Hörermodus.

- **Matching** - auch funktionales Prinzip genannt: Es besagt, dass die sprachliche Referenz auf vergangene, gegenwärtige oder zukünftige Objekte durch einen Abgleich zwischen wörtlicher Sprachbedeutung und Verwendungskontext modelliert ist. Dieses Prinzip spielt für die praktische Implementierung im Rahmen dieser Arbeit eine eher untergeordnete Rolle.

Die größte Bedeutung für die syntaktisch-semantische Analyse besitzen die beiden ersten Prinzipien. Im folgenden Abschnitt sind der Grammatikformalismus der LAG und die DBS erläutert.

2.2 Linksassoziative Grammatik und Datenbanksemantik

Der Grammatikformalismus der LAG wurde ursprünglich entwickelt, um den zeitlinearen Charakter natürlicher Sprachen abbilden zu können. Der Name „linksassoziativ“ basiert hierbei auf der Ableitungsordnung, die streng von links nach rechts ausgeführt wird, wie folgendes Schema zeigt:[6]

a
(a+b)
((a + b) + c)
(((a + b) + c) + d)

Die Ableitungsordnung kann so interpretiert werden, dass ein Wort `a` den Satzanfang darstellt, der mit dem nächsten Wort `b` kombiniert wird. Diese beiden bilden zusammen einen neuen Satzanfang, der sich mit dem Wort `c` kombiniert. Dieser

[6]Vgl. Hausser (2000, S. 202).

Vorgang wiederholt sich so lange, bis es in der Eingabe kein nächstes Wort mehr gibt. Die linksassoziative Ableitungsordnung ist von großer Bedeutung für die Implementierung von LA-it, da sie ohne Ausnahmen einzuhalten ist.[7] An der Ableitungsordnung erkennt man außerdem, dass sowohl die LAG als auch die SLIM-Sprachtheorie dem Grundprinzip der Zeitlinearität verbunden sind. Des Weiteren werden nur tatsächlich in einer Ableitung vorkommende Wortformen verwendet, was dem Grundprinzip der Oberflächenkompositionalität („Surface compositional“) entspricht.

Wie in Abschnitt 2.1 erwähnt, folgt die LAG dem Prinzip der möglichen Fortsetzungen, indem sie für jeden wohlgeformten Satzanfang die möglichen Fortsetzungen über Regelpakete angibt. Um dieses Prinzip graphisch zu veranschaulichen, kann mittels eines linksassoziativen syntaktischen Baumes die Ableitungsordnung am Beispiel *Il ragazzo legge il libro* wie in Abbildung 2.1 dargestellt werden.

Zu Beginn der Ableitung wird der bestimmte Artikel mit dem Substantiv zu einer Nominalphrase verknüpft. Diese wird mit dem ersten Kategoriesegment[8] des Verbs, `s3'`[9], kombiniert, sodass das Segment für die Subjektposition gekürzt wird. Voraussetzung ist dabei die Einhaltung der Kongruenzbedingungen zwischen Subjekt und Verb. Danach wird das Verb mit dem zweiten Artikel der Ableitung verknüpft, wobei das Kategoriesegment für das direkte Objekt (`dir'`) gekürzt wird. Es ist jedoch noch ein weiteres Segment für die folgende Verknüpfung des Artikels mit einem Substantiv vorhanden.

---

[7]Besondere Relevanz hat dieses Kriterium im Falle diskontinuierlicher Elemente, die trotz ihrer Zusammengehörigkeit nicht zusammen, sondern von links nach rechts eingelesen werden. Somit können durchaus noch weitere Konstituenten zwischen den beiden Elementen stehen. Als Beispiel seien die deutschsprachigen Phrasen *Auch Josef Manser (Masters) musste* ***aufgeben*** und *Otto Mayer AG* ***gibt*** *Kunststeinproduktion* ***auf*** genannt. Die beiden Textbelege wurden mit Hilfe des Korpusrecherche und -analysesystems „COSMAS II“ („**C**orpus **S**earch, **M**anagement and **A**nalysis **S**ystem“) in Ausgaben des St. Gallener Tagblatts aus dem Jahre 1997 gefunden.

[8]Synonym zu diesem in Hausser (2000, S. 205) eingeführten Begriff wird in den folgenden Kapiteln auch der Terminus „Kategoriewert“ verwendet.

[9]Der Apostroph zeigt an, dass das Verb als Valenzträger eine Valenzposition für das Subjekt besitzt, die in diesem Fall ein kongruentes Subjekt der Form ‚dritte Person Singular‘ fordert.

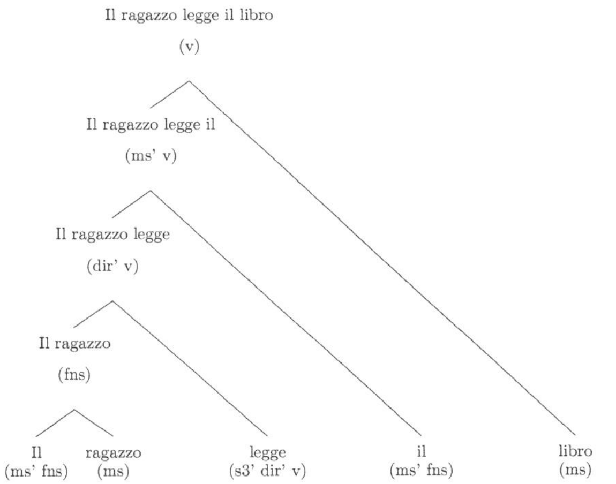

Erläuterungen:
ms' = ein maskulines Substantiv im Numerus Singular ist gefordert
ms = maskulines Substantiv im Numerus Singular
fns = Nominalphrase im Numerus Singular (*frase nominale al singolare*)
dir' = ein direktes Objekt ist gefordert
s3' = eine Valenzposition für das Subjekt in der Form ‚dritte Person Singular' ist gefordert
v = Resultatskategorie, die übrigbleibt, wenn alle Valenzpositionen besetzt sind

Abbildung 2.1: Linksassoziativer Ableitungsbaum

Im letzten Ableitungsschritt wird der Artikel mit dem Substantiv kombiniert und das Kategoriesegment für das fehlende Substantiv gekürzt, sodass als Resultatskategorie eine wohlgeformte Ableitung (dargestellt durch das Resultatssegment `v`) ausgegeben wird.

Die algebraische Definition, die linksassoziative Ableitungen ermöglicht, ist im Folgenden erläutert. Der Grammatikformalismus der LAG besteht aus einem 7-Tupel <W, C, LX, CO, RP, ST_S ST_F>, für den weiterhin die folgenden Definitionen gelten (für $n = \{i \mid 0 \leqslant i < n\}$):[10]

1. `W` als endliche Menge von Wortformoberflächen

2. `C` als endliche Menge von Kategoriesegmenten

[10] Vgl. Hausser (2000, S. 205ff.).

3. $\texttt{LX} \subset (\texttt{W} \times \texttt{C}^+)$ als endliche Menge, die das Lexikon umfasst

4. $\texttt{CO} = (\texttt{co}_0 \ \ldots \ \texttt{co}_{n-1})$ als endliche Sequenz total rekursiver Funktionen aus $(\mathrm{C}^* \times \mathrm{C}^+)$ in $\mathrm{C}^* \cup \{\bot\}$, genannt kategoriale Operationen

5. $\texttt{RP} = (\texttt{rp}_0 \ \ldots \ \texttt{rp}_{n-1})$ als eine ebenso lange Sequenz von Untermengen von $\texttt{n}$, genannt Regelpakete

6. $\texttt{ST}_S = \{(\texttt{cat}_s \ \texttt{rp}_s), \ \ldots\}$ als endliche Menge von Anfangszuständen, wobei jedes $\texttt{rp}_s$, auch als Anfangsregelpaket bezeichnet, eine Untermenge von $\texttt{n}$ ist und jedes $\texttt{cat}_s \in \texttt{C}^+$

7. $\texttt{ST}_F = \{(\texttt{cat}_f \ \texttt{rp}_f), \ \ldots\}$ als endliche Menge von Endzuständen, wobei jedes $\texttt{cat}_f \in \texttt{C}^*$ und jedes $\texttt{rp}_f \in \texttt{RP}$

Eine konkrete LA-Grammatik realisiert sich durch

(i) ein Lexikon $\texttt{LX}$,

(ii) eine Menge von Anfangszuständen $\texttt{ST}_S$,

(iii) eine Sequenz von Regeln $\texttt{r}_i$, definiert als $(\texttt{co}_i \ \texttt{rp}_i)$,

(iv) und eine Menge von Endzuständen $\texttt{ST}_F$.

Handl (2008, S. 4ff.) modifiziert die Punkte 3 und 4 geringfügig auf den aktuellen Stand von JSLIM, dem in dieser Arbeit verwendeten Parser zum Schreiben von linksassoziativen Grammatiken. $\texttt{LX}$ ist nunmehr als $\texttt{LX'} \subset \texttt{W'} \times (\texttt{A'} \times \texttt{C'*})^+$ und $\texttt{CO}$ als $\texttt{CO'} = \mathcal{P}(\texttt{FS}) \times \texttt{FS} \rightarrow \mathcal{P}(\texttt{FS})$ definiert, mit $\texttt{FS} \subset (\texttt{A'} \times \texttt{C'*})$. Des Weiteren ist der 7-Tupel auf einen 8-Tupel durch $\texttt{A'}$ als eine endliche Menge von Attributbezeichnern erweitert. Diese Modifikation hat mehrere Gründe:

1. Die Attributbezeichner $\texttt{A'}$ dienen der Standardisierung von Merkmalstrukturen.

2. Durch die Hinzunahme der Attributbezeichner wird einer Oberfläche im Lexikon nicht mehr eine Sequenz von Kategoriesegmenten, sondern eine Merkmalstruktur zugeordnet.

3. Da der Satzanfang als Menge von Merkmalstrukturen kodiert ist und er mit einer Merkmalstruktur, dem nächsten Wort, kombiniert wird, um somit eine neue Menge von Merkmalstrukturen, den neuen Satzanfang, zu bilden, handelt es sich bei den kategorialen Operationen in JSLIM um partielle Funktionen, die als erstes Argument eine nicht leere Menge von Merkmalstrukturen und als zweites Argument eine einzelne Merkmalstruktur erwarten. Als Ergebnis wird eine nicht leere Menge von Merkmalstrukturen geliefert.

Alle sieben, beziehungsweise nach der Erweiterung in Handl (2008) alle acht Elemente der algebraischen Definition sind im Parser JSLIM realisiert. Kapitel 5 befasst sich mit diesem Sachverhalt.
Bezüglich der Komplexität teilt sich die LAG nach Hausser (2000, S. 246) in fünf Unterklassen auf: C1-LAGs (linear), C2-LAGs (polynomial), C3-LAGs, B-LAGs (beide exponentiell) und A-LAGs (rekursiv). Die von Hausser (2000, S. 259) aufgestellte **KONSYX-Hypothese** besagt hierbei, dass die natürlichen Sprachen in der Klasse der C1-LAGs liegen und somit in linearer Zeit parsen.[11]

Die Datenbanksemantik ist definiert durch (i) eine Menge flacher Merkmalstrukturen, genannt Proplets, (ii) den Grammatikformalismus der LAG und (iii) das Schema einer klassischen Netzwerkdatenbank.[12] Um Inhalte zu repräsentieren, wird eine Proposition mittels Proplets dargestellt. Ein Proplet besteht aus einer Menge von Attribut-Werte-Paaren, wobei die Attribute in einer festgelegten Reihenfolge definiert sind (siehe auch Abschnitt 5.2). Eine weitere Eigenschaft, die Proplets von anderen Merkmalstrukturen abgrenzt, ist, dass keine Verschachtelungen innerhalb der Proplets zugelassen sind. Es werden somit nur flache Strukturen akzeptiert.[13] Der Name Proplet begründet sich darin, dass diese die Elementarbausteine zur Darstellung von Propositionen sind.[14] Die drei Hauptarten der Proplets (noun, verb und adj) werden zu elementaren Propositionen kombiniert und in einer speziellen Datenbank, der **Wortbank**, gespeichert. Diese speichert die

[11]Weitere Eigenschaften, die die LAG auszeichnen, sind absolute Typentransparenz zwischen Grammatik und Parser (vgl. Hausser 2000, S. 211–214) und Ein-Ausgabe-Äquivalenz mit dem Sprecher-Hörer (vgl. Hausser 2000, S. 198).
[12]Vgl. Hausser (2009b, S. 17).
[13]Vgl. Hausser (2006, S. 35).
[14]Vgl. Hausser (2009a).

Proplets alphabetisch bezüglich ihres core-Wertes (Werte der Attribute noun, verb und adj) vertikal in sogenannten „owner records“. Horizontal zu einem „owner record“ speichert sie, je nach Eingangsreihenfolge, alle dazugehörigen „member records“, wenn ein Proplet mit demselben core-Wert während einer syntaktisch-semantischen Ableitung analysiert wird. Eine Sequenz bestehend aus „owner record“ und dazugehörigen „member records“ heißt „token line“. Der Aufbau der Wortbank dient insbesondere dem schnellen und unkomplizierten Suchen und Auffinden von „member records“. Eine weitere Eigenschaft der DBS ist das Prinzip des „turn-taking“, des automatischen Rollentausches zwischen Hörer- und Sprechermodus. Somit stellt die DBS eine Weiterentwicklung von einem zeichenorientierten zu einem agentenorientierten Ansatz dar. Eine praktische Implementierung des „turn-taking“-Prinzips geht jedoch über die Zielsetzung dieser Arbeit hinaus, die sich explizit mit dem Hörermodus befasst.[15]

2.3 JSLIM

JSLIM ist ein Akronym, das für „**J**ava **S**urface compositional **L**inear **I**nternal **M**atching“ steht. Wie bereits im Namen angedeutet, ist JSLIM in der Programmiersprache Java implementiert und basiert auf den Grundlagen der SLIM-Sprachtheorie.[16] Innerhalb der SLIM-Sprachtheorie gibt es vier unterschiedliche Komponenten für Sprachanalyse und Sprachproduktion, die in JSLIM umgesetzt und im Folgenden vorgestellt sind:

- **LA-Morph**: LA-Morph besteht aus einem Elementarlexikon, einer Menge von Allo-Regeln und einer Menge von Kombi-Regeln. Vor der Laufzeit wird mittels Allo-Regeln ein Allomorphlexikon aus dem Elementarlexikon erstellt. Über die Kombi-Regeln werden die einzelnen Allomorphe analysiert so-

[15]Nähere Informationen zur DBS bezüglich des Gesichtspunktes „turn-taking“ geben Hausser (2006) und Hausser (2009b). Ein guter Überblick über die DBS und deren grundlegenden Fragmente für die Sprachen Englisch, Deutsch, Russisch und Koreanisch mit ihren unterschiedlichen Wortstellungstypen findet sich in Hausser (2009a).

[16]Das Projekt startete im Jahre 2003 unter der Leitung von Prof. Roland Hausser. Mitentwickler sind Matthias Bethke, Johannes Handl, Besim Kabashi, Jörg Kapfer und in einer späteren Phase der Autor.

wie zeitlinear und linksassoziativ miteinander verknüpft.[17] Der syntaktisch-semantischen Analyse des Italienischen in JSLIM liegt bereits ein implementiertes Morphologiesystem zugrunde. Kapitel 4 befasst sich mit dem Aufbau und den Leistungen.

- **LA-Hear**: In LA-Hear (auch Hörermodus genannt) ist es möglich, syntaktisch-semantische Analysen zu implementieren. Da diese Komponente von JSLIM als Entwicklungsumgebung im zentralen Teil der Arbeit dient, widmen sich ihr die Kapitel 5 und 7.

- **LA-Think** und **LA-Speak** (auch Sprechermodus): Beide dienen als Entwicklungsumgebung zur Sprachproduktion. Sie sind im Rahmen dieser Arbeit nicht berücksichtigt, da zur Sprachinterpretation des Italienischen nur LA-Hear verwendet wird.

In JSLIM ist somit auch der Grammatikformalismus der LAG umgesetzt, der auf den Prinzipien der SLIM-Sprachtheorie beruht und diese formal umsetzt. Daher eignet sich der Parser zur syntaktisch-semantischen Analyse des Italienischen und wird im Rahmen dieser Arbeit verwendet. Ein automatisches Wortformerkennungssystem für das Italienische in LA-Morph wurde bereits in Weber (2007) und Weber (2010) implementiert beziehungsweise erweitert und ist in Kapitel 4 vorgestellt.[18]

2.4 Zusammenfassung

Die SLIM-Sprachtheorie basiert auf den Grundprinzipien „Surface compositional“, „Linear“, „Internal“ und „Matching“ und dient in dieser Arbeit als Grundlage für die Implementierung der syntaktisch-semantischen Analyse des Italienischen. Mit der LAG steht ein Grammatikformalismus zur Verfügung, der sich besonders für die Verarbeitung natürlicher Sprache eignet. Dies liegt darin begründet, dass die

[17]Vgl. Hausser (2000, S. 285).

[18]Ein einführendes Werk in JLAG, dem direkten Vorgänger von JSLIM, bietet außerdem Kycia (2004). Weitere Informationen zum Parser JSLIM finden sich in Hausser (2006), Handl (2008), Weber u. a. (2010) und Handl u. a. (2009).

generative Kapazität[19] der LAG ausreicht, um natürliche Sprache zu beschreiben. Zudem besitzen die natürlichen Sprachen eine niedrige Komplexität hinsichtlich der LAG, parsen sie doch - gemäß der KONSYX-Hypothese - in linearer Zeit.[20] Ein Parser, der die SLIM-Sprachtheorie programmiertechnisch umsetzt, ist JSLIM. Innerhalb von JSLIM gibt es vier Komponenten, von denen LA-Morph und LA-Hear in den Kapiteln 4 und 5 näher erläutert werden.

[19]Mit generativer Kapazität ist gemeint, dass ein Grammatikformalismus in der Lage sein muss, nicht nur viele Phänomene einer Sprache adäquat zu behandeln, sondern auch nicht zulässige Sprachkonstrukte auszuschließen, um eine Übergenerierung zu vermeiden, vgl. hierzu auch Hausser (2000, S. 157f.).

[20]Ein ausführlicher Vergleich der LAG mit den Grammatikformalismen der Phrasenstrukturgrammatik und der Kategorialgrammatik findet sich in Hausser (2000, S. 245–259).

3 Stand der Forschung

Inhalt dieses Kapitels ist die Vorstellung von drei verschiedenen Syntaxparsern für die italienische Sprache, die jeweils unterschiedliche Ansätze der syntaktisch-semantischen Analyse realisieren. Alle haben gemeinsam, dass sie nicht den Grammatikformalismus der LAG verwenden. Um die jeweiligen Stärken und Schwächen der Parser zu veranschaulichen, werden die Systeme jeweils dem Ansatz der LAG gegenübergestellt.

Der erstmals in Stock (1976) vorgestellte „ATNSYS-Syntaxparser“ basiert auf dem Formalismus von Woods für ein „Augmented Transition Network“ (dt. *Erweitertes Übergangsnetzwerk*[1], im Folgenden ATN) und hat zum Ziel, erzählende und beschreibende Texte der italienischen Sprache zu analysieren.

Die „Turin University Treebank“ (im Folgenden TUT) ist ein von der Universität Turin initiiertes Projekt zur Annotierung von Korpora. Ziele sind die Darstellung der Funktor-Argument-Struktur der italienischen Sprache und die Konvertierung des speziell für das Projekt entwickelten Annotierungssystems in das sogenannte „Penn-Format“[2], um Vergleiche mit Korpora anderer Sprachen zu gewährleisten.

Das „DANTE“-System wurde entwickelt, um kurze beschreibende Texte, in den meisten Fällen Pressemitteilungen, automatisch zu parsen.

3.1 Der ATNSYS-Syntaxparser

Nach der einführenden Implementierung in Stock (1976) ist ein erster Ansatz zur Weiterentwicklung des ATNSYS-Syntaxparsers in Cappelli u. a. (1977) erläutert. Er basiert auf einem modifizierten Formalismus des ATN von Woods. Dieser ist in

[1] Übersetzung nach Hellwig (1989b).

[2] Eine Einführung hierzu findet sich in Marcus u. a. (1993).

Abschnitt 3.1.1 vorgestellt. Abschnitt 3.1.2 erklärt an einem Beispielsatz den Aufbau und die Funktionsweise des ATNSYS-Syntaxparsers. Abschnitt 3.1.3 erläutert die Leistungen des Parsers und gibt von den Entwicklern hervorgebrachte Verbesserungsvorschläge wieder. In allen Ausführungen ist ein Vergleich mit dem Grammatikformalismus der LAG gegeben.

3.1.1 Das Augmented Transition Network von Woods

In seinem im Jahre 1970 veröffentlichten Artikel *Transition network grammars for natural language analysis* erklärt Woods seine Intention, warum er ein ATN implementieren will. Aufgrund der Beobachtung, dass sowohl kontextfreie als auch kontextsensitive Grammatiken nicht dazu geeignet sind, alle Feinheiten von natürlichen Sprachen darstellen zu können[3], und die in Chomsky (1965) und später in Chomsky (1978) vorgestellte Transformationsgrammatik seiner Meinung nach zu ungenau ist, erweitert er das Modell eines rekursiven Übergangsnetzwerks, um es adäquater für die Analyse natürlicher Sprachen zu gestalten. Dieses ist ursprünglich als gerichteter Graph mit beschrifteten Knoten und Kanten dargestellt und bekommt nach Woods folgende drei Eigenschaften hinzu:[4]

- Kanten bekommen Konditionen, ohne deren Erfüllung eine Traversierung im Pfad nicht möglich ist.
- Falls einer Kante gefolgt wird, werden während der Traversierung Aktionen ausgeführt.
- Teilinformationen werden in sogenannten Registern gespeichert.

Abbildung 3.1 zeigt einen Ausschnitt eines ATN für deklarative Hauptsätze des Italienischen. Eine detaillierte Ableitungsanalyse innerhalb eines ATN ist in Abschnitt 3.1.2 an einem italienischen Beispiel veranschaulicht.

[3] Woods (1970, S. 592) stellt hierzu fest: „It is well known [...] that the strict context-free grammar model is not an adequate mechanism for characterizing the subtleties of natural languages. [...] Context-sensitive grammars could take care of the weak generation of many of these constructions, but only at the cost of losing the linguistic significance of the 'phrase structure' assigned by the grammar."

[4] Vgl. Hellwig (1989b, S. 412).

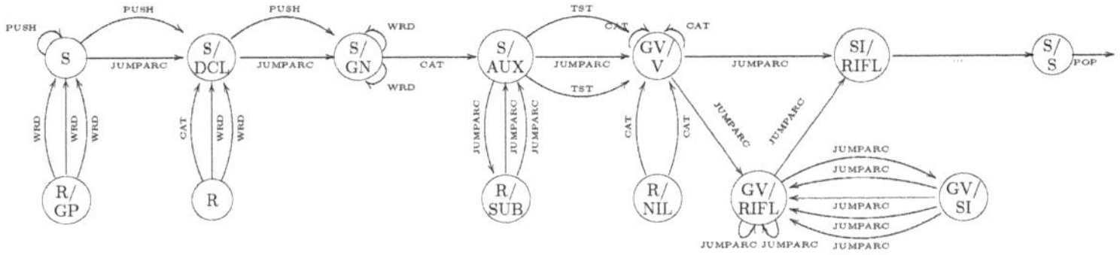

Abbildung 3.1: Ausschnitt eines ATN für deklarative Hauptsätze des Italienischen (nach Cappelli u. a. 1978b)

Im Folgenden sind die Kanten beschrieben, die innerhalb des ATNSYS-Syntaxparsers zu finden sind:[5]

- CAT: Folge dem Pfad, wenn eine Kongruenzübereinstimmung besteht, zum Beispiel zwischen Substantiv und Verb! Mache einen Test, ob die lexikalische Kategorie der Eingabezeichenkette mit der in der Kante definierten lexikalischen Kategorie kompatibel ist!

- PUSH: Beginne mit einem neuen Übergang und leere die Registerliste! Speichere die aktuelle Konfiguration im Stapelspeicher!

- JUMP: Springe zum nächsten Knoten, ohne eine Aktion auszuführen!

- POP: Gib das Ergebnis eines Unternetzwerks an die übergeordnete Rekursionsstufe weiter! Handelt es sich bereits um die oberste Rekursionsstufe, so schließe die Analyse als erfolgreich ab und gib das Ergebnis aus!

Im Vergleich mit der LAG fällt auf, dass eine Kante im ATN zu einem gewissen Grad einer Regel mit ihren Klauseln in der LAG entspricht. In der LAG wird jede Kante (also Regel) mit einer bestimmten Anzahl an elementaren Operationen angegeben, die bei der Regelausführung anzuwenden sind. Die Konditionen und Aktionen sind durch die kategoriale Operation dargestellt, die sowohl den Musterabgleich handhabt als auch elementare Operationen ausführt. Weiterhin kann es in der LAG keine JUMP-Kante geben, bei der von einem Knoten zum nächsten weitergesprungen wird, ohne eine Aktion auszuführen. Dies würde nicht dem Prinzip der Oberflächenkompositionalität entsprechen.

[5]Vgl. Bates (1978, S. 196ff.) und Hellwig (1989b, S. 414).

Woods gibt als Vorteile eines ATN an, dass es im Gegensatz zur Transformationsgrammatik deutlicher und anschaulicher gestaltet ist. Durch eine Vielzahl an Regeln in der Transformationsgrammatik ist dem Betrachter oft nicht klar, welche Auswirkungen eine einzelne Regel auf die möglichen Produktionen hat. Ein ATN hingegen ist, wenn es als Graph dargestellt ist, weitaus übersichtlicher und verständlicher, da mehrere Regeln in einer Kante zusammengefasst werden können. Weiterhin besitzt es eine höhere generative Kapazität als kontextfreie Grammatiken.[6] Da ein ATN, wie sowohl Bates (1978, S. 220) als auch Hellwig (1989b, S. 412) angeben, die Ausdruckskraft einer Turing-Maschine hat und somit alle rekursiv aufzählbaren Sprachen erzeugen kann, ist das Wortproblem bei ihm nicht entscheidbar.[7] Dies ist in der LAG nicht der Fall, da die Klasse der A-LAGs (siehe auch Abschnitt 2.2) genau die rekursiven Sprachen analysiert und generiert und somit auch in ihrer unbeschränkten Form entscheidbar ist.[8] Rekursive Sprachen sind dadurch gekennzeichnet, dass sie von mindestens einer Turing-Maschine akzeptiert werden, die bei jeder Eingabe endlich viele Rechenschritte benötigt.[9] Aufgrund des Wortproblems muss bei der Verwendung eines ATN als Formalismus für eine syntaktisch-semantische Analyse ein geeigneter Mechanismus gefunden werden, der diesen Punkt effizient vermeidet (siehe Abschnitt 3.1.2).

Am Beispielsatz *John was believed to have been shot.* ist ersichtlich, dass Woods tiefenstrukturähnliche Konstrukte und Paraphrasierungen verwendet, die nicht dem Prinzip der Oberflächenkompositionalität entsprechen, da Elemente im Satz hinzugefügt oder getilgt werden. Es werden vielmehr Umschreibungen getätigt, um beispielsweise Passivkonstruktionen umgehen zu können, wie an Abbildung 3.2 zu erkennen ist.

---

[6]Vgl. Woods (1970, S. 600).

[7]Klabunde (2010, S. 91) erläutert das Wortproblem folgendermaßen: Gibt es zu einer Grammatik $G = <\Phi, \Sigma, R, S>$ mit Φ als Alphabet von Nichtterminalsymbolen, Σ als Alphabet von Terminalsymbolen, R als Regelmenge und S als Startsymbol ein Wort $w \in \Sigma^*$ in einer von G erzeugten Sprache, so ist das Wortproblem entscheidbar. Liegt das Wort nicht darin, so ist das Wortproblem nicht entscheidbar. Bei rekursiv aufzählbaren Sprachen ist das Wortproblem prinzipiell nicht entscheidbar.

[8]Vgl. Hausser (2000, S. 224ff.).

[9]Vgl. Hopcroft u. a. (2003, S. 327f.).

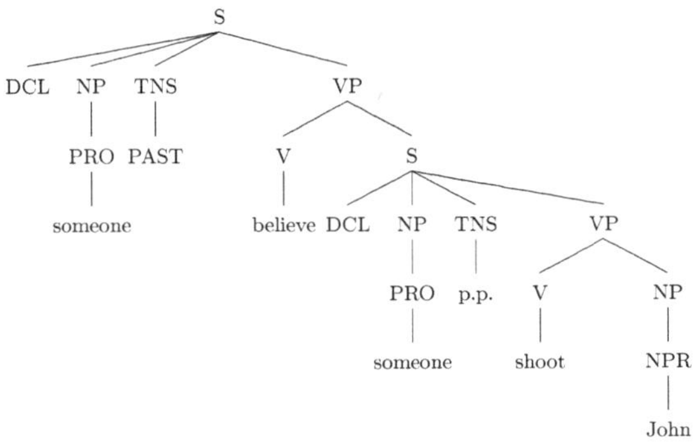

Abbildung 3.2: Ableitung von *John was believed to have been shot.* in Woods ATN (nach Woods 1970, S. 604)

Der syntaktische Ableitungsbaum folgt dem Eingabeschema, das von einem ATN-Parser als Resultat der Analyse generiert wird. Dieser benutzt eine spezielle Klammerstruktur. Ein Knoten ist dargestellt durch eine in runden Klammern definierte Liste mit dem Namen des Knotens, gefolgt von den dazugehörigen Konstituenten.[10] Die alternative Schreibweise zu Abbildung 3.2 lautet folgendermaßen:

(S DCL (NP (PRO someone)) (TNS PAST) (VP (V believe) (S DCL (NP (PRO someone)) (TNS p.p.) (VP (V shoot) (NP (NPR John))))))

An beiden Notationen ist ersichtlich, dass, wie erwähnt, das Prinzip der Oberflächenkompositionalität nicht vorhanden ist. Weiterhin gibt es keine linksassoziative Ableitungsordnung, sondern „top-down“ verzweigend, sodass das Grundprinzip der Zeitlinearität nicht anwendbar ist. Der Ansatz lehnt sich somit eher an die Transformations- beziehungsweise Phrasenstrukturgrammatik an.
Woods (1980) versucht, eine semantische und pragmatische Komponente in sein ATN einzubauen. Hierbei sollen verschiedene miteinander verwobene Übergangsnetzwerke in einem „Cascaded Augmented Transition Network“ (dt. *Kaskadiertes erweitertes Übergangsnetzwerk*, im Folgenden CATN), gespeichert werden, in dem sie jeweils unterschiedliche Zuständigkeitsbereiche haben. Er gibt als Beispiel ein

[10] Vgl. Woods (1970, S. 594f.).

dreistufiges CATN an, in dem jeweils eine Stufe für die lexikalische, syntaktische und semantische Analyse gedacht ist. Die lexikalische Komponente ist für die Wortformidentifizierung, die Darstellung der gesamten grammatischen Informationen und die Auflösung lexikalischer Ambiguitäten der Wortform zuständig. Das syntaktische ATN baut die verschiedenen Phrasen zu einem Satz zusammen. Das semantische ATN nimmt die verschiedenen Konstituenten und versucht, Interpretationsmöglichkeiten des Gesamtsatzes zu geben. Die Verbindung stellt eine Aktion TRANSMIT dar, die als Vermittler für alle drei Ebenen fungiert.
Woods gibt als Vorteil des CATN an, dass durch die Modularisierung der Ebenen komplexere Prozesse auf nur einer Ebene stattfinden müssen. So kann zum Beispiel die syntaktische Komponente klar und einheitlich bleiben, obwohl es mehrere semantische Interpretationen gibt. Die komplexen Prozesse der jeweiligen Teilgebiete laufen somit nur auf einer Ebene ab. Weiterhin werden einzelne sprachliche Phänomene durch die Trennung der Ebenen durchsichtiger und es kann gezielt nach einer Verbesserung des gesamten CATN gesucht werden.[11] Ein Beispiel eines Parsers, der ein CATN verwendet, ist das in Bobrow u. a. (1982) vorgestellte „RUS Parsing System“.
In der LAG sind sowohl syntaktische als auch semantische Informationen in Proplets gespeichert und in der syntaktisch-semantischen Analyse berücksichtigt. Somit reicht eine Ebene aus, um alle syntaktischen und semantischen Phänomene zu behandeln im Gegensatz zu den zwei Ebenen, die bei einem CATN für Syntax und Semantik benötigt werden.
Zu einer Kritik am ATN finden sich Argumente in Wahlster (1979), der beispielsweise beanstandet, dass dieses zu sehr an die Programmiersprache LISP angelehnt ist. Weiterhin beinhaltet ein ATN an sich keinen Grammatikformalismus, es ist vielmehr ein Mittel der Darstellung. Außerdem fehlt dem ATN eine algebraische Definition. Hellwig (1989b, S. 422) gibt zu bedenken, dass größere Grammatikprojekte schwer überschaubar und unübersichtlich sind, wie man zum Beispiel am „LUNAR-System“ sieht.[12] Bestätigt wird dieses Argument auch beim ATNSYS-Syntaxparser für die italienische Sprache, dessen ATN aus vier Transitionsnetzwerken mit 50 Knoten und 119 Kanten besteht.

[11]Vgl. Woods (1980, S. 6f.).
[12]Vgl. Bates (1978, S. 217ff.).

3.1.2 Aufbau

Die Vorteile von Woods' ATN sind in Cappelli u. a. (1977) aufgegriffen, um den in der Programmiersprache MAGMA-LISP geschriebenen ATNSYS-Syntaxparser mit einigen Modifikationen zum ursprünglichen Formalismus zu implementieren.[13] Als Gründe für ein ATN als Mittel der Darstellung für das Italienische geben die Entwickler an, dass aufgrund der Verständlichkeit und Modularität eines ATN die Phänomene der italienischen Sprache am besten dargestellt werden können. Der ATNSYS-Syntaxparser hat zum Ziel, erzählende und beschreibende Texte der italienischen Sprache zu analysieren. Somit bezieht sich das ATN nur auf ein Teilgebiet von Textsorten geschriebener Sprache. Ziel ist es weiterhin, eine möglichst große Anzahl an Sätzen analysieren zu können, um diese für die Bereiche der maschinellen Übersetzung, der Produktion von Aufsätzen oder der Speicherung in Datenbanken weiterverwenden zu können.[14] Das ATN ist hierbei in hohem Grade nichtdeterministisch. Jeder Knoten wird als mögliche Wahl und jede Kante als Versuch angesehen. Tritt bei einem Übergang ein Fehler auf, wird zum vorhergehenden Knoten zurückgesprungen und eine andere Kante ausprobiert. Wenn an einem Knoten alle Kanten fehlschlagen, wird zum vorherigen Knoten gesprungen und dort eine andere Kante gewählt („Backtracking").[15] Als Suchmethode wird im Netzwerk die Tiefensuche verwendet. Da der Aufwand beim schematischen Backtracking mit der Länge der Eingabe exponentiell wächst[16], wird der Versuch, eine Heuristik auf Basis von Statistiken einzubauen, zum ersten Mal in Cappelli u. a. (1978b) unternommen. Ferrari u. Stock (1980) bauen den Mechanismus auf Basis von statistischen Auswertungen früherer Analysen und dem Merken des Suchpfades weiter aus, um diese Problematik in geeigneter und effizienter Weise zu vermeiden. Abbildung 3.3 auf Seite 24 zeigt den Aufbau des ATNSYS-Syntaxparsers mit seinen verschiedenen Komponenten.

[13] Vgl. Cappelli u. a. (1977, S. 7f.).
[14] Vgl. Cappelli u. a. (1980b, S. 5).
[15] Vgl. Cappelli u. a. (1978a).
[16] Vgl. Hellwig (1989a, S. 375).

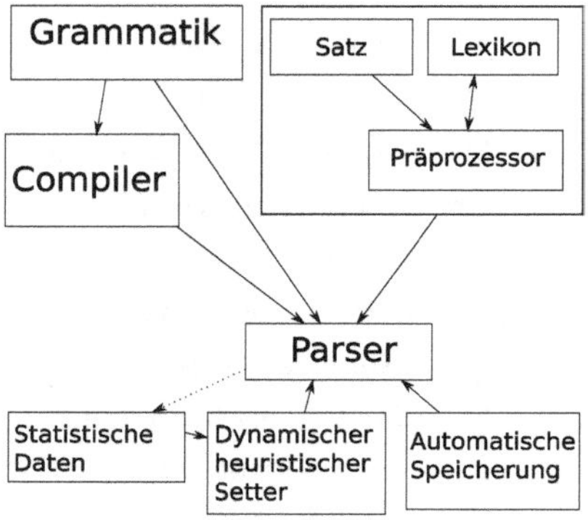

Abbildung 3.3: Aufbau des ATNSYS-Syntaxparsers
(nach Cappelli u. a. 1980b, S. 7)

Der Parser erhält als Eingabe eine Grammatik, die entweder teilweise oder vollständig kompiliert wird. Dies geschieht durch LISP-Funktionen, wobei jeder Knoten in eine LISP-Lambda-Funktion kodiert wird und als Sequenz die nichtdeterministisch strukturierten Kanten beinhaltet.[17] Wie zuvor erklärt, versuchen Cappelli u. a. (1978b), Ferrari u. Stock (1980) und Cappelli u. a. (1980a) die Tiefensuche auf Basis statistischer Daten, eines dynamischen heuristischen Setters und Merken der Suchpfade zu verbessern.

Vor der Analyse durch den Parser wird ein Satz durch den Präprozessor vorverarbeitet, der jedem Wort morphologische, syntaktische und lexikalische Merkmale mitgibt. Dabei stützt sich der Präprozessor auf ein Lexikon, das die notwendigen morpho-syntaktischen Informationen enthält. Der Vorverarbeitungsschritt ist weitgehend abgetrennt vom Hauptalgorithmus, wie in Abbildung 3.3 zu erkennen ist. Als Grund geben die Entwickler an, dass dies vor allem bei der Einbindung größerer Lexika Vorteile bringen könnte.[18] Auf den genauen Aufbau des Lexikons wird jedoch nicht eingegangen.

Bei der LAG steht, im Gegensatz zum ATNSYS-Syntaxparser, der Parser in direkter Verbindung mit dem Lexikon, sodass kein Präprozessor für die morpho-

[17] Vgl. Cappelli u. a. (1978b, S. 5).
[18] Vgl. Cappelli u. a. (1977, S. 9).

syntaktische Analyse notwendig ist. Das Lexikon steht als bereits vor der Laufzeit generiertes Allomorphlexikon zur Verfügung. Weiterhin stehen wichtige grammatische Informationen schon vor der Analyse in den einzelnen Proplets.

Die Grammatik des ATNSYS-Syntaxparsers besteht aus vier Graphen mit insgesamt 50 Knoten und 119 Kanten. Sie behandelt deklarative Hauptsätze, Nominalphrasen, Präpositionalphrasen und Komplementsätze. Die Funktionsweise des Parsers soll am Beispielsatz *Il cane mangia la carne.* in den Abbildungen 3.4, 3.5, 3.6 und 3.7 auf den Seiten 26 und 27 exemplarisch dargestellt werden.[19] Die Analyseausgabe des ATNSYS-Syntaxparsers ist eine tiefenstrukturähnliche Repräsentation des Satzes mit dargestellten Verbindungen innerhalb eines „verb frame", der, wie Cappelli u. a. (1978a, S. 7) bemerken, aus einem Set von sprachlichen Phänomenen, die sich auf das Verb beziehen, besteht. Auf der linken Seite der Abbildungen stehen die Ableitungen im ATNSYS-Syntaxparser, auf der rechten Seite die der LAG.[20]

1. Der Satz unterteilt sich in die Konstituenten *Il cane* (Nominalphrase mit der Funktion Subjekt), *mangia* (Verb) und *la carne* (Nominalphrase mit der Funktion Objekt). Es ist zu erkennen, dass auch der ATNSYS-Syntaxparser auf dem Prinzip der möglichen Substitutionen beruht und nicht auf dem der möglichen Fortsetzungen.

2. Man startet am Knoten `S`, der *Il* als Eingabe nimmt. Da der Artikel nicht zu Beginn einer Präpositionalphrase stehen kann und somit diese ausscheidet, wird eine `JUMP`-Kante zu `S/DCL` (deklarativer Hauptsatz) gewählt. Somit wird in das Register die Eigenschaft „deklarativer Hauptsatz" geschrieben.

3. Über die Kante `PUSH GN` gelangt man zum Knoten `S/GN`, an dem eine Nominalphrase gebildet wird. Die Informationen zu Numerus und Genus der Nominalphrase sowie dem Artikel sind in `GN` gespeichert. Der Ableitungsbaum für die Struktur der Nominalphrase sieht folgendermaßen aus:

[19] Die Ausführungen folgen dabei größtenteils Cappelli u. a. (1978b).

[20] Weitere Abbildungen und Erklärungen der syntaktisch-semantischen Ableitungen in der LAG folgen in Kapitel 7.

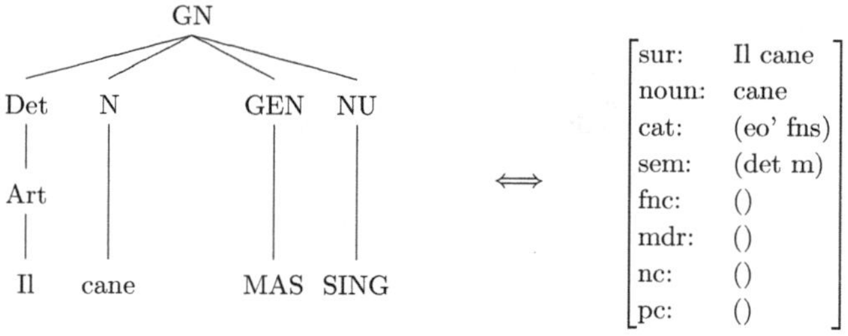

Abbildung 3.4: Ableitungsbaum für *Il cane* im ATNSYS-Syntaxparser

4. Über die Kante `CAT V` gelangt man zum Knoten `S/AUX`, der das Verb erkennt und speichert. Falls Subjekt und Verb miteinander kongruieren, kann die Kante `TST ACCORDO`, die zum Knoten `GV/V` führt, ausgeführt werden.

5. Von `GV/V` führt die Kante `SI/RIFL` zu `GV/T`. Es werden Tempus- und Modusinformationen des Verbs gespeichert. Im Knoten steht weiterhin, dass das Verb transitiv ist.

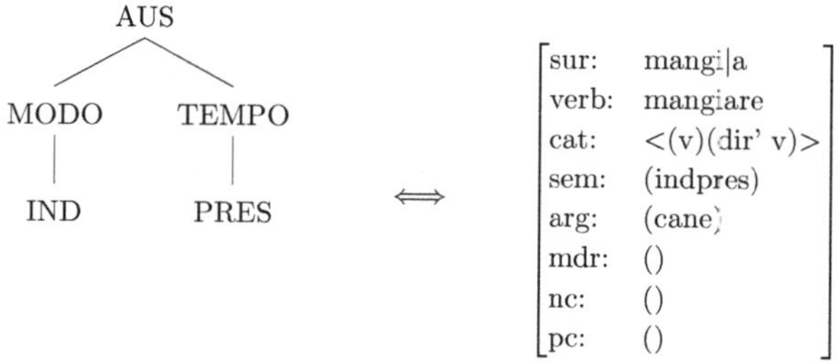

Abbildung 3.5: Ableitungsbaum für *mangia* im ATNSYS-Syntaxparser

6. Von `GV/T` gelangt man über die Kante `PUSH GN` zum Knoten `GV/GN`, wo wiederum Genus- und Numerusinformationen des Objekts im Register gespeichert werden und eine Nominalphrase gebildet wird.

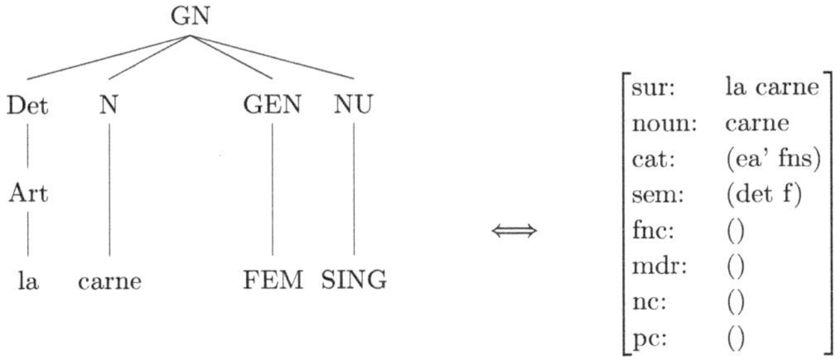

Abbildung 3.6: Ableitungsbaum für *la carne* im ATNSYS-Syntaxparser

7. Über eine `JUMP`-Kante erreicht man `GV/GV`. Es wird durch die Verknüpfung des Verbs mit der Objekt-Nominalphrase eine Verbalphrase gebildet.

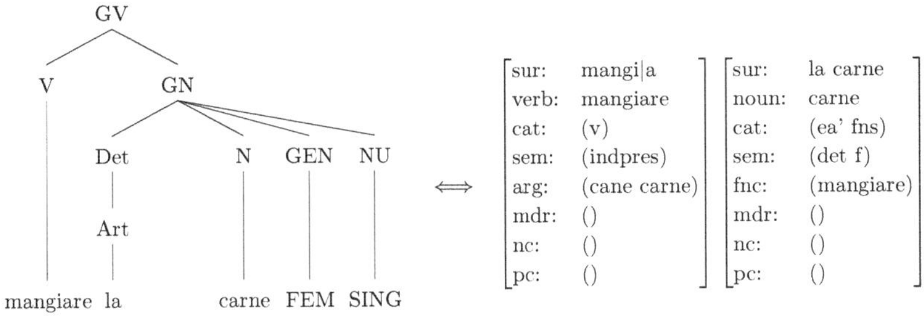

Abbildung 3.7: Ableitungsbaum für *mangia la carne* im ATNSYS-Syntaxparser

Es kann nun zum Endknoten `S/S` gesprungen werden, der durch die `POP`-Kante die Ableitung als wohlgeformten und vollständigen Satz erkennt. Der Parser gibt ein Analyseergebnis wieder, das ähnlich zu Quellcode 3.1 auf Seite 28 dargestellt ist.

```
S TIPO DCH
  GN DET ART IL
     N  CANE
     GE MAS
     NU SING
  AUS TEMPO PRES
      MODO  IND
  GV V  MANGIARE
     GN DET ART LA
        N  CARNE
        GE FEM
        NU SING
```

Quellcode 3.1: Analyseergebnis des Satzes *Il cane mangia la carne.* im ATNSYS-Syntaxparser

Das Ergebnis der Ableitung wird als eine tiefenstrukturähnliche Repräsentation gesehen. Ein Gesamtüberblick aller möglichen Kanten und Knoten findet sich in Appendix I in Cappelli u. a. (1978b) und ist hier aus Platzgründen nicht dargestellt. Die Ableitung desselben Satzes in der LAG ist in Abbildung 3.8 dargestellt.[21]

sur:	Il cane	sur:	mangi|a	sur:	la carne
noun:	cane	verb:	mangiare	noun:	carne
cat:	(fns)	cat:	(decl)	cat:	(fns)
sem:	(det m)	sem:	(indpres)	sem:	(det f)
fnc:	(mangiare)	arg:	(cane carne)	fnc:	(mangiare)
mdr:	()	mdr:	()	mdr:	()
nc:	()	nc:	()	nc:	()
pc:	()	pc:	()	pc:	()

Abbildung 3.8: Analyseergebnis von *Il cane mangia la carne.* in der LAG

Wie an der Abbildung zu sehen ist, analysiert die LAG zusätzlich zu den im ATNSYS-Syntaxparser gegebenen grammatischen Informationen auch die Funktor-Argument-Struktur der italienischen Sprache, die in den Attributen fnc und arg der Proplets zu finden sind.

[21] Die Kategorievergaben der Proplets sind in Abschnitt 4.3 erläutert.

3.1.3 Leistungen

Neben dem erklärten Ziel, hauptsächlich deklarative Hauptsätze, Nominalphrasen, Präpositionalphrasen und Komplementsätze zu erfassen, sind innerhalb des ATNSYS-Syntaxparsers noch folgende Lösungen für spezielle einzelsprachliche Phänomene der italienischen Sprache implementiert:

- Subjekt in postverbaler Stellung
- Kopulasätze
- Modalverben
- Reflexive Verben
- Relativsätze

Weiterhin geben Cappelli u. a. (1977) Lösungsstrategien sowohl zur lexikalischen als auch zur syntaktischen Ambiguität an. Als Beispiel einer syntaktischen Ambiguität nehmen sie den Satz *Piero vede il vecchio con gli occhiali.* mit zwei Interpretationsmöglichkeiten:

Piero vede (il vecchio (con gli occhiali))
→ adnominaler Gebrauch der zweiten Präpositionalphrase
Piero vede (il vecchio) (con gli occhiali)
→ adverbialer Gebrauch der zweiten Präpositionalphrase

Die Darstellung der Ambiguität ist so gelöst, dass es nach Durchlauf des Eigennamens, des Verbs und des Beginns der Nominalphrase *il vecchio* eine Kante gibt, die angehängte Präpositionalphrasen als adnominal identifiziert. Da die Analyse durch Backtracking zum ersten nichtdeterministischen Knoten zurückspringt (was durch die Präsenz von *con* im Register bedingt ist), der in diesem Fall der Beginn der Verbalphrase ist, kann an diesem Knoten eine neue Kante gewählt werden, die wiederum die Objekt-Nominalphrase *il vecchio* erkennt. Nun wird aber eine Kante gewählt, die die Präpositionalphrase als adverbial registriert und nicht als modifizierende Präpositionalphrase der Nominalphrase. Die Probleme, die Backtracking in Bezug auf die Laufzeit verursachen kann, sind in Abschnitt 3.1.2 erläutert. Die beiden Analyseergebnisse des ATNSYS-Syntaxparsers sind in Quellcode 3.2 und 3.3 wiedergegeben.

```
S TIPO DCH
  GN N PIERO
     GE MAS
     NU SING
  AUS TEMPO PRES
      MODO  IND
  GV V  VEDERE
     GN DET ART IL
        N  VECCHIO
        GE MAS
        NU SING
        GP PREP CON
           GN DET ART GLI
              N  OCCHIALI
              GE MAS
              NU PLU
```

Quellcode 3.2: Analyseergebnis der adnominalen Lesart von *Piero vede il vecchio con gli occhiali.* im ATNSYS-Syntaxparser

```
S TIPO DCH
  GN N PIERO
     GE MAS
     NU SING
  AUS TEMPO PRES
      MODO  IND
  GV V  VEDERE
     GN DET ART IL
        N  VECCHIO
        GE MAS
        NU SING
     GP PREP CON
        GN DET ART GLI
           N  OCCHIALI
           GE MAS
           NU PLU
```

Quellcode 3.3: Analyseergebnis der adverbialen Lesart von *Piero vede il vecchio con gli occhiali.* im ATNSYS-Syntaxparser

Lexikalische Ambiguitäten sind auf demselben Prinzip des Backtrackings behandelt, wobei jedes Wort im Satz als nichtdeterministischer Knoten im ATN dargestellt ist. Cappelli u. a. (1978a) geben als Beispiel den aufgrund der Homographie der einzelnen Elemente ambigen Satz *Otto chiese perdono.* an: *Otto* am Satzanfang als das Zahlwort für 8 oder als Eigenname, *chiese* als ‚dritte Person Singular *passato remoto*' von *chiedere* oder als Plural von *chiesa* und *perdono* als Substantiv oder ‚dritte Person Plural Präsens Indikativ' von *perdere*. Wie in Abbildung 3.9 zu sehen ist, werden alle möglichen Kanten ausgetestet.

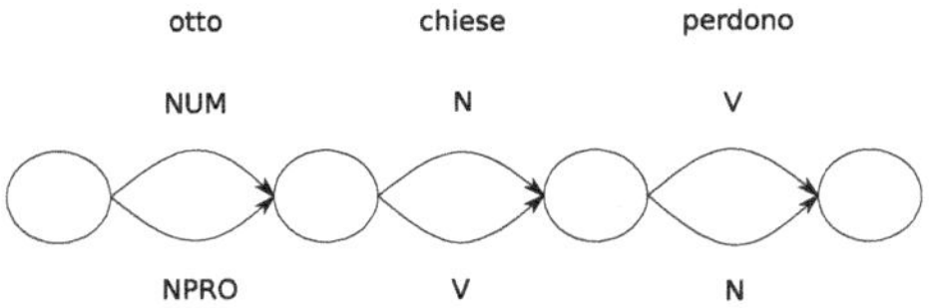

Abbildung 3.9: Lexikalische Ambiguitäten im Satz *Otto chiese perdono.* (nach Cappelli u. a. 1978b)

Der Aufbau des ATN lässt ungrammatische Interpretationen wie eine zweimalige Verwendung des Verbs nicht zu, da die Kantendurchläufe nicht zu einer POP-Kante, also einer Endkante, die ein Ergebnis ausliest, gelangen können. Da der Parser alle möglichen Parsevorgänge in Bezug auf syntaktische und lexikalische Ambiguitäten durchläuft, kann die Laufzeit unter Umständen sehr hoch sein. Daher versuchen die Entwickler ab Cappelli u. a. (1978b) stetig, eine Heuristik auf Basis von Statistiken einzubauen. Dies soll vor allem dem Ziel dienen, längere Texte parsen zu können.

In der LAG werden durch die Musterdefinitionen und Regelpakete nicht alle möglichen Parsevorgänge ausprobiert. Es ist genau definiert, welches Proplet dem vorherigen folgen darf, sodass die Komplexität niedrig bleibt. So ist eine Verknüpfung von *Otto chiese* als Kombination aus Eigenname und finiter Verbform mit *perdono* als finiter Verbform nicht im Regelpaket einer Regel verankert. Folglich wäre dieser Ableitungsschritt nicht ausführbar.

Ferrari u. Prodanof (1982) geben kritisch zu bedenken, dass der bis zu diesem Zeitpunkt entwickelte ATNSYS-Syntaxparser für die italienische Sprache einige sprachliche Phänomene noch nicht adäquat behandeln kann und daher noch weiter ausgebaut werden muss. In Sätzen wie *L'uomo del desiderio di vendetta del quale ti ho parlato.*, in denen Informationen über mehrere Satzbestandteile hinweg transportiert werden müssen, scheint der Parser noch keine vollständige Lösung bieten zu können. Ein weiterer Problemfall ist die Ambiguitätenlösung bei mehrfachen Präpositionalphrasen (untergeordnet und nebengeordnet).[22] Des Weiteren wird nahe gelegt, den Parser auch auf konversationsbasierte Elemente wie zum

[22] Als Beispiel ist der bereits erläuterte Satz *Piero vede il vecchio con gli occhiali.* zu nennen, falls an diesen noch weitere Präpositionalphrasen angehängt werden.

Beispiel unvollständige Sätze, die trotzdem wohlgeformt sind, zu erweitern und Speicherung und Zugriff zu modifizieren.

Prodanof u. Ferrari (1983) versuchen darüber hinaus, Ellipsen in Sätzen wie *Giovanni disse che* _ (fehlende Referenz *lui*) *aveva mentito.* oder *Il capitano disse ai soldati che* _ (fehlende Referenz *loro*) *marciavano pietosamente.* zu behandeln. Hierfür sollen beim Backtracking linguistische Beschränkungen eingeführt werden und der linke Kontext in manchen Fällen bei Parserunzulänglichkeiten manipuliert werden.

Die Entwickler geben zusammenfassend zu bedenken, dass der ATNSYS-Syntaxparser eher für die rein syntaktische Analyse gedacht ist als für eine syntaktisch-semantische Analyse. Eine semantische Ebene wie bei einem CATN ist nicht eingebaut. Somit bleibt unklar, ob vom Parser nicht auch semantisch unkorrekte Sätze erkannt werden. Ausführliche Tests an Korpora wurden nicht durchgeführt. Cappelli u. a. (1978b, S. 33f.) unternehmen zwar den Versuch, einen Text zu parsen, es handelt sich bei diesem jedoch nur um den Beginn einer Science-Fiction-Erzählung. Darüber hinaus gibt der Parser keine Informationen zur Funktor-Argument-Struktur eines Satzes wieder. Die Lexikoneinträge müssten weiterhin durch mehr Informationen gefüllt werden, wie beispielsweise Cappelli u. a. (1980a) anregen.

3.2 Die Turin University Treebank (TUT)

Treebanks sind linguistisch annotierte Korpora, die über das Part-of-Speech Tagging hinausgehen.[23] Nach Marcus u. a. (1993, S. 313) sind sie wichtige Hilfsmittel für die Bereiche „Natural Language Processing“, Spracherkennung und -synthese sowie theoretische Linguistik. Um eine solche Treebank für die italienische Sprache zu konstruieren, deklariert Bosco (2000) ein Annotationsschema für die TUT und setzt die Arbeit in den darauf folgenden Jahren fort. Abschnitt 3.2.1 beschreibt den Aufbau der TUT, Abschnitt 3.2.2 ihre Leistungen.

[23]Vgl. Nivre (2008, S. 225).

3.2.1 Aufbau

Nach Bosco (2000) soll ein Annotationsschema für eine Treebank aus mindestens zwei Elementen bestehen: einem Part-of-Speech Tagger und einem syntaktischen Tagger. Diese beiden Tagger sind auch in die TUT aufgenommen. Die Ziele sind, wie in Skut u. a. (1997) deklariert, Anschaulichkeit, Unabhängigkeit gegenüber Grammatiktheorien, Trennung verschiedener Ebenen der Annotierung (Morphologie, Syntax, Semantik) und dynamische Daten. In Lesmo u. a. (2002) sind folgende Schritte für das Annotieren eines Korpus angegeben:

1. Der Text wird durch einen Tokenizer geschickt.

2. Das Ergebnis des Tokenizers wird einem morphologischen Analyseprogramm übermittelt, das jedes Token analysiert.

3. Die Resultate der morphologischen Analyse werden einem regelbasierten Part-of-Speech Tagger übergeben. Es folgt die Disambiguierung und die Zuordnung der Wortklasse. Folgende Tags sind möglich: Adjektiv, Adverb, Artikel, Konjunktion, Datum, Interjektion, Markierung (hauptsächlich dafür genutzt, um vom Korpus nicht verarbeitete Tags zu markieren), Substantiv, Zahlwort, Phrasalwort (Wörter, die alleine stehend die Funktion eines ganzen Satzes übernehmen können), Präartikel, Präposition, Pronomen, Satzzeichen, Sonderzeichen und Verb.

4. Der getaggte Text wird einem Chunkparser übermittelt.

5. Die geparsten Daten werden per Hand nachbearbeitet, um eventuelle Fehler des Parsers zu korrigieren.

Die Schritte 1–3 folgen dem Ansatz von Boella u. Lesmo (1998), deren Part-of-Speech Tagger in der TUT verwendet wird. In Schritt 1 wird ASCII-Text einem Tokenizer übergeben. Hierbei kann es durchaus mehrfache Analysen geben, beispielsweise bei Kompositionen, die einen Bindestrich in ihrer Mitte stehen haben (*week-end* als ein Wort oder als zwei Wörter).
In der morphologischen Analyse werden die Tokens auf ihre Grundformen zurückgeführt, diese mit einem Lexikon verglichen und Hypothesen über Suffixe, Präfixe

und Flexionsendungen gebildet. Das Token wird dann aufgrund der Hypothesen mit grammatischen Informationen annotiert. Das morphologische Analyseprogramm ist hierbei als deterministischer Automat implementiert.

Der Part-of-Speech Tagger wählt die beste Annotierung für ein Token. Um den Auswahlmechanismus zu erläutern, geben Boella u. Lesmo (1998) als Beispiel das Token *data* an, welches vier Lesarten aufweist: Partizip Perfekt des Verbs *dare*, ‚dritte Person Singular Präsens Indikativ' oder ‚zweite Person Singular Imperativ' des Verbs *datare* sowie das feminine Substantiv *data* im Singular. Auf Basis von 134 handgeschriebenen Regeln, die insgesamt 52 verschiedene Ambiguitätsklassen abdecken, disambiguiert der Parser die Tokens. Die handgeschriebenen Regeln werden weiterhin von einem Verbesserungsalgorithmus unterstützt. Dieser basiert auf Entscheidungsbäumen und Regeln, die durch Anwendung an Trainingskorpora gelernt werden.
Unbekannte Tokens werden, falls klein geschrieben, von einem Wortklassenschätzprogramm verarbeitet, das auf gleiche Weise wie der Verbesserungsalgorithmus funktioniert. Großgeschriebene Tokens werden automatisch mit einem Vermerk ausgestattet, dass es sich um einen Eigennamen handeln kann. In Sätzen wie *Mi piace la musica di Verdi.* jedoch ist *Verdi* auch als Adjektiv annotiert (Plural des Adjektivs *verde*), wobei es sich in diesem Fall aber nur um den italienischen Komponisten Giuseppe Verdi (1813–1901) handeln kann.[24]

Abbildung 3.10 zeigt den Aufbau des Chunkparsers[25]. Dieser arbeitet nur auf Basis der in Schritt 3 erklärten Part-of-Speech getaggten Daten. Die nicht verbalen Chunkregeln sind so implementiert, dass sie zunächst kleinere Chunks bilden und diese zu größeren Chunks zusammenfügen. Es wird nach möglichen potentiellen Köpfen im Satz geparst und in deren Umgebung nach zugehörigen Komplementen gesucht. Die Koordination handhabt der Parser in der Weise, dass zuerst nach einem möglichen zweiten Konjunkt gesucht wird und danach nach einem syntaktisch kompatiblen ersten Konjunkt. Dies gilt sowohl für Köpfe von Nominalphrasen als

[24]Boella u. Lesmo (1998, S. 924) geben selbst zu bemerken: „Notice that all these solutions are just patches, since we did not face yet the problem of Proper Nouns in its full complexity."

[25]Für eine nähere Einführung zum Chunkparsing vgl. Abney (1991).

auch für Verben. Das verbale Chunking basiert auf einem Abgleichmechanismus zwischen Subkategorisierungsmustern des Verbs und den relevanten Beziehungen, die bis dahin im Satz gefunden wurden. Die letzten Schritte bestehen darin, dass versucht wird, noch unverlinkte Chunks zu verlinken und die Baumstruktur des Satzes zu vervollständigen.

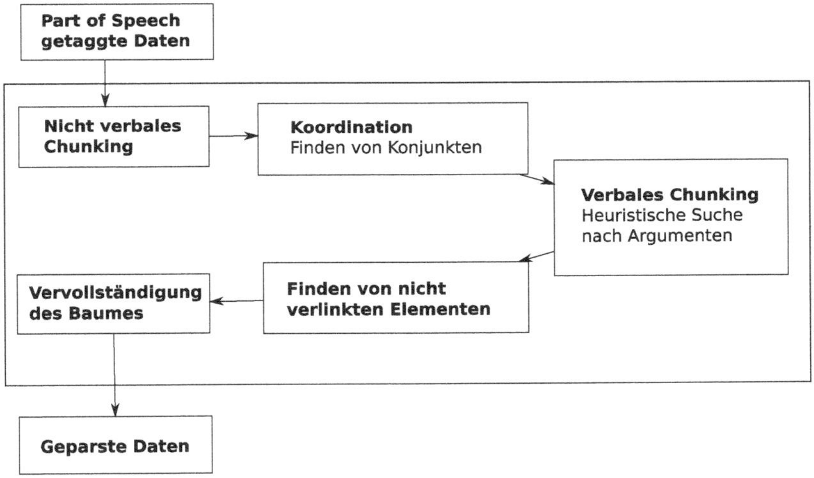

Abbildung 3.10: Aufbau des TUT-Chunkparsers (nach Lesmo u. a. 2002)

Abbildung 3.11 auf Seite 36 zeigt einen Syntaxbaum im TUT-Format am Beispielsatz *Il governo di Berisha appare in difficoltà.*

Als Format zur Baumdarstellung der syntaktisch-semantischen Beziehungen wird das der Dependenzgrammatik gewählt mit der Begründung, dass es sich beim Italienischen um eine „partiell strukturmäßige" Sprache handelt.[26]

[26]Nach Bosco (2000) und Bosco (2001) ist damit gemeint, dass die italienische Sprache eine Mittelstellung zwischen strukturmäßigen Sprachen wie dem Englischen, das eine feste Wortstellung besitzt, und nicht strukturmäßigen Sprachen wie dem Tschechischen mit freier Wortstellung einnimmt. Auf diese intuitive

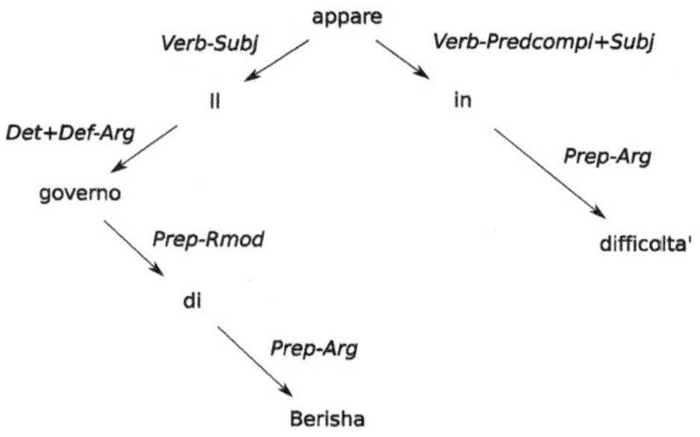

Abbildung 3.11: Aufbau eines TUT-Syntaxbaums
(nach Bosco u. Lombardo 2006)

Die Annotation der Kanten besteht hierbei aus drei unterschiedlichen Elementen: der morpho-syntaktischen, der funktional-syntaktischen und der semantisch-syntaktischen Information. Die morpho-syntaktische Information ist durch die Angabe der Wortklasse dargestellt (beispielsweise `Det` für Artikel oder `Prep` für Präpositionen). Die funktional-syntaktische Information gibt wieder, welche Funktion ein Knoten (also die Wortformoberfläche) im Satz ausübt (beispielsweise `Subj` für Subjekt oder `Arg` für Argument). Die syntaktisch-semantische Information gibt mögliche semantische Rollen an (zum Beispiel `AGENT` oder `SOURCE`) oder untergliedert Komplemente (beispielsweise `TIME` für Temporaladverbien).
Die Relationen der einzelnen Satzbestandteile zueinander sind allgemein durch Merkmalstrukturen dargestellt. Diese in Bosco u. Lombardo (2003) erstmals definierten „Augmented Relational Structures“ (ARS) bestehen aus dreiteiligen Merkmalstrukturen und einem azyklischen Graphen, in welchem Knoten als syntaktische Einheiten von Sätzen und Kanten als grammatische Relationen zwischen diesen syntaktischen Einheiten fungieren. Abbildung 3.12 zeigt dies am Beispielsatz *La nazione più povera d'Europa sogna ricchezza.*

Das syntaktisch-semantische Attribut-Werte-Paar `sem` gibt den syntaktischen Einheiten die Rollen Agens (`AGENT`) als Handelnden und Theme (`THEME`) als Thema.

Bestimmung sei nicht weiter eingegangen. Zur topologischen Flexibilität des Italienischen vgl. unter anderem Benincà u. a. (2001) und Salvi (1988).

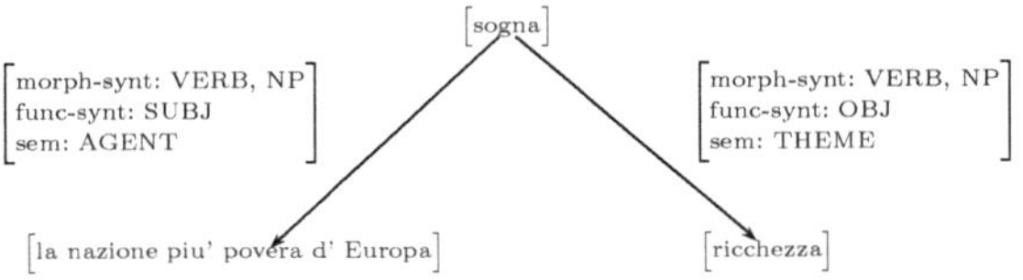

Abbildung 3.12: Darstellung der Augmented Relational Structure in der TUT (nach Bosco u. Lombardo 2003)

Der Kopf des Satzes ist die Verbalphrase, welche als Argumente ein Subjekt und ein Objekt besitzt (ausgezeichnet mit `SUBJ` und `OBJ` im Attribut **`func-synt`**). Im morphologisch-syntaktischen Attribut-Werte-Paar **`morph-synt`** wird der Satz weiterhin nach Kongruenz überprüft. Insgesamt sind nach Bosco u. Lombardo (2004) folgende Werte der drei Attribut-Werte-Paare möglich:

- Morpho-syntaktisch: 10 Oberklassen (Wortarten), 20 Unterklassen (Spezifikationen der Oberklassen, beispielsweise Trennung der Artikel in bestimmt und unbestimmt). Durch Kombination der Klassen sind 40 Werte möglich.

- Funktional-syntaktisch: 27 Oberklassen (zum Beispiel Subjekt, Argument, Objekt), 23 Unterklassen (Spezifikation der Oberklassen, beispielsweise Unterteilung in indirektes und direktes Objekt). Durch Kombination der Klassen sind 55 Werte möglich.

- Semantisch-syntaktisch: sechs Klassen (**`Reasoncause`**, **`Source`**, **`Agent`**, **`Time`**, **`Theme`** und **`Loc`**)

Im Vergleich zur LAG kann festgehalten werden, dass sich die Darstellungsweisen der Lexikoneinträge durch Merkmalstrukturen ähneln. Ob in den ARS Verschachtelungen, die in der LAG nicht möglich sind, zugelassen sind, ist jedoch nicht beschrieben. In den Proplets der LAG sind weiterhin mehrere Attribut-Werte-Paare definiert und diese sind gegebenenfalls erweiterbar, sodass die Einträge flexibler zu handhaben sind.

In einer alternativen Darstellung zum Dependenzbaum im TUT-Format sind in Quellcode 3.4 zusammenfassend die einzelnen Schritte der Annotierung zu sehen. Als Beispielsatz dient *Il governo di Tirana ha imposto un improvviso blackout a tutti gli organi di stampa.*

```
Il (IL ART DEF M SING)[6;VERB-SUBJ]
governo (GOVERNO NOUN COMMON M SING)[1;DET+DEF-ARG]
di (DI PREP MONO)[2;PREP-RMOD]
Tirana (TIRANA NOUN PROPER F CITY)[3;PREP-ARG]
ha (AVERE VERB AUX IND PRES TRANS 3 SING)[6;AUX+TENSE]
imposto (IMPORRE VERB MAIN PARTICIPLE PAST SING M)[0;TOP-VERB]
un (UN ART INDEF M SING)[6;VERB-OBJ]
improvviso (IMPROVVISO ADJ QUALIF M SING)[9;ADJC+QUALIF-RMOD]
blackout (BLACKOUT NOUN COMMON M ALLVAL)[7;DET+INDEF-ARG]
a (A PREP MONO)[6;VERB-INDOBJ]
tutti (TUTTO PREDET M PL)[12;PDET+QUANTIF-RMOD]
gli (IL ART DEF M PL)[10;PREP-ARG]
organi (ORGANO NOUN COMMON M PL)[12;DET+DEF-ARG]
di (DI PREP MONO[13;PREP-RMOD]
stampa (STAMPA NOUN COMMON F SING)[14;PREP-ARG]
. (#\. PUNCT) [6;END]
```

Quellcode 3.4: Alternative Darstellung einer Annotierung im TUT-Format (nach Bosco u. Lombardo 2006)

Der in Tokens zerlegte Satz (Schritt 1) unterliegt einer morphologischen Analyse, die jedes Token auf seine Grundform zurückführt und mit grammatischen Informationen ausstattet (Schritt 2; Beispiel: das Auxiliar *ha* ist auf seine Grundform *avere* zurückgeführt und mit der grammatischen Information ‚dritte Person Singular Präsens Indikativ' ausgestattet). Der Part-of-Speech Tagger weist die Wortklasse zu (Schritt 3; zum Beispiel *ha* als Auxiliar). Mit Hilfe des Parsers werden syntaktische Beziehungen innerhalb des Satzes hergestellt und die Tokens mit morphosyntaktischen, funktional-syntaktischen sowie semantisch-syntaktischen Informationen ausgestattet (Schritt 4).

Deshalb sind, analog zum Dependenzbaum, gleichrangige Satzbestandteile mit derselben Nummer ausgestattet (*ha* als Beginn der Verbalphrase, *Il* als Beginn der Subjekt-Nominalphrase, *un* als Anfang der direkten Objekt-Nominalphrase, *a* als Anfang der indirekten Objekt-Nominalphrase sowie der Punkt stehen, markiert durch die Nummer 6, auf einer Ebene). Die einzelnen Tokens sind weiterhin mit den drei genannten und bereits erläuterten syntaktischen Informationen versehen (Beispiel: *un improvviso blackout* ist am Knoten *blackout* als Verknüpfung eines unbestimmten Artikels mit dem Substantiv beschrieben (`DET+INDEF-ARG`), die zu-

sammen mit dem Adjektiv das direkte Objekt zum `TOP-VERB` *imposto* bilden. Dies sieht man beim Knoten *un*, der mit `VERB-OBJ` annotiert ist).
Die Ableitungsschritte ähneln denen der LAG insofern, dass zuerst eine morphologische Analyse durchgeführt wird. Jedoch ist in der LAG kein Part-of-Speech Tagger nötig, da in den Proplets selbst die Wortklasse schon markiert ist. Im Gegensatz zur dependenzgrammatischen Darstellung (strukturelle Analyse) geht die LAG bei einer Ableitung streng von links nach rechts (lineare Analyse) vor. Des Weiteren wird im TUT-Format meistens mit einem Verb gestartet, von dem aus sich Unterbäume verzweigen. Auch dies vermeidet die LAG aufgrund der zeitlinearen Ableitungsfolge.

3.2.2 Leistungen

Neben dem vorrangigen Ziel, Korpora syntaktisch zu annotieren und die Funktor-Argument-Struktur der italienischen Sprache darzustellen, behandelt die TUT auch frequente Phänomene der italienischen Sprache. Einige davon sind im Folgenden erläutert.
Da das Italienische eine Pro-Drop-Sprache ist, sind in der TUT viele sogenannte „Traces“ (in den meisten Fällen Null-Elemente) eingebaut.[27] Diese stellen informationsleere Knoten dar, die jedoch für die Darstellung der Funktor-Argument-Struktur der italienischen Sprache nützlich sind. Abbildung 3.13 zeigt eine Trace am Beispielsatz *Era andato a Torino.*

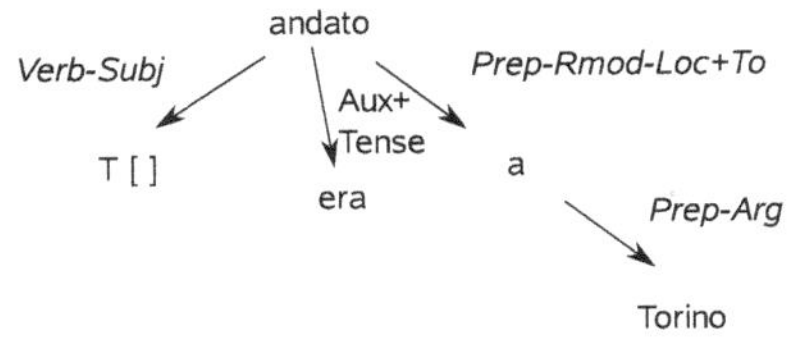

Abbildung 3.13: Darstellung einer Trace in der TUT

[27]Alle folgenden Beispiele finden sich auch auf den Unterseiten zur URL http://www.di.unito.it/~tutreeb/ling-notes/ling-notes-index.htm [Stand: 15.03.2012].

Die in diesem Fall nicht besetzte Subjektposition ist durch „`T [ ]`“ dargestellt, um zu zeigen, dass die grammatische Information zum Subjekt im Verb steht (maskulin Singular durch Flexionsendung *-o* bei *andato*). Derselbe Mechanismus gilt bei Modalverben wie im Satz *Il Papa vuole sottolineare il legame.* Hier wird beim Infinitiv des Verbs *sottolineare* die Subjektposition unterdrückt, da davor ein finites Modalverb steht. Dasselbe ist auch für das Gapping wie im Beispiel *L'esercito entrò a Belgrado e la polizia a Tirana.* vorgesehen. Hier ist das Verb *entrò* sowohl Funktor für die erste als auch für die zweite Präpositionalphrase.

Die Darstellung fehlender Elemente im Satz durch Traces entspricht hierbei nicht dem Prinzip der Oberflächenkompositionalität, weil Null-Elemente eingefügt werden, die nicht in der Oberfläche des Satzes vorhanden sind.

Koreferenz ist so behandelt, dass ein Marker zwischen dem referenzierten Satzteil und seinem Referenten eingefügt wird. Abbildung 3.14 zeigt an der Präpositionalphrase *con mezzi alternativi a quelli stradali* die Verknüpfung bei einer Referenzwiederholung. Da das Pronomen *quelli* auf *mezzi* referenziert, wird in *quelli* ein Marker `[1w]` gesetzt, in *mezzi* `[1]`. Dies bedeutet, dass das Pronomen sich nur auf das Wort *mezzi* bezieht. Weitere Möglichkeiten wären eine Markierung mit `f`, wenn sich das Referenzwort auf einen gesamten Teil des Dependenzbaums oder `p`, wenn es sich auf einen bestimmten Teilabschnitt des Dependenzbaums bezieht. Derselbe Mechanismus wird auch für reflexive Verben verwendet.

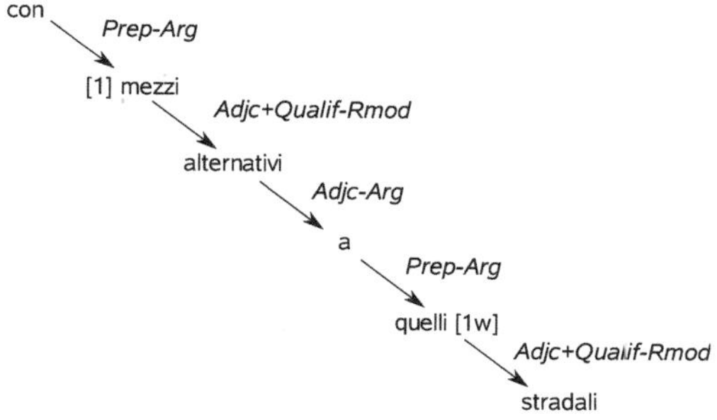

Abbildung 3.14: Darstellung der Koreferenz in der TUT

Die Behandlung der Koreferenz ähnelt insofern dem Ansatz der LAG, da Pronomina als Zeiger[28] definiert sind und bei der syntaktisch-semantischen Analyse mit demselben idy-Wert wie ihr Bezugswort ausgestattet sind.[29]

In der TUT sind weiterhin Auxiliare dem Hauptverb untergeordnet. So sind im Beispielsatz *Lui è stato visto da lei.* das Partizip *stato* als Unterbaum zu *visto* und das Auxiliar *è* als Unterbaum zu *stato* dargestellt. Sonderzeichen haben innerhalb eines Satzes eine ähnliche Notation wie die Auxiliare. In komplexen Substantiven und Adjektiven (*italo-americano*), die mit einem Bindestrich verbunden sind, ist das erste Element als Kopf und der Bindestrich mitsamt des zweiten Elementes als Komplement zum Kopf dargestellt, obwohl beide aufgrund ihrer Charakterisierung als koordiniertes und gleichzeitig kopulatives Kompositum (*coordinato copulativo*) zwei Köpfe besitzen.[30] Derselbe Mechanismus wird auch bei mehrfachen Präpositionalphrasen, die durch *da* und *a* eingeleitet sind, verwendet, wie beispielsweise in *Il treno va da Milano a Roma.* in Abbildung 3.15 zu sehen ist.

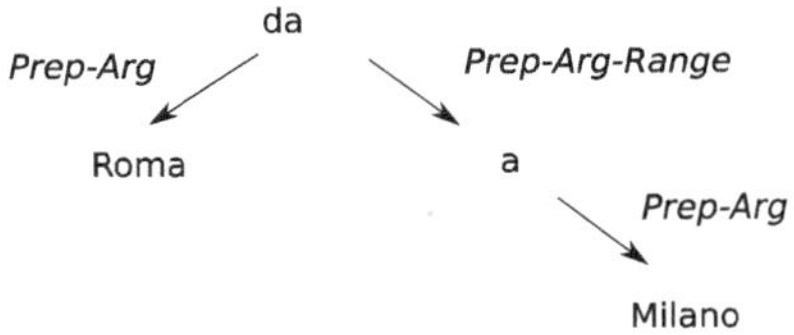

Abbildung 3.15: Darstellung von mehrfachen Präpositionalphrasen in der TUT

In manchen Fällen wird auch eine Oberflächentransformation vorgenommen. Dies ist bei Präpositionen, die mit Artikeln verschmolzen sind (*preposizioni articolate*), der Fall[31] (*alla* wird aufgespalten in *a* und *la*, wobei das noch fehlende *l* nicht berücksichtigt wird). Bei Passivtransformationen ist der Satz in eine Tiefenstruktur übersetzt und so ausgezeichnet, dass ein logisches Subjekt und ein Objekt

[28]Vgl. Hausser (2000, S. 115).
[29]Informationen über das idy-Attribut finden sich in Abschnitt 4.2.
[30]Vgl. Bisetto (2004, S. 37).
[31]Bei Schwarze (1995) handelt es sich um die Präpositionen *di, a, da, in* und *su.*

annotiert sind. Dies sieht man beispielsweise in *I manifestanti furono uccisi dalla polizia.* Obwohl, rein syntaktisch gesehen, *i manifestanti* das Subjekt des Satzes ist, ist es als logisches Objekt ausgezeichnet. Umgekehrt ist *dalla polizia* als logisches Subjekt annotiert.

Am Beispiel der *preposizioni articolate* ist ersichtlich, dass, im Gegensatz zur LAG, das Prinzip der Oberflächenkompositionalität nicht vorhanden ist, da man sich nicht strikt an die in der Oberfläche vorkommenden Wortformen hält.

Bosco u. Lombardo (2006) und Bosco (2006) konvertieren außerdem das in Abschnitt 3.2.1 erläuterte TUT-Format in drei weitere Formate: das „Constituency-TUT“, das „Augmented-Penn“ und das „Penn“-Format. Ziel ist es, sich über die beiden anderen Formate als Zwischenschritt dem „Penn“-Format anzunähern, um bessere Vergleiche der italienischen Sprache mit anderen Korpora, die im „Penn“-Format konvertiert sind, gewährleisten zu können. Diese sind beispielsweise die „American English Treebank“ (Marcus u. a. 1993, Marcus u. a. 1994) für die englische Sprache, die „Prague Dependency Treebank“ (Hajicová u. a. 2001, Zabokrtský 2000) für die tschechische Sprache oder das „NEGRA-Korpus“ für die deutsche Sprache (Brants 2000, Brants u. a. 1997, Brants 1997).

Für die „EVALITA 2007“ („**Eval**uation of NLP tools for **Ita**lian“), einem Wettbewerb für syntaktische Analyseprogramme der italienischen Sprache, wurde ein Entwicklungskorpus mit ungefähr 2 000 Sätzen und 58 000 Tokens aus der TUT extrahiert und syntaktisch annotiert.[32] Sowohl das TUT-Format als auch das „Penn-Format“ stellten die Veranstalter den Teilnehmern zur Verfügung. Das Korpus bestand hierbei aus zwei Unterkorpora, einem mit Auszügen aus dem *Codice Civile* und einem weiteren aus verschiedenen Artikeln italienischer Zeitungen.[33]

[32] Vgl. Bosco u. a. (2007, S. 31).

[33] Das annotierte Gesamtkorpus kann unter der URL http://www.di.unito.it/~tutreeb/index.html [Stand: 15.03.2012] frei heruntergeladen werden. Die besten Ergebnisse erzielte der sogenannte „UniTo_Lesmo_PAR-Parser“, ein parallel zur TUT entwickelter syntaktischer Parser, wie die Auswertungen in Bosco u. a. (2008) und Magnini u. a. (2008) zeigen.

Zusammenfassend ist festzuhalten, dass die TUT in Bezug auf ihre Zielsetzung, sprachliche Strukturen des Italienischen und einige syntaktische Phänomene wie Koreferenz darzustellen, der LAG ähnelt. Jedoch sind die beiden Grundprinzipien der Zeitlinearität und Oberflächenkompositionalität nicht vorhanden und es besteht kein Grammatikformalismus oder eine algebraische Definition. Komplexitätsangaben für die syntaktisch-semantische Analyse der TUT sind in der behandelten Literatur nicht erwähnt.

3.3 Das DANTE-System

Das in Antonacci u. a. (1989) vorgestellte DANTE-System („**D**escrizione **A**utomatica di **N**otiziarii [sic] e **T**esti di **E**conomia", dt. *Automatische Beschreibung von Nachrichten und Texten aus der Wirtschaft*) basiert auf den Entwicklungen von Russo (1987b) und Russo (1987a). Ziel ist es, ein Programm zu entwickeln, das kurze beschreibende Texte analysiert, die formale Repräsentation ihrer Semantik als Prädikatenlogik erster Stufe wiedergibt und die Ergebnisse in einer *Knowledge Base* speichert. Das Programm ist dabei in drei Komponenten unterteilt:

1. Die **Morphologiekomponente** basiert auf einer kontextfreien Grammatik und einem Grundformenlexikon mit etwa 10 000 Einträgen.

2. Die **Syntaxkomponente** besteht aus einer Attributgrammatik[34], mehreren „Lookaheads" zur Vorausschau von möglichen Fortsetzungen des Satzes und aus vorsemantischen Tests, um die Komplexität beim Parsevorgang niedrig zu halten.

3. Die **Semantikkomponente** ist durch konzeptionelle Graphen dargestellt.

Schritt 1 besteht aus der Rückführung des Tokens auf seine Grundform, der Zuordnung des Lemmas in eine Wortklasse und die Ausstattung mit grammatischen Informationen. Das Lemma wird hierbei nach der Analyse mit fünf verschiedenen grammatischen Merkmalen versehen, wie in Tabelle 3.1 auf Seite 44 zu sehen ist.

[34]Eine Attributgrammatik ist eine kontextfreie Grammatik, die mit Attributen und Konditionen erweitert wird, vgl. Knuth (1968, S. 127).

lemma	stem	ending_class	syntactic_category	label
ancora	ancora	-	adv.temporal	2
ancora	ancor	dn_cosa	noun.common	2

Tabelle 3.1: Morphologische Analyse im DANTE-System

Durch die Zuordnung von Wortklassen und die Rückführung auf die Grundform kann in diesem Fall eine Disambiguierung des Tokens *ancora* geschehen, da es sich bei diesem sowohl um ein Substantiv als auch um ein Adverb handeln kann. Nach Antonacci u. a. (1989, S. 1) ist das Analyseprogramm in der Lage, 100% Abdeckung aus einem Korpus, bestehend aus über 100 000 verschiedenen Wörtern, zu erreichen.
Die syntaktische Analyse übernimmt die Ergebnisse des Morphologieparsers und versucht, mit der Attributgrammatik und den dazu gehörigen Regeln die möglichen Wortsequenzen zu disambiguieren und Kongruenzübereinstimmungen zu überprüfen. Quellcode 3.5 zeigt eine Beispielregel.

```
Rule:
NOUN_PHRASE -> DET NOUN

Attribute Conditions:
DET.GENDER = NOUN.GENDER
DET.NUMBER = NOUN.NUMBER

Attribute Synthesis:
NOUN_PHRASE.GENDER = NOUN.GENDER,
NOUN_PHRASE.NUMBER = NOUN.NUMBER,
NOUN_PHRASE.TYPE = NOUN.TYPE,
NOUN_PHRASE.LEMMA = NOUN.LEMMA
```

Quellcode 3.5: Eine Regel im DANTE-System
(nach Antonacci u. a. 1989)

Die Attribute sind mit den terminalen und nicht-terminalen Symbolen der Grammatik verbunden. Die Ableitungsordnung ist hierbei „bottom-up“. Wird eine Regel als korrekt anerkannt und ausgeführt, übernimmt der Kopf der nächsten Regel die Attribute mit den entsprechenden Werten gemäß der jeweiligen Menge an Regeln „Attribute Synthesis“. Das DANTE-System besitzt insgesamt 150 Produktionsregeln. Eine Analyse am Testkorpus ergab eine Abdeckung von ungefähr 80%. Es wurden zufällig 1 000 Texte von Pressemitteilungen ausgewählt und analysiert.

Die semantische Komponente ist eine logische Realisierung aus konzeptionellen Graphen.[35] Satzbedeutungen sind durch Graphen ausgedrückt, in denen Konzepte mit ihren jeweiligen konzeptionellen Relationen dargestellt werden, wie folgendes Beispiel zeigt:

The Ace signs the contract
[COMPANY: ace] ← (AGENT) ← [SIGN] → (OBJ) → [CONTRACT]

Ace ist in diesem Fall als Firma identifiziert und gleichzeitig Agens des Satzes. Durch die beiden Pfeile ist das Verb *sign* mit *ace* und *contract* in Relation gesetzt, wobei *contract* noch als Objekt des Satzes erkannt wird. Ein konzeptioneller Graph ist in Abbildung 3.16 am Beispielsatz *Il governo e la FIAT decidono un piano di investimenti a Roma.* dargestellt.

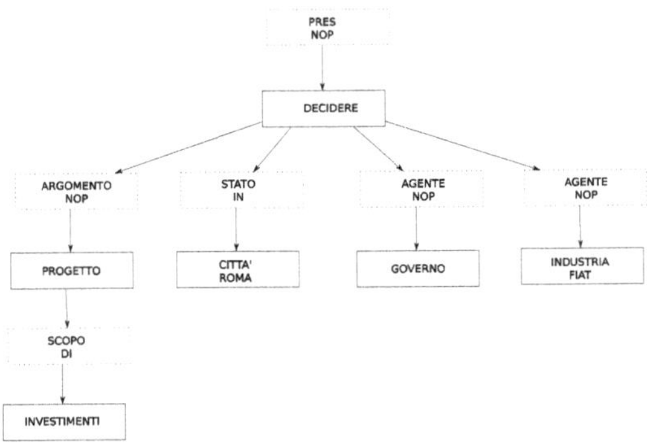

Abbildung 3.16: Konzeptioneller Graph im DANTE-System (nach Antonacci u. a. 1989)

Um eine semantische Repräsentation ableiten zu können, verwendet das System weiterhin sogenannte „Surface Semantic Patterns“ in einem semantischen Lexikon. In diesen wird allen Oberflächen eine detaillierte Liste von möglichen Verwendungskontexten mitgegeben. Als Vorteil geben die Entwickler an, dass anstatt der rein wörtlichen Bedeutung eines Tokens der Kontext mit einbezogen wird und

[35]Diese sind in Sowa (1984) eingeführt.

die Patterns erweiterbar sind, falls in einem Korpus ein neuer Verwendungskontext gefunden wird.

Überraschend erscheint am DANTE-System, dass es in der Lage ist, mit einem Grundformenlexikon von nur 10 000 Einträgen eine Abdeckung von 100% bei einem Korpus zu erreichen. Dies mag darin begründet sein, dass sowohl Lexikon als auch Korpus kanonisch beschränkt sind, da es sich nur um Pressemitteilungen handelt und das Lexikon auf diese Art von Texten spezialisiert ist. Ob die Prinzipien der Zeitlinearität und Oberflächenkompositionalität vorhanden sind, kann nicht überprüft werden. Die Komponenten der Syntax und der Semantik scheinen weiterhin getrennt voneinander abzulaufen, was in der LAG nicht der Fall ist.

3.4 Zusammenfassung

In diesem Kapitel sind drei Parser für die syntaktisch-semantische Analyse des Italienischen beschrieben. Zu den beiden näher betrachteten ATNSYS-Syntaxparser und TUT ist festzuhalten, dass in beiden die Prinzipien der Oberflächenkompositionalität und Zeitlinearität nicht vorhanden sind. Der ATNSYS-Syntaxparser versucht, möglichst viele syntaktische Phänomene der italienischen Sprache abzudecken, aber es gibt bei ihm keine semantische Ebene. Die TUT ist dem Ansatz der LAG insofern ähnlich, als sie versucht, die italienische Sprache im Sinne einer Funktor-Argument-Struktur zu analysieren. Das DANTE-System versucht zwar eine semantische Ebene einzubauen, das Gesamtsystem ist hingegen nur auf eine bestimmte Sorte von Texten spezialisiert. Allen drei Parsern fehlt weiterhin eine algebraische Definition ihres Elementarformalismus.
In den folgenden Kapiteln ist ein neuer Ansatz der syntaktisch-semantischen Analyse des Italienischen, der explizit der SLIM-Sprachtheorie und LAG folgt, vorgestellt und implementiert. Ziel ist es, eine möglichst hohe Abdeckung syntaktischer Phänomene zu gewährleisten und Modelle für eine adäquate Behandlung der semantischen Ebene zu definieren.

4 LA-Morph

Das in der vorliegenden Arbeit als Grundlage verwendete morphologische Analysesystem entstammt in seiner Urfassung der Magisterarbeit „Implementierung eines automatischen Wortformerkennungssystems für das Italienische mit dem Programm JSLIM".[1] Im Laufe einiger Erweiterungen und Anpassungen wurde das System in Weber (2010) an die Version 2.1 von JSLIM angeglichen und um mehrere Merkmale erweitert. Es liegt der syntaktisch-semantischen Analyse des Italienischen in LA-Hear zugrunde. Abschnitt 4.1 stellt die grundlegenden Eigenschaften und Leistungen des italienischen Morphologiesystems dar. Abschnitt 4.2 erläutert, welche Maßnahmen notwendig sind, um das System auf die syntaktisch-semantische Analyse vorzubereiten. In Abschnitt 4.3 sind die Kategorievergaben diskutiert, mit der sämtliche Lexikoneinträge annotiert sind. Abschnitt 4.4 erläutert den Prozess der Erweiterung des Elementarlexikons mit zusätzlichen Einträgen. Hierbei wird verstärkt Wert auf die einfachere Generierung von Allomorphen in der Version 2.1 von JSLIM gelegt. Ergebnisse zu Testanalysen von Korpora und Texten sind in Abschnitt 4.5 aufgelistet und ausgewertet.

4.1 Leistungen

Hauptleistungsmerkmal des implementierten Morphologiesystems ist die regelbasierte Behandlung der italienischen Flexion und Derivation.[2] Eine regelbasierte Komposition ist nicht implementiert, jedoch stehen Komposita als Vollformein-

[1] Die Arbeit wurde im Wintersemester 2006/2007 an der Professur für Computerlinguistik der Friedrich-Alexander-Universität Erlangen-Nürnberg vom Autor verfasst.

[2] Nähere Informationen zum verwendeten Lexikon finden sich in Weber (2007, S. 37ff.).

träge im vor der Laufzeit generierten Allomorphlexikon.[3] Die Grammatik[4] besteht aus drei Regeln für die Flexion und die Derivation (Präfigierung und Suffigierung). Durch die Verwendung von Kombinationstabellen[5], die Wortstämme mit Flexionsendungen verknüpfen, ist weiterhin eine zuverlässige Weitergabe von grammatischen Informationen bei der Flexion gewährleistet. Der Verknüpfungsmechanismus der Derivation basiert auf der Konkatenation der Präfixe und Suffixe mit den Allomorphen der offenen Wortklassen. Diese haben in ihren Proplets zwei speziell für die Präfigierung und Suffigierung integrierte Attribute pfs und sfs, in die alle mit den Allomorphen kombinierbaren Präfixe oder Suffixe eingetragen sind. Hat der Verbstamm *sper* beispielsweise eine Markierung für das Suffix *-anz*, so kann daraus der neue Stamm *speranz* gebildet werden.[6] Grammatische Eigenschaften wie Wortklassenwechsel oder neue Verlinkungen auf Kombinationstabellen tragen hierbei immer die Lexikoneinträge der Suffixe.[7] Bei der Präfigierung werden im Rahmen der implementierten Grammatik hauptsächlich die Wortformoberflächen des Lexikoneintrags für das Präfix und des folgenden Allomorphs miteinander verknüpft, die grammatischen Informationen bleiben jedoch bei Letztgenanntem.

Das italienische Morphologiesystem folgt, wie auch die syntaktisch-semantische Analyse im Rahmen von LA-it, den Prinzipien der Zeitlinearität und Oberflächenkompositionalität und ist auf Basis der SLIM-Sprachtheorie und LAG entwickelt. In das Allomorphlexikon sind Einträge für verschiedene Wortklassen sowie weitere für die syntaktisch-semantische Analyse wichtige Bestandteile wie Satzzeichen

---

[3] Für eine Erläuterung zur Generierung des Allomorphlexikons sei auf Handl u. Weber (2010) und Weber u. a. (2010) verwiesen.

[4] Die Bezeichnung Grammatik wird im Folgenden synonym für ein morphologisches oder syntaktisch-semantisches Analysesystem in JSLIM verwendet.

[5] Für eine Einführung vgl. Weber (2007, S. 24).

[6] Obwohl dieses Suffix nach Gaeta (2004, S. 348) nur noch schwach produktiv ist, wird eine Markierung in *sper* eingetragen, da so ein Lexikoneintrag für *speranz* eingespart werden kann. Für die Bildung dieses Substantivs ist aufgrund seiner schwachen Produktivität keine Suffixregel geschrieben. Für andere produktive Wortbildungsmuster sind Regeln implementiert. Das System ist somit eine Mischung aus Regeln für produktive Wortbildungsmuster und effizienten Methoden, um Lexikoneinträge einzusparen.

[7] So beinhaltet das Suffix *-anz* bei der Kombination mit *sper* die Information, dass aus einem Verbstamm ein Substantivstamm gebildet wird. Logische Folge ist hierbei auch der Verweis auf eine neue Kombinationstabelle, in diesem Fall auf die der femininen Substantive mit der Endung *-a*.

eingebunden, wie Tabelle 4.1 zeigt. Die Anzahl der Einträge der offenen Wortklassen sind jeweils elementare Allomorphe, aus denen regelbasiert flektierte Formen und Derivate gebildet werden können.

Art der Lexikoneinträge	**Einträge**
Substantive	16 223
Verben	5 051
Adjektive	6 722
Artikel und Determinierer	82
Adverbien	843
Konjunktionen	183
Interjektionen	192
Eigennamen	20 453
Zahlwörter und Zahlen	134
Präpositionen	541
Pronomina	123
Satzzeichen und sonstige Zeichen	38

Tabelle 4.1: Aufteilung des Lexikons in LA-Morph

Die Evaluationsergebnisse in Abschnitt 4.5 zeigen, dass die regelbasierte Grammatik mit ihrem Ansatz der Allomorphmethode hohe Worterkennungsraten erzielt.

4.2 Lexikon in Morphologie und Syntax

Ein Proplet des morphologischen Analysesystems umfasst mehrere Attribut-Werte-Paare. Abbildung 4.1 auf Seite 50 zeigt die Analyseergebnisse für die Wortformen *riandavo*, *giornate* und *rari* nach Anwendung von Flexions- beziehungsweise Derivationsregeln.[8]

[8] Die Einteilung der Flexionsendungen folgt Seewald (1996). Sie fasst für den Infinitiv die Themavokale *-a*, *-e* und *-i*, die als Bindeglied zwischen Verbstamm und der Flexionsendung *-re* fungieren, jeweils mit dieser zusammen, sodass eine

sur:	ri|and|av|o	sur:	giorn|at|e	sur:	rar|i
core:	riandare	core:	giornata	core:	raro
orig:	pre_ri andare fls_av fls_o	orig:	giorno nom_at fls_e	orig:	raro fls_o
cat:	(s1' v)	cat:	(fp)	cat:	(mp)
sem:	(indimp)	sem:	(f)	sem:	(agg)
sfs:	(ament ant at)	sfs:	(at)	sfs:	(issim ita amente)
pfs:	(ri)	pfs:	()	pfs:	()
syn:	T_1	syn:	T_2	syn:	T_3
seg:	ri and are	seg:	giorn at a	seg:	rar o

Abbildung 4.1: Analyseergebnisse von *riandavo*, *giornate* und *rari* in LA-Morph

Die Attribut-Werte-Paare geben folgende Informationen innerhalb der Proplets wieder:

- sur - segmentierte Wortformoberfläche: Die einzelnen Allomorphe wie Wortstämme, Flexionsendungen, Infixe, Präfixe und Suffixe sind durch das Trennzeichen „|" voneinander abgegrenzt.

- core - Grundform der Wortformoberfläche: Über Verknüpfungsregeln sind alle segmentierten Wortformoberflächen auf ihre Grundform zurückgeführt, auch nach Wortklassenwechsel.

- orig - Zusammensetzung des Wortes: Es sind jeweils Grundformen, Flexive, Suffixe und Präfixe der Wortformoberflächen dargestellt. In dem Beispielproplet für *giornate* wird aus der Grundform *giorno* durch das Suffix *-at* ein weiteres Substantiv gebildet, an das die Flexionsendung *-e* angehängt ist. Der Mehrwert im Gegensatz zum sur-Attribut ist die Ausstattung der an der Konkatenation beteiligten Allomorphe mit grammatischen Informationen.

- cat - Kategoriewerte: Diese setzen sich bei Substantiven und Adjektiven aus Angaben zu Numerus und Genus, bei Verben zu Numerus und Person zusammen. Das Attribut gibt grammatische Eigenschaften der Proplets wieder,

Gruppierung in die drei Gruppen auf *-are*, *-ere* und *-ire* möglich ist. Weiterhin sieht sie die Infixe *-av-*, *-ev-*, *-iv-*, *-er-* und *-r-* als eine zusammengehörige Einheit, die Tempus und Modus darstellen sollen. Die Einteilung der Präfixe und Suffixe ist gemäß den Ausführungen in Schwarze (1995) implementiert. Die Implementierung der Suffixe *-zion* und *-ment* folgt den Ausführungen von Seewald (1996, S. 50f.), die die Themavokale *-a* und *-i* zu den Suffixen hinzufügt, sodass daraus *-azion*, *-izion*, *-ament* und *-iment* gebildet werden.

die für die Kombinatorik in LA-it relevant sind.[9] Beispielsweise dient es der Kongruenzüberprüfung zwischen Subjekt und Verb.

- sem - Semantikwerte: Bei den Verben sind Tempus- und Modusinformationen in diesem Attribut annotiert. Bei den Substantiven ist noch einmal das Genus zu finden, Adjektive haben keine spezielle Annotation. Eine genauere semantische Untergliederung ist jedoch im semantischen Lexikon in Abschnitt 6.3.2 zu sehen. In diesem Attribut sind, im Gegensatz zum cat-Attribut, keine Informationen zur Kongruenzüberprüfung von Proplets in der syntaktisch-semantischen Analyse gegeben. In manchen Fällen wird jedoch auf das Genus eines Proplets im Attribut sem zugegriffen. Als Beispiel sind die Sätze *Lui è andato.* und *Lei è andata.* zu nennen. Da auch in Pronomina das Genus im sem-Attribut markiert ist, wird hier neben der Kongruenzüberprüfung auf Numerus und Person im Attribut cat eine Überprüfung bezüglich des Genus in sem vollzogen.
- sfs - Suffigierungsinformationen: Das Attribut enthält Suffixe, die mit dem Wortstamm kombiniert werden können. Auch Suffixketten sind möglich.
- pfs - Präfigierungsinformationen: Das Attribut beinhaltet Präfixe, die vor dem Wortstamm stehen können. Auch Präfixketten sind möglich.
- syn - Marker für die syntaktisch-semantische Analyse: Durch dieses Attribut ist es möglich, den Proplets spezifische Attribute für die Erweiterung auf die syntaktisch-semantische Analyse in LA-Hear hinzuzufügen.
- seg - segmentierte Grundform: Dieses Attribut spielt für das semantische Lexikon eine zentrale Rolle und ist in Kapitel 6 erklärt. Es wird automatisch beim Start von LA-Morph angelegt.

Die jeweiligen Proplets aller Wortklassen beinhalten eine unterschiedliche Anzahl von Attribut-Werte-Paaren. Um sie für eine automatische syntaktisch-semantische Analyse im Rahmen von LA-it zugänglich zu machen, müssen weitere Attribute für einzelne Wortklassen automatisch addiert werden. Diese sind:[10]

[9] Vgl. Hausser (2009b, S. 19).
[10] Vgl. hierzu auch Hausser (2006, S. 52f.).

- fnc (functor) und arg (argument): Sie dienen der Darstellung der Funktor-Argument-Struktur natürlicher Sprachen zwischen Verb und Substantiv innerhalb einer Proposition. Die Werte werden während der zeitlinearen Analyseableitung bidirektional miteinander verzeigert.

- mdr (modifier) und mdd (modified): Sie zeigen den Modifizierer und das Modifizierte an. In vollständigen Propositionen kann der Wert für mdr leer sein[11], während fnc, arg und mdd nicht leer sein dürfen.

- nc (next conjunct), pc (previous conjunct) und idy (identity): Die Attribute dienen als extrapropositionale Fortsetzungsattribute. Sie können auch intrapropositional verwendet werden, jedoch ist ihr Gebrauch dann optional.

- prn (proposition number) und wrd (auch mit wrn bezeichnet, word number): Die beiden Attribute sind die sogenannten Buchhaltungs-Attribute („bookkeeping attributes“), die beispielsweise zur Markierung der Proplets innerhalb einer Proposition gebraucht werden.

Die noun-Proplets sind mit den Attributen mdr und fnc[12], verb-Proplets mit mdr und arg und adj-Proplets mit mdr und mdd ausgestattet. Alle drei Proplettypen erhalten weiterhin die Attribute nc und pc. Die Attribute idy, prn und wrd werden automatisch bei Start der LA-Hear-Komponente durch den Parser hinzugefügt. Um während der Umschaltung von LA-Morph auf LA-Hear ein automatisches Ergänzen der jeweils geforderten Attribute gewährleisten zu können, steht eine implementierte Datei mit spezieller Syntax zur Verfügung, die an die in Abbildung 4.1 auf Seite 50 beschriebenen drei Hauptarten von Proplets die benötigten Attribute addiert. Quellcode 4.1 gibt einen Auszug aus der Datei wieder. Ein weiterer wichtiger Bestandteil der Datei ist die Eigenschaft, dass sie das in der Morphologie für die Grundform verwendete core-Attribut automatisch in die Attribute noun, verb und adj umwandelt.[13] Hierfür ist im Lexikon, je nach Art des

[11]Dies gilt bei einer Verwendung als optionales Fortsetzungsattribut.

[12]Eine Ausnahme hierzu bildet beispielsweise der Fall, dass ein noun-Proplet im Satz die Funktion einer nominalen Apposition übernimmt. Ist dies gegeben, so muss das Proplet auch ein Attribut mdd besitzen. Näheres hierzu findet sich in Abschnitt 7.1.3.

[13]Dies ist in Hausser (2006, S. 52) für die drei Hauptarten von Proplets gefordert.

Eintrags, das bereits erwähnte syn-Attribut mit dem jeweiligen Wert T_1 (für Verben), T_2 (beispielsweise für Substantive, Artikel, Eigennamen und Pronomina) und T_3 (zum Beispiel für Adjektive) eingefügt, was bei der Umschaltung in die LA-Hear-Komponente automatisch die drei Attribute noun, verb und adj erzeugt.

```
table T_1: [core] => [verb, mdr, arg, nc, pc]
            \1    => \1,    (),  (),  (), ().

table T_2: [core] => [noun, mdr, fnc, nc, pc]
            \1    => \1,    (),  (),  (), ().

table T_3: [core] => [adj,  mdr, mdd, nc, pc]
            \1    => \1,    (),  (),  (), ().
```

Quellcode 4.1: Auszug aus der Datei „filter.tbl“

Die runden Klammern geben den Datentyp der Attribute an, in diesem Fall Listen. Abbildung 4.2 zeigt die Änderungen der Proplets von der LA-Morph- zur LA-Hear-Komponente exemplarisch am Analyseergebnis von *giornate*.

sur:	giorn|at|e
core:	giornata
orig:	giorno nom_at fls_e
cat:	(fp)
sem:	(f)
sfs:	()
pfs:	()
seg:	giorn at a
syn:	T_2

⟹

sur:	giorn|at|e
noun:	giornata
cat:	(fp)
sem:	(f)
mdr:	()
fnc:	()
nc:	()
pc:	()
prn:	
idy:	
wrd:	

Abbildung 4.2: Unterschiede der LA-Morph- und LA-Hear-Ausgabe am Beispiel *giornate*

Im Gegensatz zur Analyse in LA-Morph werden für die syntaktisch-semantische Analyse die Attribute orig, pfs und sfs nicht mehr oder nur noch marginal benötigt, da es sich bei der Ausgabe schon um vollständige Wortformen handelt und die

Wortzusammensetzung der Proplets für die Syntaxanalyse keine fundamentale Rolle spielt. In Kapitel 6 werden den Proplets weitere Attribute für die syntaktisch-semantische Analyse hinzugefügt. Diese kommen jedoch vom semantischen Lexikon und nicht von LA-Morph.

4.3 Kategorievergaben

Wie in Abschnitt 4.2 beschrieben, dienen innerhalb der Proplets hauptsächlich die Attribute cat und sem der Vergabe grammatischer Informationen. Im Folgenden sind die wichtigsten Kategoriedeklarationen der verschiedenen Lexikoneinträge erläutert. Diese spielen im Hinblick auf die syntaktisch-semantische Analyse eine zentrale Rolle.

4.3.1 Verben

Verben sind im cat-Attribut mit Informationen zu Person und Numerus ausgestattet, im sem-Attribut zu Tempus und Modus. Insgesamt berücksichtigt das Morphologiesystem vier Tempora und vier Modi:[14] *presente* (Präsens), *imperfetto* (Imperfekt), *passato remoto* (einfaches Perfekt[15]) und *futuro semplice* (einfaches Futur) sowie die Modi *indicativo* (Indikativ), *congiuntivo* (Konjunktiv), *condizionale* (Konditional) und *imperativo* (Imperativ). Zudem gibt es die infiniten Verbformen *infinitivo* (Infinitiv), *participio passato* (Partizip Perfekt), *participio presente* (Partizip Präsens) und *gerundio* (Gerundium). Auf dieser Basis besitzt das italienische Morphologiesystem insgesamt zwölf Tempus-Modus-Formen, die im Folgenden aufgelistet sind.

[14]Die Einordnung von Tempus und Modus folgt mit Abstrichen den Ausführungen von Battaglia u. Pernicone (1980, S. 279ff.).

[15]Schwarze (1995, S. 103) weist darauf hin, dass es „keine allgemein akzeptierte deutsche Terminologie für die Kategorien des it. Tempus- und Modussystems“ gibt. Seine Bezeichnungen richten sich nach Bertinetto (1986) und sind teilweise in diese Arbeit übernommen.

- **indpres**: *indicativo presente* (Indikativ Präsens)
- **indimp**: *indicativo imperfetto* (Indikativ Imperfekt)
- **passrem**: *passato remoto* (einfaches Perfekt)
- **congpres**: *congiuntivo presente* (Konjunktiv Präsens)
- **congimp**: *congiuntivo imperfetto* (Konjunktiv Imperfekt)
- **fut**: *futuro semplice* (einfaches Futur)
- **cond**: *condizionale presente* (einfaches Konditional)
- **imp**: *imperativo* (Imperativ)
- **inf**: *infinitivo* (Infinitiv)
- **partpres**: *participio presente* (Partizip Präsens)
- **partpass**: *participio passato* (Partizip Perfekt)
- **ger**: *gerundio* (Gerund)

Die Tempus-Modus-Formen *passato prossimo* (zusammengesetztes Perfekt Indikativ), *trapassato prossimo* (Plusquamperfekt I Indikativ), *congiuntivo passato* (zusammengesetztes Perfekt Konjunktiv), *congiuntivo trapassato* (Plusquamperfekt Konjunktiv), *trapassato remoto* (Plusquamperfekt II Indikativ), *futuro anteriore* (zusammengesetztes Futur) und *condizionale passato* (zusammengesetztes Konditional) werden mit Auxiliaren gebildet und daher innerhalb syntaktischer Regeln behandelt. Grund ist, dass die Kombinierbarkeit von Partizipien mit Auxiliaren über Informationen aus dem semantischen Lexikon gesteuert wird, was über den Funktionsbereich von LA-Morph hinausgeht (siehe hierzu auch Abschnitt 6.3.4). Ausführlicher mit der Implementierung dieser Strukturen befasst sich Abschnitt 7.3.1.

Die Werte im cat-Attribut richten sich danach, ob die Wortformoberfläche eines Lexikoneintrags für eine oder mehrere Kategorien gilt. Hierbei wird dem Prinzip der distinktiven Kategorisierung[16] gefolgt, welches bei äquivalenter Oberfläche verschiedene Kategoriewerte zu einem zusammenfasst. Als Beispiel ist die flektierte Verbform *andassi* von *andare* zu nennen, deren Wortformoberfläche mit dem Kategoriewert ‚erste und zweite Person Imperfekt Konjunktiv' zu analysieren ist. Die Werte für Personen- und Numerusinformation sind folgendermaßen definiert:

- **s1'**: Singular erste Person (*vado*)
- **s2'**: Singular zweite Person (*vai*)
- **s3'**: Singular dritte Person (*va*)
- **p1'**: Plural erste Person (*andiamo*)
- **p2'**: Plural zweite Person (*andate*)
- **p3'**: Plural dritte Person (*vanno*)
- **s123'**: Singular erste, zweite oder dritte Person (*vada*)
- **s12'**: Singular erste oder zweite Person (*andassi*)

Das Analyseergebnis der Wortformoberfläche *andassi* ist daher in LA-Morph mit `s12'` ausgestattet. Die distinktive Kategorisierung spart unnötige Analyseergebnisse, da fast in jeder Kombinationstabelle Kategoriewerte zusammenzufassen sind. Den Kategoriewerten folgt der Wert für die Resultatskategorie (`v`), die nach Füllung aller Valenzpositionen übrig bleibt.[17] Eine Erweiterung der Kategoriewerte mit Valenzrahmen ist in Abschnitt 6.2 zu finden.

4.3.2 Substantive

Im Gegensatz zur deutschen Sprache gibt es im Italienischen keine morphologische Kategorie Kasus.[18] Ob beispielsweise eine Nominalphrase mit Substantiv als

[16]Vgl. Hausser (1986, S. 62ff.) und Hausser (1996, S. 113).
[17]Vgl. Hausser (2000, S. 337).
[18]Vgl. Schwarze (1995, S. 77 und S. 123).

Kopf als Subjekt oder direktes Objekt fungiert, ist über syntaktische Relationen im Satz dargestellt (Verbvalenz, Reihenfolge zum Verb). Bei einer Kategorisierung der deutschen Substantive hingegen müsste der Kasus berücksichtigt werden.[19] Es sind folgende Kategoriewerte für die syntaktisch-semantische Analyse des Italienischen notwendig:

- **ms**: maskulin Singular (*anno*)
- **mp**: maskulin Plural (*anni*)
- **fs**: feminin Singular (*anima*)
- **fp**: feminin Plural (*anime*)
- **fsp**: feminin Singular oder Plural (*città*)
- **msp**: maskulin Singular oder Plural (*film*)
- **mfs**: maskulin oder feminin Singular (*collega*)
- **msfp**: maskulin Singular oder feminin Plural (*cameriere*)

Substantive wie *città* oder *film* sind mit den Kategoriewerten `fsp` beziehungsweise `msp` ausgestattet, da ihre Singular- und Pluralformen identisch sind. Alle Einträge sind im Attribut sem mit dem jeweiligen Genus annotiert. Auch Eigennamen haben Informationen bezüglich ihres Genus in ihren Proplets stehen. Eine genauere semantische Untergliederung der Substantive ist für die syntaktisch-semantische Analyse hilfreich. Abschnitt 6.3.2 befasst sich mit diesem Gesichtspunkt.

[19] Als kontrastives Beispiel ist der in Abbildung 2.1 auf Seite 11 dargestellte Beispielsatz *Il ragazzo legge il libro.* mit seiner deutschen Übersetzung *Der Junge liest das Buch.* zu nennen. Da *Junge* die morphologische Kategorie maskulin Nominativ Singular besitzt, kann die Nominalphrase *Der Junge* in dem Satz nur als Subjekt fungieren. Da im italienischen Beispielsatz keine Unterscheidungen bezüglich des Kasus getroffen werden können, gilt in diesem Falle die unmarkierte Grundabfolge „Subjekt-Verb-Objekt", vgl. Schwarze (1995, S. 371).

4.3.3 Adjektive

Da das italienische Adjektiv im adnominalen Gebrauch bezüglich Numerus und Genus mit dem Substantiv kongruiert, sind die Kategoriewerte denen der Substantive ähnlich:

- **ms**: maskulin Singular (*alto*)
- **mp**: maskulin Plural (*alti*)
- **fs**: feminin Singular (*alta*)
- **fp**: feminin Plural (*alte*)
- **mfsp**: maskulin oder feminin Singular oder Plural (*blu*)
- **mfs**: maskulin oder feminin Singular (*grande*)
- **mfp**: maskulin oder feminin Plural (*grandi*)

An den Kategoriewerten ist ersichtlich, dass bestimmte Adjektivformen sowohl mit maskulinen als auch mit femininen Substantiven kongruieren können. Weiterhin können gewisse Adjektive mit Singular- und Pluralformen beider Genera kongruieren.[20] Die Werte im sem-Attribut sind mit **agg** (für *aggettivo*) gekennzeichnet. In Abschnitt 6.3.2 werden die Adjektive bezüglich ihrer semantischen Typen genauer unterteilt.

4.3.4 Weitere Wortklassen

Alle weiteren in Abschnitt 4.1 aufgelisteten Wortklassen und für die syntaktisch-semantische Analyse wichtigen Elemente sind folgendermaßen annotiert:

- **Artikel** sind im cat-Attribut gemäß Hausser (2000) als dreistellige Listen definiert. Die erste Stelle zeigt den geforderten Wert für die Kongruenz mit einem Adjektiv an, die zweite Stelle den geforderten Wert für die Kongruenz mit einem Substantiv. Die dritte Stelle ist die Resultatskategorie, wenn

[20]Vgl. Seewald (1996, S. 16).

nach erfolgreicher Verknüpfung der Wortformen, kongruentes Verhalten vorausgesetzt, eine vollständige Nominalphrase gebildet wird. Im sem-Attribut sind die Artikel in definit (**def**) und indefinit (**indef**) untergliedert. Eine Erläuterung der Artikel findet sich in Abschnitt 7.1.1.

- **Adverbien** stehen entweder als vollständige Einträge im Lexikon oder werden durch regelbasierte Konkatenation mit *(a-/e-)mente* gebildet. Sie sind sowohl im cat- als auch im sem-Attribut mit **avv** annotiert.

- **Konjunktionen** sind sowohl im cat- als auch im sem-Attribut mit **cong** gekennzeichnet.

- **Interjektionen** sind im cat- und im sem-Attribut mit **inter** dargestellt.

- **Zahlen** und **Zahlwörter** können sowohl durch Zeichenketten als auch durch arabische Ziffern realisiert werden. Im cat-Attribut besitzen die als Zeichenketten dargestellten Zahlwörter eine Markierung für die Kongruenz mit einem Substantiv. Während arabische Ziffern im sem-Attribut immer den zweistelligen Listenwert **card arab** besitzen, sind die Zahlwörter in Ordnungszahlen (**ord**), volle Tausenderzahlen (**mil**), Hunderterzahlen (**cent**), Zwanziger- und Zehnerzahlen (**vent** und **dec**), Kardinalzahlen (**card**) und Altersangaben (**eta**) unterteilt.

- **Präpositionen**, die nicht mit einem Artikel verschmolzen sind, sind sowohl im cat- als auch im sem-Attribut mit **prep** gekennzeichnet. Präpositionen, die mit einem Artikel verschmolzen sind, besitzen weitergehende Informationen für Kongruenzüberprüfungen mit Substantiven oder Adjektiven in ihren Proplets.

- **Pronomina** sind in Personalpronomina (untergliedert nach Kasus, das heißt **nom** für Nominativ, **dat** für Dativ sowie **akk** für Akkusativ), Possessivpronomina (**poss**), Demonstrativpronomina (**dim**), Indefinitpronomina (**ind**), Interrogativpronomina (**interrog**) und Reflexivpronomina (**rifl**) unterteilt. Wie bei den Präpositionen gilt es zu beachten, dass beispielsweise Demonstrativ- und Possessivpronomina mit Substantiven kongruieren und dementsprechend markiert sind. Des Weiteren besitzen die Personalpronomina Kategoriewerte für die Kongruenzüberprüfung mit einem Verb. So ist beispielsweise das Personalpronomen *tu* in seinem `cat`-Attribut mit dem Wert `s2` annotiert, *noi* hingegen mit `p1`.

- **Satzzeichen** sind sowohl im `cat`- als auch im `sem`-Attribut mit **punt** annotiert.

Viele Lexikoneinträge werden im Laufe der vorliegenden Arbeit für die syntaktisch-semantische Analyse modifiziert, da für gewisse Teilbereiche weitere grammatische Informationen notwendig sind, die innerhalb der morphologischen Analyse nicht berücksichtigt sind. Ein entsprechender Hinweis hierfür findet sich jeweils im dafür bestimmten Abschnitt.

4.4 Verfeinerung des Lexikons

Da das ursprünglich verwendete Lexikon in Weber (2007) auf einer Frequenzliste der Grundformen des „CoLFIS“[21] aufgebaut war, erwies es sich als sinnvoll, weitere Lexikoneinträge aufzunehmen, jedoch gleichzeitig auch einige zu streichen. Die Gründe hierfür sind vielfältig. Einerseits fehlen im Korpus, welches mit etwa 3 800 000 Tokens für ein im Jahre 1995 erstelltes Korpus zwar relativ groß, jedoch nur auf drei Textsorten[22] beschränkt ist, viele Einträge, besonders solche der gesprochenen oder nicht literarischen beziehungsweise journalistischen Sprache. Von Vorteil wäre folglich eine Quelle, die sowohl frei verfügbar ist als auch zusätzliche Einträge gegenüber dem CoLFIS liefern kann. Andererseits müssen die in Weber (2007, S. 39) beschriebenen Einträge der Hapax Legomena des CoLFIS, die nach dem Tokenisieren und Taggen des Korpus keiner Wortklasse zugeordnet werden konnten, einer noch genaueren Untersuchung unterzogen werden. Sind sie tatsächlich keine wohlgeformten Wortformen des Italienischen, so muss man sie aus dem Lexikon streichen. Handelt es sich jedoch um eine wohlgeformte Wortform, muss man dem Lexikoneintrag die richtige Wortklasse zuweisen. Ziel der

[21] Eine einführende Lektüre zu diesem Korpus bieten Laudanna u. a. (1995). Die Abkürzung steht für „**Co**rpus e **L**essico di **F**requenza dell'**I**taliano **S**critto“ (dt. *Korpus und Frequenzliste des geschriebenen Italienisch*).

[22] Diese sind Zeitungsartikel, Zeitschriftenartikel und Bücher.

aufgeführten Maßnahmen ist es, dem Lexikon einen qualitativ noch höheren Stellenwert zu geben und es leicht erweiterbar für neue Einträge zu gestalten.
Als Datenquelle für die Anreicherung des Lexikons diente „Morph-it!“, ein morphologisches Analyseprogramm des Italienischen, welches die Technologie eines Finite-State-Transducers verwendet. Als lexikalische Basis nimmt es Einträge des „Repubblica-Korpus“ und ein von den Entwicklern selbst erstelltes Korpus mit 25 Millionen laufenden Wortformen. Insgesamt besteht das generierte Lexikon aus 31 955 Grundformen und 506 827 flektierten Formen. Die Analyseausgabe von Morph-it! liefert, wie auch das morphologische Analysesystem in JSLIM, grammatische Informationen wie Numerus, Genus, Tempus, Modus oder Wortklassenzugehörigkeit für eine Anfrage. Was jedoch an wichtiger grammatischer Information bei der Analyseausgabe fehlt, sind korrekte Segmentierungen der Wortformoberflächen und Angaben, ob es sich bei der Wortform um ein Derivat handelt.[23]

4.4.1 Erweiterungen

Um sinnvolle[24] Einträge aus Morph-it! zu übernehmen, waren mehrere Gesichtspunkte zu beachten, die im Folgenden erläutert sind. Die getätigten Schritte sind jeweils in der Reihenfolge ihrer Anwendung aufgeführt.

1. Zuerst wurde die Grundformenliste von Morph-it! als Testliste verwendet und nach einem Durchlauf in JSLIM ausgewertet. Erste Analyseergebnisse mit einer Worterkennungsrate von etwa 70% bestätigten die Annahme, dass einige Einträge aus Morph-it! nicht im CoLFIS sind und somit nicht durch das morphologische Analysesystem in JSLIM erkannt werden können.

2. Da nicht sicher war, ob es sich bei den nicht erkannten Grundformen um korrekte Wortformen handelt, wurden alle einer eingehenden Prüfung unterzogen. Sie wurden mit Lexikoneinträgen aus Sabatini u. Coletti (1997)

[23] Eine einführende Lektüre in Morph-it! und dessen grundsätzliche Technologie geben Zanchetta u. Baroni (2005) sowie Schmid u. a. (2007). Der Aufbau des Repubblica-Korpus ist in Baroni u. a. (2004) beschrieben.

[24] Der Zusatz „sinnvoll“ spielt durchaus eine wichtige Rolle, denn die Entwickler geben selbst an, dass einige Fehleinträge, die beispielsweise aus Rechtschreib- oder Druckfehlern resultieren, noch im Lexikon zu finden sind.

und Sabatini u. Coletti (2008) verglichen. Kam die gesuchte Grundform in einem der beiden Lexika vor, so wurde diese im nächsten Schritt kategorisiert. Grundformen, die nicht in den Lexika standen, wurden auch nicht als zusätzliche Einträge in das Lexikon für die morphologische Analyse aufgenommen. Es war davon auszugehen, dass sie nicht wohlgeformt sind. Eine Analyse der nicht aufgenommenen Grundformen bestätigte dies. So erkennt Morph-it! Grundformen wie *reponsabilità* oder *programa* als wohlgeformt, obgleich der Verdacht nahe liegt, dass es sich hierbei um Druckfehler (anstelle von *responsabilità* und *programma*) handelt. Dies ist vor allem im Hinblick auf die damit verbundene Generierung der flektierten Formen in Morph-it! problematisch. So erzeugt das offensichtlich nicht wohlgeformte Lemma *programa* nur die ebenso nicht wohlgeformte Pluralform *programi*. Bei *abboffare*, welches weder in den beiden erwähnten Lexika noch im *Grande dizionario Garzanti di italiano 2010* aufgeführt ist, werden jedoch 57 falsche Flexionsformen generiert.[25] Nach der Analyse der nicht erkannten Grundformen aus Morph-it! ergab sich eine Anzahl von über 1 500 Einträgen, die aufgrund des Verdachts der Nichtwohlgeformtheit ausgegliedert werden mussten.

3. Im nächsten Schritt wurden die wohlgeformten Einträge aus Morph-it! in die Grammatik integriert. Hierbei musste eine weitere Fallunterscheidung beachtet werden: Handelte es sich bei der zu integrierenden Grundform um ein Simplex oder um ein Derivat? War der erste Fall gegeben, durfte die Grundform die Allo-Regeln durchlaufen. Im zweiten Fall jedoch musste sie ins semantische Lexikon geschrieben werden.[26] Gleichzeitig musste das Derivat durch das bereits in der ursprünglichen Version verwendete Tool *LexiconAdder* in seine Einzelbestandteile zerlegt werden. Hierfür wurde analog zu Weber (2007) vorgegangen, indem die Attribute pfs und sfs der Elementareinträge mit den zugehörigen Präfixen und Suffixen gefüllt wurden.[27]

[25] Eine exhaustive Kategorisierung, wie sie auch in Morph-it! verwendet ist, vorausgesetzt.

[26] Eine Beschreibung des semantischen Lexikons findet sich in Kapitel 6. Für eine einführende Lektüre sei auf Hausser (2000, S. 293f.) verwiesen.

[27] Die genaue Funktionsweise des Tools sowie sein Nutzen für die Grammatikentwicklung findet sich in Weber (2007, S. 75).

Nachdem alle nicht elementaren von den elementaren Grundformen getrennt worden waren, konnten Letztgenannte die Allo-Regeln durchlaufen. Eine in Version 2.1 vorhandene neue Regelsyntax erleichtert hierbei das Schreiben einer Regel erheblich, wie Quellcode 4.2 zeigt.

```
table CARE: [sur] => [sur, core, orig, cat, sem]
/(.*)(c)(are)$/
        => /$1$2/  /$1$2/ /$1$2$3/ (n' v)(reg)   ;
        => /$1$2h/ /$1$2/ /$1$2$3/ (n' v)(irreg).
```

Quellcode 4.2: Auszug einer Allo-Regel mit neuer Regelsyntax

Zu beachten ist allgemein, dass Allo-Regeln strikt nach graphischen Prinzipien vorgehen. Es ist möglich, beispielsweise die in Quellcode 4.2 dargestellte Stammerweiterung von Verben, deren Grundform auf *-care* endet, mit einem diakritischen Zeichen *h* zu implementieren.[28] Eine Allomorphunterscheidung auf phonischer Basis müsste jedoch über die Eingliederung eines weiteren Attributs geschehen, in dem Differenzierungen dieser Art dargestellt werden könnten. Als Beispiel sind die flektierten Formen *leggo* und *leggi* zu nennen, deren Stamm auf graphischer Ebene identisch ist (*legg*). Auf phonischer Ebene unterscheiden sich beide Stämme jedoch voneinander (['legː] ≠ ['ledʒː]). Die Realisierung einer phonischen Ebene könnte hierbei über Kombinationstabellen geschehen, in denen phonische Veränderungen äquivalent zu graphischen Veränderungen annotiert werden könnten. Die im Rahmen von LA-it verwendete JSLIM-Version sieht jedoch keine phonische Ebene vor.

[28] Dies trifft vor Flexionsendungen zu, die mit *-e* oder *-i* beginnen. Grund dafür ist die damit verbundene Vermeidung einer Palatalisierung, vgl. Neumann (1996, S. 42f.) und Seewald (1996, S. 25f.).

Die Allo-Regel aus Quellcode 4.2 auf Seite 63 gibt an, dass aus allen Einträgen, die in ihrem allo-Attribut mit CARE markiert sind und auf *-care* enden, zwei Allomorphe generiert werden. Das erste ist der reguläre Stamm ohne diakritisches *h*, das zweite mit diesem. Die Werte im cat- und sem-Attribut sind hierbei dieselben wie bei den schon existierenden Lexikoneinträgen der Verben auf *-care*, sodass eine problemlose Integration in die Grammatik möglich ist. Durch die neue Regelsyntax kann hierbei eine Vielzahl an Zeilen gekürzt werden. Dieselbe Allo-Regel ist in Weber (2007, S.42f.) noch mit 28 Zeilen dargestellt. Der Prozess der Allomorphgenerierung ist in Abbildung 4.3 dargestellt.

Auffallend ist die neue Lexikonstruktur der Proplets. Äquivalent klassifizierte Proplets sind nun in sogenannten „Templates" (startend mit **!template**) zusammengefasst. Der allgemeine Teil des Templates definiert diejenigen Attribut-Werte-Paare, die für alle folgenden Lexikoneinträge gelten sollen. Nach der Anweisung !+ und den Attributen, die einer Oberflächenveränderung unterlaufen, stehen die Lexikoneinträge. In Schritt 2 werden die Allo-Regeln ausgeführt, die die verschiedenen Allomorphe der Einträge bilden. Am Beispiel *abbicare* ist zu sehen, dass das erste Allomorph, auf Basis der definierten regulären Ausdrücke aus Quellcode 4.2 auf Seite 63, den regulären Wortstamm darstellt. Das zweite Allomorph hingegen besitzt die auf graphischer Basis benötigte Stammerweiterung mit dem diakritischen Zeichen *h*. Es ist weiterhin ersichtlich, dass im Gegensatz zur Ursprungsversion keine Grundformen (in diesem Fall *abbicare*) mehr durch den Allomorphgenerator gebildet werden. Diese Vorgehensweise ist vorteilhaft und effizient, da die Grammatik alle Infinitivformen nun regelbasiert bildet[29] und somit ein Proplet pro zugehöriger Grundform einspart.

[29] Vgl. Weber (2010, S. 103f.).

1) **Elementarlexikon**

!template

allo	CARE
syn	T_1
pfs	()
sfs	()
flx	CERCARE
sts	yes

!+sur core orig:
abbicare
abbrancare

2) **Anwendung der Allo-Regeln**

```
table CARE: [sur] => [sur, core, orig, cat, sem]
/(.*)(c)(are)$/     => /$1$2/  /$1$2/ /$1$2$3/ (n' v)(reg)  ;
                    => /$1$2h/ /$1$2/ /$1$2$3/ (n' v)(irreg) .
```

3) **Generierte Allomorphe**

!template

cat:	(n' v)
sem:	(reg)
flx:	CERCARE
syn:	T_1
sfs:	()
pfs:	()
sts:	yes

!+

sur:	abbic
core:	abbic
orig:	abbicare

!+

sur:	abbranc
core:	abbranc
orig:	abbrancare

!template

cat:	(n' v)
sem:	(irreg)
flx:	CERCARE
syn:	T_1
sfs:	()
pfs:	()
sts:	yes

!+

sur:	abbich
core:	abbic
orig:	abbicare

!+

sur:	abbranch
core:	abbranc
orig:	abbrancare

4) **Ausgabe in JSLIM**

sur: abbic	sur: abbich	sur: abbranc	sur: abbranch
core: abbic	core: abbic	core: abbranc	core: abbranc
orig: abbicare	orig: abbicare	orig: abbrancare	orig: abbrancare
cat: (n' v)	cat: (n' v)	cat: (n' v)	cat: (n' v)
sem: (reg)	sem: (irreg)	sem: (reg)	sem: (irreg)
flx: CERCARE	flx: CERCARE	flx: CERCARE	flx: CERCARE
pfs: ()	pfs: ()	pfs: ()	pfs: ()
sfs: ()	sfs: ()	sfs: ()	sfs: ()
syn: T_1	syn: T_1	syn: T_1	syn: T_1
seg: abbic	seg: abbic	seg: abbranc	seg: abbranc

Abbildung 4.3: Prozess der Allomorphgenerierung

4. Nach der Generierung der Allomorphe und deren Einbindung in die Grammatik wurde die Grundformenliste von Morph-it! erneut in JSLIM getestet. Eine Erkennungsrate von etwa 94% bestätigte die erfolgreiche Integration der wohlgeformten Einträge. Eine Analyse der flektierten Formen von Morph-it! brachte ein zunächst überraschendes Ergebnis zu Tage. Mit etwa 83% lag die Erkennungsrate weit unter dem Wert der Grundformenliste. Eine genaue Analyse der flektierten Formen ergab jedoch eine plausible Erklärung für die niedrige Erkennungsrate:

   - Der Finite-State-Transducer generiert Wortformen, die bisher nicht in die Grammatik integriert sind. Dies ist zum Beispiel die flektierte Form des Partizip Präsens. Da dieses sich in Numerus und Genus immer nach dem Bezugswort richtet, muss also neben der in der morphologischen Analyse in JSLIM vorhandenen Form auf *-ente* eine weitere Form auf *-enti* integriert werden. Dieser Schritt wurde durch einen Eintrag in die jeweiligen Kombinationstabellen der Verben vollzogen.
     Andere von Morph-it! generierte Formen sind beispielsweise Apokopen. So sind dies beim Verb *vedere* die Formen *vedan* (von *vedano*), *vedesser* (von *vedessero*), *vedevan* (von *vedevano*), *vedon* (von *vedono*) sowie *vedrebber* (von *vedrebbero*). Auf eine Eingliederung dieser Formen wurde jedoch verzichtet. Grund ist, dass die genannten Formen eher marginal vorkommen. Dies zeigt eine Analyse der Typeliste des CoLFIS, das Texte aus den Jahren 1990-1994 beinhaltet. Es gibt insgesamt dreizehn Belege für eine Kurzform auf *-an* und drei Belege für eine Kurzform auf *-on*, die Varianten auf *-er* kommen gar nicht vor.[30]

   - Bindestrichsetzungen wie zum Beispiel *anti-* in *anti-spagnolo*, *auto-* in *auto-immunizzare* oder *re-* in *re-iniettare* stehen in der Wortformenliste von Morph-it! Eine Aufnahme von Präfixen mit Bindestrich könnte in Anschlussarbeiten vollzogen werden. Zu hinterfragen ist jedoch, ob sich eine Aufnahme in die Grammatik lohnt, da eine Integration auch eine Vervielfachung der Einträge des Präfixlexikons zur Folge hätte.

[30] Bopp (1993), der für das Programm „Word Manager“ eine Flexionsmorphologie des Italienischen implementierte, berücksichtigt diese Formen ebenfalls nicht.

- Der Finite-State-Transducer hängt an die meisten Formen des Partizip Präsens das Suffix *-issim* an, was beispielsweise bei *vedentissimo* fragwürdig erscheint.[31]

Fasst man all diese Gründe zusammen, so wundert die niedrigere Erkennungsrate bei den flektierten Formen nicht. Zu berücksichtigen sind hierbei auch die in Schritt 2 erwähnten Flexionsformen, die bei einem nicht wohlgeformten Verb entstehen können.[32]

Insgesamt wurden 3 174 neue elementare Einträge in die Grammatik aufgenommen, aus denen 3 843 Allomorphe gebildet wurden. Zudem erkennt die regelbasierte Grammatik nun weitere 1 360 Derivate. Bei den nicht produktiven Wortklassen wurden außerdem etablierte Akronyme (374) und Abkürzungen (278) in eigens dafür erstellten Dateien in die Grammatik eingepflegt.
Allein die große Anzahl an Neueinträgen rechtfertigt den Arbeitsaufwand für die Erweiterung des Lexikons. Neben einer höheren Erkennungsrate (siehe hierzu auch Abschnitt 4.5) ist ein weiterer positiver Aspekt, dass die ursprüngliche Version der Grammatik problemlos auf die aktuelle Version 2.1 von JSLIM erweiterbar ist. Die neue Template-Schreibweise und die alte Proplet-Schreibweise interagieren problemlos miteinander, sodass bei weiteren Einträgen jederzeit neue Allomorphe generierbar sind.

4.4.2 Entfernen nicht wohlgeformter Einträge

Wie zu Beginn von Abschnitt 4.4 erwähnt, gab es eine Reihe von Einträgen, die in Weber (2007) keiner Wortklasse zugeordnet werden konnten. Schon in Weber (2010) wurde diese Klasse teilweise aus der Grammatik ausgeschlossen[33], da davon

[31] Abfragen des Repubblica-Korpus und des in Abschnitt 4.5 vorgestellten LIP-Korpus ergaben keine Vorkommen. Es werden auch hier vier Fehlanalysen ausgegeben, da an *vedentissim* noch die Numerus/Genus-spezifischen Flexionsendungen *-a*, *-e* und *-i* angehängt werden.

[32] Die maximale Anzahl der flektierten Formen eines Verbs divergiert in Morph-it! stark. Sind es bei *abboffare* nur 57 Formen, so kann sie beispielsweise bei *vedere* bis auf 79 Formen ausgeweitet sein.

[33] Die Korpora und Texte wurden zuerst mit diesen Einträgen analysiert und danach ohne sie. Als Ergebnis kam heraus, dass nur in den Testlisten des CoLFIS eine hohe Abweichung bei den Erkennungsraten zu verzeichnen war, was jedoch

auszugehen war, dass es sich bei den Einträgen um Tipp- oder Kodierungsfehler handeln musste. Die Einträge wurden auch hier mit einem Lexikon verglichen. Die in der Grammatik mit der Abkürzung `nbi` (*non ben identificato*) markierten Einträge wurden einer nochmaligen Prüfung unterzogen. Es kamen folgende Ergebnisse heraus:

- 2 789 Einträge sind auch regelbasiert in der Grammatik implementiert. Sie wurden wahrscheinlich in der Frequenzliste des CoLFIS irrtümlicherweise als Grundformen angegeben, obwohl es sich um flektierte Formen handelt. Als Beispiele sind *amorosi* (maskulin Plural von *amoroso*), *analitici* (maskulin Plural von *analitico*) oder *parlo* (‚1. Person Singular Indikativ Präsens' von *parlare*) zu nennen.

- 269 Einträge scheinen nach einem weiteren Vergleich mit den Lexika von Sabatini u. Coletti (1997) und Sabatini u. Coletti (2008) wohlgeformt zu sein. Sie wurden klassifiziert und in die Grammatik eingebunden.

- Alle weiteren Einträge scheinen nicht wohlgeformt zu sein. Im Folgenden finden sich die gängigsten Ursachen dafür, dass sie den Abgleich mit dem Lexikon nicht bestanden:

  - Wortformen, die unter Umständen aus anderen Sprachen kommen: *aardam, dertycia, ching*

  - Englische und deutsche Wortformen: *republic, Volkspartei*

  - Wortformen, die nur auseinander geschrieben erkannt werden: *chiesa|della|salute, mirandolina|e|le|altre, resti|umani|non|identificati|e|la|vera|natura|dell'amore*

  - Mögliche Schreibfehler, Kodierungsfehler oder Akzentsetzungen innerhalb eines Wortes: *Que'bec* (*Québec*), *Alessando* (*Alessandro*), *carabineri* (*carabinieri*)

  - Präfixe mit Bindestrich: *anti-camorra, anti-fini, pre-alfa*

nicht verwunderlich ist, da das CoLFIS als Elementarlexikon der Grammatik diente. Bei allen anderen Testlisten war eine Abweichung von maximal 2,07% bei den Typelisten und 0,99% bei den Tokenlisten zu verzeichnen.

– Abkürzungen, die von der Grammatik nur ohne Leerzeichen erkannt werden: *U . S . A.*

Aufgrund der erläuterten Beobachtungen ist die Entfernung des Großteils dieser Einträge sinnvoll. Sie wurden eingehend untersucht und mit mehreren Lexika verglichen.

4.5 Evaluation

Um die Eignung des italienischen Morphologiesystems für die syntaktisch-semantische Analyse zu bestätigen, sind in diesem Abschnitt Ergebnisse von Testanalysen an Korpora und ausgewählten Büchern aufgelistet. Es handelt sich dabei um folgende Testlisten:

- Type- und Tokenliste des CoLFIS: Es wurden fast genau dieselben Listen wie in Weber (2007) getestet, um sicherzustellen, dass durch die Erweiterung des Systems auf die Version 2.1 von JSLIM keine Einbußen bei den Worterkennungsraten zu verzeichnen sind.

- Type- und Tokenliste des „Antimafia-Korpus“: Bei diesem Korpus handelt es sich um freigegebene Akten nach den Mordanschlägen auf die Richter Giovanni Falcone (1939–1992) und Paolo Borsellino (1940–1992) aus dem Zeitraum September 1992 bis März 1994. Die Listen fanden bereits Anwendung bei der Evaluation des italienischen Morphologiesystems in Wetzel (1996).

- Type- und Tokenliste des „LIP-Korpus“ („**L**essico di frequenza dell'**i**taliano **p**arlato“, dt. *Frequenzliste des gesprochenen Italienisch*): Das Korpus besteht aus einer Sammlung von ungefähr 469 transkribierten gesprochenen italienischen Texten. Eine einführende Lektüre zu diesem Korpus bieten De Mauro u. a. (1993) und Schneider (2002).

- Type und Tokenlisten digitalisierter Bücher verschiedener Genres: Diese sind: *La coscienza di Zeno*[34], *Il fu Mattia Pascal*[35], *Pinocchio*[36], *Faust*[37], *Romeo e Giulietta*[38] und *Alice nel paese delle meraviglie*[39]. Die Tests sollen exemplarisch zeigen, wie das System spezifische Texte bewältigt.

Es ergeben sich die in Tabelle 4.2 dargestellten Ergebnisse bei den Analysen der Type- und Tokenlisten[40]:

Name	Liste	Einträge	Erkannt	Prozentsatz
CoLFIS	Types[41]	65 624	62 850	95,77%
	Types[42]	129 864	110 294	84,93%
	Tokens	3 988 463	3 954 906	99,16%
Antimafia	Types	44 994	41 102	91,35%
	Tokens	1 997 895	1 981 612	99,18%
LIP	Types	14 494	13 151	90,73%
	Tokens	489 168	486 680	99,49%

Tabelle 4.2: Erkennungsraten mit LA-Morph

[34] SVEVO, Italo: La coscienza di Zeno. In: MAIER, Bruno (Hrsg.): *Edizione critica delle opere di Italo Svevo.* Pordenone: Studio Tesi, 1985. Alle folgenden Literaturangaben beziehen sich auf die jeweilige Ausgabe des digitalisierten Textes.

[35] PIRANDELLO, Luigi: Il fu Mattia Pascal. In: SIMIONI, Corrado (Hrsg.); CROCI, Giovanni (Hrsg.): *Il fu Mattia Pascal. Cronologia della vita di Pirandello e dei suoi tempi e bibliografia a cura di Corrado Simioni.* Milano: Mondadori, 1986.

[36] COLLODI, Carlo: *Le avventure di Pinocchio. Storia di un burattino.* 2a edizione. Milano: Rizzoli Editore, 1949.

[37] VON GOETHE, Johann Wolfgang: Faust. In: APOLLONIO, Mario (Hrsg.); MAGGI, Renato (Hrsg.): *I classici popolari.* Milano: Edizioni Bietti, 1960. - traduzione di G. Scalvini (per la I parte) e di G. Gazzino (per la II parte)

[38] SHAKESPEARE, William: Romeo e Giulietta. In: ALEXANDER, Peter (Hrsg.): *Shakespeare - The Complete Works.* London & Glasgow: Collins, 1951–1960. - traduttore: G. Raponi.

[39] CARROLL, Lewis: *Le avventure d'Alice nel paese delle meraviglie.* London: MacMillan and Co., 1872. - traduttore: T. Pietrocòla-Rossetti.

[40] Die Prozentsätze sind auf zwei Nachkommastellen gerundet.

[41] Ohne Hapax Legomena (HL): Nur die Typeliste des CoLFIS-Korpus wurde in zwei Listen mit und ohne HL untergliedert. In allen anderen Testlisten sind die HL sowohl bei den Types als auch bei den Tokens enthalten.

[42] Mit HL.

La coscienza di Zeno	Types	15 279	14 799	96,86%
	Tokens	164 042	163 096	99,42%
Il fu Mattia Pascal	Types	10 981	10 216	93,03%
	Tokens	96 115	94 428	98,24%
Pinocchio	Types	5 992	5 678	94,76%
	Tokens	50 726	50 140	98,84%
Faust	Types	16 928	14 854	87,74%
	Tokens	116 563	112 764	96,74%
Romeo e Giulietta	Types	7 738	7 072	91,39%
	Tokens	47 461	46 385	97,73%
Alice	Types	4 552	4 357	95,70%
	Tokens	29 124	28 831	98,99%

Tabelle 4.2 (Fortsetzung): Erkennungsraten mit LA-Morph

Die Erkennungsraten beim CoLFIS-Korpus konnten gegenüber Weber (2010) um 1,60% bei den Types ohne HL und um 3,49% bei den Types mit HL erhöht werden. Die unter 90% liegende Erkennungsrate bei den Types mit HL liegt daran, dass, wie in Abschnitt 4.4.2 erläutert, alle vermutlich nicht wohlgeformten Einträge aus dem Lexikon entfernt wurden. Da das CoLFIS-Korpus jedoch mit seinen Fehleinträgen Basis des Elementarlexikons ist, ist die im Vergleich zu anderen Testlisten niedrige Erkennungsrate leicht zu erklären, denn alle nicht wohlgeformten Wortformen sind trotzdem in den Testlisten des CoLFIS zu finden. Der Prozentsatz von 95,77% erkannter Wortformen bei den CoLFIS-Types ohne HL belegt, dass die nicht wohlgeformten Wortformen im niederfrequenten Bereich angesiedelt sind. Die Erkennungsraten sind im Vergleich zu Wetzel (1996) um durchschnittlich 5,05% höher bei den Types und um 3,42% bei den Tokens.[43] Zu beachten ist, dass die Analysen in Wetzel (1996) mit dem System MALAGA[44] durchgeführt sind.

[43]Zum Vergleich: Testanalysen ergaben bei Wetzel (1996) Raten von 91% Type- und 97% Tokenerkennung bei „Pinocchio“, 88% Type- und 94% Tokenerkennung bei „Il fu Mattia Pascal“ und 85% Type- und 95% Tokenerkennung beim „Antimafia-Korpus“.

[44]Vgl. beispielsweise Schulze (2004).

Insgesamt lässt sich beobachten, dass fast durchgängig eine Worterkennungsrate von mehr als 90% bei den Types und von über 96% bei den Tokens erzielt wird. Eine Ausnahme ist die Typeliste von Goethes *Faust*, was darauf zurückzuführen ist, dass es sich hierbei um ein erstmalig im Jahre 1808 in Deutschland veröffentlichtes und 1835 (erster Teil) beziehungsweise 1857 (zweiter Teil) übersetztes Werk handelt und darin für heutige Maßstäbe veraltete Wortformen wie *nimico* oder *volontieri* enthalten sind.

4.6 Zusammenfassung

Der syntaktisch-semantischen Analyse des Italienischen in JSLIM liegt ein robustes und präzises Wortformerkennungssystem zugrunde. Die regelbasierte Behandlung der Flexion und Derivation in Verbindung mit Kombinationstabellen gewährleistet genaue Kategorievergaben sowie hohe Worterkennungsraten. Die Erweiterung um Attribut-Werte-Paare, die speziell für die syntaktisch-semantische Analyse in LA-Hear nötig sind, regelt eine speziell für diesen Zweck implementierte Datei. Somit können die in Hausser (2006) deklarierten drei Hauptarten von Proplets problemlos erstellt und in das System integriert werden. Explizite Kategorievergaben für die einzelnen Lexikoneinträge unterscheiden diese bezüglich ihrer Attribut- und Wertestruktur voneinander. Eine noch genauere Untergliederung folgt in den jeweiligen Abschnitten der syntaktisch-semantischen Analyse, in denen die Einträge eine zentrale Rolle spielen. Das Lexikon ist zudem für neu hinzukommende Einträge offen. Anhand von Tests an Type- und Tokenlisten dreier Korpora und elektronischer Versionen unterschiedlicher Werke ist zu erkennen, dass das italienische Morphologiesystem für eine Verwendung in Verbindung mit der syntaktisch-semantischen Analyse geeignet ist.

In den nächsten Kapiteln wird das Lexikon schrittweise für syntaktische und semantische Anwendungen modifiziert und optimiert. Ziel soll eine noch genauere Kategorisierung innerhalb der einzelnen Wortklassen sein, um Eigenschaften der Einträge zu definieren, die speziell in der syntaktisch-semantischen Analyse von Belang sind. Weitere Herausforderungen stellen die explizite Vergabe von Valenzrahmen bei den Verben (siehe Abschnitt 6.2) und der Einbau semantischer Restriktionen dar (siehe Abschnitt 6.3.3).

5 LA-Hear

Die Implementierung der syntaktisch-semantischen Analyse des Italienischen ist mit JSLIM umgesetzt, dessen Komponenten in Abschnitt 2.3 eingeführt sind. Innerhalb des Parsers eignet sich die Komponente **LA-Hear** für syntaktisch-semantische Analysen. Die Bestandteile von LA-Hear sind Inhalt dieses Kapitels. Abschnitt 5.1 beschreibt, welche Typen von Dateien Voraussetzung für eine lauffähige Grammatik sind. Es sind weiterhin die Funktionsweise und der allgemeine Aufbau der einzelnen Dateien erklärt. Abschnitt 5.2 befasst sich mit den Dateien, die nur zu Beginn des Projekts LA-it erstellt werden müssen und für den gesamten weiteren Verlauf gültig sind. Zudem wird eine allgemeine abstrakte Schreibweise für Regeln und syntaktisch-semantische Ableitungen definiert.

5.1 Bestandteile

Eine Grammatik für syntaktisch-semantische Analysen besteht aus verschiedenen Typen von Dateien:

- Projektdatei (Endung `.pro`)
- Attributdatei (Endung `.att`)
- Operationsdatei (Endung `.ops`)
- Variablendatei (Endung `.var`)
- Regeldatei (Endung `.rul`)
- Lexikondatei (Endung `.lex`)

Jede Datei in LA-it hat hierbei eine spezielle Dateiendung. Die einzelnen Typen von Dateien sind im Folgenden erläutert.

5.1.1 Projektdatei

In der Projektdatei sind alle für das Projekt relevanten Dateien mittels relativer Pfadangaben eingebunden. Weiterhin ist angegeben, welche Dateien im Bereich der Komponenten LA-Morph (nach dem Schlüsselwort **lamorph**) und LA-Hear (nach dem Schlüsselwort **lahear**) angesiedelt sind.

5.1.2 Attributdatei

Die Attributdatei listet die für die Proplets notwendigen Attribute mit ihren jeweiligen Datentypen auf. Als Datentypen sind Zeichenketten (**string**), Listen (**list**), Kombinationstabellen (**table**), Hash-Tabellen (**map**) und Ganzzahlen (**int**) zulässig. Die Deklarierungen in der Attributdatei entsprechen der in Abschnitt 2.2 definierten endlichen Menge von Attributbezeichnern `A'`.

5.1.3 Operationsdatei

In der Operationsdatei werden symbolische Operationsbezeichnungen auf Java-Klassen von JSLIM zugeordnet. Die Operationsbezeichnungen kommen in der Regeldatei zur Ausführung. Die in LA-it verwendeten Operationen sind in Abschnitt 5.2 beschrieben.

5.1.4 Variablendatei

In der Variablendatei sind Variablen als Zeichenketten (**string**), Listen (**list**), Hash-Tabellen (**map**) oder Ganzzahlen (**int**) definiert. Variablen lassen sich darüber hinaus mit einer Wertemenge in geschweiften Klammern auszeichnen, wie folgendes Beispiel zeigt:

string KONG' <- {s1' s2' s3' s12'}

Die als Zeichenkette deklarierte Variable `KONG'` (obligatorisch ist die initiale Großschreibung) ist an die Werte `s1'`, `s2'`, `s3'` und `s12'` gebunden. Andere Werte sind in diesem Fall für die Variable nicht definiert. Es ist weiterhin möglich, Restriktionsbeschränkungen („Constraints") an zwei oder mehr Variablen durchzuführen, um nur fest definierte Kombinationen von Werten zuzulassen:

```
string KONG' <- {s1' s2' s3' s12'}
string KONG  <- {s1  s2  s3}

constraint
 KONG'  =>  KONG    :
 s1'    =>  {s1}    .
 s2'    =>  {s2}    .
 s3'    =>  {s3}    .
 s12'   =>  {s1 s2} .
```

Eine Beschränkungsdefinition beginnt mit dem Schlüsselwort **constraint**. Die Werte sind jeweils in eine Wenn-Dann-Beziehung gesetzt.[1] Dieser Mechanismus ist beispielsweise hilfreich für Kongruenzüberprüfungen zwischen Subjekt und Verb innerhalb der syntaktisch-semantischen Analyse, da explizit einzelne Kategoriewerte miteinander verglichen und somit gleichzeitig nicht kongruente Kombinationen ausgeschlossen werden können.[2] Darüber hinaus ist es möglich, Constraints über mehr als zwei Variablen hinaus zu definieren. Mit dem Schlüsselwort **strict** kann ein Constraint „streng" gewählt werden. Dies bedeutet, dass nur die im Constraint deklarierten Wertevergleiche auf ihre Gültigkeit hin überprüft werden. Weitere Vergleiche werden nicht zugelassen. Ist ein Constraint als **strict** bezeichnet, so muss mindestens eine der Klauseln des Constraints zur Anwendung kommen, ansonsten schlägt die Ausführung fehl.

Die Variablen finden in der Regeldatei Anwendung, da sie bei Musterdefinitionen mehrere Werte an sich binden können. Eine spezielle Variable stellt der Unterstrich _ dar, der für null bis beliebig viele Werte steht. Zudem gibt es anonymisierte Variablen, die eine fest definierte Anzahl von beliebigen Werten an sich

[1] Ein Beispiel: Wenn der Wert der Variablen `KONG'` `s1'` ist, dann muss die Variable `KONG` den Wert `s1` annehmen. Ist dies nicht der Fall, schlägt der Musterabgleich in der Regel, in der die beiden Variablen zu finden sind, fehl.

[2] Vgl. Hausser (2009a).

binden können und die mehrfach in einem Regelmuster verwendet werden können, ohne dass diese Mehrfachverwendung eine Korrespondenz der jeweiligen Sequenz an repräsentierten Werten impliziert.

5.1.5 Regeldatei

In der Regeldatei sind die linksassoziativen Verknüpfungsregeln definiert. Eine Verknüpfungsregel sieht nach Hausser (2000, S. 203–206) folgendermaßen aus:

r_i: cat_1 cat_2 $\rightarrow$ cat_3 rp_i

Zu Beginn nimmt eine linksassoziative Regel mit dem Namen r_i einen Satzanfang, dessen Kategorie auf cat_1 passen muss, und ein nächstes Wort, dessen Kategorie auf cat_2 passen muss, als Argument und versucht, gemäß Punkt (iii) aus Abschnitt 2.2 die kategoriale Operation darauf anzuwenden. Wenn die Musterabgleiche von cat_1 und cat_2 korrekt sind, kann die Regel erfolgreich angewendet werden und es wird mit cat_3 ein neuer Satzanfang erzeugt, der aus der Satzanfangskategorie und einem Regelpaket rp_i besteht. Das Regelpaket ist als eine Menge von Regeln definiert, die nach erfolgreicher Ausführung einer Regel r_i angewendet werden können. Nun nimmt der LA-Algorithmus ein neues nächstes Wort, wendet die Regeln des aktuellen Regelpakets auf den neuen Satzanfang und dieses an und generiert bei erfolgreicher Regelausführung wieder einen neuen Satzanfang mit dazugehörigem Regelpaket.

In JSLIM gilt dieses Verknüpfungsschema als Basis für die Darstellung einer Regel. Abbildung 5.1 zeigt den syntaktischen Aufbau einer Musterregel. Es gilt zu beachten, dass in JSLIM mehrere Muster für einen Satzanfang definiert werden können. Dies ist beispielsweise bei der Kombination eines Artikels mit einem Substantiv notwendig, um zu überprüfen, ob zwischen beiden ein Adjektiv steht, da ansonsten unterschiedliche Restriktionsüberprüfungen vorzunehmen sind (siehe auch Abschnitt 7.1.1). Dem Regelnamen folgt jeweils in geschweiften Klammern das Regelpaket. Dieses kann auch die leere Menge sein und stellt Punkt 5 der algebraischen Definition aus Abschnitt 2.2 dar.

REGELNAME{REGELPAKET}

[Satzanfangsmuster$_1$] [Satzanfangsmuster$_2$] ... [Satzanfangsmuster$_k$]

[Muster nächstes Wort]

KATEGORIALE OPERATION

Abbildung 5.1: Musterregel in LA-Hear

Der Musterabgleich für den Satzanfang entspricht $\texttt{cat}_1$ und jener für das nächste Wort $\texttt{cat}_2$. Die kategoriale Operation überprüft den Musterabgleich des Satzanfangs und des nächsten Wortes und kann zudem verschiedene elementare Operationen beinhalten, die in Abschnitt 5.2 vorgestellt sind. Sie entspricht Punkt 4 aus Abschnitt 2.2 beziehungsweise der leicht abgeänderten Variante in Handl (2008). Eine Regel kann weiterhin aus mehreren Klauseln bestehen. Wie die Multikats stellen sie nach Hausser (2000, S. 382) eine subtheoretische Variante dar. Bei einer Regelanwendung kann immer nur eine Klausel ausgeführt werden.
Außerdem sind in der Regeldatei die Punkte 6 und 7, der Start- und Endzustand, definiert. Welche Kategoriewerte und Regeln in den Start- und Endzustandsdefinitionen stehen, ist in Kapitel 7 behandelt.

5.1.6 Lexikondatei

Lexikoneinträge sind in JSLIM durch Proplets dargestellt. Einige Beispielproplets sind bereits in Abbildung 4.1 auf Seite 50 skizziert. Die Bedingungen für Proplets sind in der gesamten Implementierung des morphologischen Analysesystems aus Kapitel 4 eingehalten und auch in der Weiterentwicklung auf die syntaktisch-semantische Analyse berücksichtigt. Eine Besonderheit der Proplets ist die mögliche Verwendung von Multikats, die in Hausser (2000, S. 313) beschrieben sind. Die Tatsache, dass Wortformoberflächen oftmals mehrere unterschiedliche Kategoriewerte bezüglich Person, Numerus, Genus, Tempus oder Modus haben können, die jedoch in verschiedenen Attributen eines Proplets zu finden sind[3], kann über Multikats umgesetzt werden. Abbildung 5.2 zeigt einen Multikat am Beispiel *parla* (von *parlare*).

sur:	parl|a
verb:	parlare
cat:	(<s3' s2'> v)
sem:	(<indpres imp>)

Abbildung 5.2: Darstellung von Multikats am Beispiel *parla*

Multikats sind mit spitzen Klammern gekennzeichnet. Innerhalb der spitzen Klammern wird der erste Wert des **cat**-Attributs mit dem ersten Wert des **sem**-Attributs und der zweite Wert des **cat**-Attributs mit dem zweiten Wert des **sem**-Attributs in Beziehung gesetzt. Grund hierfür ist, dass die Wortformoberfläche *parla* sowohl für die Kategorie ‚dritte Person Singular Präsens Indikativ' als auch für ‚Singular Imperativ' gelten kann. Der Vorteil dieser Notation liegt also darin, dass es nur ein Analyseergebnis trotz mehrerer unterschiedlicher Kategoriewerte gibt. Bei den Multikats handelt es sich nicht um eine Verschachtelung von Merkmalstrukturen, sondern um eine subtheoretische Variante.

Innerhalb des Lexikons finden sich weiterhin die Punkte 1, 2 und 3 der algebraischen Definition der LAG aus Abschnitt 2.2 wieder. Während die Punkte 1 und 2 innerhalb der Proplets zu finden sind, stellt Punkt 3 das gesamte Lexikon dar. Der Aufbau des Lexikons ist in Kapitel 4 beschrieben und untergliedert sich in eine Gruppe von 19 Dateien. Zu den bereits in Abschnitt 4.1 genannten Einträgen kommen noch die Lexikoneinträge der Präfixe, Suffixe und Flexionsendungen hinzu, die jeweils in eigenen Dateien zu finden sind.

---

[3] Dieser Gesichtspunkt ist bereits in Abschnitt 4.3.1 aufgegriffen. Während bei der distinktiven Kategorisierung innerhalb einer Tempus-Modus-Form Informationen zu Numerus und Person in einem Attribut zusammengefasst werden, zielen die Multikats darauf ab, verschiedene Tempus-Modus-Formen mit unterschiedlichen Kategoriewerten in mehr als einem Attribut als Lesarten in einem Proplet darzustellen.

5.2 Deklarationen für die syntaktisch-semantische Analyse des Italienischen

Die meisten der in Kapitel 7 skizzierten Implementierungen der syntaktisch-semantischen Analyse des Italienischen finden in der Variablen- und Regeldatei statt. Während der Beschreibung der Vorgehensweise sind die Regeln und Variablen, die für die einzelnen syntaktischen Phänomene von Bedeutung sind, eingehend dargestellt und erläutert. Eine Regel ist dabei nicht als reiner Quellcode skizziert, sondern gemäß den Ausführungen in Hausser (2009b, S. 22) in einer abstrakteren Schreibweise. Dort wird zwischen einer Regel- und einer Ableitungsebene unterschieden, die einzelne Schritte der syntaktisch-semantischen Ableitung zusammen mit dem Analyseergebnis wiedergibt. Abbildung 5.3 verdeutlicht dies.

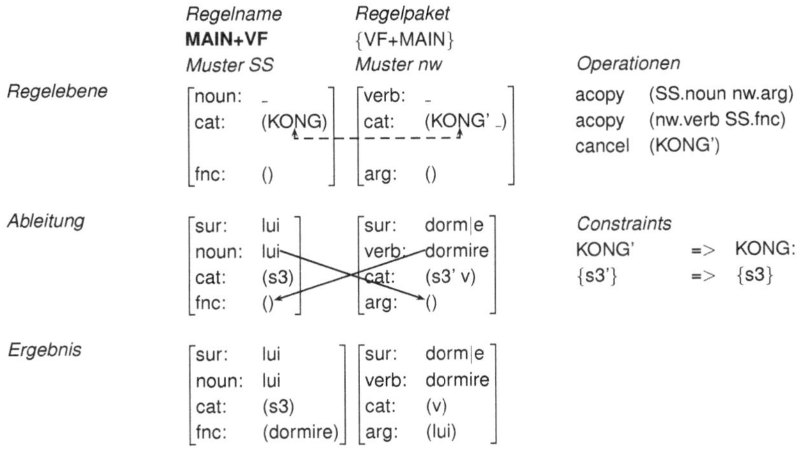

Abbildung 5.3: Abstrakte Schreibweise einer Regelausführung in LA-Hear (nach Hausser 2009b, S. 22)

In der Abbildung steht **SS** (*Sentence Start*) für den Satzanfang und **nw** (*next word*) für das nächste Wort. Diese beiden Elemente sind auch in JSLIM so benannt und aus diesem Grund in den nächsten Kapiteln weiter auf diese Weise deklariert.[4] Restriktionsbeschränkungen über Variablen durch Constraints sind in der Regelebene durch gestrichelte Pfeile dargestellt. In der Ableitungsebene sind die für die Ableitung gültigen Constraints mit ihren Wertebeschränkungen auf der rechten Seite angezeigt. Zudem sind in der Ableitungsebene der Effekt der ausgeführten Operationen `acopy`[5], `ecopy` und `setref` durch Pfeile mit durchgezogenen Linien wiedergegeben. Regelname und Regelpaket sind nicht in den Abbildungen dargestellt, jedoch im Text erläutert.
Da nach Hausser (2006, S. 35) die Attribute der Proplets in einer fest definierten Reihenfolge stehen müssen, ist es nur zu Beginn nötig, eine für LA-it gültige Attributdatei zu erstellen, in der die Reihenfolge der Attributdefinitionen die Reihenfolge der Attribute in den Proplets bestimmt. Dies lässt sich auch beispielsweise an Abbildung 4.2 auf Seite 53 erkennen, in der die Attribute des Ausgabeproplets gemäß der Reihenfolge in der Attributdatei geordnet sind. Die Strukturierung dient der Übersichtlichkeit und Lesbarkeit der Proplets. Die Attributdatei wird im weiteren Fortgang nicht mehr modifiziert. Quellcode 5.1 listet die für die syntaktisch-semantische Analyse des Projekts LA-it relevanten Attribute mit ihren jeweiligen Datentypen auf.

```
string  sur     list  cat    co_s    int  idy
        noun          sem    co_o         wrd
        verb          fnc    nc           prn
        adj           arg    pc
        a/v           mdro   prep
        n/v           mdr    part
        v-n           mddo   type
        v-a           mdd    rest
```

Quellcode 5.1: Auszug aus der Attributdatei „italiano.att“

[4]Äquivalent zu den beiden Begriffen können die beteiligten Proplets einer Ableitung auch mit ihrer Wortart oder ihrer jeweiligen Funktion bezeichnet werden.
[5]Bei der Operation `acopy` werden nur bidirektionale Verzeigerungen mit durchgezogenen Pfeilen dargestellt.

Die Bedeutungen der einzelnen Attribute sind in Abschnitt 4.2 erklärt. Die Erläuterungen der Attribute mdro, mddo, prep, part, type, rest, a/v, n/v, co_s, co_o, v-n und v-a folgen in den Kapiteln 6 und 7. Zu beachten ist, dass Listen in JSLIM in runden Klammern dargestellt sind.
Neben der Attributdatei ist auch die Operationsdatei nur zu Beginn des Projekts mit den Operationen ausgestattet, die für die Regeldatei nötig sind. Alle verwendeten Operationen mit ihrem Aufbau und ihrer Funktionsweise finden sich in Tabelle 5.1.
Die Operationen sind jeweils in der kategorialen Operation anzuwenden. Welchen Effekt eine Operation bei der Ausführung einer Regel hervorruft, steht in den Beispielen der jeweiligen Kapitel.

Name	Aufruf	Funktionsweise
acopy	acopy(<Quelle(n)> <Ziel>)	Additives Kopieren in eine Liste: Es können auch mehrere Werte in eine Liste kopiert werden oder ein Wert kann an eine bestimmte Stelle in der Liste eingefügt werden.
append	append (<Zeichenkette$_n$> <Zeichenkette>)	Bildet eine Zeichenkette durch Konkatenation der ersten n Argumente und hängt die daraus resultierende Zeichenkette an der durch das letzte Argument bezeichneten Zeichenkette an.
cancel	cancel(<Quelle(n)>)	Löschen von Werten: Neben fest definierten Werten können auch an Variablen gebundene Werte gelöscht werden.

Tabelle 5.1: Verwendete JSLIM-Operationen in LA-it

copy	copy(nw)	Kopieren eines Proplets in den Satzanfang: Somit wird das Proplet im Analyseergebnis angezeigt.
dec	dec(<Propositionsnummer>)	Setzt den Wert von <Propositionsnummer> um den Wert 1 nach unten.
ecopy	ecopy(<Quelle(n)> <Ziel>)	Exklusives Kopieren in eine Liste: Die Listenwerte von <Ziel> werden hierbei von <Quelle(n)> überschrieben.
inc	inc(<Propositionsnummer>)	Setzt den Wert von <Propositionsnummer> um den Wert 1 nach oben.
sacopy	sacopy(<Quelle(n)> <Nummer> <Ziel>)	Additives Kopieren eines Teils eines Wertes in eine Liste: Die Teilstrings müssen durch Leerzeichen voneinander getrennt sein. <Nummer> gibt die Position des Teilstrings an.
semlex	semlex(SS)	Lookup im semantischen Lexikon während der syntaktisch-semantischen Analyse: Dies geschieht über das Attribut seg.
setref	setref(<Quelle> <Ziel>)	Setzen eines Wertes auf einen anderen: Der Wert von <Quelle> wird immer auf den von <Ziel> gesetzt. Wurde <Ziel> beispielsweise über die Operation acopy vorher an eine bestimmte Stelle eines Proplets kopiert, so wird der Wert von jeder Kopie gesetzt.

Tabelle 5.1 (Fortsetzung): Verwendete JSLIM-Operationen in LA-it

Neben der streng linksassoziativen Ableitungsordnung und der Oberflächenkompositionalität während der syntaktisch-semantischen Analyse ist eine weitere Bedingung, dass in der Analyseausgabe nur Inhaltswörter stehen dürfen. Funktionswörter wie Artikel, Auxiliare oder Präpositionen sind nicht als eigenständige Proplets im Analyseergebnis zu sehen, da sie mit den zugehörigen Inhaltswörtern zu einem Proplet verschmelzen („function word absorption“).[6] Als Beispiel ist die Kombination eines Artikels mit einem Substantiv zu nennen, nach deren Verknüpfung nur ein noun-Proplet im Analyseergebnis zu finden ist, welches die Nominalphrase repräsentiert. Dieses beinhaltet sowohl grammatische Informationen des Artikels wie Bestimmtheit oder Unbestimmtheit als auch grammatische Informationen des Substantivs wie Numerus oder Genus.

5.3 Zusammenfassung

Um ein erfolgreiches Gelingen des Projekts LA-it im Rahmen der syntaktisch-semantischen Analyse in JSLIM zu gewährleisten, müssen alle für das Projekt benötigten Dateien vorhanden sein. Da sich die Attribut- und Operationsdatei im Fortgang der syntaktisch-semantischen Analyse nicht verändern und nur zu Beginn des Projekts zu erstellen sind, sind ihre Elemente bereits vollständig definiert. Die Regeldatei und die Variablendatei werden hingegen innerhalb der nächsten Kapitel stetig erweitert, sodass nur der allgemeine Aufbau einer Regel und die generelle Deklarierung von Variablen und Variablenbeschränkungen in JSLIM erläutert sind. Welche Regeln und Variablen bei bestimmten syntaktischen Phänomenen anzuwenden sind, ist in den jeweiligen Abschnitten von Kapitel 7 erläutert. Weiterhin spielt für das Lexikon der erläuterte Begriff des Multikats eine zentrale Rolle.

[6] Vgl. Hausser (2006, S. 89).

6 Semantisches Lexikon

Die Aufgabe eines semantischen Lexikons im Rahmen der LAG besteht nach Hausser (2000, S. 293f.)[1] in der Vermeidung von Ambiguitäten, die aufgrund von regelbasierten Wortbildungen und von im Lexikon stehenden Simplizia mit eigenständiger Bedeutung entstehen können. Das semantische Lexikon besteht dort hauptsächlich aus etablierten Komposita und Derivaten, Simplizia stehen hingegen im Elementarlexikon. Für eine Verwendung des semantischen Lexikons in LA-it ist es jedoch wichtig, neben den Derivaten auch Simplizia der offenen Wortklassen in dieses aufzunehmen. Grund hierfür ist, dass sowohl Derivate als auch Simplizia mit Valenzrahmen oder semantischen Informationen auszustatten sind. Alle Informationen, die im semantischen Lexikon stehen, gehen über die regelbasierte morphologische Analyse hinaus, wie in Abbildung 6.1 auf Seite 86 zu sehen ist. Nach der morphologischen Analyse in LA-Morph wird das Analyseergebnis mit dem semantischen Lexikon verglichen, indem nach der regelbasierten Konkatenation der Allomorphe ein Abgleich mit diesem gemacht wird. Dies geschieht über einen Schlüssel, der in LA-it das Attribut seg ist. In diesem steht, wie in Abschnitt 4.2 erörtert, jeweils die korrekte Segmentierung der Grundform der Proplets.[2] Somit können mit Hilfe dieses Attributs als Schlüssel sowohl unkorrekte Segmentierungen im Analyseergebnis durch das semantische Lexikon ausgeschlossen werden als auch Zusatzinformationen, die während der regelbasierten Konkatenation nicht vorhanden sind, automatisch der Analyseausgabe hinzugefügt werden. Dies ist für die syntaktisch-semantische Analyse von großer Bedeutung, wie in Abbildung 6.1

[1] Dort wird es ursprünglich als „Grundformlexikon der Inhaltswörter" bezeichnet.
[2] Eine erste Implementierung eines semantischen Lexikons auf Basis des erläuterten Abgleichmechanismus findet sich in Weber u. Handl (2010).

am Beispiel der regelbasierten Ableitung von *campeggio* bezüglich der Valenzeigenschaften[3] des Verbs ersichtlich ist.[4]

$$\begin{bmatrix}\text{sur:} & \text{camp}\\ \text{noun:} & \text{camp}\\ \text{cat:} & \text{(mp')}\\ \text{sem:} & \text{(stem)}\end{bmatrix}\begin{bmatrix}\text{sur:} & \text{eggi}\\ \text{core:} & \text{eggi}\\ \text{cat:} & \text{(n' v)}\\ \text{sem:} & \text{(reg)}\end{bmatrix}\begin{bmatrix}\text{sur:} & \text{o}\\ \text{core:} & \text{are}\\ \text{cat:} & \text{(o)}\\ \text{sem:} & \text{(fls\_verb\_are)}\end{bmatrix}\Longrightarrow\begin{bmatrix}\text{sur:} & \text{camp|eggi|o}\\ \text{verb:} & \text{campeggiare}\\ \text{cat:} & \text{(s1' v)}\\ \text{sem:} & \text{(indpres)}\end{bmatrix}$$

Abbildung 6.1: Regelbasierte Ableitung der Verbform *campeggio* in LA-Morph

Es gäbe, wie in der Abbildung dargestellt, drei Möglichkeiten, den Valenzrahmen des Verbs *campeggiare* zu kodieren. Ein Eintrag im Wortstamm des Substantivs *campo* ist nicht möglich, da in den noun-Proplets keine Valenzrahmen von Derivaten vorgesehen sind. Im Proplet des Suffixes *-eggi* besteht das Problem, dass ein Suffix keine festen Valenzrahmen binden kann, weil diese, je nach Verknüpfung der Allomorphe, unterschiedlich ausfallen können. So ist das Verb *campeggiare* nach Sabatini u. Coletti (2008) mit dem Valenzrahmen „Subjekt-Verb“ und „Subjekt-Verb-Präpositionalargument“ ausgestattet. Jedoch ist das Verb *patteggiare*, welches ein Derivat des Substantivs *patto* ist, mit den Valenzrahmen „Subjekt-Verb“,

---

[3]Die Definition richtet sich nach Sabatini u. Coletti (2008), deren Valenzlexikon als Grundlage für die Einbindung der Valenzrahmen in Abschnitt 6.2 dient. Unter Valenz ist hier ganz allgemein die Fähigkeit von Lexemen zu verstehen, seine Aktanten oder Argumente syntaktisch und semantisch zu bestimmen. Der Valenzrahmen (oder auch Argumentstruktur) bestimmt die möglichen Variationen der Valenzeigenschaften. Sabatini u. Coletti (2008, S. 8f.) definieren den Begriff wie folgt:

> „[...] la caratteristica del verbo di chiamare intorno a sé alcuni elementi indispensabili per costruire la parte centrale della frase viene detta [...] **VALENZA**, e da ciò deriva il termine di **grammatica ‘valenziale’**; [...] agli elementi indispensabili aggiunti al verbo in base alle sue valenze si dà complessivamente il nome di **ARGOMENTI** (o anche di ATTANTI) [...].“

„Die Eigenschaft eines Verbs, um sich herum Elemente zu bestimmen, die für den zentralen Teil eines Satzes unverzichtbar sind, wird als [...] Valenz bezeichnet, und davon leitet sich auch der Begriff ‚Valenzgrammatik‘ ab; [...] den unverzichtbaren Elementen, die auf Basis der Valenz eines Verbs diesem zugeordnet sind, wird allgemein der Name Argument (oder auch Aktant) gegeben“.

[4]In allen Ableitungen sind im Folgenden nur die für das Analyseergebnis relevanten Attribute dargestellt.

„Subjekt-Verb-direktes Objekt“ und „Subjekt-Verb-Präpositionalargument“ kodiert. Somit müsste eine Vielzahl an Suffixeinträgen mit alternativen Valenzrahmen erstellt werden, was für die morphologische Analyse äußerst ineffizient erscheint. Einen Eintrag in der Flexionsendung vorzunehmen scheidet aufgrund der Tatsache aus, dass Flexionsendungen in der italienischen Sprache keine Valenzrahmen bestimmen. Aus diesem Grund bietet sich ein Eintrag im semantischen Lexikon an, da dieses nach der regelbasierten Konkatenation der Allomorphe mit dem Analyseergebnis abgeglichen wird, wie Abbildung 6.2 zeigt.

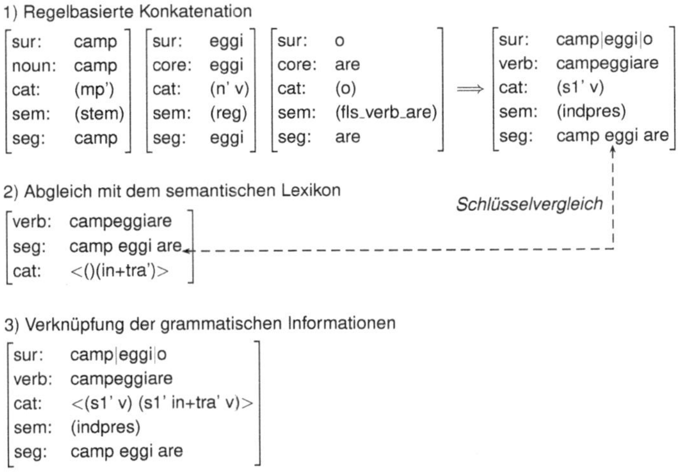

Abbildung 6.2: Regelbasierte Ableitung der Verbform *campeggio* mit anschließendem Lookup im semantischen Lexikon

Die Information, ob es sich beim regelbasierten Analyseergebnis um ein korrekt segmentiertes Derivat handelt, erfolgt mittels des Schlüssels seg.[5] Findet der Parser nach der regelbasierten Konkatenation der Allomorphe im semantischen Lexikon einen Eintrag mit identischem seg-Attribut, so werden die dort zu findenden Informationen automatisch hinzugefügt. In diesem Fall sind es die Valenzrahmen, die

[5]Die Schlüssel nicht derivierter Einträge bestehen in der Aufspaltung in Stamm und Flexionsendung (*anno* ⇒ *ann o*) oder, falls der Eintrag keine Flexionsendung besitzt, in dem direkten Eintrag der Grundform (*film* ⇒ *film*).

über Listen definiert sind (siehe hierzu auch Abschnitt 6.2). Alle anderen Analyseergebnisse, die aufgrund der Kombi-Regeln zulässig sind, jedoch nicht als etabliertes Derivat oder Kompositum im semantischen Lexikon verzeichnet sind, werden in der Analyseausgabe als grammatikalisch korrekt gebildet, aber unbestätigt gekennzeichnet. Hierbei kann es sich beispielsweise um einen Neologismus handeln. Hat ein Analyseergebnis mehrere morphologisch korrekt gebildete Lesarten, von denen eine im semantischen Lexikon steht, so ist nur diese als disambiguiertes und wohlgeformtes Ergebnis auszugeben.[6] Näheres dazu ist in den folgenden Abschnitten beschrieben. In LA-it ist das semantische Lexikon für die Integration folgender Informationen konzipiert:

1. Korrekte Segmentierung etablierter Derivate
2. Valenzrahmen der Verben
3. Benötigtes Auxiliar zur Bildung zusammengesetzter Tempusformen
4. Semantische Typen der Verben, Substantive und Adjektive
5. Semantische Restriktionen der Verben bezüglich ihrer Argumente
6. Thematische Rollen

Die Punkte 1–3 sind direkt in LA-it integriert, die Punkte 4–6 als Erweiterungsmöglichkeit für nachträgliche Implementierungen modelliert. Die korrekte Segmentierung der Derivate ist mit Hilfe mehrerer in Perl geschriebener Skripte mit einer zusätzlichen manuellen Nachbearbeitung möglich, wie Abschnitt 6.1 zeigt. Diese sind erstmalig für eine Implementierung der deutschen Morphologie in JSLIM von Johannes Handl entwickelt worden[7] und können problemlos für die italienische Sprache modifiziert werden. Für die Einbindung der Valenzrahmen dient

[6]Als Beispiel sei hier bereits auf das Verb *consolare* verwiesen, welches neben seiner Verwendung als Simplex auch über Kombi-Regeln bildbar wäre (*con-solare*). Dies ist jedoch nach Sabatini u. Coletti (2008) keine korrekte Segmentierungsmöglichkeit. Somit soll als Ergebnis der Analyse nur das Simplexverb bestätigt sein, da eine Segmentierung des Verbs in das Präfix *con-* und das Verb *solare* nicht im semantischen Lexikon verzeichnet ist, während das Simplexverb darin zu finden ist. Zu einer ausführlichen Erläuterung siehe auch Seite 94.

[7]Vgl. Handl u. a. (2009).

als Quelle die digitale Version von Sabatini u. Coletti (2008).[8] Die Daten für die Punkte 3–6 stammen aus dem „SIMPLE“ Projekt.[9] Beide Ressourcen und deren in LA-it verwendeten Informationen sind in den folgenden Abschnitten erläutert.[10]

Abschnitt 6.1 erklärt den Vorgang der korrekten Segmentierung etablierter Derivate im semantischen Lexikon. Abschnitt 6.2 gibt eine Einführung in das Valenzlexikon von Sabatini u. Coletti (2008) und die Eingliederung ihrer definierten Valenzrahmen in das semantische Lexikon. Abschnitt 6.3 erläutert die Extrahierung der semantischen Informationen aus dem SIMPLE Projekt, um diese in die bereits bestehenden Einträge zu integrieren. In Abschnitt 6.4 ist die Vorgehensweise beschrieben, wie die Informationen aus beiden Lexika miteinander verknüpft und mit den korrekten Segmentierungen ins semantische Lexikon eingetragen sind. Das Konzept geht hierbei von einer schrittweisen Erweiterung des semantischen Lexikons aus.

6.1 Korrekte Segmentierung der Derivate

Der korrekten Segmentierung der Derivate kommt eine entscheidende Rolle bei der Implementierung des semantischen Lexikons zu, da, wie im vorherigen Abschnitt erläutert, ausschließlich Informationen zur Analyseausgabe hinzugefügt werden können, wenn das Attribut **seg** nach der regelbasierten Ableitung einer Eingabe und im semantischen Lexikon identisch ist. Zudem müssen alle Simplizia im semantischen Lexikon korrekt segmentiert sein. Hierbei kommt den erwähnten Perl-Skripten eine zentrale Bedeutung zu. Diese benötigen spezifische Informationen für die Bildung des semantischen Lexikons. Um Einträge korrekt segmentieren zu können, sind folgende Voraussetzungen notwendig:

---

[8] Ein großer Dank sei an dieser Stelle dem Verlag RCS Libri Spa - Bereich Education und ihrem Multimedia Supervisor & Consultant Herrn Luca De Gregorio ausgesprochen, die bereitwillig die Erlaubnis zur Verwendung der Daten für die Valenzrahmen gaben.

[9] Das Lexikon wurde am „Istituto di Linguistica Computazionale Antonio Zampolli“ entwickelt und wird durch die „European Language Resources Association“ (ELRA) vertrieben (Katalogreferenz: L0072-05).

[10] Für eine einführende Lektüre zum SIMPLE Projekt sei auf Ruimy u. a. (2001) und Lenci u. a. (2000b) verwiesen.

- Eine Liste aller Simplizia und aller Derivate, die zu segmentieren sind: Die Grundformen der Simplizia sind im Attribut orig der Proplets zu finden. Die Extrahierung etablierter Derivate war Gegenstand in Weber (2007, S. 85f.) und in Abschnitt 4.4.1.

- Eine Liste aller Wortstämme mit ihren wortklassenspezifischen Flexionsendungen zur Bildung der Grundformen: Die Wortstämme finden sich jeweils im Attribut core der Einträge. Die Flexionsendungen stellen für jede Wortart eine geschlossene Klasse dar.

- Eine kategorisierte Liste aller Präfixe und Suffixe: So muss bei den Suffixen unterschieden werden, an welche Basis ein Suffix angehängt werden kann und welche Wortklasse nach der Verknüpfung des Suffixes mit dem Wortstamm entsteht. So bildet das Suffix *-ier* Substantive und ist an Substantivbasen anzuhängen im Gegensatz zum Suffix *-os*, welches zwar mit Substantivbasen zu verbinden ist, jedoch Adjektive bildet.[11]

- Eine wortklassenspezifische Liste aller möglicher Sequenzen von Allomorphen: Hiermit sollen unzulässige Suffixkombinationen ausgeschlossen werden.

Das semantische Lexikon ist in die drei offenen Wortklassen der Verben, Substantive und Adjektive unterteilt. Die folgenden Abschnitte erläutern die jeweilige Vorgehensweise.

6.1.1 Verben

Die Spaltung der Verben stellt die am wenigsten komplexe Arbeit innerhalb des semantischen Lexikons dar. Einerseits ist die Anzahl der Derivate mit 1 595 Einträgen kleiner als bei den Substantiven und Adjektiven, andererseits gibt es nur die Suffixe *-izz*, *-ific* und *-eggi* zur denominalen und deadjektivischen Bildung von Verben.[12] Für die Verbmodifikation gibt es sieben Suffixe, die jedoch wenig produktiv sind.[13] Die elementaren Grundformen der Grammatik belaufen sich auf

[11]Vgl. Grossmann u. Rainer (2004).
[12]Vgl. Dardano (1978, S. 26–32).
[13]Vgl. Schwarze (1995, S. 557).

4 599 Einträge. Anhand der implementierten Grammatik sind insgesamt 17 verschiedene Arten von Allomorphkombinationen in LA-it zulässig, wie in Tabelle 6.1 zu sehen ist.[14]

Zusammensetzung	Anzahl	Prozentsatz	Beispiel
V+FLS[15]	4 523	73,16%	and|are
PV+V+FLS	1 043	16,87%	ri|torn|are
N+NSV+FLS	262	4,24%	camp|eggi|are
V	71	1,15%	porre[16]
N+NSN+NSV+FLS	70	1,13%	materi|al|izz|are
PV+PV+V+FLS	62	1,00%	pre|de|termin|are
PV+N+NSV+FLS	36	0,58%	ri|class|ific|are
A+ASV+FLS	29	0,47%	viv|ific|are
V+VSV+FLS	26	0,42%	camp|icchi|are
PV+V	18	0,29%	pro|porre

Tabelle 6.1: Analyse der Verbsegmentierungen im semantischen Lexikon

[14] Die Zusammensetzungen sind bei mehrfach segmentierbaren Einträgen mit denselben Segmentgrenzen in Prioritäten aufgeteilt. Als Beispiel ist das Substantiv *civilista* zu nennen, das einerseits als Derivat zum Substantiv *civile* gilt, andererseits auch als Derivat zum Adjektiv mit derselben Oberfläche analysierbar ist. Auch Dardano (1978, S. 68) sieht in solchen Fällen vor, eine Art Prioritätenliste zu definieren. Alle Substantive auf *-ista*, die als Basis sowohl ein Substantiv als auch ein Adjektiv mit derselben Oberfläche haben können, nehmen bei ihm jeweils das Substantiv als Basis. Diese sinnvolle Untergliederung ist auch für den Aufbau des semantischen Lexikons implementiert, indem Prioritätenlisten definiert sind, die eine bevorzugte Analyse deklarieren, falls Einträge jeweils mehrfach in identische Segmentgrenzen gespalten sind. Demselben Prinzip unterliegt auch die Spaltung des im Folgenden erläuterten Eintrags von *statalizzare*. Die Spaltungstypen selbst sind nicht im semantischen Lexikon zu sehen, sondern dienen nur zur Analyse der Lexikonstruktur. Die Prozentzahlen sind auf zwei Nachkommastellen gerundet.

[15] Die Kürzel bedeuten: `V` = Verb, `N` = Substantiv, `A` = Adjektiv, `FLS` = Flexionsendung, `P{V,N,A}` = Präfix mit jeweiliger Wortklasse, `{V,N,A}S{V,N,A}` = Suffix mit der Wortklasse der Basis links neben `S` und der entstehenden Wortklasse rechts neben `S`.

[16] Die Verben auf *-rre* bleiben ungespalten im semantischen Lexikon, da eine Rückführung auf ihren Wortstamm bei der automatischen Generierung des semantischen Lexikons nicht möglich ist. Dieser wäre nach den Ausführungen von Neumann (1996, S. 154) *pon*. Eine Abtrennung von *-rre* würde jedoch *po* als Stamm ergeben, welcher nicht im Allomorphlexikon verzeichnet ist.

PV+N+NSA+ASV+FLS	17	0,28%	de|vit|al|izz|are
PV+PV+V	11	0,18%	ri|pro|porre
PV+A+ASV+FLS	8	0,13%	de|qual|ific|are
N+NSN+NSA+ASV+FLS	2	0,03%	vol|at|il|izz|are
N+NSA+ASV+FLS	2	0,03%	sens|ibil|izz|are
PV+V+VSA+ASV+F	1	0,02%	im|perme|abil|izz|are
PV+PV+A+ASV+FLS	1	0,02%	de|con|testual|izz|are
Gesamt	6 182		

Tabelle 6.1 (Fortsetzung): Analyse der Verbsegmentierungen im semantischen Lexikon

Wie aus der Tabelle zu ersehen ist, haben die nicht derivierten Einträge (`V+FLS` und `V`) mit fast drei Vierteln den größten Anteil im semantischen Lexikon. Dies ist jedoch aufgrund der beschränkten Wortbildungsmöglichkeiten für Verben nicht verwunderlich. Wenige Einträge besitzen zwei verschiedene Segmentierungen, die unbedingt nötig sind. So setzt sich das Verb *riposare* aus dem Präfix *ri-*, dem Verbstamm *pos* und der Flexionsendung *-are* zusammen und ist somit in der Gruppe `PV V FLS` angesiedelt. In der Bedeutungsvariante *ausruhen* setzt sich das Verb nur aus dem Verbstamm *ripos* und der Flexionsendung *-are* zusammen und ist der Gruppe `V FLS` der nicht derivierten Einträge zugehörig. Da beide Segmentierungen zulässig sind, werden sie im semantischen Lexikon vermerkt.

Wenn alle in Abschnitt 6.1 erläuterten Listen vorhanden und in das Perl-Skript für die Bildung der Segmentierungen integriert sind, zerlegt dieses alle Einträge in ihre Einzelbestandteile. Da das Skript alle möglichen Allomorphkombinationen durchläuft, können auch mehrfache Spaltungen für einen Eintrag entstehen, wie in Quellcode 6.1 am Beispiel *statalizzare* zu sehen ist. Es können auch linguistisch nicht korrekte Allomorphkombinationen entstehen, die in einem weiteren Ableitungsschritt entfernt werden müssen.

```
statalizzare    statal izz are        N NSV FLS
statalizzare    statal izz are        A ASV FLS
statalizzare    stat al izz are       N NSN NSV FLS
statalizzare    stat al izz are       N NSA ASV FLS
statalizzare    s tat al izz are      PV N NSA ASV FLS
```

Quellcode 6.1: Mehrfachanalysen bei der Segmentierung von *statalizzare*

Das Skript gibt folgende fünf Segmentierungsmöglichkeiten aus:

1. Verknüpfung des Substantivstammes *statal* (`N`) mit dem Suffix *-izz* (`S`). Aus dieser Kombination bildet sich ein Verbstamm (`V`): Dies ist dargestellt durch das Kürzel `NSV`. Die linke Seite bezeichnet die Basis, die mittlere das Suffix und die rechte Seite die daraus entstehende Wortklasse. Am Ende ist die Flexionsendung *-are* mit dem Kürzel `FLS` angefügt.

2. Eine ähnliche Kombinationsmöglichkeit wie bei 1.: Jedoch ist in diesem Fall das Suffix *-izz* an eine adjektivische Basis angehängt.

3. Verknüpfung des Substantivs *stat* mit dem Suffix *-al*. Aus dieser Kombination bildet sich ein Substantivstamm (`NSN`): Danach ist das Suffix *-izz* angehängt, das aus dem Substantiv ein Verb bildet. Zuletzt ist die Flexionsendung *-are* angefügt.

4. Eine ähnliche Kombinationsmöglichkeit wie bei 3.: Jedoch wird durch das Suffix *-al* ein Adjektiv gebildet. An dieses kann nun wiederum das Suffix *-izz* angehängt werden, welches mit substantivischen und adjektivischen Basen kombinierbar ist.

5. Kombination des Präfixes *s-* (`PV`) mit der Substantivbasis *tat* (von *tata*): Die weitere Ableitung ist äquivalent zu 4.

Eine Aufnahme aller fünf Analyseergebnisse in das semantische Lexikon ist ineffizient, da zumindest Punkt 5 eine nicht korrekte Segmentierung des Eintrags darstellt. Die Punkte 1 und 2 geben zwar eine korrekte, aber nicht ausreichend genaue Segmentierung wieder, da die Basis *statal*, wie die Punkte 3 und 4 zeigen, noch feiner segmentierbar ist. Hierfür kann dem Perl-Skript eine Liste aller Einträge mitgegeben werden, die nicht aufgespalten werden sollen. Ein Eintrag von *stat* in diese Liste entfernt somit die letzte Segmentierungsmöglichkeit. In einem zweiten Verarbeitungsschritt werden die möglichen Segmentierungen weiter disambiguiert, indem nur die größtmögliche Segmentierung bei gleichen Segmentgrenzen belassen wird. Somit fallen die Punkte 1 und 2 aus der Liste. Die Punkte 3 und 4 werden zusammengefasst, da sie dieselben Segmentgrenzen besitzen. Gleichrangige Segmentierungen mit unterschiedlichen Grenzen werden jedoch in das semantische Lexikon geschrieben. Der finale Eintrag in das semantische Lexikon ist in Quellcode 6.2 zu sehen.

```
[
seg:  stat al izz are
core: statalizzare
]
```

Quellcode 6.2: Eintrag von *statalizzare* im semantischen Lexikon

Bei der Segmentierung der Derivate ist zudem zu beachten, dass häufig innerhalb eines Eintrages Zeichenketten äquivalent zu Präfixen oder Suffixen sind. Als Beispiel sei das Verb *consolare* genannt, das nach dem ersten Verarbeitungsschritt auch als Kombination aus dem Präfix *con-* und dem Verb *solare* als potenzielle Segmentierung analysiert ist. Diese Möglichkeit ist jedoch nicht zulässig. Im zweiten Verarbeitungsschritt kann eine Kombination der beiden Segmente unterdrückt werden, indem diese in eine Liste mit allen Kombinationen geschrieben werden, die in allen Fällen als eine zusammengehörige Einheit zu kategorisieren sind. Somit können auch hier nicht korrekte Segmentierungen vermieden werden.

Die Analyseergebnisse zeigen die verschiedenartigen Kombinationsmöglichkeiten der Einträge im semantischen Lexikon sowie deren Häufigkeit auf. Es ist eine Vielzahl an Kombinationen möglich, die von der Morphologiekomponente unterstützt werden. Ein Vorteil ist dabei ein kleines Allomorphlexikon, das viele Wortformen regelbasiert bilden kann. Durch den Aufbau des semantischen Lexikons wurden weitere 564 Derivate gefunden und in das semantische Lexikon integriert, die in Weber (2007) und Weber (2010) als elementare Einträge kategorisiert sind. Ein Testdurchlauf aller Derivate im semantischen Lexikon der Verben ergab eine Anzahl von durchschnittlich 1,04 Analyseergebnissen pro Derivat bei eingeschaltetem semantischem Lexikon der Verben.[17] Ohne semantisches Lexikon sind es 1,14 Ergebnisse pro Derivat.

6.1.2 Substantive

Den größten Anteil an Einträgen im semantischen Lexikon besitzen die Substantive. Insgesamt sind 5 725 Derivate und 16 513 elementare Einträge zu verzeichnen. 51 Suffixe können Substantive aus Substantiv-, Verb- und Adjektivbasen bilden. Bedingt durch diese, vor allem im Vergleich zu den Verben, große Zahl an Einträgen und Suffixen sind 41 mögliche Allomorphkombinationen für Derivate in LA-it definiert, die in Tabelle 6.2 zu sehen sind. Es sind nur diejenigen Allomorphkombinationen dargestellt, die auf mehr als zehn Einträge des semantischen Lexikons angewendet sind.

Zusammensetzung	Anzahl	Prozentsatz	Beispiel
N+FLS	14 289	64,16%	ann|o
N+NSN+FLS	2 574	11,56%	uccell|in|o
N	2 247	10,09%	film
PN+N+FLS	741	3,33%	bis|nonn|o
V+VSN+FLS	674	3,03%	sper|anz|a
A+ASN+FLS	320	1,44%	concret|ezz|a
A+ASN	266	1,19%	omogene|ità
PN+N+NSN+FLS	258	1,16%	bi|lingu|ism|o
N+NSA+ASN+FLS	195	0,88%	natur|al|ism|o
PN+V+VSN+FLS	191	0,86%	ri|conosc|iment|o
N+NSA+ASN	120	0,54%	music|al|ità
N+NSN+NSN+FLS	99	0,44%	bors|ell|in|o
PN+N+NSA+ASN+FLS	34	0,15%	tras|cur|at|aggin|e

Tabelle 6.2: Analyse der Substantivsegmentierungen im semantischen Lexikon

[17]Nimmt man das semantische Lexikon der Substantive und Adjektive hinzu, ist die durchschnittliche Anzahl der Analyseergebnisse höher. Als Beispiel ist das Verb *veicolare* zu nennen, das bei eingeschaltetem semantischen Lexikon der Adjektive auch noch als Derivat von *veicolo* erkannt werden würde.

N+NSV+VSN+FLS	33	0,15%	fest|eggi|ament|o
PN+A+ASN	29	0,13%	in|felic|ità
V+VSA+ASN+FLS	25	0,11%	piac|evol|ezz|a
V+VSN+NSN+FLS	24	0,11%	sped|izion|ier|e
PN+A+ASN+FLS	23	0,10%	in|esatt|ezz|a
PN+PN+N+FLS	21	0,09%	inter|s|cambi|o
V+VSA+ASN	16	0,07%	pun|ibil|ità
PN+N+NSA+ASN	15	0,07%	ir|regol|ar|ità
PN+PN+N+NSN+FLS	11	0,05%	anti|con|form|ist|a
Weitere	65	0,29%	anti|uomo
Gesamt	22 270		

Tabelle 6.2 (Fortsetzung): Analyse der Substantivsegmentierungen im semantischen Lexikon

Wie bei den Verben sind die nicht derivierten Einträge am häufigsten im semantischen Lexikon der Substantive vertreten, jedoch haben die Einträge ohne Flexionsendung (`N`) einen weitaus größeren prozentualen Anteil. Weiterhin auffällig ist die hohe Zahl an Kombinationen, was aufgrund der Möglichkeiten, die die italienische Sprache für die Bildung von Substantiven bietet, nicht verwundert. Wie bei den Verben sind diverse Einträge mehrfach segmentiert, was aber, wie am Beispiel *contrassegno* gezeigt, notwendig ist. Wieder wurden viele Proplets, die fälschlicherweise als Elementareinträge definiert waren, aus dem Allomorphlexikon entfernt und in das semantische Lexikon geschrieben.[18] Die Anzahl ist mit 763 ausgegliederten Einträgen noch höher als bei den Verben.

Ein Testdurchlauf aller Derivate im semantischen Lexikon der Substantive ergab eine Anzahl von durchschnittlich 1,17 Analyseergebnissen pro Derivat. Ohne eingeschaltetes semantisches Lexikon der Substantive sind 1,51 Analyseergebnisse pro

[18]Ob ein Eintrag sowohl als Derivat als auch als Elementareintrag klassifiziert ist, ist ohne Weiteres zu erkennen, da vor dem Aufbau des semantischen Lexikons automatisch eine Liste mit allen elementaren Grundformen gebildet wird. Diese kann mit der bereits bestehenden Liste der Derivate verglichen werden. Ist ein Eintrag in beiden Listen vorhanden, kann er nach einer Überprüfung aus dem Allomorphlexikon entfernt werden.

Derivat zu verzeichnen, was den Vorteil des semantischen Lexikons widerspiegelt. Lässt das regelbasierte Morphologiesystem noch deutlich mehr Analysen zu[19], so enthält das semantische Lexikon nur die tatsächlich korrekten Segmentierungen, die als einzig wohlgeformtes Analyseergebnis ausgegeben werden.

6.1.3 Adjektive

Die Adjektive stellen mit 3 381 Derivaten und 6 918 elementaren Einträgen nach den Substantiven den zweitgrößten Anteil im semantischen Lexikon dar. Es sind 35 Suffixe in die Grammatik eingebunden, die aus allen drei Typen von Basen Adjektive bilden können. Daher sind insgesamt 29 verschiedene Allomorphkombinationen möglich, die in Tabelle 6.3 zu sehen sind. Wieder sind nur diejenigen Allomorphkombinationen aufgelistet, die auf mehr als zehn Einträge des semantischen Lexikons angewendet sind.

Zusammensetzung	Anzahl	Prozentsatz	Beispiel
A+FLS	6 655	63,96%	grand|e
N+NSA+FLS	1 458	14,01%	polver|os|o
V+VSA+FLS	672	6,46%	sper|abil|e
PA+A+FLS	422	4,06%	super|modern|o
A	362	3,48%	blu
PA+V+VSA+FLS	337	3,24%	in|calcol|abil|e
PA+N+NSA+FLS	222	2,13%	inter|cultur|al|e
V+VSN+NSA+FLS	57	0,55%	ambul|atori|al|e
N+NSA+ASA+FLS	45	0,43%	ambient|al|istic|o
A+ASA+FLS	29	0,28%	biond|icci|o
PA+PA+V+VSA+FLS	26	0,25%	in|di|mostr|abil|e

Tabelle 6.3: Analyse der Adjektivsegmentierungen im semantischen Lexikon

[19] Es hat seine Berechtigung, dass das regelbasierte Morphologiesystem in Bezug auf Kombinationsmöglichkeiten offen sein soll, da auch Neologismen, die nicht im Lexikon stehen, erkannt werden sollen. So ist am Beispiel *consolare* auf Seite 94 die Verknüpfung des Präfixes *con-* mit dem Verb *solare* eine bezüglich der implementierten Morphologieregeln korrekte Kombinationsmöglichkeit für Verben, jedoch kann nur über das semantische Lexikon spezifisch ein solcher Fall ausgeschlossen werden.

N+NSN+NSA+FLS	21	0,20%	padr|on|al|e
A+ASN+NSA+FLS	17	0,16%	fiss|at|iv|o
PA+N+NSA+ASA+FLS	13	0,12%	anti|soci|al|ist|a
N+NSV+VSA+FLS	13	0,12%	class|ific|abil|e
PA+PA+A+FLS	12	0,12%	in|inter|rott|o
Weitere	44	0,42%	ri|sorg|iment|al|e
Gesamt	10 405		

Tabelle 6.3 (Fortsetzung): Analyse der Adjektivsegmentierungen im semantischen Lexikon

Auffällig im Gegensatz zu den Substantiven ist der weitaus niedrigere Prozentsatz an Formen ohne Flexionsendung (3,48% zu 10,09%). Der Anteil der nicht derivierten Formen ist prozentual gesehen ähnlich groß. Die Zahl der Adjektive, die fälschlicherweise als Elementareinträge in die Grammatik eingebunden waren und durch den Aufbau des semantischen Lexikons ausgegliedert werden konnten, ist mit 1 497 fast doppelt so hoch wie bei den Substantiven.
Ein Testdurchlauf aller Derivate im semantischen Lexikon der Adjektive ergab wie bei den Substantiven eine Anzahl von 1,17 Analyseergebnissen pro Derivat. Ohne semantisches Lexikon der Adjektive liegt die Ambiguitätenrate bei 1,69 Analyseergebnissen pro Derivat.

6.1.4 Zusammenführung der Informationen

Nach dem Aufbau des semantischen Lexikons für die Wortklassen der Verben, Substantive und Adjektive können die Informationen in das Projekt integriert werden. Interessant ist hierbei ein Vergleich der Ambiguitätenrate aller Derivate, wenn das semantische Lexikon ein- oder ausgeschaltet ist. Ohne semantisches Lexikon ist eine Ambiguitätenrate von 1,51 Analyseergebnissen pro Derivat zu verzeichnen, mit semantischem Lexikon liegt sie bei 1,22. Dies zeigt den Vorteil gegenüber dem rein regelbasierten morphologischen System. Durch die korrekten Segmentierungen der Einträge im semantischen Lexikon konnten weiterhin 2 824 als Elementareinträge definierte Derivate herausgefiltert werden. Diese Maßnahme hält das Allomorphlexikon klein und vermeidet unnötige Ambiguitäten, die auch für die folgende syntaktisch-semantische Analyse von Vorteil sind, da keine unnötigen Lesarten nach LA-Hear portiert werden.

Insgesamt sind die korrekten Segmentierungen für über 10 000 Derivate und für über 25 000 Simplizia implementiert. Überprüfungen an Testlisten ergaben, dass alle Einträge im semantischen Lexikon auch regelbasiert gebildet werden können. Somit ist die Voraussetzung aus Abbildung 6.2 auf Seite 87, dass das Attribut seg nach der regelbasierten morphologischen Analyse und dem anschließenden Lookup im semantischen Lexikon identisch ist, erfüllt. In den folgenden Abschnitten können den Einträgen deshalb weitere grammatische Informationen hinzugefügt werden.

6.2 Einbindung von Valenzrahmen

Die Wahl als Datenquelle für die Einbindung der Valenzrahmen fiel zugunsten von Francesco Sabatinis und Vittorio Colettis *il Sabatini Coletti. Dizionario della Lingua Italiana 2008* aus, da dieses Wörterbuch, im Gegensatz zu anderen Quellen wie Blumenthal u. Rovere (1998) oder Curcio (1999), für den rein einsprachigen Gebrauch konzipiert ist.[20] Eine weitere Notwendigkeit, dass das Lexikon in einem maschinenlesbaren Format vorliegen solle, was beispielsweise bei Bianco (1996) nicht der Fall ist, ist darüber hinaus gegeben. Die digitale Version von Sabatini u. Coletti (2008) besteht aus insgesamt 87 327 Lemmata, die sich wie folgt unterteilen: Substantive (57 126), Verben (9 447), Adjektive (22 350), Adverbien

[20] Bianco (2006, S. 1193f.) stellt folgende Vorteile von *DISC*, dem direkten Vorgänger von Sabatini u. Coletti (2008), heraus:

> „Das DISC [...] gehört nicht zu den ‚speziellen' Wörterbüchern wie die Valenzlexika, die primär für Fremdsprachenlerner oder Übersetzer gedacht sind, und zeigt daher eine neue Wende an, die signalisiert, dass auch die einsprachige Lexikographie einzusehen beginnt, welche große Rolle eine sorgfältige Darstellung der verbalen Rektionen auch für Nicht-Linguisten spielen kann."

Für einen weiteren Vergleich des *DISC* mit anderen elektronischen Ressourcen des Italienischen sei auf Stein (1998) verwiesen.

(730), Pronomina (183), Artikel (50), Konjunktionen (265), Präpositionen (257), Interjektionen (50) sowie weitere Untergruppen wie Onomatopoetika oder Affixe (2 465).[21] Abbildung 6.3 zeigt am Beispiel des Verbs *sperare* den strukturellen Aufbau eines Lexikoneintrags.

Wie an der Abbildung zu sehen ist, liefert das Lexikon Informationen zu grammatikalischen Eigenschaften der Einträge bezüglich der Silbentrennung, der morphologischen oder syntaktischen Merkmale, der Wortherkunft, des Wortgebrauchs und der Anwendungsbeispiele. Die für das Projekt LA-it benötigten Informationen beschränken sich auf die in eckigen Klammern dargestellten Valenzen der Einträge. Diese können je nach Verb unterschiedlich ausgeprägt sein. Zu beachten gilt zudem, dass es bei den Einträgen der Verben auch spezifische Valenzen für reflexive Verben geben kann.

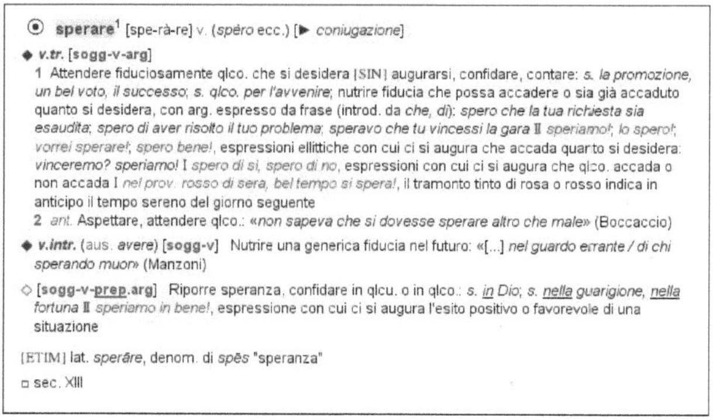

⦿ **sperare**[1] [spe-rà-re] v. (*spèro ecc.*) [▶ *coniugazione*]

◆ ***v.tr.*** **[sogg-v-arg]**
1 Attendere fiduciosamente qlco. che si desidera [SIN] augurarsi, confidare, contare: *s. la promozione, un bel voto, il successo; s. qlco. per l'avvenire;* nutrire fiducia che possa accadere o sia già accaduto quanto si desidera, con arg. espresso da frase (introd. da *che, di*): *spero che la tua richiesta sia esaudita; spero di aver risolto il tuo problema; speravo che tu vincessi la gara* ‖ *speriamo!; lo spero!; vorrei sperare!; spero bene!*, espressioni ellittiche con cui ci si augura che accada quanto si desidera: *vinceremo? speriamo!* | *spero di sì, spero di no*, espressioni con cui ci si augura che qlco. accada o non accada | *nel prov. rosso di sera, bel tempo si spera!*, il tramonto tinto di rosa o rosso indica in anticipo il tempo sereno del giorno seguente
2 *ant.* Aspettare, attendere qlco.: «*non sapeva che si dovesse sperare altro che male*» (Boccaccio)

◆ ***v.intr.*** (aus. *avere*) **[sogg-v]** Nutrire una generica fiducia nel futuro: «[...] *nel guardo errante / di chi sperando muor*» (Manzoni)

◇ **[sogg-v-prep.arg]** Riporre speranza, confidare in qlcu. o in qlco.: *s. in Dio; s. nella guarigione, nella fortuna* ‖ *speriamo in bene!*, espressione con cui ci si augura l'esito positivo o favorevole di una situazione

[ETIM] lat. *sperāre*, denom. di *spēs* "speranza"

▫ sec. XIII

Abbildung 6.3: Struktureller Aufbau des Lexikoneintrags für *sperare* in Sabatini u. Coletti (2008)

[21] Zusammengerechnet ergibt sich eine Anzahl von über 90 000 Lemmata. Die im Gegensatz zu den 87 327 Lemmata höhere Zahl erklärt sich durch eine Mehrfachkategorisierung einiger Einträge. Als Beispiel ist *arrivato* zu nennen, das sowohl als Substantiv als auch als Adjektiv im Lexikon zu finden ist.

Möglich sind nach den Ausführungen in Sabatini u. Coletti (2008, S. 8–13) folgende verschiedenartige Valenzen bei Verben, die auch in LA-it implementiert sind:[22]

- Nullwertige Verben (*verbi zerovalenti*):
  Beispiele: *nevicare*, *piovere*, *tempestare*
  Darstellung: [non.sogg-v]
  Zu dieser Gruppe gehören die Witterungsverben.

- Nullwertige Verben mit Präpositionalphrase als Argument (*verbi zerovalenti con argomento preposizionale*):
  Beispiele: *parere*, *sembrare*
  Darstellung: [non.sogg-v-prep.arg]

- Intransitive Verben (*verbi monovalenti*) - Verben mit Subjekt als Argument:
  Beispiele: *bere*, *dormire*, *soffiare*
  Darstellung: [sogg-v]

- Transitive Verben (*verbi bivalenti*) - Verben mit Subjekt und direktem Objekt als Argumente:
  Beispiele: *amare*, *giocare*, *sperare*
  Darstellung: [sogg-v-arg]

- Transitive Verben mit zusätzlichem prädikativen Komplement (*verbi bivalenti con complemento predicativo*) - Verben mit Subjekt, direktem Objekt und prädikativem Komplement:
  Beispiele: *chiamare*, *credere*, *eleggere*
  Darstellung: [sogg-v-arg+compl.pred]
  Das prädikative Komplement kann unterschiedlich ausgeprägt sein. So besteht es beispielsweise aus einem weiteren Substantiv bei dem Satz *Hanno eletto Giorgio* ***presidente***. oder auch aus ganzen Nebensätzen wie in *Credo* ***sia giusto che tu vada di persona***.

- Intransitive Verben mit Präpositionalphrase (*verbi bivalenti con secondo argomento indiretto*) - Verben mit Subjekt und indirektem Objekt, welches als

[22]Man beachte, dass es sich bei den Beispielen um mögliche Valenzen handelt. Die Verben können durchaus noch weitere Valenzen besitzen.

Präpositionalphrase realisiert ist, als Argumente:
Beispiele: *cercare*, *guardare*, *sognare*
Darstellung: [sogg-v-prep.arg]

- Dreistellige Verben (*verbi trivalenti con primo argomento soggetto, secondo argomento diretto e terzo argomento indiretto*) - Verben mit Subjekt, direktem und indirektem Objekt, welches als Präpositionalphrase realisiert ist, als Argumente:
  Beispiele: *dare*, *interessare*, *servire*
  Darstellung: [sogg-v-arg-prep.arg]

- Dreistellige Verben mit zwei Präpositionalphrasen (*verbi trivalenti con primo argomento soggetto e due argomenti entrambi collegati al verbo mediante una preposizione*) - Verben mit Subjekt und zwei Präpositionalphrasen als Argumente:
  Beispiele: *andare*, *passare*, *salire*
  Darstellung: [sogg-v-prep.arg-prep.arg]
  In den meisten Fällen handelt es sich bei den Präpositionen um eine Kombination aus *da* und *a*, da die jeweiligen Verben einen Ortswechsel der handelnden Person ausdrücken. Als Beispielsatz ist *Vado* ***da*** *Roma* ***a*** *Milano.* zu nennen.

- Vierstellige Verben (*verbi tetravalenti con primo argomento soggetto, secondo argomento diretto e altri due argomenti collegati mediante una preposizione*) - Verben mit Subjekt, direktem Objekt und zwei Präpositionalphrasen, die beide mittels Präpositionen an das Verb gebunden sind, als Argumente:
  Beispiele: *muovere*, *spostare*, *trasferire*
  Darstellung: [sogg-v-arg-prep.arg-prep.arg]
  Auch hier sind die Präpositionen meistens durch eine Kombination aus *da* und *a* dargestellt, wie beispielsweise in *L'agenzia ha trasferito la sede* ***da*** *Torino* ***a*** *Milano.*

- Kopulative Verben (*verbi copulativi*) - Verben mit Subjekt und prädikativem Komplement als Argumente:

Beispiele: *essere, diventare, costituire*
Darstellung: [sogg-v-compl.pred]

- Kopulative Verben mit Präpositionalphrase (*verbi copulativi con argomento preposizionale*) - Verben mit Subjekt, prädikativem Komplement und Präpositionalphrase als Argumente:
  Beispiele: *risultare, servire, valere*
  Darstellung: [sogg-v-compl.pred-prep.arg]

Insgesamt sind elf verschiedene Valenzmöglichkeiten in Sabatini u. Coletti (2008) annotiert, die je Verb in unterschiedlichen Kombinationen auftreten können. Die Valenzrahmen, alle möglichen Valenzen eines Verbs, müssen in eine JSLIM-konforme Notation gebracht werden. Es gilt zu beachten, dass die grammatischen Informationen für die Kongruenz einer flektierten Verbform mit dem Subjekt bereits in der regelbasierten Morphologiekomponente gelöst ist. Wie an der Ableitung von *campeggio* in Abbildung 6.2 auf Seite 87 zu sehen ist, ist dieses an der Subjektposition mit `s1'` annotiert. Dies bedeutet, dass ein kongruenter Füller für die ‚erste Person Singular' erwartet wird. Die erläuterten Valenzinformationen aus Sabatini u. Coletti (2008) sind folgendermaßen in das semantische Lexikon integriert:

- `sogg` und `non.sogg`: Die Information, dass ein Verb eine Subjektposition als Argument besitzt, ist für das semantische Lexikon irrelevant, da diese Argumentstelle zusammen mit den Kongruenzbedingungen für das benötigte Subjekt bereits in der Morphologiekomponente gebildet wird. Die Information, dass ein Verb unpersönlich ist, ist jedoch notwendig und daher mit `nsog'` markiert.

- `prep.arg`: Für die syntaktisch-semantische Analyse in JSLIM reicht es nicht aus zu vermerken, dass ein Verb eine Präpositionalphrase als Argument erwartet. Es muss bei allen Verben explizit markiert sein, welche Präpositionen die Präpositionalphrasen im Einzelfall einleiten können. Deshalb sind anstelle von `prep.arg` alle möglichen Präpositionen durch ein Pluszeichen voneinander getrennt aufgelistet, wie auch in Abbildung 6.2 auf Seite 87 an `in+tra'` zu sehen ist. In diesem Fall benötigt das Verb *campeggiare* eine

Präpositionalphrase als Füller, die mit den Präpositionen *in* oder *tra* eingeleitet ist. Insgesamt sind 279 unterschiedliche Kombinationen von Präpositionen als Argumentstelle möglich.

- `arg` und `compl.pred`: Die Argumentposition für das direkte Objekt ist mit `dir'` und das prädikative Komplement mit `comp'` markiert. Letztgenanntes wird in Abschnitt 7.3.9 noch genauer unterteilt.

- Die unterschiedlichen Valenzen eines Verbs sind durch Multikats dargestellt. Somit ist es möglich, sie als gleichrangig darzustellen.

Wie die verschiedenen Valenzen eines Verbs im semantischen Lexikon realisiert sind, zeigt Quellcode 6.3 am Beispiel *andare*. Man beachte, dass die zusätzlichen Valenzinformationen in der Analyseausgabe immer automatisch zwischen den ersten (die Valenzposition für das zu erwartende kongruente Subjekt) und den letzten Kategoriewert (die Resultatskategorie `v`) des Attributs `cat` kopiert werden.

```
[
core: andare
cat: <()(a+da+fino_a+in+per+su')(da' a')(comp')>
]
```

Quellcode 6.3: Valenzinformationen im semantischen Lexikon am Beispiel *andare*

Die Valenzrahmen der Einträge sind jeweils als Listen, die bei mehreren möglichen Valenzen von einem mit spitzen Klammern dargestellten Multikat umschlossen sind, implementiert. Somit ist sichergestellt, dass alle Valenzen als gleichrangig zu behandeln sind. Die erste Valenz ist nur mit der Subjektposition aus der morphologischen Analyse zu füllen.[23] Die zweite Valenz gibt die Argumentstruktur „Subjekt-Verb-Präpositionalargument“ an. Der erste `cat`-Wert des Verbs ist, wie erwähnt, immer vom ersten Wert der morphologischen Analyse besetzt, da für die Subjektposition Kongruenzinformationen notwendig sind. So ist die Subjektposition bei *vado* mit dem Wert `s1'` besetzt, bei *andiamo* jedoch mit `p1'`, da

[23] *Il motore non va.*

in diesem Fall ein kongruenter Füller für die ‚erste Person Plural' erwartet wird. Dies gilt für alle Verben außer für die nullwertigen. Die Valenzposition für die Präpositionalphrase `a+da+fino_a+in+per+su'` gibt alle möglichen Präpositionen an, die das präpositionale Argument einleiten können. Wichtig ist zu beachten, dass jeweils nur eine Präpositionalphrase realisierbar ist.[24] Sind mehrere Präpositionalphrasen hintereinander als Argumente möglich, so ist eine Notation gemäß der dritten Valenz zu realisieren. Hier muss die erste Präpositionalphrase mit *da* und die zweite Präpositionalphrase mit *a* beginnen.[25] In der vierten Valenz ist der Kategoriewert `comp'` mit einem prädikativen Komplement zu füllen, welches in der syntaktisch-semantischen Analyse unterschiedlich realisierbar ist (siehe hierzu auch Abschnitt 7.3.9).[26]

Ein kritischer Gesichtspunkt bei der Implementierung der Valenzrahmen ist die Frage, ob es sich bei den Präpositionalphrasen immer um Argumente des Verbs handelt oder um Adverbiale, die nicht zum Valenzrahmen gehören. So unterscheidet Schwarze (1995, S. 118) zwischen Adjunkten und dem Obliquus[27], der weiterhin in die Untergruppen der starren und lexikalisch variablen Rektion gegliedert ist. Bei der starren Rektion ist der Obliquus, der in der italienischen Sprache entweder als Präpositionalphrase oder als klitisches Pronomen realisiert ist, vollständig durch das Verb festgelegt. Als Beispiel gibt er die Kombination *allontanare da* an, die im Fall des Obliquus mit keiner anderen Präposition vorkommen kann. Bei der lexikalisch variablen Rektion ist die Präposition nicht vollständig durch das Verb festgelegt, sondern in einer Teilmenge der Präpositionen wählbar. Er zeigt am Verb *guardare*, dass dieses mit Präpositionen wie *in*, *dietro* oder *verso* kombinierbar ist. Als Adjunkt gibt Schwarze (1995) einen Satz mit *scrivere* an, bei dem in der Va-

[24] Als Beispielsätze geben Sabatini u. Coletti (2008) an: *andare* ***al*** *cinema*; *andare* ***da*** *un amico*; *andare* ***fino a*** *terra*; *andare* ***in*** *vacanza*; *andare* ***per*** *l'Italia*; *Le spese vanno* ***sui*** *cento euro.*

[25] *Il treno va* ***da*** *Roma* ***a*** *Milano.*

[26] *Andare* ***pazzo di qualcuno.***

[27] Die Terminologie für Argumente und Adverbiale ist in der Fachliteratur in Bezug auf Präpositionalphrasen unterschiedlich festgelegt. Schierholz (2001) spricht von Präpositionalattributskonstruktionen und attributiven adverbialen Bestimmungen für die deutsche Sprache, Teubert (1979) hingegen von attributiven Ergänzungen und attributiven Angaben.

lenz „Subjekt-Verb-direktes Objekt“ eine fakultative Präpositionalphrase wie in *Ha scritto a Mario* ***in una lettera*** *di venirlo a trovare.* möglich ist. Diese gehört nicht zur Valenz des Verbs. In Sabatini u. Coletti (2008) ist *scrivere* ***nel cuore*** figurativ im Sinne von *sich etwas ins Gedächtnis einprägen* als Obliquus markiert. Das Valenzlexikon zeigt in diesem Fall keine Unterscheidung bezüglich des adjunktiven oder obliquen Gebrauchs der Präpositionalphrase mit einleitendem *in* an, es listet vielmehr einzelverbspezifisch und exhaustiv alle im Valenzrahmen verankerten Präpositionen auf. Eine einvernehmliche Lösung zur Unterscheidung von Adjunkten und dem Obliquus bei gleicher Präposition bietet das SIMPLE Projekt, da in diesem die Präpositionen semantisch restringiert sind. Näheres zur Modellierung findet sich in Abschnitt 6.3.3.

Durch die erläuterte Darstellung ist es möglich, unterschiedliche Valenzen eines Verbs in das semantische Lexikon zu integrieren. Durch die Multikat-Schreibweise ist es weiterhin möglich, fakultative Argumente zu annotieren, wie in Quellcode 6.4 am Beispiel *leggere* zu sehen ist.

```
[
core: leggere
cat: <()(dir')>
]
```

Quellcode 6.4: Darstellung von fakultativen Argumenten im semantischen Lexikon am Beispiel *leggere*

In beiden möglichen Valenzen ist die Subjektposition in jedem Fall zu besetzen. Die Realisierung des direkten Objekts hingegen ist optional, da schon die Kombination aus Subjekt und Verb einen vollständigen Satz ergeben würde. Der Ansatz basiert auf den Ausführungen von Ágel (1995), der zwischen Valenzpotenz und Valenzrealisierung unterscheidet. Die Valenzpotenz ist hierbei im semantischen Lexikon kodiert, die Valenzrealisierung hängt von den in LA-it implementierten Syntaxregeln ab.

Ein weiterer Vorteil ist, dass die Valenzrahmen jederzeit erweiter- oder modifizierbar sind und vor der Laufzeit zum semantischen Lexikon addiert werden. Insgesamt stehen Valenzinformationen für über 5 000 Verben bereit. Man beachte, dass die Valenzinformationen beim reflexiven Gebrauch eines Verbs unterschiedlich zum nicht reflexiven Gebrauch sein können und daher alle reflexiven Verben einzeln im semantischen Lexikon aufgelistet sind (siehe auch Abschnitt 7.6.2). Wie die Valenzrahmen mit den korrekten Segmentierungen aus Abschnitt 6.1 verknüpft sind, zeigt Abschnitt 6.4.

6.3 Einbindung von semantischen Informationen

Die Daten für die Einbindung der semantischen Informationen stammen aus dem SIMPLE Projekt. Eine Einführung in das Projekt gibt Abschnitt 6.3.1. Die Abschnitte 6.3.2, 6.3.3 und 6.3.4 erläutern den Ansatz für eine praktische Umsetzung der Daten in ein JSLIM-konformes Format. Zu beachten ist, dass die Ausführungen in Abschnitt 6.3.2 und 6.3.3 nicht programmiertechnisch in JSLIM umgesetzt sind, sondern ein Modell für eine mögliche Weiterentwicklung darstellen.

6.3.1 Geschichte und Aufbau des SIMPLE Projekts

Das SIMPLE Projekt ist Teil des Projekts „PAROLE-SIMPLE-CLIPS". Dieses besteht aus drei Teilprojekten, die anschließend zusammengeführt wurden. Das „PAROLE" Projekt wurde im Zeitraum von 1996 bis 1998 erstellt und hat zum Ziel, Sprachressourcen für zwölf Sprachen der Europäischen Union bereitzustellen.[28] Es soll dabei weitreichende morphologische und syntaktische Informationen aller Einzelsprachen liefern.[29] Weiterhin sollten die Lexika ausreichend groß und wiederverwendbar sein.[30] Die Grundvoraussetzung, die bei der Implementierung eingehalten werden musste, war die Verwendung einer einheitlichen linguistischen Spezifikation, damit alle zwölf Lexika konform und konsistent zueinander und somit auch leichter vergleichbar sind.[31] Bei Abschluss des Projekts standen 20 000

---

[28] Diese sind: Dänisch, Deutsch, Englisch, Finnisch, Französisch, Griechisch, Italienisch, Katalanisch, Niederländisch, Portugiesisch, Schwedisch und Spanisch.

[29] Vgl. Ruimy (2006).

[30] Vgl. Ruimy u. a. (1998).

[31] In Calzolari u. a. (1995) sind nähere Informationen zur linguistischen Spezifikation zu finden. Diese basiert auf den Richtlinien von GENELEX Consortium (1993). Als Grund für die einheitliche Verwendung der Richtlinien geben Ruimy u. a. (2003a, S. 794) außerdem an: „This represents an invaluable achievement,

Einträge zur Verfügung, die mit morphologischen und syntaktischen Informationen ausgestattet waren. Im Jahre 1998 wurde das SIMPLE Projekt gestartet, welches zu einer Untermenge der morphologischen und syntaktischen Lexika von PAROLE eine semantische Ebene hinzufügte. Die Richtlinien bei der Implementierung gaben die Spezifikationen von GENELEX Consortium (1994). Die verschiedenen Ebenen der Lexika wurden anschließend miteinander verlinkt. Bis zum Ende des Projekts im Jahre 2000 kamen somit ungefähr 10 000 Wortbedeutungen zum Lexikon hinzu.[32] Nach dem offiziellen Abschluss des Projekts wurde dieses noch mehrere Male modifiziert. So wurden Teile von SIMPLE mit dem „ItalWordNet"[33] in Roventini u. Ruimy (2008) abgeglichen oder um weitere semantische Einträge und Relationen erweitert, beispielsweise in Ruimy (2007) oder Ruimy u. Toral (2008). In Del Gratta u. a. (2008) sind bereits um die 57 000 Wortbedeutungen vorhanden und in etwa 28 500 semantische Einheiten vollständig mit Informationen ausgestattet. Im Jahre 2000 wurde darauf folgend das „CLIPS"[34] Projekt gestartet, welches auf PAROLE und SIMPLE basiert. Dieses hatte zum Ziel, einerseits eine phonologische Ebene zu den bereits vorhandenen Ebenen der Morphologie, Syntax und Semantik hinzuzufügen, andererseits alle vier Ebenen zu einem Gesamtprojekt zu vereinigen.[35] Das CLIPS Projekt wurde 2003 abgeschlossen.

Für eine Modellierung in JSLIM dient das SIMPLE Projekt. Grund ist, dass eine morphologische Ebene bereits vorhanden ist (siehe Kapitel 4). Die Implementierung der syntaktischen Ebene folgt in Kapitel 7. Eine phonologische Ebene ist in dieser Arbeit nicht vorgesehen, könnte jedoch in Anschlussarbeiten hinzugefügt werden. Das Hauptziel des Lexikons von SIMPLE besteht nach Calzolari u. Zampolli (1999, S. 360) und Ruimy u. a. (2001) aus der Wiedergabe folgender semantischer Informationen:

---

all the more because these resources now constitute a core to be enlarged following the same principles at the national level."

[32] Vgl. Lenci u. a. (2000a, S. 250).

[33] Für eine einführende Lektüre zum ItalWordNet sei auf Roventini u. a. (2000) verwiesen.

[34] „**C**orpora e **L**essici di **I**taliano **P**arlato e **S**critto" (dt. *Korpora und Lexika des gesprochenen und geschriebenen Italienisch*).

[35] Vgl. Ruimy u. a. (2002, S. 792).

1. Verknüpfung von SIMPLE mit der syntaktischen Ebene von PAROLE
2. Einteilung der Einträge in eine hierarchische Klassenstruktur
3. Deklarierung von semantischen Typen für die Lexikoneinträge
4. Semantische Restriktionen der Argumente eines Verbs
5. Thematische Rollen
6. Domäneninformationen
7. Beschreibungen der lexikalischen Einheiten anhand von Paraphrasen
8. Einbettung der Einträge in eine „Extended Qualia Structure“[36]
9. Polysemie
10. Synonyme
11. Potenzielle Derivate

Für eine mögliche Umsetzung in das semantische Lexikon von LA-it sind die Punkte 2-5 relevant, da sie für die syntaktisch-semantische Analyse eine wichtige Rolle spielen würden. Alle weiteren Punkte könnten jedoch auch in Anschlussarbeiten umgesetzt werden.

Das SIMPLE Projekt gibt es als SQL-Datenbank. Um die Extrahierung der benötigten Daten zu erreichen, müssen bestimmte Datenbankabfragen getätigt werden. Das theoretische Modell von SIMPLE basiert hierbei auf drei formalen Einheiten, aus denen die linguistischen Informationen entnommen werden können:[37]

[36] Hierbei handelt es sich um ein erweitertes Modell der „Qualia Structure“ von Pustejovsky (Pustejovsky 1991, Pustejovsky 1995). Ruimy u. a. (2003b, S. 824) geben als Beispiel für den Nutzen der Extended Qualia Structure das Substantiv *fotografo* an, welches sowohl als Berufsbezeichnung als auch als Hobby verstanden werden kann. Somit ist der Eintrag in SIMPLE mit zwei Relationen ausgestattet, nämlich `is_the_activity_of` für die erste und `is_the_ability_of` für die zweite Variante. Diese verweisen auf die zwei verschiedenen semantischen Typen `profession` und `agent_of_persistant_activity`, die dem Eintrag zugeordnet sind.

[37] Vgl. Lenci (2001).

- Semantische Einheiten, die die Wortbedeutungen bezeichnen, sind als eine sogenannte „Semantic Unit“ oder „SemU“ definiert. Jeder SemU ist ein semantischer Typ zugeordnet.
- Semantische Typen sind grundsätzlich mit den semantischen Einheiten verlinkt. Jeder Typ beinhaltet verschiedene Informationen, die in klassenspezifische und zusätzliche Informationen unterteilt sind. Erste definieren den semantischen Typ selbst näher, die zusätzlichen Informationen sind nicht obligatorisch und können je zugehöriger SemU unterschiedlich realisiert sein.
- Die Informationen zu den semantischen Typen sind in schematischen Strukturen, den „Templates“, gespeichert. Sie sollen dem Lexikographen helfen, lexikalische Einheiten leichter kodieren zu können.

Der Informationsgehalt einer semantischen Einheit ist mit den semantischen Typen verlinkt, die wiederum mit weiterführenden Templates verlinkt sind, in denen spezifischere linguistische Informationen zu finden sind. In den folgenden Abschnitten sind jeweils nur die für die Umsetzung in JSLIM relevanten Daten dargestellt.

6.3.2 Semantische Typen

Die semantischen Typen der Einträge sind in der sogenannten „SIMPLE Ontology“ durch eine Klassenhierarchie realisiert. Die Typenbezeichnungen bei den Verben und Substantiven sind jeweils identisch, die Adjektive besitzen eigene Typen. Ursprünglich waren 153 semantische Typen in das Projekt integriert, im Laufe der Zeit wurden jedoch sechs weitere hinzugefügt.[38] Die SIMPLE Ontology ist in eine „Core Ontology“, die alle oberen und generellen Typen beinhaltet, und eine „Recommended Ontology“ für die Unterteilung in spezifischere Typen gegliedert.[39] Die vier obersten Typen für die Verben und die Substantive sind im Folgenden aufgeführt.[40]

---

[38] Diese sind: `Patient of event`, `Vegetable`, `Abstract Location`, `Metalanguage`, `Ordinal Numeral` und `Numeral Property`.

[39] Als Beispiel ist der Typ `Animal` zu nennen, der der Core Ontology angehört. Die drei Untertypen `Earth Animal`, `Air Animal` und `Water Animal` gehören zur Recommended Ontology, da sie dem Typ eine feinere Einteilung geben.

[40] Vgl. Ruimy u. a. (2001).

- `Entity`: Dem Typ gehören allgemein Entitäten jeder Form an. Die Untertypen bilden den größten Teil der Ontologie, da die Entitäten spezifisch aufgeteilt und untergliedert sind. Dem Obertypen selbst sind nur wenige Einträge zugehörig, die in keine der Untertypen eingeordnet werden konnten. Ein Beispiel ist das Substantiv *diavolo*, das weder als konkrete Entität noch als abstrakte Entität definierbar ist.[41] Zu dem Obertyp gibt es 133 Untertypen, die in fünf Stufen aufgeschlüsselt sind.

- `Constitutive`: Unter diesen Obertyp fallen Einträge, die intrinsisch Teil eines Gegenstandes oder einer Person sind, wie beispielsweise *elemento* oder *ingrediente*. Die Untertypen sind in spezifischere partitive Relationen untergliedert (zum Beispiel `Body Part` oder `Amount`). Insgesamt gibt es fünf Untertypen, die in zwei Stufen unterteilt sind.

- `Agentive`: Einheiten, die einen Agentiv kodieren, fallen unter diesen Obertyp. Als Beispiele sind *causa* oder *origine* zu nennen. Der Obertyp hat einen Untertyp `Cause`.

- `Telic`: Unter diesen Obertyp fallen nicht konkrete Substantive, hinter deren Bedeutung eine Art Zielgerichtetheit steht, wie *scopo* oder *finalità*.[42] Der Obertyp besitzt keine Untertypen.

Adjektive sind in die Obertypen `Intensional` und `Extensional` aufgeteilt, die wiederum 14 Untertypen enthalten. Tabelle 6.4 zeigt die insgesamt zehn häufigsten Untertypen von semantischen Einheiten in SIMPLE. Es ist zu jedem Untertyp der zugehörige Obertyp dargestellt.

[41] Dies gilt nur, falls die Typenhierarchie der SIMPLE Ontology vorausgesetzt ist. In anderen Ontologien kann es durchaus möglich sein, dass zu Einträgen dieser Art ein semantischer Typ definiert ist.

[42] Die Entwickler selbst geben in Ruimy u. a. (2001, S. 47) an, dass die Eingliederung in diesen Obertyp schwer fiel: „Nomi non-concreti, altamente sottospecificati, non semplici da rappresentare da un punto di vista semantico, [...] sono stati codificati all'interno del tipo top Telic.“ („Nicht konkrete Substantive, die in hohem Maße unterspezifiziert und aus semantischer Sicht nicht einfach darzustellen sind, [...] sind innerhalb des Obertyps Telic kodiert worden.“).

Anzahl	Typ	Zugehöriger Obertyp
3 373	Profession	Entity
3 226	Human	Entity
2 359	Instrument	Entity
2 234	Agent of temporary activity	Entity
2 073	Purpose Act	Entity
1 413	Disease	Entity
1 363	Psychological Property	Extensional
1 315	Quality	Entity
1 304	Part	Constitutive
1 267	Cause Change of State	Entity

Tabelle 6.4: Die zehn häufigsten semantischen Typen in der SIMPLE Ontology

Auffällig ist, dass acht der zehn häufigsten Typen Untertypen zu `Entity` sind. Weiterhin findet sich nur ein Typ für Adjektive wieder. Es gilt zu beachten, dass einer semantischen Einheit mehrere semantische Typen zugeordnet sein können. So hat beispielsweise das Substantiv *cavallo* sieben verschiedene semantische Typen.[43] Diese müssen bei der Implementierung in JSLIM berücksichtigt werden.

Der erste Schritt einer möglichen praktischen Umsetzung ist die Extrahierung der semantischen Einheiten mit ihren zugehörigen semantischen Typen aus SIMPLE. Insgesamt können 42 098 semantische Einheiten für Substantive und 3 693 semantische Einheiten für Adjektive extrahiert werden. Ein Entwurf für die Extrahierung der semantischen Typen der Verben folgt in Abschnitt 6.3.3, da diese fest mit den Restriktionen bezüglich ihrer Argumente verknüpft sind. Im nächsten Schritt

[43]Diese sind: `Earth Animal` (das Tier), `Substance Food` (im Sinne von Pferdefleisch), `Semiotic Artifact` (entweder die Figur im Schach oder in einem Kartenspiel), `Convention` (Wert der Figur des Kartenspiels: Die Figur wird hier automatisch mit ihrer Punktzahl gesehen), `Unit of Measurement` (im Sinne von Pferdestärke: Die Entwickler sind der Ansicht, dass *cavallo* auch ohne das zugehörige *vapore* wie bei *cavallo vapore* gebraucht werden kann. Als Beispiel nennen sie *motore di venti cavalli*, einen *Motor mit 20 Pferdestärken*), `Instrument` (das Turngerät) und `Part` (das Verbindungsstück der beiden Hosenbeine unterhalb der Genitalien: Hierfür gibt es keine adäquate deutsche Übersetzung. Die italienische Bezeichnung erklärt sich daraus, dass man sich mit diesem Teil der Hose auf ein Pferd setzt).

kann die Konvertierung der Daten, die als CSV-Dateien („comma-separated values") vorliegen, in eine JSLIM-konforme Syntax folgen. Einerseits müssen die verschiedenen semantischen Typen, die alle zu einer semantischen Einheit gehören, zusammengefasst werden, sodass jede semantische Einheit nur einmal vorkommt. Andererseits müssen die verschiedenen Alternativen der semantischen Typen als gleichwertig im semantischen Lexikon annotiert werden. Als Lösung bietet sich die bereits erläuterte Multikat-Schreibweise an (siehe Abschnitt 5.1.6). Quellcode 6.5 zeigt an den Beispielen *chiave* und *grave* exemplarisch ein mögliches Modell für das semantische Lexikon nach der Extrahierung und Konvertierung. Für die semantischen Typen gibt es ein eigenes Attribut type, das als Liste realisiert ist. Die Werte bestehen, im Gegensatz zur ursprünglichen Form, nur noch aus Kleinbuchstaben, da in JSLIM üblicherweise Variablen groß zu schreiben sind (siehe Abschnitt 5.1.4).

```
[
core:  chiave
type:  (<instrument sign>)
]

[
core:  grave
type:  (<intensifying_property physical_property
         psychological_property>)
]
```

Quellcode 6.5: Substantive und Adjektive mit semantischen Typen

Alle semantischen Typen, die aus mehr als einem Wort bestehen, sind durch einen Unterstrich miteinander verbunden. Ohne diesen wäre eine genaue Zuordnung nicht möglich.

Das Ziel innerhalb der syntaktisch-semantischen Analyse soll es sein, mit Hilfe der semantischen Typen eine Disambiguierung einzelner Wortbedeutungen im Satz zu erreichen. Abschnitt 6.3.3 zeigt dies mit Hilfe der semantischen Restriktionen der Verben bezüglich ihrer Argumente. Hierfür ist auch eine Realisierung der gesamten Klassenhierarchie wichtig. Quellcode 6.6 zeigt eine mögliche Umsetzung in JSLIM.

```
entity = {concrete_entity property
          abstract_entity representation event}

abstract_entity = {domain time moral_standards convention
                   cognitive_fact movement_of_thought
                   institution abstract_location}
```

Quellcode 6.6: Umsetzung der Klassenhierarchie von SIMPLE

Der semantische Typ `Abstract Entity` besitzt einen Obertyp `Entity`. Weiterhin besitzt er acht Untertypen, die wiederum Untertypen besitzen können. Somit wäre es möglich, eine Klassenhierarchie beliebiger Größe aufzubauen, in der die Typen zueinander in Abhängigkeit stehen. Durch die Tatsache, dass beispielsweise der Typ `Convention` Untertyp zu `Abstract Entity` ist, ist er gleichzeitig auch Untertyp zu `Entity`. Dies ist vor allem bei den semantischen Restriktionen wichtig, wie im folgenden Abschnitt zu sehen ist.

6.3.3 Semantische Restriktionen der Verben

Die semantischen Restriktionen der Verben bezüglich ihrer Argumente in SIMPLE sind nach Lenci u. a. (2000b, S. 50) eher als selektionale Präferenzen zu verstehen. Weiterhin sind in den meisten Fällen eher allgemeinere Typen, also Typen eines höheren Rangs, als semantischer Typ eines Arguments ausgewählt und es wird von Phänomenen wie metaphorischen Interpretationen oder Bedeutungserweiterungen abstrahiert.[44] Die Verben besitzen somit verschiedene Argumente, die als Bedingung für eine syntaktische Realisierung an semantische Typen gekoppelt sind. Darüber hinaus finden sich in SIMPLE noch Hinweise darauf, wie ein Argument in der Syntax realisiert ist[45] und die zum Argument gehörige thematische Rolle. Die relevanten Informationen sind am Beispiel der Verben *dormire*, *accompagnare* und *reclamare* in Tabelle 6.5 zu sehen.

[44]Lenci u. a. (2000b, S. 50) geben selbst an, dass diese Art der Annotierung ein gewisses Risiko birgt: „However, the risk of this solution is the loss of informativeness."

[45]Für eine ausführliche Erklärung vgl. Ruimy u. a. (2006).

Die mögliche Implementierung der semantischen Restriktionen in JSLIM erfordert sechs Informationen. Zuerst muss die semantische Einheit mit ihrem zugehörigen semantischen Typ bekannt sein. Jede Einheit hat weiterhin eine bestimmte Anzahl an Argumentstellen. Diese sind wiederum an semantische Typen gebunden, die bei der Besetzung eingehalten werden müssen. Der semantische Typ der Argumentstelle ist entweder durch einen Typ der SIMPLE Ontology ausgedrückt oder über sogenannte „Notionen". Diese fassen mehrere semantische Typen, die nicht miteinander in direkter Beziehung stehen, zusammen. Sie gelten somit als eine Art Container für Typen, die in verschiedenen Zweigen der SIMPLE Ontology zu finden sind.

Semantische Einheit	Semantischer Typ	Argument Position	Semantischer Typ Argument	Thematische Rolle Argument	Beschreibung der syntaktischen Realisierung
dormire	State	1	ArgAnimate	Patient	i-xa
$accompagnare_1$	Cause Change Location	1	ArgHuman	Agent	t-adjppaVdaopt-xa
		2	ArgAnimate	Patient	
		3	Location	Location	
$accompagnare_2$	Cooperate Activity	1	ArgAgentive	Agent	t-ppaVcon-xa
		2	ArgAgentive	Patient	
		3	Instrument	Participant	
$reclamare_1$	Expressive Speech Act	1	ArgHuman	Agent	i-ppconopt-xa
		2	ArgHuman	Participant	
$reclamare_2$	Directive Speech Act	1	ArgHuman	Agent	t-xa
		2	Entity	Patient	

Tabelle 6.5: Semantische Restriktionsinformationen für Verben in SIMPLE

Die wichtigsten Notionen sind im Folgenden erläutert. Es sind nur diejenigen Notionen aufgeführt, die mehr als dreißig Vorkommen in SIMPLE haben. Insgesamt gibt es nach Lenci u. a. (2000b, S. 53f.) 23 Notionen in SIMPLE.

- **ArgHuman** - lebende, intelligente Entitäten: Unter diese Notion fällt nur der semantische Typ **Human** mit seinen Untertypen.[46]

- **ArgHumans** - lebende, intelligente Entitäten und Institutionen: Zusätzlich zum semantischen Typ **Human** kommt **Institution** hinzu. Hierunter fallen Kollektiva wie *stato*, die bei bestimmten Verben anstelle von lebenden, intelligenten Entitäten die Subjektposition besetzen können, beispielsweise in *Come lo stato tassa gli italiani rendendoli contenti.* An **ArgHumans** ist der Vorteil der Annotation sichtbar. Während **Human** ein Untertyp zweiten Grades zu **Concrete Entity** ist, ist **Institution** ein Untertyp zu **Abstract Entity**. Hätten die Entwickler **Entity**, den Obertyp zu beiden, als semantischen Typ der Argumentstelle angegeben, würden darunter auch Typen wie **Event** oder **Representation** fallen, was die semantische Restriktion der Argumentstelle zu weit fassen würde. Somit ist durch die Notion der Gültigkeitsbereich in korrektem Maße eingeschränkt und gleichzeitig explizit vergeben.

- **ArgAnimate** - lebende Entitäten: Im Gegensatz zu **ArgHuman** sind auch Tiere des semantischen Typen **Animal** einbezogen.

- **ArgAgentive** - semantische Typen, die im Satz die thematische Rolle des Agentivs einnehmen können: Diese sind **Human** und **Instrument**. Als Beispiel für die zweite Variante ist der Satz *La radio trasmette un programma.* zu nennen.

- **ArgHumanHumanGroup** - lebende, intelligente Entitäten und aus Menschen bestehende Gruppen: Unter diese Notion fallen die semantischen Typen **Human** und **Human Group**, der ein Untertyp zweiten Grades zu **Constitutive** ist.

[46]Die Frage, warum anstelle von **ArgHuman** nicht der semantische Typ **Human** kodiert ist, erklären Lenci u. a. (2000b, S. 53) mit der Tatsache, dass die linguistische Spezifikation von SIMPLE sprachunabhängig ist. In den anderen Sprachen des Projekts sind die Ontologien durchaus unterschiedlich aufgebaut und deshalb besteht die Möglichkeit, dass unter diese Notion mehrere semantische Typen fallen können. Die Entwickler des SIMPLE Projekts für die italienische Sprache hielten sich somit an die Vorgaben von GENELEX Consortium (1994).

- `ArgConcrete` - konkrete Entitäten: Die Notion ist mit dem semantischen Typ `Concrete Entity` belegt.

- `Edible` - essbare Entitäten: Unter diese Notion fallen semantische Typen wie `Fruit` oder `Substance Food`.

- `ArgHuman&Event` - eine Erweiterung von `ArgHumans`: Es ist noch zusätzlich der semantische Typ `Event` mit seinen Untertypen hinzugefügt.

Die Notionen könnten ähnlich zur Klassenhierarchie in JSLIM implementiert werden, wie in Quellcode 6.7 zu sehen ist.

```
arganimate       = {human animal}

arghuman&event   = {human institution event}
```

Quellcode 6.7: Mögliche Umsetzung der Notionen von SIMPLE in JSLIM

Im Gegensatz zur Klassenhierarchie sind die Notionen in keine Ober- oder Untertypen eingebettet. Sie können somit in keiner Wertemenge vorkommen. Die in den Wertemengen stehenden semantischen Typen behalten trotzdem ihre Beziehungen zu den jeweiligen Ober- und Untertypen bei.
Die Definition der thematischen Rollen richtet sich nach den Spezifikationen des Projekts „DELIS“[47] und den Ausführungen in Lowe u. a. (1997). Die Argumente können folgende thematische Rollen besitzen:[48]

- `Agent` - Entität, die eine Handlung ausführt: In den meisten Fällen ist das Subjekt mit dieser Rolle ausgestattet.

- `Patient` - Entität, auf die eine Handlung ausgeführt wird: In SIMPLE können Objekte, einige Subjekte sowie Präpositionalphrasen mit dieser Rolle annotiert sein.

[47]Die Abkürzung steht für „Descriptive Lexical Specifications and Tools for Corpus-based Lexicon Building“, vgl. Monachini u. a. (1994).
[48]Vgl. Ruimy u. a. (2001, S. 39f.).

- `Participant` - beteiligte Entität einer Handlung: Nur indirekte Objekte können diese thematische Rolle besitzen.
- `Beneficiary` - Begünstigter einer Handlung.
- `Location`, `Direction` und `Origin` - Orte, Ziele und Ursprünge einer Handlung: Verben der Bewegung und des Zustands (in Bezug auf Räumlichkeit) können ihre Argumentstellen mit diesen Rollen besetzen.
- `SoA_Arg` - „State of Affair", im Sinne von allgemeiner Zustand: Präpositionale Komplemente können mit dieser Rolle ausgestattet sein.
- `Kinship` - Verwandtschaftsbeziehungen: Alle semantischen Einheiten des Typs `Kinship` fallen unter diese Rolle.
- `Head Quantified` - Quantität: Substantive, die eine Mengenangabe ausdrücken, sind mit dieser Rolle annotiert.
- Rollen, die nicht zugeordnet werden konnten, sind mit `Underspecified` angegeben. Ziel ist es, dem Lexikographen selbst zu überlassen, ob er dafür neue Rollen definieren will oder das Argument in eine der bestehenden Rollen eingliedert.

Für die drei Verben in Tabelle 6.5 auf Seite 115 gelten somit folgende Bedingungen:

a) Die semantische Einheit *dormire* besitzt den semantischen Typ `State`. Da das Verb intransitiv ist, besitzt es nur eine Argumentstelle für das Subjekt. Diese muss mit einer Einheit der Notion `ArgAnimate` besetzt sein. Dies bedeutet laut Definition in Quellcode 6.7, dass die Konstituente, die die Subjektposition besetzen soll, dem semantischen Typen `Human` oder `Animal` angehören muss (oder einem der jeweiligen Untertypen). Die thematische Rolle des Arguments ist dabei `Patient`. Die Beschreibung der syntaktischen Realisierung, `i-xa`, besagt, dass es sich um ein intransitives Verb handelt (`i`) und die Bildung der zusammengesetzten Tempusformen über das Auxiliar *avere* geschieht (`xa`, siehe hierzu auch Abschnitt 6.3.4).

b) Die semantische Einheit *accompagnare* kann auf zwei unterschiedliche Weisen in der syntaktisch-semantischen Analyse realisiert sein. In beiden Fällen sind drei Argumentstellen zu belegen, die jedoch unterschiedliche Restriktionen besitzen. Der erste Fall trifft beispielsweise in Sätzen wie *Il padre accompagna il bambino a scuola.* zu, in denen das Subjekt des Satzes (Rolle `Agent`) das direkte Objekt (Rolle `Patient`) zu einem Ort begleitet (Rolle `Location`). Deshalb ist *accompagnare*$_1$ mit dem semantischen Typ `Cause Change Location` annotiert. Subjekt und direktes Objekt müssen weiterhin beide belebt sein. Der zweite Fall trifft in Sätzen wie *Il padre accompagna il bambino con la chitarra.* zu. Hier begleitet das Subjekt des Satzes (Rolle `Agent`) das direkte Objekt (Rolle `Patient`) mit einem Instrument (Rolle `Participant`). Deshalb ist für das letzte Argument auch der semantische Typ `Instrument` gefordert. Die Einheit *accompagnare*$_2$ besitzt aufgrund ihrer Argumentstruktur den semantischen Typ `Cooperate Activity`. Die Beschreibungen der syntaktischen Realisierungen sind aufgrund der vorherigen Erläuterungen unterschiedlich. Die Einheit *accompagnare*$_1$ ist mit der Markierung `t-adjppaVdaopt-xa` ausgestattet, die besagt, dass es sich um ein transitives Verb handelt (`t`), dessen direktes Objekt obligatorisch ist.[49] Die zweite Argumentstelle ist nur fakultativ mit Präpositionalphrasen, die mit *a* oder *da*[50] eingeleitet sein müssen, zu besetzen. Die fakultative Verwendungsweise ist durch `opt` ausgedrückt. Die Markierung für ein Adverbial stellt `adj` dar. Diese Angaben würden die in Abschnitt 6.2 diskutierte Frage lösen, wann es sich bei Präpositionalphrasen um einen Obliquus oder um ein Adverbial handelt, da die Präpositionalphrase als Argumentstelle mit einem semantischen Typ ausgestattet ist. Weiterhin zeigt `ppaVda` an, dass es sich um eine Präpositionalphrase (`pp`) mit *a* oder *da* (`aVda`) handelt. Bei der Variante *accompagnare*$_2$, die mit `t-ppaVcon-xa` annotiert ist, ist die Präpositionalphrase obligatorisch, da kein `opt` angezeigt ist. Sie gehört somit zur Valenz des Verbs. Sie kann mit *con* oder *a*[51] eingeleitet sein.

[49] Andernfalls würde anstelle des `t` ein `topt` stehen, vgl. Ruimy u. a. (2006).
[50] *Il padre accompagna il bambino* ***dal medico.***
[51] *Il padre accompagna il bambino* ***al pianoforte.***

c) Die semantische Einheit *reclamare* besitzt wie *accompagnare* zwei unterschiedliche syntaktische Realisierungen. In der Variante *reclamare*$_1$ sind beide Argumentstellen mit der Notion `ArgHuman` zu belegen. Es handelt sich dabei um ein intransitives Verb (`i`), dessen zweites Argument optional realisierbar ist[52], was durch den Teilausdruck `ppconopt` innerhalb der Beschreibung `i-ppconopt-xa` ausgedrückt ist.[53] Auch ohne die Präpositionalphrase wäre der Satz vollständig, da der `Participant` in diesem Fall nicht unbedingt benötigt wird. Der semantische Typ von *reclamare*$_1$ ist `Expressive Speech Act`. Die Variante *reclamare*$_2$ besitzt hingegen den semantischen Typ `Directive Speech Act`. Ein weiterer Unterschied ist der Typ `Entity`, der für das zweite Argument gilt. Somit sind auch die thematischen Rollen des zweiten Arguments anders belegt. Die beiden Argumente sind in jedem Fall obligatorisch. Ein Beispielsatz für diese Variante ist *Il padre reclama la propria parte di eredità.*

Alle beschriebenen Informationen müssen im semantischen Lexikon vorhanden sein, damit eine Realisierung in der syntaktisch-semantischen Analyse möglich ist. Hierbei ist vor allem die Interaktion der semantischen Informationen aus SIMPLE und der Valenzrahmen aus Sabatini u. Coletti (2008) zu beachten. Das Konzept für die Überprüfung der semantischen Restriktionen der Argumente geht von einem Zweischrittverfahren aus. Während der syntaktisch-semantischen Analyseableitung wird überprüft, ob die Valenzrahmen der Verben bezüglich der Ausführungen in Sabatini u. Coletti (2008) eingehalten sind. In einer nachfolgenden Analyse werden die Argumentstellen bezüglich ihrer semantischen Restriktionen überprüft. Sind diese eingehalten, ist das Analyseergebnis semantisch wohlgeformt. Ist dem nicht so, ist das Analyseergebnis semantisch ungewöhnlich. Scheitert die Analyse schon an den Valenzrahmen, so ist keine Überprüfung auf semantische Restriktionen notwendig, da kein syntaktisch wohlgeformtes Analyseergebnis zustande kommt. Abbildung 6.4 zeigt das Analyseergebnis von *Il padre ama il bambino.*[54]

---

[52]Vgl. Ruimy u. a. (2006).

[53]*Il cliente reclama* ***con il direttore.***

[54]Eine genaue Erläuterung der Ableitungsart ist in Abschnitt 7.3.6 beschrieben. Für die semantische Restriktionsüberprüfung ist in diesem Fall nur das Ergebnis der Ableitung relevant.

sur:	Il padr|e	sur:	am|a	sur:	il bambin|o
noun:	padre	verb:	amare	noun:	bambino
cat:	(fns)	cat:	(decl)	cat:	(fns)
sem:	(det m)	sem:	(indpres)	sem:	(det m)
fnc:	(amare)	arg:	(padre bambino)	fnc:	(amare)
type:	(<convention kinship>)			type:	(human)

Abbildung 6.4: Analyseergebnis des Satzes *Il padre ama il bambino.*

Die beiden Nominalphrasen sind als Werte des Attributs **arg** von *amare* als dessen Argumente analysiert. Die syntaktisch-semantische Analyse bezüglich der Valenzrahmen gibt den Satz als syntaktisch wohlgeformt aus, da das Verb als mögliche Valenzpositionen ein Subjekt und ein direktes Objekt besitzt. Somit können beide Positionen besetzt werden. In einem zweiten Analyseschritt werden die im Attribut **arg** gespeicherten Argumente bezüglich ihrer semantischen Restriktionen untersucht, wie in Abbildung 6.5 zu sehen ist.
Hierfür ist ein Lookup mit den semantischen Informationen von SIMPLE nötig, die in einer separaten Datei gespeichert sind. Die Informationen sind so kodiert, dass das **arg**-Attribut mit den semantischen Restriktionen bezüglich der Argumente belegt ist. Da die semantischen Typen der beiden Substantive in der syntaktisch-semantischen Analyse vorhanden sind, kann eine Typenüberprüfung vollzogen werden. Beide erfüllen die Bedingungen, da *padre* mit seinem Typ **Kinship** ein Untertyp zu **Human** ist, der wiederum unter die Notion **Arghuman** fällt (siehe auch Seite 116). Für den Typ **Convention** gilt dies nicht.[55] Somit ist weiterhin die Wortbedeutung des Substantivs *padre* in diesem Satz disambiguiert, was als Zielvorgabe für die Implementierung der semantischen Typen in Abschnitt 6.3.2 postuliert ist. Da **Human** ein Untertyp zu **Entity** ist, ist auch die Restriktionsbedingung für das direkte Objekt eingehalten. Zudem werden dem Analyseergebnis die thematischen Rollen der Argumente sowie der semantische Typ des Verbs hinzugefügt.

[55] In dieser und allen folgenden Abbildungen sind die nicht erfolgreichen Typenüberprüfungen durch gestrichelte Pfeile dargestellt, die erfolgreichen mit durchgezogenen Pfeilen.

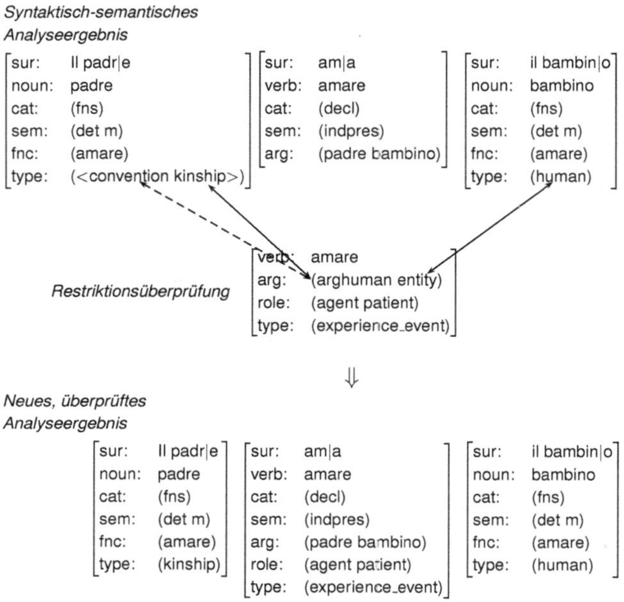

Abbildung 6.5: Analyseergebnis des Satzes *Il padre ama il bambino.* mit anschließender semantischer Restriktionsüberprüfung

Ein Beispielsatz für das Nichtbestehen der Typenüberprüfung wäre *Il gatto ama il bambino.*, da *gatto* als semantischen Typen `Earth Animal` besitzt. Dieser Satz erfüllt alle syntaktischen Voraussetzungen bezüglich des Valenzrahmens und könnte durchaus in Texten belegt sein oder spontan geäußert werden.[56] Wie zu Beginn des Abschnitts erläutert, handelt es sich bei den semantischen Restriktionen der Argumente um Präferenzen, sodass Sätze dieser Art grundsätzlich nicht als unkorrekt analysiert werden sollten. Eine einvernehmliche Lösung stellt eine Markierung bei nicht bestandener Typenüberprüfung als semantisch ungewöhnlich dar. Das Analyseergebnis in JSLIM könnte „Well-formed anomalous" ausgeben, bei erfolgreicher Typenüberprüfung hingegen „Well-formed complete".

[56]So findet sich im Repubblica-Korpus folgender Beleg: *Probabilmente convinto, è un pregiudizio popolare molto diffuso, che i* ***gatti amino*** *i luoghi e non le persone, porta con sé il cane e non il suo compagno felino.*

Schwieriger stellt sich die Typenüberprüfung bei Verben dar, die verschiedene Valenzen an sich binden können, deren syntaktische Realisierung, vor allem in Bezug auf Präpositionalphrasen, unterschiedlich ausgeprägt ist. Abbildung 6.6 zeigt den Überprüfungsmechanismus für den Satz *Il padre accompagna il bambino a scuola.* Das Verb *accompagnare* besitzt drei Einträge im semantischen Lexikon. Zu den zwei bereits in Tabelle 6.5 auf Seite 115 erläuterten semantischen Restriktionen kommt noch eine dritte hinzu, da die Präpositionalphrase in *accompagnare*$_1$ fakultativ realisierbar ist. Dies ist in Sätzen wie *Il padre accompagna il bambino.* der Fall. Für dieses Beispiel wäre die Typenüberprüfung am dritten Eintrag vorzunehmen.

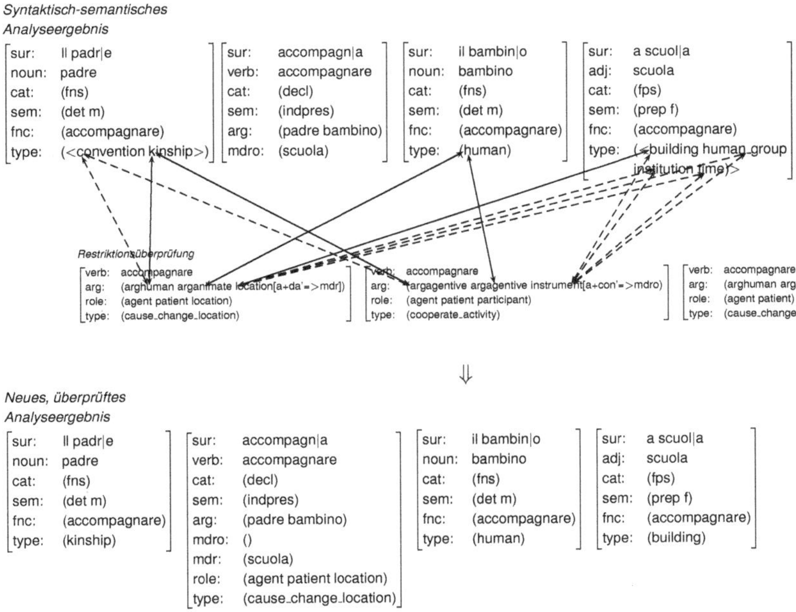

Abbildung 6.6: Analyseergebnis des Satzes *Il padre accompagna il bambino a scuola.* mit anschließender semantischer Restriktionsüberprüfung

Der Beispielsatz *Il padre accompagna il bambino a scuola.* wird jedoch an den ersten zwei Einträgen überprüft, da die Präpositionalphrase in der syntaktisch-semantischen Analyseableitung vorhanden ist. Insgesamt sind vierzehn Typenüberprüfungen notwendig, um den Satz semantisch disambiguieren zu können. Für die Position des Subjekts und des direkten Objekts ist bei beiden Einträgen jeweils eine Überprüfung erfolgreich, bei der Präpositionalphrase hingegen gibt es nur für den ersten Eintrag eine gelungene Überprüfung, da der semantische Typ `Building` ein Untertyp zu `Location` ist. Somit werden dem Analyseergebnis die Informationen des ersten Eintrags hinzugefügt. Da es sich bei der Präpositionalphrase laut SIMPLE um ein Adverbial handelt, wird sie in das Attribut `mdr` des Verbs verschoben. Sie gehört in diesem Fall nicht zu dessen Valenz. In Sätzen wie *Il padre accompagna il bambino con la chitarra.*, in dem es sich laut SIMPLE bei der Realisierung der Präpositionalphrase um einen Obliquus handelt, bleibt die Präpositionalphrase im Attribut `mdro`, da sie zur Valenz des Verbs gehört. Somit wäre die Unterscheidung von Obliquus und Adverbial im Analyseergebnis ersichtlich und die unterschiedlichen Behandlungen der Präpositionalphrasen zwischen Sabatini u. Coletti (2008) und SIMPLE einvernehmlich und ohne Informationsverlust gelöst.

6.3.4 Auxiliare zur Bildung zusammengesetzter Tempusformen

Neben den semantischen Typen und den Restriktionen stellt SIMPLE Informationen zu den benötigten Auxiliaren für zusammengesetzte Tempusformen bereit. Wie in der deutschen Sprache gibt es zwei Auxiliare, die im Italienischen *avere* und *essere* sind. Weiterhin sind Auxiliare auch im Passiv (siehe Abschnitt 7.3.3) und in Aspektperiphrasen (siehe Abschnitt 7.3.2) zu verwenden. Die Distribution der beiden Auxiliare in den zusammengesetzten Tempusformen beruht nach Schwarze (1995, S. 197–201) sowohl auf formalen als auch auf lexikalisch-semantischen Kriterien. Das Auxiliar *essere* steht immer bei reflexiven Verben und im Passiv. Ist dies nicht der Fall, ist *avere* das unmarkierte Auxiliar. Verben der Zustandsveränderung und Änderung der Befindlichkeit bilden die zusammengesetzten Tempusformen mit *essere*, falls ihr Subjekt nicht die thematische Rolle des Agens besitzt. Darüber hinaus bilden Verben der Ortsveränderung ihre zusammengesetzten Tempusformen mit *essere*. Neben diesen Gruppen gibt es noch einige Ausnahmen, die jeweils lexikalisch zu behandeln sind.

Wie in Abschnitt 6.3.3 gesehen, steht in den Beschreibungen der syntaktischen Realisierungen auch die Information, ob ein Verb seine zusammengesetzten Tempusformen mit *essere* (`xe`) oder *avere* (`xa`) bildet. Diese musste aus der Beschreibung herausgefiltert und von weiteren Zusatzinformationen[57] gesäubert werden. Zu beachten ist, dass einige Verben mit beiden Auxiliaren verwendet werden können.[58] Für die Auxiliare ist ein Attribut part implementiert, in das die jeweiligen Werte a für *avere* und e für *essere* eingetragen sind. Sind beide möglich, so steht der Wert a_e. In der syntaktisch-semantischen Analyse unterscheidet sich das Italienische vom Deutschen dadurch, dass Auxiliar und Partizip in Kontaktstellung zueinander stehen.[59] Abbildung 6.7 zeigt einen Ausschnitt der Analyseableitung des Satzes *Il padre ha dormito.*, der den Nutzen des Attributs part verdeutlicht.[60]

Während die finite Form des Auxiliars über definitionsbasierte Kongruenz des Attributs cat mit dem Subjekt des Satzes zu verknüpfen ist, findet die Kombination mit dem Partizip Perfekt des Vollverbs über identitätsbasierte Kongruenz statt.[61] Die flektierten Formen des Auxiliars *avere* besitzen im part-Attribut den Kategoriewert `a'`, die von *essere* `e'`. Die Partizipien der Vollverben tragen jeweils die Valenzinformationen[62] und Kongruenzbedingungen mit dem Subjekt[63] im Attri-

[57] Eine Zusatzinformation ist beispielsweise, dass sich das Auxiliar im reflexiven Gebrauch eines Verbs zu *essere* ändert. Da dies für alle reflexiven Verben in LA-it gilt, ist diese Information nicht von Belang für das semantische Lexikon, sondern kann über syntaktische Regeln realisiert werden.

[58] Als Beispiel ist das Witterungsverb *piovere* zu nennen.

[59] Vgl. Catalini (1993, S. 38f.).

[60] Eine ausführliche Erläuterung der syntaktisch-semantischen Ableitungen für zusammengesetzte Tempusformen folgt in Abschnitt 7.3.1.

[61] Die Kongruenzüberprüfungen sind in dieser und allen folgenden Ableitungen jeweils mit gestrichelten Pfeilen gekennzeichnet.

[62] In Abbildung 6.7 sind nicht alle Valenzen dargestellt. Aus diesem Grund befindet sich kein Kategoriewert für andere Objekte im Proplet von *dormito*. Für die Valenz „Subjekt-Verb-direktes Objekt-prädikatives Komplement“ wäre das Attribut cat folglich `(ms' dir' comp')`. Bei allen anderen Valenzen ist die Notation für die Bildung der zusammengesetzten Tempusformen identisch.

[63] Diese gelten jedoch hauptsächlich bei einer Verknüpfung mit dem Auxiliar *essere*. Eine ausführliche Beschreibung der Kongruenzbedingungen bei Partizipien ist in Abschnitt 7.3.1 erläutert.

but cat und die Markierung a, e oder a_e für die Bildung der zusammengesetzten Tempusformen im Attribut part. Somit besteht der Abgleich der Proplets der Auxiliare und Partizipien bei der Verknüpfung darin, die jeweiligen Kategoriewerte miteinander zu vergleichen. Verben, die mit beiden Auxiliaren die zusammengesetzten Tempusformen bilden können, haben a_e im Attribut part stehen und können folglich auch mit beiden Auxiliaren verknüpft werden.

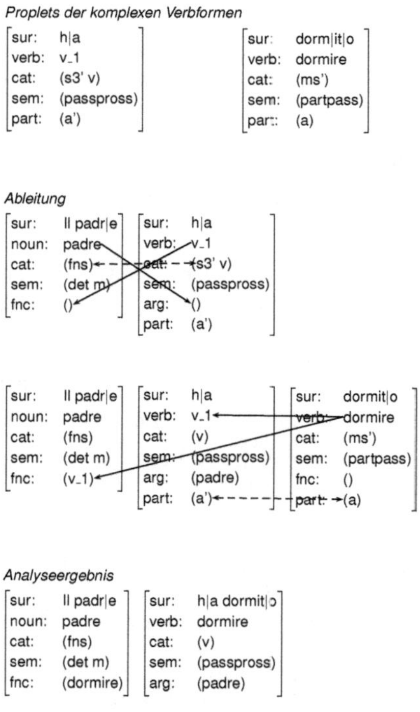

Abbildung 6.7: Analyseableitung des Satzes *Il padre ha dormito.*

Insgesamt sind die benötigten Auxiliarinformationen zur Bildung der zusammengesetzten Tempusformen für 2 624 Verben aus SIMPLE extrahiert. Das Modell könnte um weitere 3 419 Auxiliare für reflexive Verben erweitert werden, die im semantischen Lexikon stehen. Diese bilden die zusammengesetzten Tempusformen mit dem Auxiliar *essere*.

6.4 Generierung des semantischen Lexikons

Das semantische Lexikon ist in mehrere Dateien gegliedert, die alle beschriebenen semantischen Informationen liefern. Es wird automatisch vor der Laufzeit gebildet. Dies hat einerseits den Vorteil, dass Modifizierungen jederzeit getätigt werden können, ohne eine laufende Analyse zu beeinträchtigen. Andererseits wirkt sich ein bereits bestehendes semantisches Lexikon positiv auf die Laufzeit aus, da alle semantischen Informationen schon vor dem Start von JSLIM zur Verfügung stehen und nicht während der syntaktisch-semantischen Analyse generiert werden müssen. Die Bildung des semantischen Lexikons regelt ein Shell-Skript, welches mehrere Programme hintereinander startet, die stückweise die in den vorherigen Abschnitten erläuterten Informationen addieren. Der zeitliche Ablauf ist im Folgenden dargestellt.

1. Die Allomorphiekomponente von JSLIM wird gestartet, um eventuell neu hinzukommende Allomorphe zu generieren.

2. Die korrekten Segmentierungen für Verben, Substantive und Adjektive werden gebildet. Zuerst werden alle Wortstämme und Grundformen der neu generierten Einträge aus Abschnitt 4.4.1 und des ursprünglichen Lexikons mittels regulärer Ausdrücke extrahiert. Diese können ohne Weiteres bestimmt werden, da sie in den Attributen core beziehungsweise orig zu finden sind. Nach der Extraktion ist somit eine Wortstammliste und eine Grundformenliste für alle drei Wortklassen vorhanden.

3. Anschließend wird das Perl-Skript zur Spaltung der Einträge ausgeführt. Nacheinander werden drei Dateien für Verben, Substantive und Adjektive des semantischen Lexikons generiert. Diese beinhalten die korrekten Segmentierungen im Attribut seg und die Grundform im Attribut core.

4. Im nächsten Schritt wird ein weiteres Perl-Skript ausgeführt. Dieses vergleicht die Datei, in der alle Valenzrahmen der Verben stehen (siehe hierzu auch Quellcode 6.3 auf Seite 104), mit dem bestehenden semantischen Lexikon der Verben. Sind die Werte des Attributs core identisch, werden dem Eintrag die Valenzrahmen hinzugefügt. Diese stehen im Attribut cat.

5. Analog zu dem vorherigen Schritt läuft die Ergänzung der Auxiliare zur Bildung der zusammengesetzten Tempusformen ab. Die Addition erfolgt dann, wenn die core-Attribute identisch sind.

Die semantischen Restriktionen der Verben würden nicht automatisch gebildet, sondern in einer eigens für diesen Zweck implementierten Datei als Modell zur Verfügung stehen. Wie in Abschnitt 6.3.3 zu sehen ist, würde die Disambiguierung der Argumentstellen und des semantischen Typen eines Verbs nach der syntaktisch-semantischen Analyse ablaufen. Die korrekten Segmentierungen und Valenzrahmen sind hingegen während der Laufzeit von Bedeutung. Der Aufbau der Einträge in dieser Datei ist in den Abbildungen 6.5 auf Seite 122 und 6.6 auf Seite 123 zu sehen. Abbildung 6.8 zeigt zusammenfassend drei Mustereinträge im semantischen Lexikon für die offenen Wortklassen der Verben (*campeggiare*), Substantive (*speranza*) und Adjektive (*grave*), falls diesen auch schon semantische Typen vergeben wurden. Zusätzlich wird ein Eintrag für semantische Restriktionen bezüglich der Argumentstellen skizziert, falls diese in einem weiteren Schritt eingebunden werden sollen.

Die Informationen können bis auf die semantischen Typen und die Restriktionen der Verben bezüglich ihrer Argumentstellen für die syntaktisch-semantische Analyse genutzt werden. Während die Einträge des semantischen Lexikons, ein identisches seg-Attribut vorausgesetzt, nach der morphologischen Analyse dem Analyseergebnis hinzugefügt werden, würden die Einträge der Restriktionen nach der syntaktisch-semantischen Analyse zum Ergebnis ergänzt werden, da in diesem Fall erst nachfolgend eine Disambiguierung der Argumentstellen stattfinden kann. Ein Vorteil des gesamten semantischen Lexikons liegt darin, dass es in Wortklassen aufgeteilt und jederzeit modifizierbar ist. Will man beispielsweise ein Verb um eine Valenz erweitern, muss man diese in die Datei der Valenzrahmen aus Punkt 4 auf Seite 127 schreiben und das Shell-Skript zur Erzeugung des semantischen Lexikons starten. Da dieser Prozess vor der Laufzeit stattfindet, beeinträchtigt eine Neugenerierung die syntaktisch-semantische Analyse nicht.

Einträge des semantischen Lexikons

seg:	camp eggi are
core:	campeggiare
cat:	<()(in+tra')>
part:	(a)

seg:	sper anz a
core:	speranza
type:	(<human modal_event>)

seg:	grav e
core:	grave
type:	(<intensifying_property physical_property psychological_property>)

Einträge der Restriktionen

verb:	campeggiare
arg:	(entity entity[in'=>mdr])
role:	(agent underspecified)
type:	(state)

verb:	campeggiare
arg:	(arghuman location[in+su'=>mdr])
role:	(agent location)
type:	(stative_location)

verb:	campeggiare
arg:	(arghuman)
role:	(agent)
type:	(stative_location)

Abbildung 6.8: Hauptproplets im semantischen Lexikon und Einträge der semantischen Restriktionen

6.5 Zusammenfassung

Das semantische Lexikon spielt eine zentrale Rolle für das Gelingen der syntaktisch-semantischen Analyse, da es dem Anwender wichtige semantische Informationen liefert und ambige Analyseergebnisse der morphologischen Komponente disambiguiert. Die Einträge der korrekten Segmentierungen im semantischen Lexikon reduzieren einerseits die Ambiguitätenraten der Inhaltswörter, da nur bei korrekter Segmentierung eine Wortform als wohlgeformt zugelassen wird. Andererseits werden, falls eine korrekte Segmentierung vorhanden ist, weitere Informationen zur Analyseausgabe automatisch hinzugefügt. Für die Verben sind dies Valenzrahmen (entnommen aus Sabatini u. Coletti 2008) und die benötigten Auxiliare zur Bildung der zusammengesetzten Tempusformen (entnommen aus dem SIMPLE Projekt). Ein erweitertes Modell für die Einbindung von semantischen Typen und Restriktionen bezüglich der Argumente für Verben steht zudem zur Verfügung. Substantive und Adjektive bekommen ihre jeweiligen semantischen Typen addiert. Ein Vorteil des semantischen Lexikons ist weiterhin, dass es vor der Laufzeit generiert wird. So liegen alle benötigten Daten vor der syntaktisch-semantischen Analyse bereit. Außerdem kann es jederzeit modifiziert und vor der Laufzeit neu generiert werden, was der Flexibilität des Lexikons zugute kommt. Im nächsten Kapitel sind die Daten des semantischen Lexikons bereits voll integriert und werden in den Ableitungen verwendet.

7 Syntaktisch-semantische Analyse

Ziel der syntaktisch-semantischen Analyse in LA-it ist die regelbasierte Implementierung typischer Satz- und Satzteilkonstruktionen des Italienischen. Die Analyseableitungen mit ihren Ergebnissen in Form von Proplets sollen hierbei die syntaktischen und semantischen Zusammenhänge der einzelnen Konstituenten wiedergeben und gleichzeitig grammatikalisch nicht korrekte Sätze oder Phrasen ausschließen können. Es stehen dafür alle in Kapitel 5 erläuterten Dateien mit ihrer JSLIM-spezifischen Syntax zur Verfügung. Eine Einführung in die Funktion der Attribute und deren Wertevergabe für die einzelnen Wortklassen ist in den Abschnitten 4.2 und 4.3 im Rahmen der morphologischen Analyse erläutert. Abbildung 7.1 auf Seite 132 zeigt einen Ausschnitt der verwendeten Proplets.

Auffällig ist, dass, wie in Abschnitt 4.2 erläutert, nur drei Hauptarten von Proplets definiert sind, nämlich noun, verb und adj. Hausser (2006) sieht in dieser Kategorisierung in Anlehnung an Peirce (1933) die ontologische Unterscheidung zwischen Objekten, Relationen und Eigenschaften realisiert. Sprachstrukturell gesehen wird in die traditionellen Wortklassen der Substantive, Verben und Adjektive differenziert, auf logischer Ebene in Argumente, Funktoren und Modifizierer.[1] Aus diesem Grund werden beispielsweise auch Proplets für Adverbien oder Präpositionen, welche mit weiteren Konstituenten zu einer Präpositionalphrase verschmelzen, als adj-Proplets dargestellt, da sie modifizierende Funktion besitzen. Zudem gibt es Mischattribute wie a/v, die aus zwei Hauptpropletarten bestehen (siehe zum Beispiel Abschnitt 7.1.5). Proplets für koordinierende Konjunktionen oder Satzzeichen sind nicht in eine der drei Hauptarten eingegliedert, da bei ihnen grundsätzlich eine Funktionswort-Absorption stattfindet.

[1]Vgl. Hausser (2006, S. 51f.).

Substantive

sur: padr|e
noun: padre
cat: (ms)
sem: (m)
fnc: ()
mdr: ()
nc: ()
pc: ()
prn:
idy:
wrd:

Verben

sur: legg|e
verb: leggere
cat: <(s3' v) (s3' dir' v)>
sem: (indpres)
arg: ()
mdro: ()
co_s: ()
co_o: ()
mdr: ()
part: (a)
nc: ()
pc: ()
prn:
idy:
wrd:

Auxiliare

sur: abb|iamo
verb: v_1
cat: (p1' v)
sem: (passpross)
arg: ()
mdro: ()
co_s: ()
co_o: ()
mdr: ()
part: (a')
nc: ()
pc: ()
prn:
idy:
wrd:

Adjektive

sur: grand|e
adj: grande
cat: (mfs)
sem: (agg)
mdr: ()
mdd: ()
nc: ()
pc: ()
prn:
idy:
wrd:

Determinierer

sur: il
noun: @1
cat: (eo' ms' fns)
sem: (det)
fnc: ()
mdr: ()
nc: ()
pc: ()
prn:
idy:
wrd:

Präpositionen

sur: del|la
adj: di
cat: (ea' fs' fps)
sem: (prep_det)
mddo: ()
mdr: ()
mdd: ()
prep: (di)
nc: ()
pc: ()
prn:
idy:
wrd:

Personalpronomina

sur: lui
noun: lui
cat: (adn' s3)
sem: (nom m)
fnc: ()
mdr: ()
nc: ()
pc: ()
prn:
idy:
wrd:

Eigennamen

sur: Carlo
noun: Carlo
cat: (adn' nome_m)
sem: (m)
fnc: ()
mdr: ()
nc: ()
pc: ()
prn:
idy:
wrd:

Adverbien

sur: oggi
adj: oggi
cat: (avv)
sem: (avv)
mdr: ()
mdd: ()
nc: ()
pc: ()
misc: (temp)
prn:
idy:
wrd:

Modalverben

sur: vogli|o
verb: volere
cat: (s1' m' v)
sem: (indpres)
arg: ()
mdro: ()
co_s: ()
co_o: ()
mdr: ()
part: (a)
nc: ()
pc: ()
prn:
idy:
wrd:

Klitische Pronomina

sur: lo
noun: lo
cat: (s3_akk)
sem: (akk m)
fnc: ()
mdr: ()
nc: ()
pc: ()
prn:
idy:
wrd:

Reflexivpronomina

sur: si
noun: si
cat: (s3p3_rifl)
sem: (rifl mf)
fnc: ()
arg: ()
mdro: ()
mdr: ()
mdd: ()
nc: ()
pc: ()
prn:
idy:
wrd:

Interrogativpronomina

sur: chi
noun: chi
cat: (pron)
sem: <(interrog nom) (interrog akk)>
fnc: ()
mdr: ()
nc: ()
pc: ()
prn:
idy:
wrd:

Relativpronomina

sur: che
a/v: che
cat: (pron)
sem: (rel)
arg: ()
mdd: ()
nc: ()
pc: ()
prn:
idy:
wrd:

Koordinierende Konjunktionen

sur: e
cat: (cong)
sem: (coord)
prn:
idy:
wrd:

Interpunktionszeichen

sur: .
cat: (v' decl)
sem: (punt)
prn:
idy:
wrd:

Abbildung 7.1: Arten von Proplets für die syntaktisch-semantische Analyse

Für alle behandelten Satz- und Satzteilkonstruktionen innerhalb der nächsten Abschnitte ist Folgendes zu beachten:

1. Die implementierten Regeln und Klauseln stellen Generalisierungen dar und sollen nicht nur für die erläuterten Beispielkonstruktionen gelten, sondern für alle durch die Muster definierten Lexikoneinträge. Es sollen beispielsweise über die in Abbildung 7.2 auf Seite 138 definierten Muster alle Determinierer und alle Substantive, die auf das jeweilige Muster passen, eingelesen werden. Somit ist eine maximale Datenabdeckung für die Analyse von größeren Textdokumenten möglich.

2. Die Implementierung soll grundlegende und häufig vorkommende Strukturen der italienischen Sprache beinhalten, nicht jedoch Ausnahmefälle oder nur marginal vorkommende Konstruktionen behandeln.[2]

3. Die Beispielkonstruktionen sind, falls möglich, aus verschiedenen Textquellen entnommen. Neben den in Punkt 2 erwähnten Standardwerken zur italienischen Syntax stehen die Online-Recherchewerkzeuge des Repubblica-Korpus[3], des LIP-Korpus[4], von „itWaC"[5] und von „WEBBIT"[6] zur Verfügung. Falls Textbelege aus einer der genannten Quellen entnommen sind, sind diese jeweils mit einer entsprechenden Markierung gekennzeichnet. Die Beispiele aus den Korpora verleihen den erläuterten Ausführungen eine größere Authentizität, da sie entweder in einem Zeitungsartikel vorkommen (REP), mündlich geäußert wurden (LIP) oder mittels eines Webcrawlers im Internet zu finden sind (itWaC und WEBBIT).

4. Neben den Erläuterungen der Implementierung italienischer Satz- und Satzteilkonstruktionen wird jeweils ein Vergleich mit der deutschen Sprache gezogen. Interessant ist hierbei zu beobachten, welche Unterschiede beide Sprachen für die einzelnen Strukturen aufweisen und welche Schwierigkeiten bei

[2]Als Hauptbezugsquelle dienen Schwarze (1995) sowie das dreibändige Werk *Grande grammatica italiana di consultazione* der Herausgeber Lorenzo Renzi, Giampaolo Salvi und Anna Cardinaletti (Renzi u. a. 2001). Weitere nützliche Angaben finden sich in Elia u. a. (1984) sowie in Sabatini u. Coletti (2008).

[3]Vgl. Baroni u. a. (2004), im Folgenden REP.

[4]Vgl. Schneider (2002), im Folgenden LIP.

[5]Vgl. Baroni u. a. (2009) für eine Einführung in das Korpus und Kilgarriff u. a. (2004) für das dazugehörige Abfrage-Tool „Sketch Engine".

[6]Für eine Einführung in das dazugehörige Abfrage-Tool vgl. Sharoff (2006).

der Implementierung auftreten können. Hauptbezugsquellen für den Sprachvergleich stellen Catalini (1993), Blasco Ferrer (1999), Figge u. de Matteis (1976) und ausgewählte Artikel aus Nied Curcio (2008) dar.

7.1 Nominalphrasen

Für die Bildung von Nominalphrasen ist es in der syntaktisch-semantischen Analyse möglich, folgende Strukturen einer Nominalphrase abzuleiten und in grammatikalisch korrekter Weise zu analysieren:

Verknüpfung des Substantivs, Pronomens oder Eigennamens als Kopf der Nominalphrase mit

- Determinierern jeglicher Art,
- vor- und nachgestellten Adjektiven in adnominaler Funktion,
- Appositionen,
- modifizierenden Präpositionalphrasen
- und Relativsätzen.

Spezielle Erweiterungen der Nominalphrase wie beispielsweise die nicht determinierten Nomina bei *Mozart pianista*, die nach Schwarze (1995, S. 67) „eher marginal" vorkommen, sind nicht in die Implementierung integriert. In allen Regeln ist die Kongruenz zwischen den jeweiligen Elementen zu beachten. Der Verknüpfungsmechanismus innerhalb der Nominalphrase ist über mehrere Regeln verteilt. `DET+SOST` und `DET+AGG`[7] regulieren die Kombination von Determinierern mit Substantiven oder Adjektiven, wohingegen `MAIN+PUNT` und `PUNT+ELEM` appositive

[7]Die Namen stellen Abkürzungen für die Konstituenten dar, die innerhalb der Regel zu verknüpfen sind. In diesem Fall sind es Determinierer und Substantive (*determinatore+sostantivo*) sowie Determinierer und Adjektive (*determinatore+aggettivo*). Der Name der Regel dient hierbei als Indikator für den Grammatikentwickler und hat mnemotechnische Funktion. Jedoch sind, wie im Folgenden zu sehen ist, durchaus auch andere Konstruktionen innerhalb der Regeln behandelt.

Elemente behandeln. Modifizierende Präpositionalphrasen sind in Abschnitt 7.2 erläutert. Die folgenden Implementierungen stellen die jeweiligen Funktionen der Regeln und Klauseln mit aus Korpora entnommenen Beispielen dar.

7.1.1 Determinierer

Neben der Kombinatorik der bestimmten und unbestimmten Artikel mit Substantiven sind in `DET+SOST` weiterhin die Verknüpfungsmechanismen des Substantivs mit weiteren Satzkonstituenten gelöst, die wie folgt definiert sind:

1. Artikel (Art), Demonstrativum (D) oder Spezifikator (Sp) + Substantiv (S)[8]:
   il ragazzo, questo ragazzo, nessun ragazzo
2. Art/D/Sp + dazwischen stehendes Adjektiv (A) + S:
   il bravo ragazzo, quel bravo ragazzo, ogni bravo ragazzo
3. Präartikel (Prä) + Art/D:
   tutti i, tutti questi
4. Prä + Art/D + S:
   tutti i ragazzi, tutti questi ragazzi
5. Art/D/Sp + Postartikel (P):
   il mio, quest'altro, alcune simili
6. Art/D/Sp + P + S:
   il mio lavoro, quest'altro lavoro, alcuni diversi orientamenti
7. Prä + Art/D + P + S:
   tutti i miei lavori, tutti questi altri soldi
8. Art/D + P + P + S:
   i vari miei lavori, una certa mia mancanza
9. Prä + Art/D + P + S:
   ambedue le mie componenti, tutti questi diversi elementi

[8]Neben den Substantiven ist weiterhin die Verknüpfung mit Pronomina und Eigennamen in bestimmten Fällen implementiert.

10. Prä + Art + P + P + S:
tutti i miei vari acciacchi

11. Prä + Art/D + S + P:
tutti i giorni diversi, tutti questi modi diversi

12. Prä + Art + P + S + P:
tutte le mie voci diverse

13. P + S zu Beginn einer Nominalphrase:
tanti problemi, altre strade (alle REP)

Die Terminologie richtet sich nach Schwarze (1995), der die einzelnen Elemente einer Nominalphrase nicht nur nach ihrer Wortklasse, sondern auch bezüglich ihrer syntaktischen Stellungsmöglichkeiten innerhalb der Nominalphrase kategorisiert:[9]

- Demonstrativa: Zu diesen gehören *questo*, *quello* und *codesto*[10].
- Spezifikatoren: Diese von Schwarze (1995) auf diese Weise benannte und in sich geschlossene Klasse beinhaltet beispielsweise bestimmte Indefinitpronomina, die vor einem Substantiv stehen können. Die Spezifikatoren sind allgemein dadurch gekennzeichnet, dass sie nicht gleichzeitig mit einem Artikel kombinierbar sind und ihnen des Weiteren kein Präartikel vorausgehen kann. Zu ihnen gehören *alcuno, ciascuno, nessuno, quanto, altrettanto, quale, ogni, qualche* und *che.*[11]

[9]Eine ähnliche Unterteilung für die deutsche Sprache nimmt Vater (1986) vor. Zudem eignen sich die Ausführungen in Vater (1985) für einen Vergleich mit der Nominalphrasensyntax in der deutschen Sprache.

[10]Dieses immer seltener verwendete Demonstrativpronomen unterscheidet sich von *questo* insofern, dass es hauptsächlich die Nähe des Hörers andeuten soll (vgl. Serianni u. Antonelli 2006, S. 138f.).

[11]Ob es sich bei den genannten Indefinitpronomina nicht auch um Adjektive handelt, ist in der Fachliteratur unterschiedlich diskutiert. Während Vanelli (1988, S. 94) bei einigen Beispielen von indefiniten Adjektiven spricht, sind diese in Sabatini u. Coletti (2008) sowohl als Pronomina als auch als Adjektive kategorisiert. Battaglia u. Pernicone (1980, S. 207) hingegen trennen in drei Gruppen auf, je nachdem ob es sich alleinig um ein Pronomen, ein Adjektiv oder um beides handeln kann. Dasselbe gilt für die Präartikel.

- Präartikel: Hierbei handelt es sich um *tutto*, *ambedue*, *ambo* und *entrambi*. Sie haben die Eigenschaft, dass sie vor den Artikeln stehen können.

- Postartikel: Sie stehen generell zwischen Artikel und Substantiv, manche können jedoch auch nach dem Substantiv stehen. Steht ein Adjektiv vor dem Substantiv, so reihen sich die Postartikel vor dem Adjektiv ein. Zu ihnen gehören die Possessivpronomina, determinierende Formen wie *altro*, *certo* oder *vario* und unbestimmte Quantoren wie *molto*, *poco* oder *troppo*.

In allen Klauseln von `DET+SOST` kommt es zu einer Funktionswort-Absorption, was sie grundlegend von der Regel `DET+AGG` unterscheidet. `DET+SOST` steht in der Startzustandsdefinition und ist rekursiv anwendbar, was in Fällen wie *tutti questi ragazzi* notwendig ist. Im Regelpaket steht `DET+AGG`, um nachgestellte Adjektive kombinieren zu können. Um eine effiziente Implementierung zu gewährleisten, bedarf es einer geeigneten Kategorisierung. Die Artikel, Demonstrativa und Spezifikatoren sind jeweils im `cat`-Attribut, welches in der syntaktisch-semantischen Analyse die benötigten Werte für die Kombinatorik der Proplets liefert, als dreistellige Listen definiert. Der erste Wert zeigt die geforderte Kategorie für ein mögliches folgendes Adjektiv an, wohingegen der zweite Wert die geforderte Kategorie für das Substantiv als Kopf der Nominalphrase markiert. Der dritte Wert entspricht der Resultatskategorie, die nach der Kombination der Elemente übrigbleibt. Im Attribut `sem` sind alle genannten Arten von Determinierern unterschiedlich annotiert. Die Artikel sind in bestimmt (`det` steht für *determinato*) und unbestimmt (`indet` steht für *indeterminato*) untergliedert. Demonstrativa besitzen den Wert `dim` für *dimostrativo*, Spezifikatoren `spec` für *specificatore*. Die Präartikel haben nur einen Kategoriewert für die Kombination mit dem folgenden Artikel in ihrem `cat`-Attribut stehen und sind im `sem`-Attribut mit `pre_pl_esa` (*prearticolo con significato plurale esaustivo*) oder `pre_pl_sel` (*prearticolo con significato plurale selettivo*) ausgestattet. Die Postartikel haben in ihrem `cat`-Attribut den Kategoriewert für die Kongruenz mit dem geforderten Substantiv stehen und sind im `sem`-Attribut aufgrund ihrer quantifizierenden Bedeutung mit `quant` (*quantore*) oder `quant_var` (*quantore variabile*) annotiert, da ihr syntaktisches Verhalten unterschiedlich ausfallen kann.[12] Eine Ausnahme bilden die Possessivpronomina, die in ihrem sem-Attribut neben poss (*possessivo*) noch eine Markierung für ihren anaphorischen Referenzbezug besitzen.[13]

Abbildung 7.2 zeigt die erste Klausel von DET+SOST. Sie verknüpft einen Artikel, ein Demonstrativum oder einen Spezifikator mit einem Substantiv, falls beide direkt nebeneinander stehen.

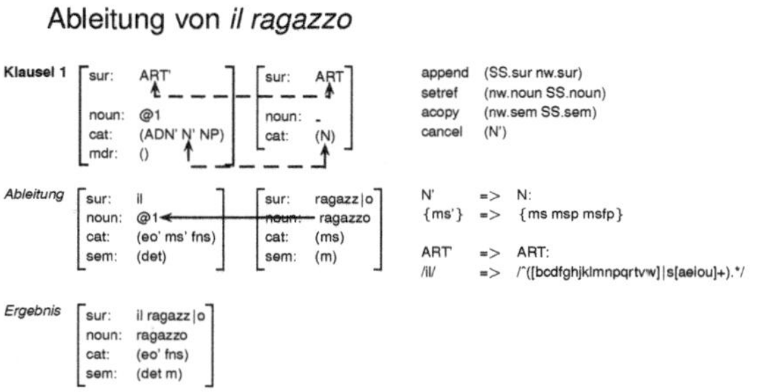

Abbildung 7.2: DET+SOST: Determinierer + Substantiv (nebeneinander)

Die Angabe im Muster des Satzanfangs, dass kein Wert im mdr-Attribut stehen darf, definiert in eindeutiger Weise, dass zwischen den beiden Wortformen kein Adjektiv vorkommen kann. Ist diese Bedingung gegeben, gelten nicht nur Restriktionsbeschränkungen bezüglich der Kategoriewerte, sondern auch der Wortformoberflächen, da Artikel, Demonstrativa und bestimmte Spezifikatoren, je nach Anlaut des folgenden Wortes, unterschiedlich zu verwenden sind.[14] Bei der Wahl des geeigneten Artikels gibt es grundlegende Differenzen zwischen dem Italienischen und dem Deutschen. Dort gelten keine Restriktionsbeschränkungen bezüglich des Anlauts des nächsten Wortes. Außerdem ist der Artikel im Deutschen nach Kasus,

[12]Der Quantor *diverso* beispielsweise kann vor oder nach dem Kopf der Nominalphrase stehen, *troppo* hingegen nicht (vgl. Schwarze 1995, S. 44). Jedoch wäre der nachgestellte Quantor in diesem Fall als Adjektiv zu klassifizieren.

[13]So ist das Possessivpronomen *mio* mit poss_s1 annotiert, da es sich auf den Sprecher bezieht. Hingegen ist *tuo* mit poss_s2 ausgestattet, da es auf den Hörer referenziert.

[14]Vgl. Blasco Ferrer (1999, S. 77).

Numerus und Genus differenziert, im Italienischen nur bezüglich des Numerus und des Genus.[15]

Die komplementäre Distribution[16] der Artikel, die auf Basis des Anlauts des folgenden Wortes zu unterscheiden ist, ist in der syntaktisch-semantischen Analyse zu berücksichtigen und in der Kombination der Proplets einzuhalten. Dies gilt sowohl für Substantive als auch für Adjektive. Tabelle 7.1 zeigt das Inventar der italienischen Artikel und deren komplementäre Distribution bezüglich des folgendes Wortes.

Artikel	**Art**	**Anlaut des folgenden Wortes**
lo	bestimmt, männlich, Singular	s+Konsonant; z; ps; pn; gn; x nicht akzentuiertes i gefolgt von Vokal
l'	bestimmt, männlich, Singular, elidiert	Vokal
il	bestimmt, männlich, Singular	alle anderen Formen
gli	bestimmt, männlich, Plural	s+Konsonant; z; ps; pn; gn; x Vokal
gl'	bestimmt, männlich, Plural, elidiert	i
i	bestimmt, männlich, Plural	alle anderen Formen
la	bestimmt, weiblich, Singular	Konsonant
l'	bestimmt, weiblich, Singular, elidiert	Vokal
le	bestimmt, weiblich, Plural	alle Formen

Tabelle 7.1: Komplementäre Distribution der Artikel (nach Lepschy u. Lepschy 1981, S. 94f.)

[15]Vgl. Figge u. de Matteis (1976, S. 36f.).
[16]Terminologie nach Schwarze (1995, S. 25).

uno	unbestimmt, männlich, Singular	s+Konsonant; z; ps; pn; gn; x nicht akzentuiertes i gefolgt von Vokal
un	unbestimmt, männlich, Singular	alle anderen Formen
una	unbestimmt, weiblich, Singular	Konsonant
un'	unbestimmt, weiblich, Singular	Vokal

Tabelle 7.1 (Fortsetzung): Komplementäre Distribution der Artikel (nach Lepschy u. Lepschy 1981, S. 94f.)

Um die komplementäre Distribution in der syntaktisch-semantischen Analyse zu implementieren, gibt es eine spezielle Art von Constraints in JSLIM. Diese setzen nicht, wie in Abschnitt 5.1.4 gesehen, Werte von Variablen in Beziehung, sondern Muster von definierten regulären Ausdrücken. Quellcode 7.1 verdeutlicht dies an einem Auszug des Constraints für die Kombination der Artikel mit dem jeweils folgenden Wort.

```
regexp ART'
       ART

strict constraint
 ART'    =>     ART:
 /l'/    =>     /^[aeiou]+.*/                                  .
 /lo/    =>     /^(s[^aeiou]|z|ps|pn|gn|x|i[aeiou]+).*/        .
 /il/    =>     /^([bcdfghjklmnpqrtvw]|s[aeiou]+).*/           .
```

Quellcode 7.1: Auszug aus den Constraints mit regulären Ausdrücken in JSLIM

Der Constraint hat zum Ziel, grammatikalisch nicht korrekte Kombinationen von Artikel und Substantiv bezüglich des Anlauts auszuschließen. Bei *l'* darf das folgende Wort nur mit einem Vokal beginnen (*l'anno, l'inglese*). Nach *lo* sind nur bestimmte Folgen von Zeichenketten gültig (*lo zucchero, lo studio*). Der Artikel *il* ist zu verwenden, wenn das folgende Wort mit einem Konsonant oder mit dem Anlaut *s* gefolgt von einem Vokal beginnt (*il ragazzo*, *il secolo*). Der Constraint hat darüber hinaus den Vorteil, dass für einen Teil der Zeichenketten mehrere Möglichkeiten der Kombinierbarkeit mit einem Artikel definiert sind, was beispielsweise bei *lo iugoslavo* beziehungsweise *l'iugoslavo* auch so gewollt ist.[17] In den Constraint sind weiterhin Restriktionsbeschränkungen für Demonstrativa und Spezifikatoren aufgenommen, da auch hier eine Implementierung ihrer komplementären Distribution notwendig ist.[18]

Ein Vorteil des Constraints ist darüber hinaus, dass er in anderen Regeln eingesetzt werden kann. So findet man ihn beispielsweise in `DET+AGG` (siehe Abschnitt 7.1.2), da die Restriktionen für alle Anlaute der folgenden Wörter, unabhängig von ihrer Wortklasse, definiert sind und somit auch in weiteren Regeln Anwendung finden. Eine andere Restriktionsbeschränkung findet in Klausel 1 über den zweiten `cat`-Wert des Determinierers mit dem `cat`-Wert des folgenden Substantivs statt. Die Werte werden bezüglich ihrer Numerus-Genus-Kongruenz überprüft. So ist in der Abbildung *il* mit *ragazzo* verknüpfbar, da im Constraint zwischen `N'` und `N` definiert ist, dass beide Werte miteinander kongruent sind und die Proplets somit verschmelzen können. Der Artikel ist, wie der Constraint zeigt, mit mehreren Proplets kombinierbar, falls diese anstatt `ms` den Wert `msp` oder `msfp` in ihrem `cat`-Attribut haben. Ein Beispiel für `msp` ist *film*, für `msfp` *cameriere*. Es gilt zu beachten, dass die Bedingungen beider Constraints erfüllt sein müssen, da ansonsten keine Verknüpfung möglich ist. Eine Kombination von *lo* und *film* ist somit ausgeschlossen, da nur der Constraint über das `cat`-Attribut erfolgreich wäre, der über das `sur`-Attribut jedoch fehlschlagen würde. Die Constraints sind für alle möglichen Kategoriewerte der Determinierer und Substantive implementiert, um eine maximale Abdeckung bei den Kombinationsmöglichkeiten zu gewährleisten. Passen die Muster von Satzanfang und nächstem Wort überein und sind die Bedingungen der Constraints erfüllt, werden die Operationen ausgeführt. Die Operation `append` fügt die beiden `sur`-Attribute zu einer Zeichenkette zusammen. Die Operation `setref(nw.noun SS.noun)` setzt den `noun`-Wert des nächsten Wortes auf den `noun`-Wert des Satzanfangs. Durch `acopy(nw.sem SS.sem)` wird die Genus-

[17]Vgl. Lepschy u. Lepschy (1981, S. 94).
[18]Für weitere Informationen hierzu vgl. Schwarze (1995, S. 24–35).

information, die im sem-Attribut des Substantivs zu finden ist, an die letzte Stelle des sem-Attributs im Proplet des Satzanfangs kopiert. Die Genusinformation muss hierbei vom Substantiv kommen, denn nicht alle Determinierer zeigen direkt an, was für ein Genus das folgende Substantiv haben muss. Der in Tabelle 7.1 auf Seite 139 dargestellte Artikel *l'* beispielsweise ist sowohl mit maskulinen als auch mit femininen Substantiven im Singular kombinierbar. Die Operation `cancel(N')` löscht den an die Variable `N'` gebundenen Wert, da die Kombination des Determinierers mit dem Substantiv erfolgreich ist und dieser für die weitere Ableitung nicht mehr benötigt wird. Der Kategoriewert für die Kongruenzüberprüfung mit Adjektiven bleibt jedoch bestehen, da diese, im Gegensatz zum Deutschen, auch nach dem Substantiv stehen können.

Das Analyseergebnis der Klausel besteht aus einem verschmolzenen Proplet. Der erste Wert in cat zeigt an, dass der Nominalphrase noch ein nachgestelltes Adjektiv folgen kann. Der Wert `fns` (*frase nominale al singolare*) kennzeichnet das Proplet als eine Nominalphrase im Numerus Singular. Im Attribut sem sind nähere Informationen zum Determinierer sowie das Genus des beteiligten Substantivs zu finden. Dieses kann für die Kombinatorik der Nominalphrase mit einer Verbalphrase eine Rolle spielen, wie beispielsweise bei den zusammengesetzten Tempusformen in Abschnitt 7.3.1. Es ist allgemein wichtig, dass unterschiedliche Typen von Nominalphrasen äquivalent aufgebaut sind, da ansonsten ein effizienter Musterabgleich in weiteren Klauseln nicht mehr funktionieren kann.

Klausel 2 in Abbildung 7.3 verknüpft einen Artikel, ein Demonstrativum oder einen Spezifikator mit einem Substantiv, falls zwischen beiden ein Adjektiv steht.

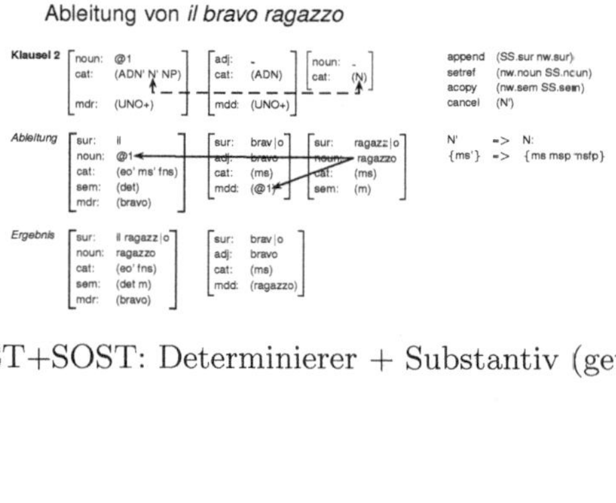

Abbildung 7.3: DET+SOST: Determinierer + Substantiv (getrennt)

Im Gegensatz zu Klausel 1 ist mindestens ein Wert im mdr-Attribut des Satzanfangs und im mdd-Attribut das nächsten Wortes vorhanden, was die beiden Klauseln eindeutig voneinander abgrenzt. Die Variable UNO+ bindet einen bis beliebig viele, unspezifizierte Werte an sich. Eine Unterscheidung ist deshalb wichtig, weil bei dazwischen stehendem Adjektiv keine Restriktionsbeschränkung bezüglich des Anlauts des Substantivs vorgenommen werden muss. Diese hat bereits vorher bei der Verknüpfung des jeweiligen Determinierers mit dem Adjektiv stattgefunden. Eine Kongruenzüberprüfung ist somit nur zwischen den Kategoriewerten nötig.
Das Analyseergebnis ist ähnlich zu Klausel 1, nur gibt es zusätzlich auch ein adj-Proplet. Die Operation `setref` setzt den noun-Wert des Substantivs nicht nur auf den des Determinierers, sondern automatisch auch auf den in der Regel DET+AGG kopierten mdd-Wert des Adjektivs. Die bidirektionale Verzeigerung zwischen Substantiv und Adjektiv ist in Abschnitt 7.1.2 erläutert.
Klausel 3 in Abbildung 7.4 behandelt die Kombination eines Präartikels mit einem Artikel.

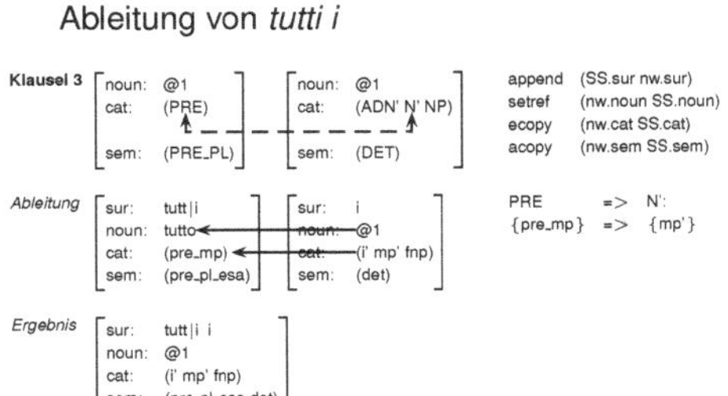

Abbildung 7.4: DET+SOST: Präartikel + Artikel

Das Muster für den Satzanfang ist so festgelegt, dass nur Präartikel eingelesen werden können. Daher ist ausgeschlossen, dass bestimmte und unbestimmte Artikel untereinander kombinierbar sind. Die Variable DET im Muster des nächsten Wortes bindet nur sem-Werte der Artikel und Demonstrativa, da eine Kombination von Präartikel und Spezifikator wie in **tutto ogni ragazzo* unzulässig ist. Ein Constraint zwischen den Kategoriewerten der Präartikel und des folgenden Wor-

tes stellt sicher, dass der Präartikel mit diesem bezüglich Numerus und Genus kongruiert.
Bei erfolgreichem Abgleich wird das gesamte cat-Attribut des Artikels oder Demonstrativums in das des Präartikels kopiert, da bei der Ausführung einer weiteren Klausel wieder Kongruenzüberprüfungen bezüglich des folgenden Adjektivs oder Substantivs gemacht werden müssen. Der noun-Wert des Artikels oder Demonstrativums wird zudem auf den des Präartikels gesetzt. Außerdem fügt die Operation append die beiden sur-Attribute zu einer Zeichenkette zusammen. Der sem-Wert des Artikels wird zudem additiv kopiert.
Das Analyseergebnis kann bei einem weiteren Durchlauf von DET+SOST mit einem Substantiv kombiniert werden, jedoch ist auch eine Verknüpfung mit einem Adjektiv möglich.
Klausel 4 in Abbildung 7.5 kombiniert einen Artikel, ein Demonstrativum oder einen Spezifikator mit einem Postartikel.

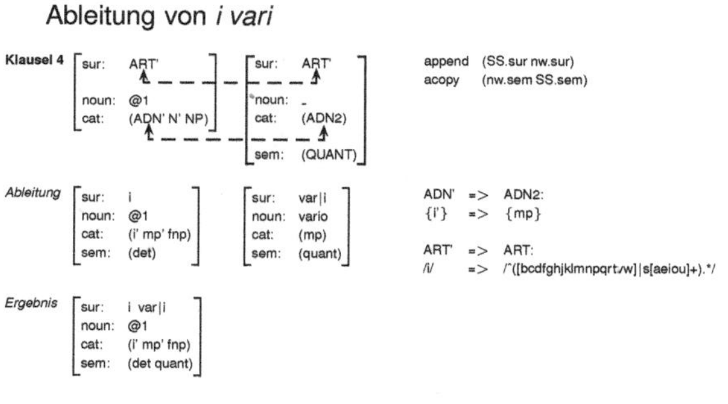

Abbildung 7.5: DET+SOST: Artikel + Postartikel

Die Muster sind so festgelegt, dass das nächste Wort eindeutig ein Postartikel sein muss. Es sind Restriktionsbeschränkungen bezüglich des Anlauts des Postartikels und der Kategoriewerte vorhanden, die beide erfolgreich sein müssen.
Bei gelungener Kombination bleiben alle cat-Werte des Satzanfangs, also des Artikels, bestehen und die beiden Oberflächen werden, wie auch in Klausel 3, miteinander verbunden. Der sem-Wert des nächsten Wortes wird wieder additiv kopiert.
Die Klausel ist ähnlich zu Klausel 3, jedoch hängt der Verknüpfungsmechanismus

davon ab, ob zuerst ein Präartikel oder ein Artikel beziehungsweise Demonstrativum oder Spezifikator eingelesen wird. Die Unterschiede sind im Analyseergebnis in den Attributen sur und sem zu sehen. Die Attribute noun und cat sind jedoch identisch, da für die Kombinatorik mit dem folgenden Wort jeweils dieselben Bedingungen bezüglich der Kategoriewerte gelten.
Die nicht dargestellten Klauseln von DET+SOST behandeln die Kombination eines Artikels, Demonstrativums oder Spezifikators mit einem Substantiv, falls zwischen beiden ein Quantor steht[19], die Kombination einer bereits gebildeten Nominalphrase mit einem nachgestellten Postartikel und die Verknüpfung eines Quantors mit einem Substantiv zu Beginn einer Nominalphrase, falls davor kein Artikel eingelesen wurde.

7.1.2 Adjektive

Über die Regel DET+AGG sind folgende Konstruktionen bildbar:

1. Artikel (Art), Demonstrativum (D) oder Spezifikator (Sp) + Adjektiv (A):
   l'alto, questa bella, nessun nuovo

2. Art/D/Sp + mehrfache A:
   il grande reale, quella terribile drammatica, ogni vera grande

3. Art/D/Sp + Substantiv (S) + nachgestelltes A:
   il ragazzo simpatico, la giovane donna napoletana

4. Kombination jeglicher Determinierer mit A:
   tutti i ragazzi poveri, tutti i bravi ragazzi, tutti questi luoghi comuni, i miei grandi collaboratori italiani

5. A + S zu Beginn einer Nominalphrase:
   Grande successo, belle donne (alle REP)

[19]Der Unterschied zu Klausel 2 besteht darin, dass bei dieser Kombination der Quantor mit dem Satzanfang verschmilzt. In Klausel 2 ist in den Mustern jedoch angegeben, dass das mdr-Attribut des Satzanfangs und das mdd-Attribut des nächsten Wortes Werte haben müssen, was im Falle der Quantoren nicht gegeben ist. Des Weiteren findet bei der Kombination mit einem Quantor keine bidirektionale Verzeigerung statt.

`DET+AGG` steht in der Startzustandsdefinition und verknüpft hauptsächlich Determinierer und Adjektive in adnominaler Funktion miteinander. Weiterhin ist die Behandlung von postnominalen Adjektiven und die Verbindung eines Determinierers mit Zahlwörtern geregelt. Im Regelpaket ist neben der rekursiven Anwendung auch `DET+SOST` enthalten, welche durch die Verknüpfung mit einem Substantiv eine Nominalphrase bildet. Aufgrund der Rekursivität ist die Kombination mehrerer Adjektive möglich. Der grundlegende Unterschied zu `DET+SOST` besteht in der bidirektionalen Verzeigerung der Proplets. Es findet keine Funktionswort-Absorption statt, da alle Inhaltswörter als eigenständige Proplets im Analyseergebnis sichtbar sein müssen.
Abbildung 7.6 zeigt Klausel 1 von `DET+AGG`. Ihre Funktion ist die Verknüpfung von Artikeln, Demonstrativa und Spezifikatoren mit einem Adjektiv, falls beide direkt nebeneinander stehen.

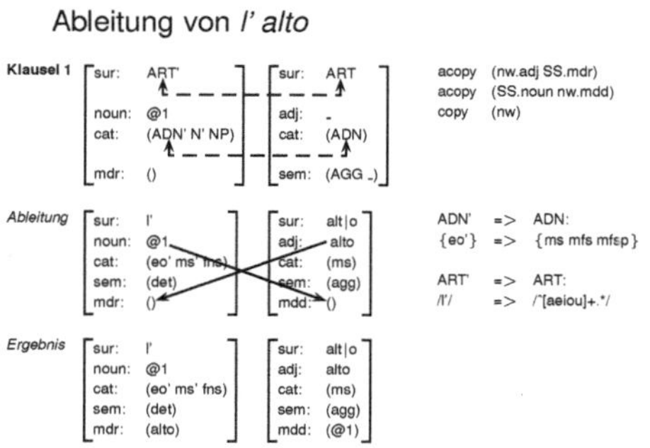

Abbildung 7.6: DET+AGG: Determinierer + Adjektiv (nebeneinander)

Wie in Klausel 1 der Regel `DET+SOST` gelten die in Tabelle 7.1 auf Seite 139 erläuterten Restriktionsbeschränkungen bezüglich des Anlauts des nächsten Wortes. Außerdem ist ein Constraint zwischen dem ersten `cat`-Wert des Determinierers und dem `cat`-Wert des Adjektivs nötig. Der bestimmte Artikel *l'* ist somit mit Adjektiven kombinierbar, die als Anlaut einen Vokal besitzen und neben dem in der Abbildung dargestellten Kategoriewert `ms` mit `mfs` oder `mfsp` markiert sind. Eine Kombination von *l'* mit Adjektiven der Kategorie `fs` ist auch möglich, jedoch gelten hier die Restriktionsbeschränkungen für den Wert `ea'`. Die Constraints sind für alle gültigen Kombinationsmöglichkeiten implementiert.

Passen die Muster von Satzanfang und nächstem Wort überein und sind die Bedingungen der Constraints erfüllt, werden die Operationen ausgeführt. Der noun-Wert des Substantivs wird in das mdd-Attribut des Adjektivs kopiert und der adj-Wert des Adjektivs in mdr des Substantivs. Diese bidirektionale Verzeigerung dient der Darstellung der Funktor-Argument-Struktur. Der Wert `@1` wird bei anschließender Kombination mit einem Substantiv automatisch durch die Operation `setref` sowohl im noun-Attribut des Determinierers als auch im mdd-Attribut des Adjektivs überschrieben (siehe auch Klausel 2 von `DET+SOST` in Abbildung 7.3 auf Seite 142). Weiterhin wird das adj-Proplet in das Analyseergebnis kopiert.

Klausel 2 in Abbildung 7.7 behandelt die rekursive Kombination von Adjektiven.

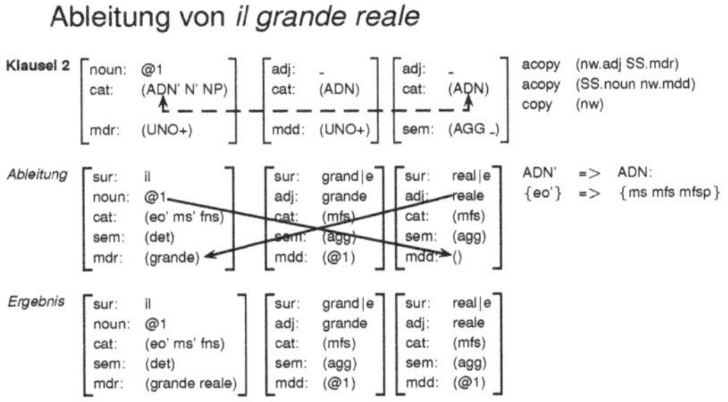

Abbildung 7.7: DET+AGG: Adjektiv + Adjektiv

Im Gegensatz zu Klausel 1 ist keine Überprüfung des Anlauts notwendig, da diese schon bei Einlesen des ersten Adjektivs getätigt wurde. Wie an den Mustern zu erkennen ist, liegt zwischen den zu verzeigernden Einheiten ein adj-Proplet. Die Restriktionsbeschränkungen bezüglich der Kategoriewerte sind dieselben wie in Klausel 1. Wieder findet eine bidirektionale Verzeigerung statt, in diesem Fall jedoch zwischen dem Artikel und dem zuletzt eingelesenen Adjektiv. Das dazwischen liegende Adjektiv wurde schon vorher eingelesen, wie an dessen mdd-Attribut zu sehen ist.

Im Analyseergebnis ist zu sehen, dass beide adj-Proplets noch den Ersetzungswert @1 in mdd haben, der anschließend vom Substantiv der Nominalphrase zu füllen ist.
In Klausel 3 in Abbildung 7.8 wird das noun-Proplet als Kopf der Nominalphrase mit einem nachgestellten Adjektiv kombiniert.

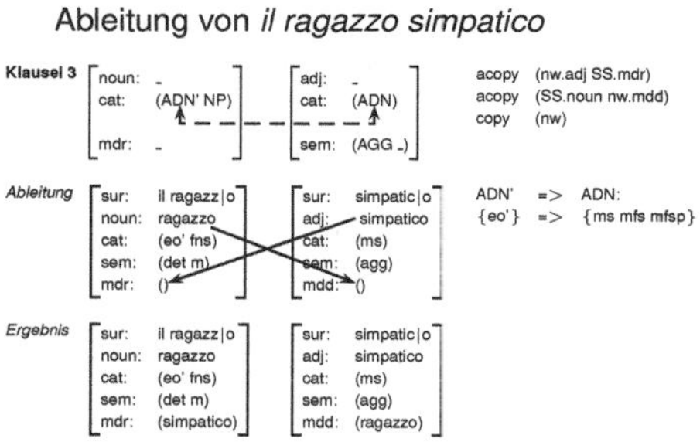

Abbildung 7.8: DET+AGG: Substantiv + nachgestelltes Adjektiv

Nachgestellte Adjektive sind in der italienischen Sprache möglich, in der deutschen Sprache normalerweise nicht.[20] Der Unterschied der prä- und postnominalen Verwendung des Adjektivs liegt nach Nespor (2001, S. 442–448) darin, dass pränominale Adjektive eine konnotative, postnominale hingegen eine denotative Funktion besitzen. In gewissen Fällen ist sogar die Bedeutung das Adjektivs von der Stellung innerhalb der Nominalphrase abhängig. So bezeichnet *alto* in der Nominalphrase *un alto ufficiale* einen Offizier gehobenen Grades, in *un ufficiale alto* jedoch einen Offizier von hoher Statur.[21] Am Muster für den Satzanfang ist ersichtlich, dass bereits ein Substantiv eingelesen sein muss, da die Variable für den Kategoriewert des geforderten Substantivs, N', nicht mehr vorhanden ist.

[20]Vgl. Blasco Ferrer (1999, S. 74). Als mögliche, meist diafasische Ausnahme gibt er Phrasen wie *Auto* ***verfluchtes****! Nie funktioniert es!* an, die eher der gesprochenen Sprache zuzuordnen sind.

[21]Ein anderes Beispiel wäre *notizie certe* (dt. *sichere Nachrichten*) und *certe notizie* (dt. *gewisse Nachrichten*), aus dem ersichtlich ist, dass im Deutschen die Bedeutungsvariation eher über die Wahl eines unterschiedlichen Adjektivs erfolgen würde. Die Darstellung der Bedeutungsvariation für die italienischen Beispiele könnte in LA-it über die semantischen Typen aus Abschnitt 6.3.2 erfolgen.

Die Verknüpfungsmechanismen sind bei der Ableitung dieselben wie in den beiden vorherigen Klauseln. Zu beachten ist, dass als nachgestellte Adjektive aufgrund der Variable `AGG` keine Zahlwörter in Frage kommen. Die Klausel ist der Grund, warum in der Regel `DET+SOST` grundsätzlich keine Kategoriewerte für das geforderte Adjektiv gelöscht werden, da ansonsten eine Kombination eines Substantivs mit einem nachgestellten Adjektiv wegen fehlender Restriktionsbeschränkungen nicht möglich wäre.

Die nicht aufgeführten Klauseln behandeln die Kombination eines Artikels, Demonstrativums oder Spezifikators mit weiteren Satzkonstituenten. So ist beispielsweise die Kombination mit Zahlwörtern geregelt. Hierzu gehören Kardinalzahlen und Ordinalzahlen sowie deren Distribution untereinander. Es sind Kombinationen wie in *le prime tre ragazze* implementiert, für Verknüpfungen wie **la prima tre ragazza* gilt dies jedoch nicht. Auch ist die Möglichkeit implementiert, dass zwischen Satzanfang und Adjektiv bereits ein Quantor aus `DET+SOST` eingelesen ist. Ist dies der Fall, gelten keine Restriktionsbeschränkungen bezüglich des Anlauts des Adjektivs, da diese schon in der vorigen Regel berücksichtigt werden mussten. Weitere Klauseln behandeln Ableitungen, in denen unter gewissen Umständen der Artikel nicht benötigt wird.[22] Der Grund, warum eine Fallunterscheidung in zwei Klauseln vorzunehmen ist, ist der bis zu dessen Einlesung unklare Numerus des Substantivs. Anders als bei allen anderen Klauseln sind keine Artikel oder Demonstrativa vorhanden, die den Numerus der Nominalphrase anzeigen und deren Resultatskategorien im Analyseergebnis zu sehen sind. Man weiß somit erst nach dem Einlesen des Substantivs, um welchen Typ von Nominalphrase es sich handelt. Die Kongruenzbedingungen gelten hierbei zwischen den Kategoriewerten des Adjektivs und des folgenden Substantivs. Wird ein Substantiv im Singular eingelesen, werden die Werte `adn'` und `fns` exklusiv in den `cat`-Wert des `noun`-Proplets kopiert. Bei einem Substantiv im Plural sind dies die Werte `adn'` und `fnp`. Bei Substantiven, die invariabel sind (zum Beispiel *film*), ist am Adjektiv zu sehen, welchen Numerus das Substantiv in diesem Fall besitzt.[23] Somit ist sicher-

[22]Eine Auflistung hierzu findet sich beispielsweise in Battaglia u. Pernicone (1980, S. 98ff.).

[23]Eine Ausnahme stellt die Möglichkeit dar, dass sowohl Adjektiv als auch Substantiv invariabel sind. Dieser Fall ist jedoch nicht in die Kongruenzbedingungen aufgenommen.

gestellt, dass Nominalphrasen in Beispielen wie ***il grande successo*** *degli italiani che scrivono libri per ragazzi*[24] und ***grande successo*** *on line per il singolo di De Gregori*[25] aus „La Repubblica", bis auf die Markierung eines vorhandenen Artikels im sem-Attribut, äquivalent im Analyseergebnis dargestellt sind. Dies ist auch unbedingt notwendig, da ihre syntaktischen Eigenschaften für die Kombinatorik, beispielsweise mit einer finiten Verbform, zu beachten sind. Weiterhin ist die Verknüpfung eines Adjektivs mit einem Pronomen oder Eigennamen geregelt. Eine zusätzliche Klausel regelt die Kombination einer Nominalphrase, bei der kein Determinierer vorhanden ist, mit einem nachgestellten Adjektiv, beispielsweise in Phrasen wie *tante storie crudeli* oder *piccole schermaglie iniziali* aus dem Repubblica-Korpus.

7.1.3 Appositionen

Die Regeln `MAIN+PUNT` und `PUNT+ELEM` verknüpfen Nominalphrasen mit appositiven Elementen, die durch ein Komma markiert sind. Es sollen folgende Konstruktionen erkannt werden:

1. Nominalphrase mit Substantiv als Kopf + nominale Apposition:
   ... il quattordicenne sarebbe orfano della madre e ***il padre, un operaio,*** *non potrebbe occuparsi di lui ...*

2. Nominalphrase mit Pronomen als Kopf + nominale Apposition:
   In mezzo a tanta folla proprio ***loro, gli artisti,*** *sono quelli che si notano di meno.* (alle REP)

3. Nominalphrase mit Eigennamen als Kopf + nominale Apposition:
   ... si rende conto infatti che ***Francesca, l'adorabile amica,*** *soffre in silenzio ...* (itWaC)

Es gilt zu beachten, dass die Apposition zu ihrem Bezugswort, der Nominalphrase, bezüglich Numerus kongruieren muss. Die Regel `MAIN+PUNT` hat zur Aufgabe, den

[24] URL: http://ricerca.repubblica.it/repubblica/archivio/repubblica/2009/11/24/il-grande-successo-degli-italiani-che-scrivono.html [Stand: 15.03.2012].

[25] URL: http://ricerca.repubblica.it/repubblica/archivio/repubblica/2008/05/17/grande-successo-on-line-per-il-singolo.html [Stand: 15.03.2012].

Beginn und das Ende der Apposition zu markieren, indem sie an den Kopf der Nominalphrase ein Komma anhängt beziehungsweise das Ende der Apposition mit einem Komma markiert, wie Abbildung 7.9 zeigt. Sie kann nach **DET+SOST** und **DET+AGG** ausgeführt werden und steht zudem in der Startzustandsdefinition. Dies gilt für den Fall, wenn eine Nominalphrase mit Pronomen als Kopf und ein Komma zu Beginn einer Ableitung eingelesen werden.
Klausel 1 verknüpft eine Nominalphrase mit einem Substantiv, Pronomen oder Eigennamen als Kopf mit einem Komma.

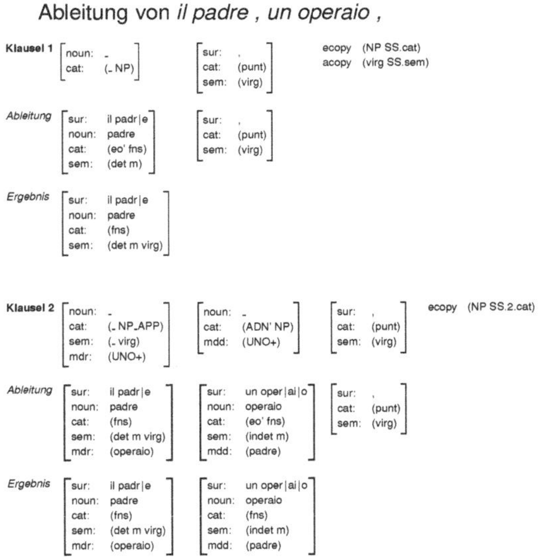

Abbildung 7.9: MAIN+PUNT: Nominalphrase + Apposition (1)

Um den Beginn der nominalen Apposition zu kennzeichnen, wird eine Markierung `virg` additiv an das Ende des Attributs **sem** kopiert. Der Vorteil dieser Notation ist, dass so eine Verknüpfung mit einer Konstituente, die nicht zur nominalen Apposition gehört, verhindert wird. Es ist beispielsweise nicht mehr möglich, nach dem Komma eine finite Verbform einzulesen, was ohne die Markierung jedoch möglich gewesen wäre. Des Weiteren ist im Analyseergebnis der Wert für ein potentielles nachgestelltes Adjektiv gekürzt. Klausel 2 hängt an das Ende einer nominalen Apposition ein Komma an. Auch hier ist der Wert für ein mögliches folgendes Adjektiv der nominalen Apposition gekürzt. Die Kongruenz zwischen Nominalphrase und Bezugswort ist jedoch nicht über `MAIN+PUNT`, sondern über `PUNT+ELEM` geregelt.

Die Regel `PUNT+ELEM` in Abbildung 7.10 liest eine bereits mit einem Komma verknüpfte Nominalphrase ein und kombiniert sie mit dem Beginn einer weiteren Nominalphrase, in diesem Fall eingeleitet durch einen Determinierer.

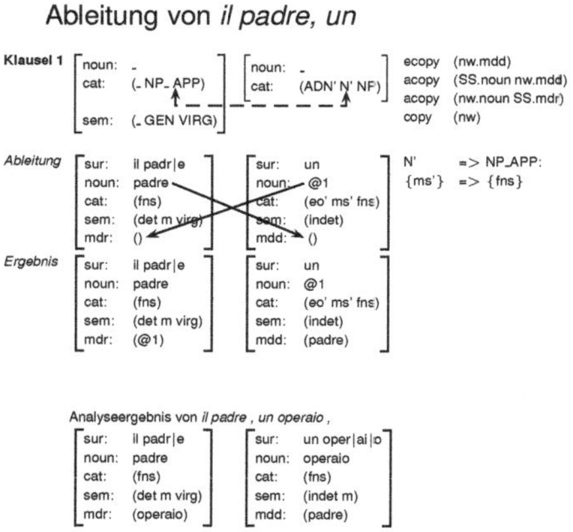

Abbildung 7.10: PUNT+ELEM: Nominalphrase + Apposition (2)

Der Constraint erstreckt sich über die Variablen `NP_APP` der Nominalphrase und `N'` des Determinierers. Eine Besonderheit liegt in der Verwendung des Attributs `mdd` für die nominale Apposition. Dieses Attribut ist im Normalfall nicht für Proplets des Typs `noun` vorgesehen, wie auch in Abbildung 7.1 auf Seite 132 zu sehen ist. Da im Fall der nominalen Apposition die Nominalphrase eine modifizierende Funktion besitzt, muss jedoch von der üblichen Attributstruktur abgewichen werden, um die semantischen Zusammenhänge der beiden Proplets korrekt wiederzugeben. Über die Operation `ecopy(nw.mdd)` wird temporär ein `mdd`-Attribut für das Proplet der Apposition angelegt.

Während der Analyseableitung wird der noun-Wert des Satzanfangs in das Attribut mdd des nächsten Wortes kopiert und der noun-Wert des nächsten Wortes in das Attribut mdr des Satzanfangs. Nach Anwendung von PUNT+ELEM kann DET+SOST oder DET+AGG ausgeführt werden, um eine vollständige Nominalphrase zu bilden. MAIN+PUNT ist weiterhin in das Regelpaket von beiden eingetragen, um nach grammatikalisch korrekter Bildung der nominalen Apposition ein Komma anhängen zu können.
Das Analyseergebnis nach abschließendem Komma stellt die beiden Nominalphrasen als bidirektional miteinander verzeigerte Proplets dar. Dies ist an den Attributen mdr und mdd sichtbar. Das zweite noun-Proplet für die Apposition modifiziert hierbei das für die vorherige Nominalphrase, weshalb es ein zusätzliches mdd-Attribut angelegt bekommt. Der Verknüpfungsmechanismus funktioniert gleichermaßen für Nominalphrasen mit einem Substantiv, Pronomen oder Eigennamen als Kopf.

7.1.4 Modifizierende Präpositionalphrasen

Die Implementierung der modifizierenden Präpositionalphrasen ist detailliert in Abschnitt 7.2 erläutert, da diese für eine Beschreibung des allgemeinen Aufbaus verschiedener Typen von Präpositionalphrasen dienen.

7.1.5 Relativsätze

Schwarze (1995, S. 449) untergliedert die Relativsätze in modifizierend und adjunktiv. Sowohl Gislimberti (1989, S. 55) als auch Cinque (2001, S. 458) benutzen hierfür die Termini restriktiv und nicht-restriktiv beziehungsweise appositiv. Beide Arten von Relativsätzen sind dadurch charakterisiert, dass das Pronomen, welches den Relativsatz einleitet, mit dem Antezedens, in diesem Falle der Nominalphrase, koreferent ist. Adjunktive Relativsätze besitzen einen eigenständigen Sachverhalt und haben eine kommentierende Funktion. Orthographisch unterscheiden sich die beiden Typen von Relativsätzen durch die obligatorische Abgrenzung des adjunktiven Nebensatzes durch Kommata. Kontrastiv betrachtet liegt hier ein Unterschied zur deutschen Sprache, da in dieser alle Relativsätze durch Kommata abgetrennt werden.

Um Koreferenz innerhalb von JSLIM implementieren zu können, ist der Modus LA-Think, der in Abschnitt 2.3 erwähnt ist, notwendig. Der Ansatz von Hausser (2006, S. 161) geht hierbei von primären und sekundären grammatischen Relationen aus. Primäre Relationen werden innerhalb von LA-Hear während der zeitlinearen Analyseableitung erstellt. Sie bestehen aus Funktor-Argument-Struktur und Koordination. Sekundäre Relationen werden über Inferenzen in LA-Think gebildet. Hierbei können miteinander koreferente Proplets mittels des Attributs idy gleichgesetzt werden. Die folgenden Ableitungen beziehen nur primäre Relationen ein.[26] Zudem sind Relativpronomina Typ einer neuen Art von Proplets, da sie ein Attribut a/v besitzen. Dieses besagt, dass der Relativsatz bezüglich der übergeordneten Nominalphrase die Funktion eines Modifizierers übernimmt (a). Innerhalb des Relativsatzes verschmilzt das Proplet des Relativpronomens mit dem der finiten Verbform, sodass die Funktion dort die eines verb-Proplets ist (v).[27] Die im Folgenden dargestellten Beispielableitungen zeigen nur die Kombination eines Relativpronomens, das innerhalb des Relativsatzes die Funktion des Subjekts übernimmt, mit einer finiten Verbform.
Über die Regeln `FN+PRON` und `MAIN+VF` sind folgende Konstruktionen bildbar:

1. Nominalphrase mit Substantiv, Pronomen oder Eigennamen als Kopf + modifizierende Relativsätze:
   La versione che circola *è che Pietro Greco abbia fatto un gesto ...*
   Una tesi sulla quale *concorda Franco Marini che ...*
   Ma resta il fatto che ***l'uomo il quale dirige*** *la nostra economia ...*
   È questo ***lo strumento a cui*** *pensa?*

2. Nominalphrase mit Substantiv, Pronomen oder Eigennamen als Kopf + adjunktive Relativsätze:
   ... e ignora anche la serietà con cui Edberg sta prendendo ***questo torneo, che conta,*** *eccome , ...* (alle REP)

[26]Eine mögliche Erweiterung eines Analyseergebnisses in LA-Hear um sekundäre Relationen ist in Hausser (2006, S. 176f.) an einem englischen Beispielsatz diskutiert.
[27]Vgl. Hausser (2006, S. 103f.).

FN+PRON besteht aus insgesamt 15 Klauseln und hat zur Aufgabe, Nominalphrasen mit den Relativpronomina *che*, *cui*, *dove* und *il quale* zu kombinieren. Die Verknüpfung der Relativpronomina mit einer finiten Verbform übernimmt MAIN+VF. FN+PRON kann den Regeln DET+SOST (modifizierender Relativsatz beginnt nach einem Substantiv), DET+AGG (modifizierender Relativsatz beginnt nach einem nachgestellten Adjektiv), PREP+MAIN (modifizierender Relativsatz beginnt nach einer Präpositionalphrase) und MAIN+PUNT (adjunktiver Relativsatz, der durch ein Komma abgetrennt ist) folgen. FN+PRON kann sich rekursiv aufrufen, um beispielsweise das Relativpronomen *il quale* zu bilden. Zudem steht MAIN+VF im Regelpaket von FN+PRON, falls dem Relativpronomen eine finite Verbform folgt.
Klausel 1 in Abbildung 7.11 verknüpft eine Nominalphrase mit den Relativpronomina *che*, *cui* und *dove*.

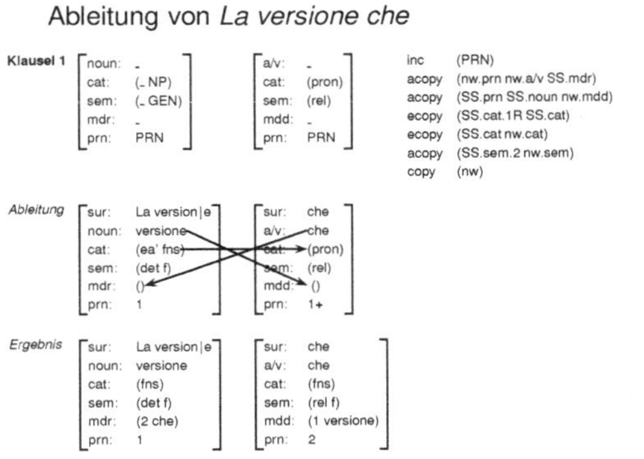

Abbildung 7.11: FN+PRON: Nominalphrase + Relativpronomen

Das Relativpronomen *cui* steht zwar gewöhnlicherweise mit einer Präposition zu Beginn eines Relativsatzes, jedoch kann im Falle der Präposition *a* diese auch weggelassen werden, wie Schwarze (1995, S. 455) erläutert. Das Muster des nächsten Wortes passt auf alle drei Relativpronomina, das des Satzanfangs liest Nominalphrasen mit Substantiv, Pronomen oder Eigennamen als Kopf ein. Die Variable PRN des Typs integer in den prn-Attributen beider Muster deklariert, dass sowohl der Satzanfang als auch das nächste Wort dieselbe Propositionsnummer besitzen müssen. Durch diese Bestimmung kann beispielsweise verhindert werden, dass mehrere Relativpronomina aufeinanderfolgend an eine Nominalphrase angehängt werden.

Während der Analyseableitung wird die Propositionsnummer des nächsten Wortes mittels der Operation `inc` um den Wert eins hochgesetzt.[28] Der a/v-Wert des nächsten Wortes wird zusammen mit der hochgesetzten Propositionsnummer in das mdr-Attribut des Satzanfangs kopiert. Umgekehrt wird der noun-Wert des Satzanfangs zusammen mit der ursprünglichen Propositionsnummer in das mdd-Attribut des nächsten Wortes geschrieben. Mögliche Stellen für nachgestellte Adjektive werden gekürzt. Außerdem wird der cat-Wert des Satzanfangs exklusiv in den cat-Wert des nächsten Wortes kopiert. Dies ist hauptsächlich notwendig, wenn die Nominalphrase ein Pronomen als Kopf besitzt. Durch das Kopieren des Wertes kann somit in der Folgeregel `MAIN+VF` sichergestellt werden, dass auch Kombinationen wie *io che soffro* analysierbar sind. Die Genusinformation der Nominalphrase wird darüber hinaus zum sem-Attribut des nächsten Wortes addiert.

Das Analyseergebnis besteht aus zwei bidirektional miteinander verzeigerten Proplets, bei denen, im Gegensatz zu allen anderen implementierten Modifizierern der Nominalphrase, auch die Propositionsnummer der verzeigerten Werte in den Attributen mdr und mdd steht. Durch das Hochschalten der Propositionsnummer im nächsten Wort ist im Analyseergebnis sichtbar, dass ein der Nominalphrase zugeordneter Relativsatz beginnt.

Klausel 2 in Abbildung 7.12 kombiniert eine Nominalphrase mit einem Artikel. Dies ist im Falle von *il quale* oder auch bei *cui* notwendig, welches sich entweder mit einem Artikel oder mit einer Präposition, die mit einem Artikel verschmolzen ist, verbinden kann. Die Frage, ob es sich bei *il quale* von vornherein um ein Relativpronomen handelt, wie Reumuth u. Winkelmann (2001, S. 150) angeben, oder der Komplex nach den Ausführungen von Cinque (2001, S. 475f.) aus einer Kombination des Artikels *il* und des Relativadjektivs *quale* besteht, wird in LA-it einvernehmlich gelöst, indem die Oberfläche des Artikels unabhängig von seiner Funktion mit *quale* verbunden wird. Entscheidend für die praktische Implementie-

[28]Grafisch ist diese Operation in Abbildung 7.11 auf Seite 155 und allen folgenden Abbildungen durch ein Pluszeichen an der hochzusetzenden Stelle gekennzeichnet.

rung ist, dass der Komplex *il quale* als Relativpronomen analysiert wird. Vorteil dieser Vorgehensweise ist, dass somit in LA-it Analysen für Ableitungen wie *il quale* und *a cui* über eine Klausel behandelt werden können.

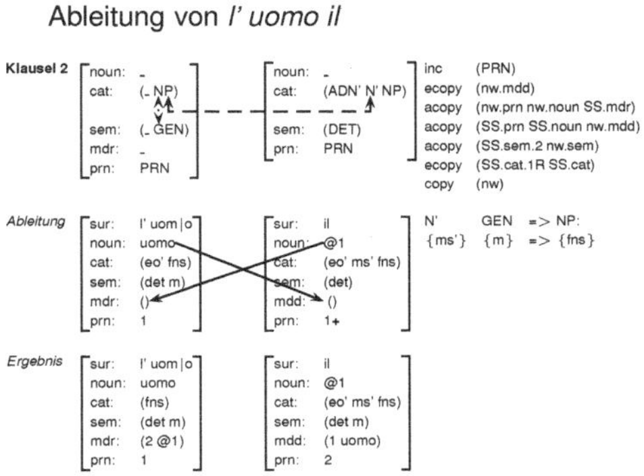

Abbildung 7.12: FN+PRON: Nominalphrase + Artikel

Das Muster des Satzanfangs liest wiederum eine Nominalphrase mit Substantiv, Pronomen oder Eigennamen als Kopf ein, das des nächsten Wortes passt auf alle Artikel. Zwischen den Variablen `NP`, `GEN` und `N'` ist ein Constraint aufgebaut, um die Kongruenz zwischen dem Artikel und dem Antezedens zu überprüfen. So können ungrammatikalische Verbindungen wie beispielsweise **il ragazzo la* oder **il ragazzo i* ausgeschlossen werden.

Während der Analyseableitung werden allgemein ähnliche Operationen wie in Klausel 1 ausgeführt. Der Unterschied besteht darin, dass der Wert `@1` des Artikels in das mdr-Attribut der Nominalphrase kopiert wird. Dieser Wert wird, wie in Abbildung 7.13 auf Seite 158 zu sehen ist, vom nachfolgenden Relativpronomen überschrieben. Zudem muss, wie bei den Appositionen, ein neues Attribut **mdd** für den Artikel angelegt werden. Weitere Klauseln sind für die Kombination einer Nominalphrase mit einer einfachen oder mit einer verschmolzenen Präposition implementiert.

Klausel 3 in Abbildung 7.13 auf Seite 158 verknüpft einen Artikel, der einen Relativsatz einleitet, mit *quale* oder *cui*.

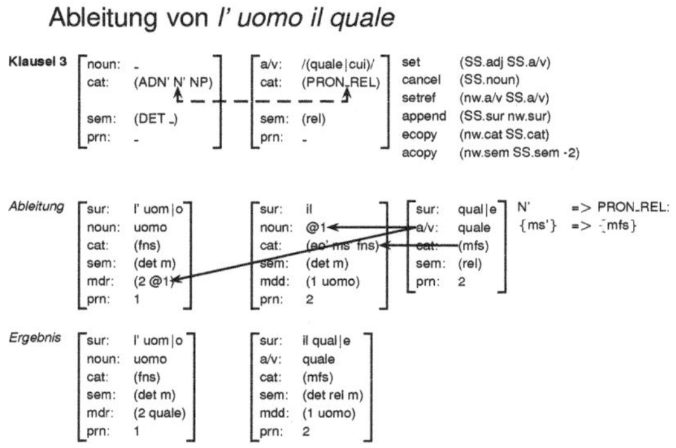

Abbildung 7.13: FN+PRON: Artikel + Relativpronomen

Am Attribut a/v im Muster des nächsten Wortes ist ersichtlich, dass nur diese beiden Relativpronomina zugelassen werden. Weiterhin ist ein Constraint zwischen den Variablen N' des Satzanfangs und PRON_REL des nächsten Wortes aufgebaut. So kann *quale* mit dem Wert mfs nur mit *il* oder *la* verknüpft werden. Die Form *quali* mit dem Wert mfp kann hingegen nur mit den Artikeln *i* oder *le* kombiniert werden. Das Relativpronomen *cui* ist mit allen Artikeln kombinierbar.

Während der Analyseableitung wird der a/v-Wert des Relativpronomens referentiell auf den noun-Wert des Artikels gesetzt. Eine Neuerung ist, dass nicht nur der Wert, sondern das gesamte noun-Attribut überschrieben wird. Der Wert @1, der im Attribut mdr des Satzanfangs zu finden ist, wird automatisch mit überschrieben.

Im Analyseergebnis steht somit ein a/v-Proplet, das das Relativpronomen darstellt. Die Attribute cat und sem beinhalten Informationen für eine nachfolgende Kombination mit einer finiten Verbform. Eine ähnliche Klausel ist für die Kombination einer verschmolzenen Präposition mit *quale* oder *cui* implementiert.

Klausel 4 in Abbildung 7.14 kombiniert eine einfache Präposition mit einem Relativpronomen, in diesem Falle *cui*.

Am Muster des nächsten Wortes ist ersichtlich, dass nur *cui* eingelesen wird. Während der Analyseableitung wird das gesamte noun-Attribut überschrieben.

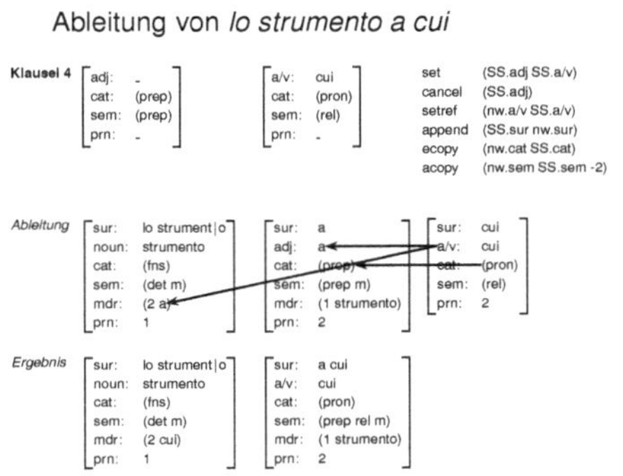

Abbildung 7.14: FN+PRON: Präposition + Relativpronomen

Im Analyseergebnis sind alle benötigten Informationen für eine Verknüpfung mit einer finiten Verbform vorhanden. Ähnliche Klauseln sind für die Kombination einer einfachen Präposition mit *dove*[29] oder mit Artikeln implementiert.
Alle weiteren nicht erwähnten Klauseln behandeln äquivalent zu den erläuterten Implementierungen den Fall, wenn es sich bei dem Relativsatz um einen adjunktiven Relativsatz handelt.

Die Regel `MAIN+VF` verknüpft ein Relativpronomen mit einer finiten Verbform. Sie spielt vor allem in Abschnitt 7.3 eine wichtige Rolle, da sie noch weitere Satzkonstituenten mit finiten Verbformen kombiniert. An dieser Stelle wird nur auf die Verknüpfung eines Relativpronomens in der Funktion des Subjekts mit einer finiten Verbform eingegangen. Aus diesem Grund kann sie nach `FN+PRON` ausgeführt werden. Abbildung 7.15 auf Seite 160 zeigt die Ableitung der Nominalphrase *la versione che circola.*[30]

[29] In dieser Klausel ist das Muster für den Satzanfang deutlich mehr eingeschränkt, da *dove* nach Schwarze (1995, S. 455) nur mit den Präpositionen *da* und *fino a* verknüpfbar ist.

[30] Innerhalb der Abbildung ist nur die intransitive Verwendung des Verbs dargestellt, da sie für die Ableitung die korrekte Valenz liefert. Andere mögliche Valenzen sind aufgrund der besseren Übersichtlichkeit nicht angezeigt. Dies ist auch in vielen weiteren Abbildungen mit verb-Proplets auf diese Weise gehandhabt.

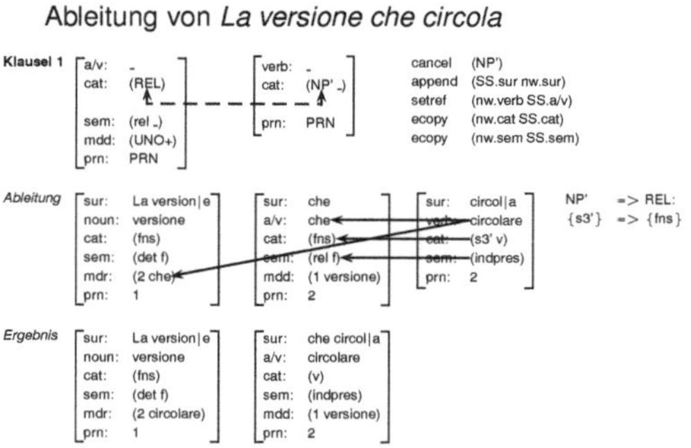

Abbildung 7.15: MAIN+VF: Relativpronomen + finite Verbform

Nach Ausführung von `FN+PRON` muss das mdd-Attribut des Satzanfangs mit mindestens einem Wert belegt sein. Die Variable `REL` beinhaltet alle möglichen Werte, die über Klausel 1 aus Abbildung 7.11 auf Seite 155 in das Proplet des Relativpronomens kopiert wurden. Zudem müssen sowohl Satzanfang als auch nächstes Wort dieselbe Propositionsnummer besitzen. Ein Constraint zwischen den Variablen `REL` und `NP'` regelt die Kongruenz zwischen dem Relativpronomen, das die Funktion des Subjekts im Relativsatz übernimmt, und der finiten Verbform.

Während der Analyseableitung wird der verb-Wert des nächsten Wortes referentiell auf den a/v-Wert des Satzanfangs gesetzt. Somit überschreibt er automatisch auch den des mdr-Attributs im Satzanfang.

Außerdem werden die cat- und sem-Werte des nächsten Wortes exklusiv in die jeweiligen Attribute des Satzanfangs kopiert. Sind die Kongruenzbedingungen erfüllt, kann die Variable `NP'` gekürzt werden. Weiterhin verschmelzen die beiden Proplets miteinander.

Im Analyseergebnis ist zu sehen, dass der gesamte Relativsatz mit seiner grammatischen Information in einem Proplet zu finden ist.

7.1.6 Kombination mehrerer Modifizierer

Mit Hilfe der implementierten Regeln und Klauseln ist es möglich, mehrere syntaktische Strukturen einer Nominalphrase regelbasiert zu bilden. Als Kopf der

Nominalphrase fungieren Substantive, Pronomina und Eigennamen. Die Kombination von Substantiven mit Determinierern jeglicher Art (Artikel, Demonstrativa, Spezifikatoren, Präartikel, Postartikel) ist in `DET+SOST` implementiert. Mögliche Modifizierer der Nominalphrase sind Adjektive (`DET+AGG`), Appositionen (`MAIN+PUNT` und `PUNT+ELEM`), Präpositionalphrasen (siehe Abschnitt 7.2) und Relativsätze (`FN+PRON` und `MAIN+VF`). Abbildung 7.16 auf Seite 162 zeigt am Beispiel **le grandi famiglie della borghesia araba che furono**, die dem Beispiel *Qui risiedono le grandi famiglie della borghesia araba che furono [...] devotissime alla corona giordana.* des Repubblica-Korpus entnommen ist, das Zusammenspiel der verschiedenen implementierten Regeln.

Die implementierten Konstruktionen finden in den folgenden Abschnitten in vielen Analyseableitungen Anwendung, beispielsweise bei der Verknüpfung von Nominalphrasen mit finiten Verbformen.

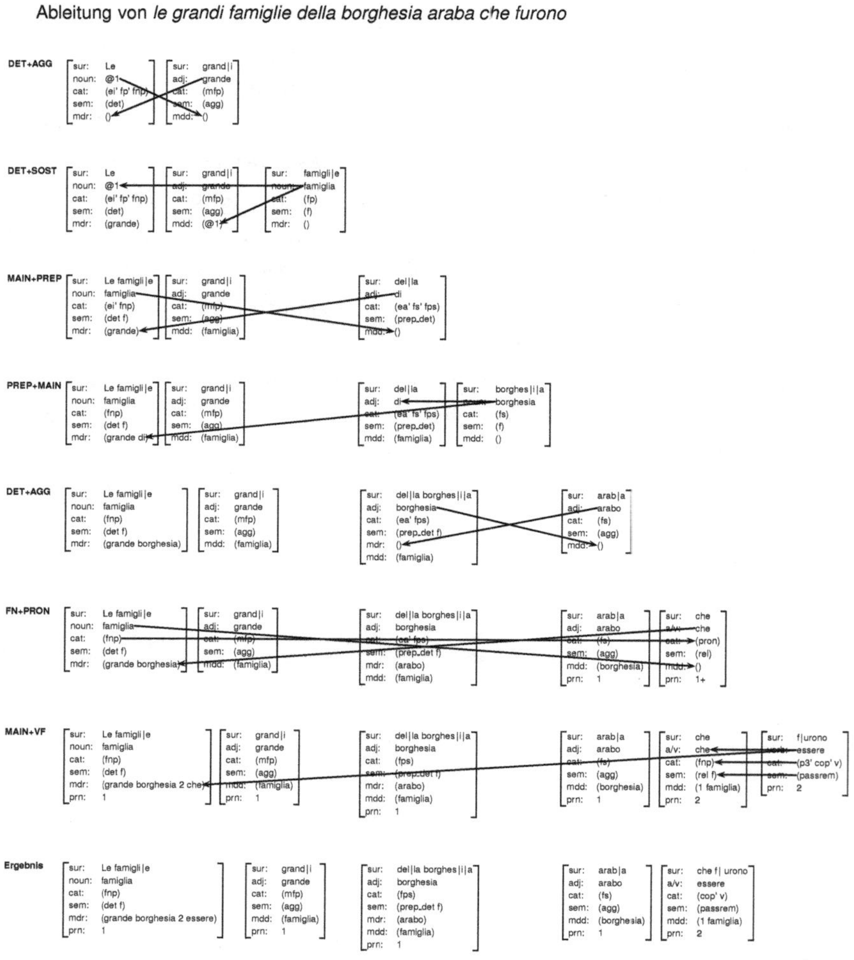

Abbildung 7.16: Zusammenspiel mehrerer Regeln innerhalb einer Nominalphrase

7.2 Präpositionalphrasen

Die Präpositionalphrase besitzt verschiedene Funktionen. Sie kann beispielsweise als Argument (siehe Abschnitt 7.3.7), Komplement (siehe Abschnitt 7.3.9), Adverbial (siehe Abschnitt 7.4) oder Modifikator auftreten.[31] In letztgenannter Funktion soll der Aufbau der Präpositionalphrase im Folgenden erläutert werden. Falls ein bestimmter Artikel nach den Präpositionen *a*, *da*, *di*, *in* oder *su* steht, ist zu beachten, dass die Präposition mit diesem verschmilzt. Die Konkatenation des Artikels mit der Präposition *con* ist fakultativ. Die italienische Sprache hält zudem komplexe Präpositionen, die aus mehr als einem Wort bestehen, bereit. Abbildung 7.17 zeigt die verschiedenen Arten von Präpositionen mit ihrer Darstellungsweise in LA-it.[32]

<table>
<tr><th colspan="2">Einfache Präpositionen</th><th colspan="2">Verschmolzene Präpositionen</th><th colspan="2">Komplexe Präpositionen</th></tr>
<tr><td>sur:</td><td>di</td><td>sur:</td><td>del|la</td><td>sur:</td><td>a causa del|lo</td></tr>
<tr><td>adj:</td><td>di</td><td>adj:</td><td>di</td><td>adj:</td><td>a causa di</td></tr>
<tr><td>cat:</td><td>(prep)</td><td>cat:</td><td>(ea' fs' fps)</td><td>cat:</td><td>(eo' ms' fps)</td></tr>
<tr><td>sem:</td><td>(prep)</td><td>sem:</td><td>(prep_det)</td><td>sem:</td><td>(prep_det)</td></tr>
<tr><td>mddo:</td><td>()</td><td>mddo:</td><td>()</td><td>mddo:</td><td>()</td></tr>
<tr><td>mdr:</td><td>()</td><td>mdr:</td><td>()</td><td>mdr:</td><td>()</td></tr>
<tr><td>mdd:</td><td>()</td><td>mdd:</td><td>()</td><td>mdd:</td><td>()</td></tr>
<tr><td>prep:</td><td>(di)</td><td>prep:</td><td>(di)</td><td>prep:</td><td>(a_causa_di)</td></tr>
<tr><td>nc:</td><td>()</td><td>nc:</td><td>()</td><td>nc:</td><td>()</td></tr>
<tr><td>pc:</td><td>()</td><td>pc:</td><td>()</td><td>pc:</td><td>()</td></tr>
<tr><td>prn:</td><td></td><td>prn:</td><td></td><td>prn:</td><td></td></tr>
<tr><td>idy:</td><td></td><td>idy:</td><td></td><td>idy:</td><td></td></tr>
<tr><td>wrd:</td><td></td><td>wrd:</td><td></td><td>wrd:</td><td></td></tr>
</table>

Abbildung 7.17: Unterschiedliche Arten von Präpositionen in LA-it

Die Kombinierbarkeit der Präpositionen mit weiteren Wortformen ist hauptsächlich in den Regeln `MAIN+PREP` und `PREP+MAIN` umgesetzt. Diese verbinden im Fall der zu erläuternden Funktion als Modifikator Nominalphrasen mit Präpositionalphrasen sowie hintereinander stehende Präpositionalphrasen. Durch die beiden Regeln werden folgende Konstruktionen abgeleitet:

---

[31] Vgl. Schwarze (1995, S. 308f.).

[32] Die Segmentierung der verschmolzenen Präpositionen ist aus programmiertechnischen Gründen folgendermaßen gehandhabt: An *del*, *al*, *dal*, *nel*, *col* und *sul* werden jeweils *lo*, *la* und *le* angehängt, hingegen werden *de*, *a*, *da*, *ne*, *co* und *su* mit *i* und *gli* verbunden.

1. Nominalphrase + Präpositionalphrase mit einfacher, verschmolzener oder komplexer Präposition:
   La creazione di „Sat-1" può aprire ***una reazione a catena.***
   E i miliardi che si spendono oggi per costruire ordigni di guerra si usino per combattere ***la fame nel mondo.***
   Dopo ***la rivolta davanti alla Cattedrale normanna*** *arrivano a Roma.*

2. Nominalphrase + mehrfache Präpositionalphrasen:
   Presto sono accorsi anche ***i compagni di scuola del ragazzo.***

3. Nominalphrase + Präpositionalphrase mit einfacher oder komplexer Präposition, die eine Verbalphrase im Infinitiv regiert:
   Era ***un film da vedere.***
   La sera prima di morire, *Audran era a Bonn, ...* (alle REP)

`MAIN+PREP` hat zur Aufgabe, eine Nominalphrase oder eine Präpositionalphrase mit einer einfachen, verschmolzenen oder komplexen Präposition zu kombinieren. Sie baut jedoch keine vollständigen Präpositionalphrasen zusammen. Diese Aufgabe übernimmt `PREP+MAIN`, die deshalb im Regelpaket von `MAIN+PREP` steht. Sie kann `DET+SOST`, `DET+AGG` und `PREP+MAIN` bei mehrfach hintereinander vorkommenden Präpositionalphrasen folgen. Beide Regeln stehen zudem in der Startzustandsdefinition.
Klausel 1 in Abbildung 7.18 verknüpft eine Nominalphrase mit einem Substantiv, Pronomen oder Eigennamen als Kopf mit allen drei Arten von Präpositionen.

Am Muster des Satzanfangs ist ersichtlich, dass nur vollständige Nominalphrasen eingelesen werden. Die Variable `PREP_ALL` des nächsten Wortes ist mit den jeweiligen sem-Werten für einfache, verschmolzene oder komplexe Präpositionen belegt.
Während der Analyseableitung werden die beiden Proplets bidirektional miteinander verzeigert, indem der noun-Wert der Nominalphrase in das mdd-Attribut der Präposition und der adj-Wert der Präposition in das mdr-Attribut der Nominalphrase kopiert wird.

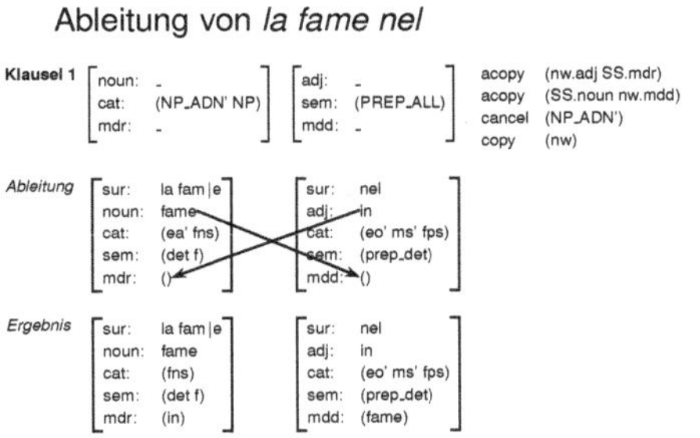

Abbildung 7.18: MAIN+PREP: Nominalphrase + Präposition

Außerdem steht im Analyseergebnis nur noch der Wert der Variable `NP` im `cat`-Attribut der Nominalphrase, da kein nachgestelltes Adjektiv mehr anhängbar ist. Klausel 2 in Abbildung 7.19 behandelt die Verknüpfung einer Präposition mit einer bereits vollständigen Präpositionalphrase, falls beide an der Ableitung beteiligten Präpositionen mit einem Artikel verschmolzen sind.

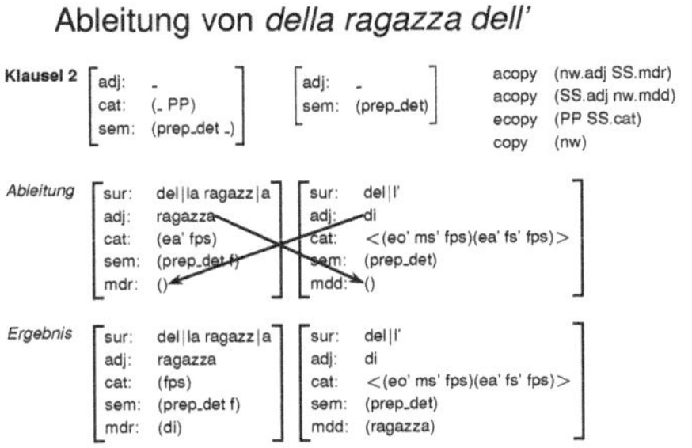

Abbildung 7.19: MAIN+PREP: Präpositionalphrase + Präposition (1)

Das Einlesen verschmolzener Präpositionen ist eindeutig durch `prep_det` in beiden `sem`-Attributen zu erkennen. Die Einschränkung ist erforderlich, da zwischen einfachen und mit Artikel verschmolzenen Präpositionen bei mehrfach hintereinander vorkommenden Präpositionalphrasen unterschieden werden muss.

Nach Schwarze (1995, S. 310f.) gelten innerhalb einer Nominalphrase folgende Beziehungsverhältnisse der einzelnen Phrasen zueinander:

1. Bei einer Struktur NP + PP (verschmolzen) + PP (verschmolzen) modifiziert die zweite Präpositionalphrase die erste Präpositionalphrase. Als Beispiel nennt er *la borsa della ragazza dell'autista*, in der die zweite Präpositionalphrase *dell'autista* die erste Präpositionalphrase *della ragazza* modifiziert.

2. Bei einer Struktur NP + PP (einfach) + PP (einfach oder verschmolzen) modifiziert die zweite Präpositionalphrase nicht die erste Präpositionalphrase, sondern die komplexe Nominalphrase, die aus beiden vorigen Phrasen besteht. Als Beispiel gibt er *uno studente di medicina del primo anno* an, in der die zweite Präpositionalphrase *del primo anno* die komplexe Nominalphrase *studente di medicina* modifiziert.

Für eine Umsetzung in LA-it muss das Analyseergebnis, je nach Art der in der Ableitung mitwirkenden Präpositionen, unterschiedlich dargestellt sein. In Klausel 2 ist somit Punkt 1 der Ausführungen von Schwarze (1995) implementiert. Ähnlich zu Klausel 1 wird in diesem Fall der adj-Wert der vollständigen Präpositionalphrase in das mdd-Attribut der zweiten eingelesenen Präposition kopiert und der adj-Wert der Präposition in das mdr-Attribut der bereits gebildeten Präpositionalphrase. Klausel 3 in Abbildung 7.20 setzt Punkt 2 der Erläuterungen von Schwarze (1995) um.

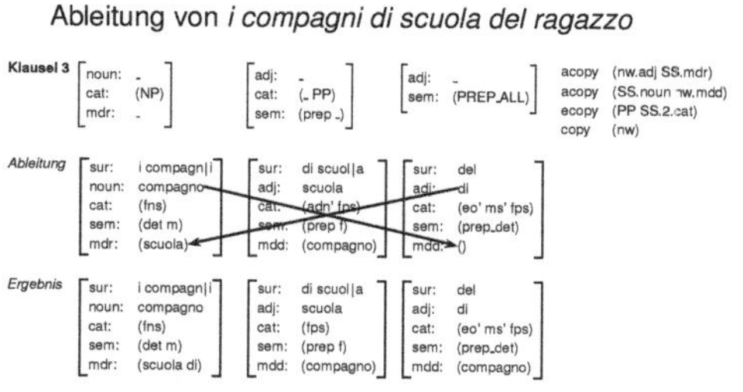

Abbildung 7.20: MAIN+PREP: Präpositionalphrase + Präposition (2)

Um Phrasen wie *i compagni di scuola del ragazzo* korrekt im Analyseergebnis darzustellen, ist ein Satzanfangsmuster für eine Nominalphrase und eine Präpositio-

nalphrase erforderlich. Die Präpositionalphrase muss aus einer einfachen Präposition bestehen, wie der Wert `prep` in `sem` zeigt. Über das Muster des nächsten Wortes können alle Arten von Präpositionen eingelesen werden, da dieselben Relationen auch für einfache Präpositionen gelten, wie am Beispiel *un uccello di bronzo di Volterra* aus dem Repubblica-Korpus zu sehen ist.
Während der Analyseableitung werden, im Gegensatz zu Klausel 2, die Nominalphrase und die zweite eingelesene Präposition bidirektional miteinander verzeigert. Im Analyseergebnis ist ersichtlich, dass die zweite Präpositionalphrase, nicht wie in Klausel 2, die erste Präpositionalphrase modifiziert, sondern die Nominalphrase. Diese ist wiederum über Klausel 1 bidirektional mit der ersten Präpositionalphrase verzeigert, was der Darstellung als komplexe Nominalphrase entspricht.

`PREP+MAIN` besteht aus 23 Klauseln, deren Aufgabe es ist, alle drei Arten von Präpositionen mit weiteren Wortformen zu kombinieren. Sie kann nach `MAIN+PREP` ausgeführt werden und ist rekursiv anwendbar, falls beispielsweise mehrere Adjektive einer Präposition folgen. Im Regelpaket von `PREP+MAIN` steht `MAIN+PREP`, falls mehrere Präpositionalphrasen eingelesen werden. Zudem befindet sich darin auch `MAIN+PUNT`, um als weiteren Modifikator der Nominalphrase eine nominale Apposition anhängen zu können.
Klausel 1 in Abbildung 7.21 verknüpft eine einfache Präposition mit einem Substantiv, Pronomen oder Eigennamen im Singular.

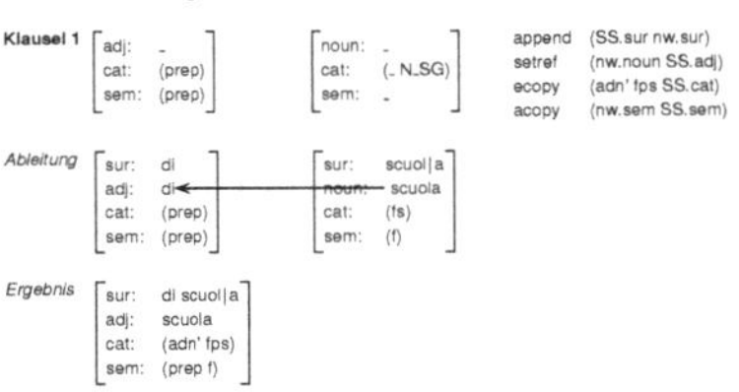

Abbildung 7.21: PREP+MAIN: Präposition + Substantiv (1)

Das Muster des Satzanfangs lässt durch die Deklaration von `prep` im `cat`- und `sem`-Attribut nur einfache Präpositionen zu. Die Variable `N_SG` des nächsten Wortes ist an Werte für Substantive, Pronomina oder Eigennamen im Singular gebunden. Während der Analyseableitung verschmelzen beide Proplets miteinander. Der noun-Wert des nächsten Wortes wird referentiell auf den adj-Wert im Satzanfang gesetzt. Außerdem werden die Werte `adn'` und `fps` (*frase preposizionale al singolare*) exklusiv in das cat-Attribut des Satzanfangs kopiert, da erst nach Einlesen des nächsten Wortes sicher ist, ob es sich um ein Substantiv, ein Pronomen oder einen Eigennamen im Singular handelt. Der sem-Wert des nächsten Wortes wird hingegen additiv in das Proplet des Satzanfangs kopiert.

Im Analyseergebnis sind Informationen über Numerus, Genus und die Zusammensetzung der Präpositionalphrase gespeichert. Eine ähnliche Klausel ist für die Kombination einer einfachen Präposition mit einem Substantiv, Pronomen oder Eigennamen im Plural implementiert. Der Unterschied ist, dass der Wert `fpp` (*frase preposizionale al plurale*) in das cat-Attribut des Satzanfangs kopiert wird. Klausel 2 in Abbildung 7.22 verknüpft eine einfache Präposition mit einem bestimmten Artikel im Numerus Singular.

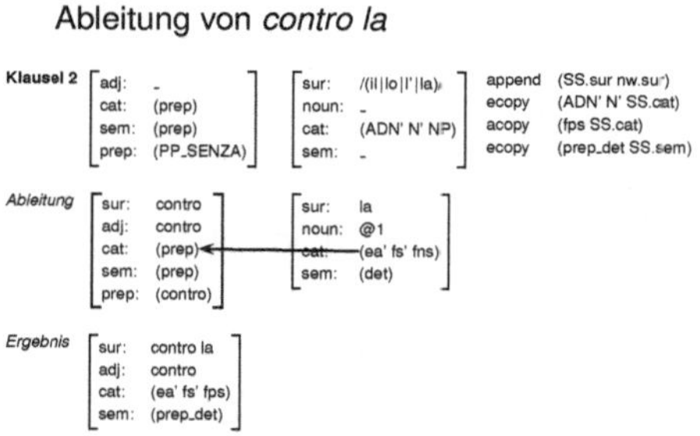

Abbildung 7.22: PREP+MAIN: Präposition + Artikel

Die Variable `PP_SENZA` umfasst nur diejenigen Präpositionen, die nicht mit einem Artikel verschmelzen können. Somit sind nicht grammatikalische Kombinationen wie beispielsweise **di il* ausgeschlossen. Am Muster des sur-Attributs im nächsten Wort ist ersichtlich, dass nur die Artikel *il*, *lo*, *l'* und *la* eingelesen werden können. Ein struktureller Umbau der Artikel ist in der Variable `NP` begründet, denn diese hat für die Kombination mit einem Substantiv entweder die Kategorie `fns` oder fnp stehen, je nachdem, ob im Analyseergebnis eine Nominalphrase im Singular oder Plural steht. Ist ein Artikel jedoch in eine Präpositionalphrase eingebettet, benötigt er entweder den Wert fps oder fpp als Kategoriewert.

Über die Operation acopy wird der Wert fps additiv in das cat-Attribut des Satzanfangs kopiert, nachdem über eine ecopy-Operation bereits die Werte der Variablen ADN' und N' dem Proplet hinzugefügt wurden. Da nur Artikel im Singular eingelesen werden können, ist dies ohne Weiteres möglich. Darüber hinaus verschmelzen die beiden Proplets miteinander und es wird der Wert prep_det exklusiv in das Attribut sem geschrieben, damit die Kombination einer Präposition mit einem Determinierer gekennzeichnet ist. Um die Verknüpfung einer einfachen Präposition mit einem Artikel im Numerus Plural zu gewährleisten, ist eine ähnliche Klausel innerhalb von PREP+MAIN implementiert. Der Unterschied besteht darin, dass nur Pluralartikel eingelesen werden und der Wert fpp exklusiv in das Analyseergebnis kopiert wird.

Klausel 3 in Abbildung 7.23 verknüpft verschmolzene Präpositionen oder die in Klausel 2 generierten Kombinationen aus einfacher Präposition und Artikel mit einem Substantiv.

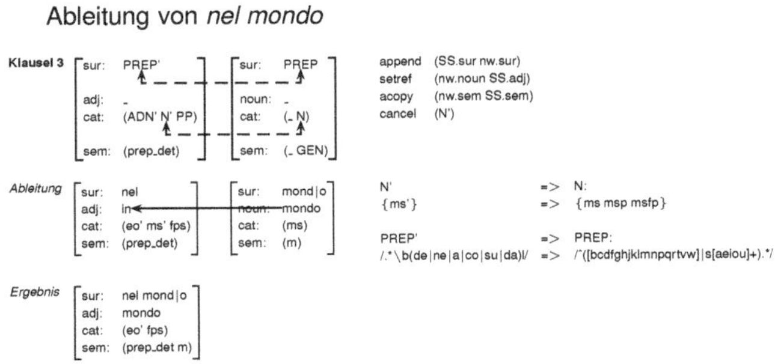

Abbildung 7.23: PREP+MAIN: Präposition + Substantiv (2)

Andere Arten von Präpositionen sind nicht zulässig, da das sem-Attribut des Satzanfangs mit prep_det belegt ist. Weiterhin lässt das cat-Attribut aufgrund der Variablen `ADN'` und `N'` nur Proplets zu, in denen ein Artikel integriert ist. Innerhalb der Klausel sind zwei Constraints nötig. Einer betrifft die Wortformoberflächen der beiden Proplets. Ähnlich wie bei der Verknüpfung eines Artikels mit einem Substantiv innerhalb einer Nominalphrase (siehe Tabelle 7.1 auf Seite 139) gelten wiederum Restriktionsbeschränkungen bezüglich des Anlauts des nächsten Wortes. Der Constraint muss gegenüber der in Quellcode 7.1 auf Seite 140 dargestellten Ausführung modifiziert werden, wie Quellcode 7.2 verdeutlicht.

```
regexp PREP'
       PREP

strict constraint
 PREP'                =>  PREP:
 /.*\b(del|nel|al|col|sul|dal)\|l'/
                      =>  /^[aeiou]+.*/                              .
 /.*\b(del|nel|al|col|sul|dal)\|lo/
                      =>  /^(s[^aeiou]|z|ps|pn|gn|x|i[aeiou]+).*/    .
 /.*\b(de|ne|a|co|su|da)l/
                      =>  /^([bcdfghjklmnpqrtvw]|s[aeiou]+).*/       .
 /\w+ l'/             =>  /^[aeiou]+.*/                              .
 /\w+ lo/             =>  /^(s[^aeiou]|z|ps|pn|gn|x|i[aeiou]+).*/    .
 /\w+ i/              =>  /^([bcdfghjklmnpqrtvw]|s[aeiou]+).*/       .
```

Quellcode 7.2: Auszug aus den Constraints für Präpositionalphrasen

Die rechte Seite des Constraints, die die Anlaute des nächsten Wortes über die Variable `PREP` darstellt, unterscheidet sich nicht von der Variable `ART` aus Quellcode 7.1 auf Seite 140. Die linke Seite jedoch ist gegenüber der Variable `ART'` insofern verschieden, da sowohl verschmolzene Präpositionen als auch Artikel, die über Klausel 2 mit einer einfachen Präposition verknüpft wurden, den Restriktionsbeschränkungen bezüglich des Anlauts des nächsten Wortes unterliegen.
Es werden zu Beginn des Constraints alle mit dem Artikel *l'* verschmolzenen Präpositionen mit dem Anlaut des nächsten Wortes in Beziehung gesetzt. Wie in Quellcode 7.1 auf Seite 140 können auch diese nur mit einem Wort, das einen Vokal als Anlaut besitzt, kombiniert werden.[33] Durch `\w+ l'` ist eine ähnliche

[33]Mögliche Kombinationen sind beispielsweise: *dell'anno*, *nell'ora*, *all'anima*,

Wertebeziehung implementiert, in diesem Fall jedoch für die in Klausel 2 generierten Kombinationen aus einfacher Präposition und Artikel mit dem nachfolgenden Substantiv. Die linke Seite des Constraints definiert in eindeutiger Weise, dass die Oberfläche des ersten Proplets aus alphanumerischen Zeichen und einem mit Leerzeichen getrennten Artikel *l'* besteht. Die rechte Seite, die den Anlaut des folgenden Wortes definiert, muss wiederum mit einem Vokal beginnen.[34] Die Constraints sind für alle möglichen Kombinationen aus Präposition und Artikel implementiert und regeln somit, dass jeweils Substantive mit dem richtigen Anlaut eingelesen werden. Ein weiterer Constraint, der innerhalb der Klausel gültig ist, betrifft die Variablen `N'` und `N`. Die Kategoriewerte des Artikels und des folgenden Substantivs werden miteinander in Beziehung gesetzt. Der Constraint ist äquivalent zu Klausel 1 der Regel `DET+SOST` aus Abbildung 7.2 auf Seite 138.
Nur wenn beide Constraints erfolgreich sind, kann eine Analyseableitung vollzogen werden. Die beiden Oberflächen werden konkateniert und der noun-Wert des nächsten Wortes wird auf den adj-Wert des Satzanfangs gesetzt. Die Variable `N'` wird gelöscht, da die Verknüpfung mit dem Substantiv vollzogen ist. Ebenso wird der sem-Wert des Substantivproplets additiv kopiert.
Das Analyseergebnis besteht aus einem verschmolzenen Proplet, an das mit Hilfe des ersten cat-Werts noch mögliche nachgestellte Adjektive angehängt werden können. Der Wert `fps` kennzeichnet das Proplet als Präpositionalphrase. Im sem-Attribut finden sich Informationen bezüglich der Zusammensetzung der Präposition und des Genus. Eine ähnliche Klausel ist für die Kombination einer Präposition mit einem Substantiv implementiert, falls zwischen diesen beiden ein modifizierendes Adjektiv steht. In diesem Falle gelten keine Restriktionen bezüglich des Anlauts des nächsten Wortes.[35]

---

coll'auto, sull'insegnamento, dall'ingegneria (alle LIP). Andere Präpositionen oder Wörter, die nicht mit einem Vokal beginnen, sind wegen der definierten regulären Ausdrücke nicht zulässig.

[34]Mögliche Kombinationen sind beispielsweise: *per l'agenzia, con l'altoparlante, sotto l'imperatore* (alle LIP).

[35]Dies sieht man auch in Klausel 2 von `DET+SOST` in Abbildung 7.3 auf Seite 142, die solche Kombinationsmöglichkeiten innerhalb einer Nominalphrase regelt.

Klausel 4 in Abbildung 7.24 verknüpft verschmolzene Präpositionen oder die in Klausel 2 generierten Kombinationen aus einfacher Präposition und Artikel mit einem Adjektiv oder einem Zahlwort.

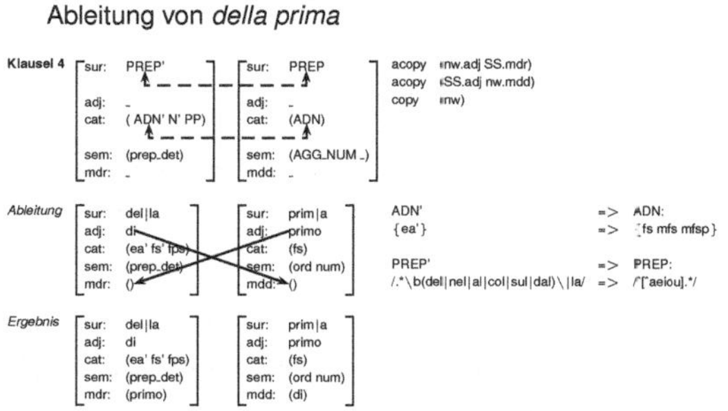

Abbildung 7.24: PREP+MAIN: Präposition + Adjektiv oder Zahlwort

Innerhalb der Muster sind wiederum zwei Constraints definiert, die einerseits den ersten `cat`-Wert des Satzanfangs mit dem `cat`-Wert des nächsten Wortes in Beziehung setzen[36], andererseits die Wortformoberflächen von beiden Proplets bezüglich des Anlauts des nächsten Wortes restringieren. Hierfür ist der in Quellcode 7.2 auf Seite 170 definierte Constraint der Variablen `PREP'` und `PREP` zuständig. Die Variable `AGG_NUM` des nächsten Wortes beinhaltet Werte sowohl für Adjektive als auch für Zahlwörter.

Während der Analyseableitung werden die Proplets bidirektional miteinander verzeigert, indem der `adj`-Wert des Satzanfangs in das Attribut `mdd` des nächsten Wortes und der `adj`-Wert des nächsten Wortes in das Attribut `mdr` des Satzanfangs kopiert wird. Im Gegensatz zu den ersten drei Klauseln verschmelzen die beiden Proplets nicht miteinander. Zudem bleibt, obwohl bereits ein Adjektiv angehängt wurde, der Wert für `ADN'` bestehen, falls noch weitere Adjektive eingelesen werden.

Das Analyseergebnis besteht aus zwei Proplets, die über die Attribute `mdr` und `mdd` bidirektional miteinander verzeigert sind. Bei einer nachfolgenden Kombina-

[36]Der Constraint ist auch bei Klausel 1 der Regel `DET+AGG` in Abbildung 7.6 auf Seite 146 angewendet.

tion mit einem Substantiv wird der in das Attribut mdd kopierte Wert bei *prima* durch den des Substantivs überschrieben. Die Vorgehensweise ist äquivalent zu der in Abbildung 7.3 auf Seite 142 vorgestellten Klausel 2 der Regel DET+SOST. Weitere in PREP+MAIN implementierte Klauseln bezüglich gültiger Adjektivkombinationen sind die Aneinanderreihung mehrerer Adjektive nach eingelesener Präposition sowie Adjektive, die dem Substantiv nachgestellt sind.

Klausel 5 in Abbildung 7.25 behandelt die Kombination einer Präposition mit einer Verbalphrase im Infinitiv.

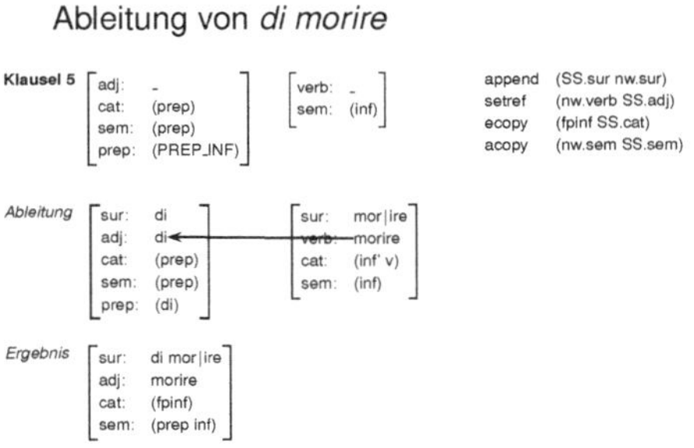

Abbildung 7.25: PREP+MAIN: Präposition + Infinitiv

Nach Schwarze (1995, S. 300) können nur die Präpositionen *a*, *a forza di*, *da*, *di*, *in luogo di*, *a posto di*, *invece di*, *oltre a*, *per*, *prima di* und *senza* eine Verbalphrase im Infinitiv regieren. Aus diesem Grund befindet sich im Muster des Satzanfangs die Variable PREP_INF, die nur die Werte für die genannten Präpositionen zulässt. Das Muster des nächsten Wortes lässt nur Verbalphrasen im Infinitiv zu, wie am Wert inf im sem-Attribut zu sehen ist.

Während der Analyseableitung verschmelzen die beiden Proplets miteinander. Der verb-Wert des nächsten Wortes wird auf den adj-Wert des Satzanfangs gesetzt. Weiterhin wird der Wert fpinf exklusiv in das cat-Attribut des Satzanfangs kopiert, um das Proplet als Präpositionalphrase mit einem Infinitiv zu markieren. Weitere nicht erwähnte Klauseln regeln beispielsweise die Kombination aller drei Arten von Präpositionen mit Quantoren und Postartikeln.

7.3 Verbalphrasen

Das Verb besitzt in der Valenzgrammatik eine zentrale Bedeutung, da es die Struktur eines Satzes durch seine Valenzrahmen bestimmt. Bezüglich der Morphologie hat es das am größten ausgeprägte Flexionsschema (siehe hierzu auch Abschnitt 4.3.1). Vorarbeiten für die Implementierung sind in Abschnitt 6.2 beschrieben. Mit Hilfe der Daten aus Sabatini u. Coletti (2008) sind über 5 000 Valenzrahmen in LA-it integriert.

Die folgenden Abschnitte sind in zwei Teilgebiete gegliedert. Zum einen werden die Kürzungen verschiedener Valenzpositionen betrachtet. Hierzu gehören das Subjekt, das direkte Objekt, die präpositionalen Argumente, die prädikativen Komplemente und die klitischen Pronomina. Da das Italienische eine Pro-Drop-Sprache ist, wird zudem auf diese Eigenschaft eingegangen. Zum anderen werden Formen eines Verbs, die aus mehreren Bestandteilen zusammengesetzt sind und daher nicht innerhalb von LA-Morph behandelt werden können, näher erläutert und deren Implementierung dargestellt.

7.3.1 Zusammengesetzte Tempusformen

Tempus- und Modusformen des Italienischen können entweder über Flexion oder über Flexion gekoppelt mit Auxiliarität ausgedrückt werden.[37] Die LA-Morph-Komponente liefert insgesamt zwölf verschiedene Tempus- und Modusformen, die ausschließlich über Flexion gebildet werden (siehe Abschnitt 4.3.1). Die zusammengesetzten Tempusformen *passato prossimo*, *trapassato prossimo*, *congiuntivo passato*, *congiuntivo trapassato*, *trapassato remoto*, *futuro anteriore* und *condizionale passato* werden über die Kombination eines Partizip Perfekts mit einem Auxiliar gebildet. Eine erste Analyseableitung für eine zusammengesetzte Tempusform ist in Abbildung 6.7 auf Seite 126 dargestellt, in der die Ausstattung von Vollverben mit relevanten Informationen für das benötigte Auxiliar erläutert ist. Im Vergleich zum Deutschen sind mehrere Unterschiede bezüglich der zusammengesetzten Tempusformen zu beachten, von denen neben der in Abschnitt 6.3.4 erläuterten Kontaktstellung drei weitere vorrangig bei der Implementierung zu

[37]Vgl. Schwarze (1995, S. 194).

berücksichtigen sind. So entspricht die Distribution der Auxiliare im Italienischen nicht der im Deutschen, wie Bosco Coletsos (1997, S. 36) erläutert. Als Beispiel sind die reflexiven Verben zu nennen, die im Deutschen das Auxiliar *haben* fordern, im Italienischen jedoch *essere*. Zudem ist der Gebrauch der unterschiedlichen Tempusformen nicht identisch in beiden Sprachen.[38] Bei einer zusammengesetzten Form mit dem Auxiliar *essere* gilt außerdem zu beachten, dass sowohl eine Numerus- als auch eine Genuskongruenz des Partizip Perfekts mit dem Subjekt bestehen muss. Dies ist in der deutschen Sprache nicht der Fall.[39]
Über die Regel `AUX+PP` sind folgende Konstruktionen bildbar:

1. Subjekt + zusammengesetzte Tempusform, gebildet mit *avere*:
   Ieri il ministro ***ha cominciato*** *a scardinare questo concetto ...*

2. Subjekt + zusammengesetzte Tempusform, gebildet mit *essere*:
   L'incursione ***è cominciata*** *con un bombardamento aereo ...*
   Le ricerche ***erano cominciate*** *subito ...* (alle WEBBIT)

`AUX+PP` kann für alle genannten zusammengesetzten Tempusformen angewendet werden. Sie besteht aus insgesamt 24 Klauseln. Die Verknüpfung des Subjekts mit dem Auxiliar ist über `MAIN+VF` (siehe Abschnitt 7.3.5) geregelt. Daher muss `AUX+PP` in das Regelpaket von `MAIN+VF` geschrieben werden. `AUX+PP` können `VF+MAIN` (siehe Abschnitt 7.3.6), `PREP+MAIN` (siehe Abschnitt 7.2) oder `VF+COMP` (siehe Abschnitte 7.3.8 und 7.3.9) folgen. Zudem steht `AUX+PP` in der Startzustandsdefinition, falls Auxiliar und Partizip Perfekt des Vollverbs direkt zu Beginn eines Satzes eingelesen werden. Die Regel ist rekursiv anwendbar, wenn bestimmte Aspektperiphrasen zu bilden sind.

[38] Für eine Einführung in den Tempusgebrauch der deutschen Sprache vgl. beispielsweise Schumacher (2008).

[39] Ein kontrastives Beispiel verdeutlicht dies: Im Repubblica-Korpus finden sich die Textbelege *I bambini* ***sono corsi*** *al sole.* (dt. *Die Kinder* ***sind*** *in die Sonne* ***gelaufen***.) und *Le parrocchiane* ***sono corse*** *in un vicino circolo sportivo.* (dt. *Die Mitgliederinnen der Pfarrgemeinde* ***sind*** *in einen nahegelegenen Sportverein* ***gelaufen***.). An den Beispielen und deren Übersetzung wird der Unterschied im Kongruenzverhalten deutlich. Während im Deutschen beide Male *gelaufen* verwendet wird, ist im Italienischen einmal das Partizip Perfekt *corsi* mit der Endung *-i* für die Kongruenz mit dem maskulinen Subjekt im Plural *i bambini* nötig, im anderen Falle *corse* mit der Endung *-e* für die Kongruenz mit dem femininen Subjekt im Plural *le ragazze.*

Klausel 1 in Abbildung 7.26 zeigt die Verknüpfung einer finiten Form des Auxiliars *avere* mit dem Partizip Perfekt eines Vollverbs.

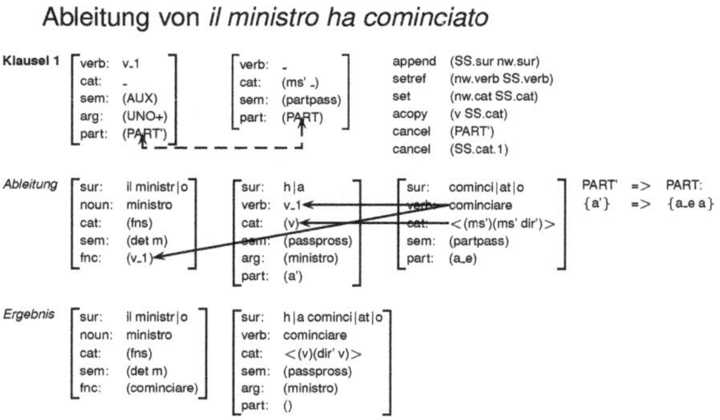

Abbildung 7.26: AUX+PP: Finite Form von *avere* + Partizip Perfekt

Die finiten Formen von *avere* und *essere* besitzen jeweils zwei Lexikoneinträge, da sie sowohl als Vollverb als auch als Auxiliar fungieren können. Als Auxiliar gebraucht, besitzen sie im Attribut sem die nach einer Verknüpfung mit dem Partizip Perfekt des Vollverbs resultierende Tempus-Modus-Form. So ist *ha* mit dem Wert `passpross` ausgestattet, da es nach Kombination mit *cominciato* die zusammengesetzte Tempusform *passato prossimo* bildet. Wird *ha* hingegen als Vollverb, beispielsweise in *Anche la mia famiglia ha soldi e potere.* aus dem Repubblica-Korpus, verwendet, so ist das Proplet in diesem Fall mit `indpres` für Präsens Indikativ ausgestattet.

Weitere Werte, mit denen das Attribut sem der Auxiliare annotiert sein kann, sind `trapross` (*trapassato prossimo*), `congpass` (*congiuntivo passato*), `congtra` (*congiuntivo trapassato*), `trarem` (*trapassato remoto*), `fut2` (*futuro anteriore*) und `cond2` (*condizionale passato*). Alle genannten Werte sind an die Variable `AUX` gebunden. Somit ist, zusammen mit dem Wert `a'` als einzige gültige Constraintdeklaration im part-Attribut, sichergestellt, dass für die Bildung einer zusammengesetzten Tempusform in dieser Klausel nur *avere* in auxiliarer Funktion in Frage kommen kann. Am Muster des nächsten Wortes ist ersichtlich, dass das Partizip Perfekt des Vollverbs die nicht markierte Form auf die Endung *-o* im maskulin

Singular (ms') haben muss. Nach Salvi (2001b, S. 238) ist dies die einzige Form des Partizip Perfekts, mit der das Auxiliar *avere* verknüpft werden kann, falls kein klitisches Pronomen als direktes Objekt an der Ableitung beteiligt ist. Der Constraint zwischen den Variablen PART' und PART, der auch in Abschnitt 6.3.4 erläutert ist, regelt die Kombinierbarkeit des Auxiliars mit den aus dem SIMPLE-Projekt extrahierten Informationen für die Bildung der zusammengesetzten Tempusformen. In diesem Fall ist *cominciato* mit dem Wert a_e ausgestattet und daher sowohl mit *avere* (a') als auch mit *essere* (e') kombinierbar. In Klausel 1 können aber nur zusammengesetzte Tempusformen mit dem Auxiliar *avere* gebildet werden. Während der Analyseableitung werden die Oberflächen von Auxiliar und Partizip miteinander verknüpft. Weiterhin wird der verb-Wert im Proplet des Partizip Perfekts referentiell auf den des Auxiliars gesetzt. Somit wird automatisch auch v_1, der Ersetzungswert im verb-Attribut des Auxiliars, im fnc-Attribut des Proplets für *il ministro* überschrieben. Die Valenzinformationen, die sich im Proplet des Vollverbs befinden, werden exklusiv in das cat-Attribut des Auxiliars kopiert. Dadurch ist eine weitere mögliche Füllung von Valenzpositionen gewährleistet. Der Wert ms', der für die Numerus- und Genuskongruenz mit dem Auxiliar *essere* nötig ist, wird gekürzt. Außerdem wird der Wert im Attribut part des Auxiliars gelöscht, da in diesem Fall keine weiteren Partizipien angehängt werden sollen.
Im Analyseergebnis ist zu sehen, dass die Proplets des Auxiliars und des Partizip Perfekts miteinander verschmolzen sind. Das Proplet beinhaltet Informationen sowohl zur Valenz als auch zur Funktor-Argument-Struktur und ist weiterhin als die zusammengesetzte Tempusform *passato prossimo* (passpross) annotiert.
Klausel 2 in Abbildung 7.27 auf Seite 178 zeigt die Verknüpfung einer finiten Form des Auxiliars *essere* mit dem Partizip Perfekt eines Vollverbs.

In der Klausel ist zu beachten, dass bei einer Verknüpfung mit *essere* Numerus- und Genuskongruenz zwischen Subjekt und zusammengesetzter Tempusform bestehen muss.[40] Aus diesem Grund sind zwei Muster für den Satzanfang definiert, nämlich für das Subjekt und das Auxiliar.

[40]Vgl. Schwarze (1995, S. 195).

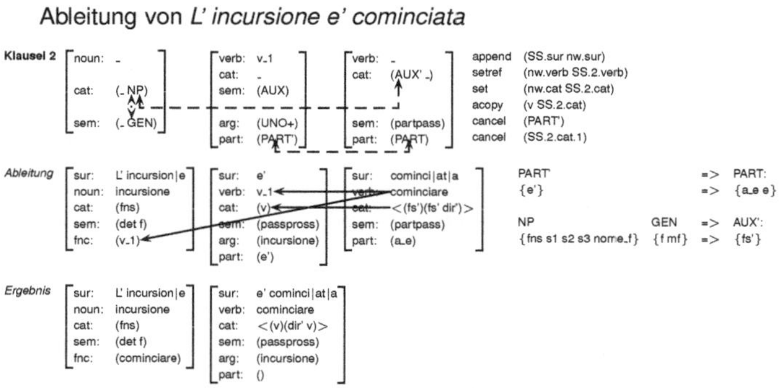

Abbildung 7.27: AUX+PP: Finite Form von *essere* + Partizip Perfekt

Um die Numerus-Genus-Kongruenz zu überprüfen, muss sich der Constraint über die Variablen `NP` (Numerusinformation des Subjekts), `GEN` (Genusinformation des Subjekts) und `AUX'` (Numerus-Genus-Information des Auxiliars) erstrecken. Die Variable `AUX'` im Muster des nächsten Wortes für das Partizip Perfekt beinhaltet die Werte `ms'` (Endung *-o*), `fs'` (Endung *-a*), `mp'` (Endung *-i*) und `fp'` (Endung *-e*). In der dargestellten Ableitung fordert das Subjekt ein kongruentes Partizip Perfekt in der Form feminin Singular. Daher müssen die Werte für Numerus- und Genusinformation im Proplet des Subjekts die in dem Constraint geforderten Wertebeschränkungen erfüllen, da ansonsten die Analyseableitung nicht fortgesetzt werden kann. Die Erfüllung von nur einer Wertebeschränkung ist nicht ausreichend. So wäre eine Ableitung von **il gioco è cominciata* nicht möglich, da die Wertebeschränkung bezüglich der Variable `GEN` nicht eingehalten ist. In Klausel 2 können nur zusammengesetzte Tempusformen mit *essere* gebildet werden, wie am Constraint zwischen den Variablen `PART'` und `PART` zu sehen ist.

Die Analyseableitung läuft analog zu der von *avere* ab. Die Darstellung der grammatischen Relationen der beiden Proplets im Analyseergebnis ist folglich ähnlich.

7.3.2 Aspektperiphrasen

Innerhalb der Regel `AUX+PP` ist es möglich, Aspektperiphrasen zu bilden. Nach Schwarze (1995, S. 201) können diese Formen auf drei verschiedene Weisen realisiert sein:

- *stare* + Gerundium: gerundiale Verlaufsform
- *stare* + Präposition *a* + Infinitiv: infinitivische Verlaufsform
- *stare* + Präposition *per* + Infinitiv: Imminenzform

Bertinetto (2001, S. 129) gibt den Aspektperiphrasen eine noch feinere Unterteilung in vier verschiedene Formen[41] mit weiteren Unterkategorisierungen. Innerhalb von LA-it sind folgende Konstruktionen in `AUX+PP` implementiert:

1. *stare* + Gerundium:
   Il presidente ***sta concludendo*** *le ultime consultazioni in vista del grande incontro tra Shultz e Gromyko ...* (REP)
   ... lo spettacolo ***sta andando*** *molto bene ...* (LIP)

2. *venire* + Gerundium:
   Di quel secolo l'autore ***viene tracciando*** *l'interna vita ...* (WEBBIT)

3. *stare* + *per* + Infinitiv:
   Il governo ***stava per permettere*** *anche i funerali a Hebron ...*

4. *stare, cominciare, iniziare, continuare* und *seguitare* + *a* + Infinitiv:
   Quindici anni dopo la riforma delle Regioni, il Parlamento ***comincia a fare*** *un bilancio del decentramento ...* (alle REP)

Nicht alle Aspektperiphrasen aus Bertinetto (2001) sind implementiert, jedoch könnten beispielsweise die in Bertinetto (1995) erläuterten *perifrasi abituali*, die über die Kombinationen *solere/esser solito/aver l'abitudine di* + Infinitiv gebildet werden, ohne Weiteres über zusätzliche Klauseln eingebaut werden.
Klausel 3 in Abbildung 7.28 auf Seite 180 zeigt die Verknüpfung einer finiten Form von *stare* mit einem Gerundium. Die Klausel fasst die Kombination der Verben *stare* und *venire* zusammen.

[41]Diese sind: *gerundivale, abituale, modale, fasale.*

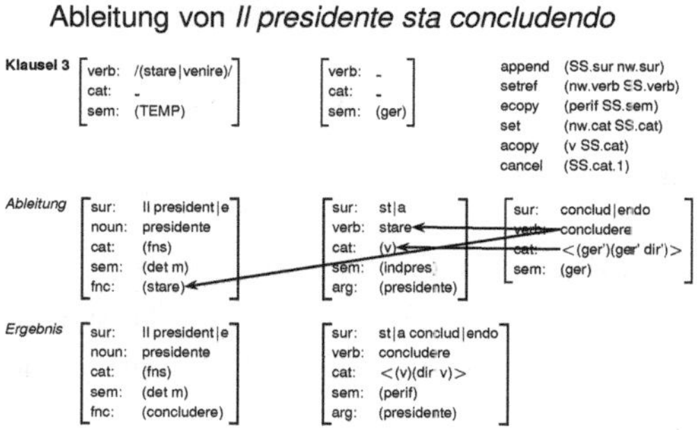

Abbildung 7.28: AUX+PP: Finite Form von *stare* + Gerund

Am Muster des verb-Attributs des Satzanfangs ist zu erkennen, dass nur flektierte Formen von diesen zwei Verben eingelesen werden können. Durch den Wert `ger` im sem-Attribut des nächsten Wortes kommen ausschließlich Gerundien in Frage. Während der Analyseableitung verschmelzen die beiden verb-Proplets miteinander. Der verb-Wert des nächsten Wortes wird referentiell auf den des verb-Attributs im Satzanfang gesetzt. Somit überschreibt er auch den fnc-Wert des bereits vorher eingelesenen Proplets für das Subjekt. Die Valenzinformationen, die sich im Attribut cat des nächsten Wortes befinden, werden exklusiv in das Proplet der finiten Form von *stare* oder *venire* kopiert. Zudem wird der Wert `perif` in das Attribut sem geschrieben, um es als Aspektperiphrase zu markieren.

Das Analyseergebnis zeigt ein verschmolzenes Proplet aus der flektierten Form von *stare* und dem Gerundium des Verbs *concludere*, das mit dem Subjekt bidirektional verzeigert ist. Durch das exklusive Kopieren der Valenzinformation des Gerundiums ist eine weitere Ableitung des direkten Objekts *le ultime consultazioni* aus dem Beispielsatz über eine Ausführung von `VF+MAIN` möglich.

Die Ableitung von *stava per permettere* erfordert zwei Klauseln, wie in Abbildung 7.29 zu sehen ist.

Klausel 4 kombiniert eine finite Form von *stare* mit der Präposition *per*. Das Muster für den Satzanfang lässt nur flektierte Formen von *stare* zu. Die Variable `STARE_PREP` des nächsten Wortes lässt aufgrund der Definitionen von Schwarze (1995) nur die Präpositionen *per* und *a* zu.

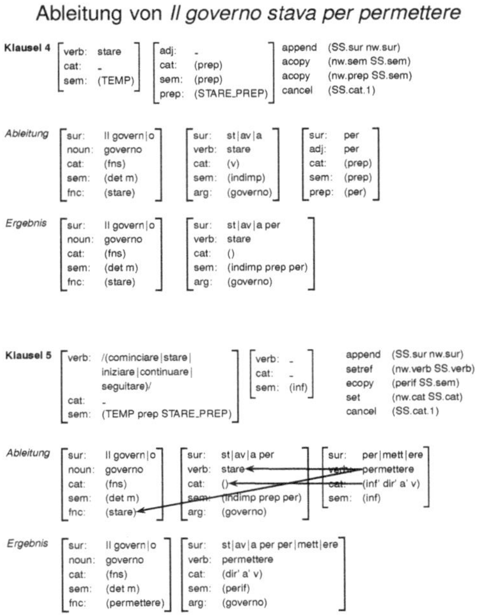

Abbildung 7.29: AUX+PP: Finite Form von *stare* + *per* + Infinitiv

Während der Analyseableitung verschmelzen die Proplets der finiten Form von *stare* und *per* zu einem Proplet. Der prep-Wert des nächsten Wortes wird additiv in das sem-Attribut des Satzanfangs kopiert, um das Proplet für den nächsten Ableitungsschritt speziell zu markieren. Außerdem wird der Wert des cat-Attributs im Satzanfang gelöscht. Dies ist notwendig, da es sich bei *stava per* noch um keine vollständige Tempus-Modus-Form handelt. Erst im nächsten Ableitungsschritt in Klausel 5 wird eine vollständige Aspektperiphrase gebildet. Eine weitere, ähnliche Klausel ist für die Kombination von finiten Formen von *stare*, *cominciare*, *iniziare*, *continuare* und *seguitare* mit der Präposition *a* implementiert. Hier wird der Wert a der Präposition *a* additiv in das sem-Attribut des Satzanfangs kopiert.

Klausel 5 kombiniert die in Klausel 4 gebildete Form aus einer finiten Form von *stare* und der Präposition *per* mit einem Infinitiv eines Vollverbs. Das Muster im verb-Attribut des Satzanfangs lässt nur flektierte Formen von *cominciare*, *stare*,

iniziare, *continuare* oder *seguitare* zu. Das Muster des sem-Attributs ist mit der Variable STARE_PREP an letzter Stelle ausgezeichnet. Diese beinhaltet die Werte für die Präpositionen *per* und *a*, sodass auch alle mit *a* gebildeten Aspektperiphrasen über diese Klausel abgedeckt sind. Das Muster des nächsten Wortes lässt nur Infinitive von Vollverben zu.
Während der Analyseableitung verschmelzen die beiden Proplets miteinander. Der verb-Wert des nächsten Wortes wird referentiell auf den des verb-Attributs im Satzanfang gesetzt. Somit überschreibt er auch den Wert im Attribut fnc im Proplet des Subjekts. Zudem wird perif exklusiv in das sem-Attribut kopiert, um das Proplet als Aspektperiphrase zu markieren. Darüber hinaus werden die Valenzinformationen des Infinitivs in das cat-Attribut des verschmolzenen Proplets kopiert. Das Analyseergebnis zeigt die Aspektperiphrase als ein aus ursprünglich drei Elementen zusammengesetztes Proplet. Es beinhaltet zu realisierende Valenzpositionen, sodass weitere Ableitungen wie für das direkte Objekt *i funerali* oder für das präpositionale Argument *a Hebron* aus dem Beispielsatz möglich sind. Im Attribut sem ist es explizit als Aspektperiphrase annotiert. Auch besteht eine bidirektionale Verzeigerung mit dem Subjekt der Ableitung.

7.3.3 Passivkonstruktionen

Wird ein Aktivsatz im Italienischen ins Passiv umgesetzt, übernimmt das direkte Objekt des Aktivsatzes im Passivsatz die Funktion des Subjekts und das Subjekt das Aktivsatzes entfällt oder wird mit der Präposition *da* eingeleitet realisiert.[42] Nach Milan (1985, S. 213) sind zwei Strukturtypen möglich: das *essere*- und das *venire*-Passiv. Schwarze (1995, S. 180) nimmt als sogenannte „Passivauxiliare" noch Konstruktionen mit den Verben *andare* und *rimanere* hinzu. Diese sind nicht implementiert, könnten jedoch über weitere Klauseln hinzugefügt werden. Zu beachten ist, dass nur Verben, die ein direktes Objekt als Valenzposition besitzen, passiviert werden können.[43] Dies muss in den Mustern der Klauseln für die Passivkonstruktionen berücksichtigt werden, da ansonsten auch intransitive Verben passivierbar wären. Zusätzlich kann das Passiv mit *essere* aus einer finiten Form

[42] Vgl. Reumuth u. Winkelmann (2001, S. 290) und Cresti (1999, S. 161f.).
[43] Vgl. Milan (1985), der versucht, dies mit Korpusanalysen zu belegen. Ausnahmen führt er hauptsächlich auf nicht mehr gebräuchliche Konstruktionen zurück.

zuzüglich des eigenen Partizip Perfekts bestehen. Dies ist bei Passivkonstruktionen mit *venire* nicht möglich.
Kontrastiv betrachtet stellt Bosco Coletsos (1997, S. 43) fest, dass Passivkonstruktionen im Italienischen seltener gebraucht werden als im Deutschen, da dort auch intransitive Verben passivierbar sind. Passivkonstruktionen des Deutschen werden über *sein* und *werden* gebildet. Hier sind Formen mit komplexeren Bestandteilen möglich, wie am Beispiel *Zehn Milliarden Mark werden vergeudet worden sein.*[44] zu sehen ist. Wie auch bei den zusammengesetzten Tempusformen auf *essere* gilt für alle möglichen Passivkonstruktionen des Italienischen, dass das Partizip Perfekt mit dem Subjekt bezüglich Numerus und Genus kongruieren muss. Im Deutschen bleiben die Partizipien unflektiert. Blasco Ferrer (1999, S. 145ff.) erläutert zudem, dass die deutsche Sprache zwei Präpositionen für die Realisierung des Präpositionalarguments besitzt. Eingeleitet mit *von* wird die Rolle des Agens (*agente*) ausgedrückt, eingeleitet mit *durch* die Rolle der Bewegungsursache (*causa efficiente*).
Innerhalb von LA-it sind folgende Konstruktionen in der Regel `AUX+PASS` implementiert:

1. Finite Form von *essere*[45] + Partizip Perfekt:
   Il messaggio ***fu letto*** *dallo speaker ...*
   La notizia ***è stata data*** *dal tribunale della città ticinese.*

2. Finite Form von *venire* + Partizip Perfekt:
   La lista ***viene letta*** *dal papa ...* (alle REP)

3. Finite Form von *essere* oder *venire* + Partizip Perfekt ohne realisiertes präpositionales Argument:
   ... per tornare alla normalità dopo che il farmaco
   è stato abbandonato. (WEBBIT)

`AUX+PASS` kann für alle genannten Passivkonstruktionen verwendet werden. Sie besteht aus insgesamt zwölf Klauseln. Die Verknüpfung des Subjekts mit dem Au-

[44] Dieser Textbeleg wurde mit Hilfe des Korpusrecherche und -analysesystems COSMAS II in einer Ausgabe der Rhein-Zeitung aus dem Jahre 2001 gefunden.

[45] Hiermit sind auch Formen wie *è stata* oder *era stato* gemeint.

xiliar ist über MAIN+VF (siehe Abschnitt 7.3.5) geregelt. Aus diesem Grund muss AUX+PASS im Regelpaket von MAIN+VF hinzugefügt werden. AUX+PASS können S+IP (kein präpositionales Argument wird eingelesen), VF+MAIN (präpositionales Argument ist vorhanden), MAIN+PREP (Adverbial nach der Passivkonstruktion) sowie eine rekursive Anwendung von AUX+PASS (zweiteilige Formen des Auxiliars) folgen. Weiterhin steht die Regel in der Startzustandsdefinition, falls eine Passivkonstruktion direkt zu Beginn eines Satzes eingelesen wird. Die Implementierung richtet sich nach Hausser (2006, S. 98ff.), der Passivkonstruktionen für das Englische im Rahmen der LAG definierte.

Abbildung 7.30 zeigt zwei Klauseln der Regel AUX+PASS, die ein- und zweiteilige Formen der Passivkonstruktionen mit *essere* behandeln.

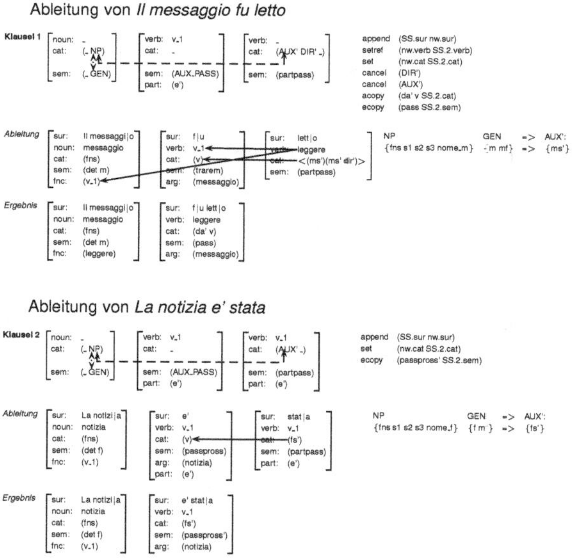

Abbildung 7.30: AUX+PASS: Passivkonstruktionen mit *essere*

Klausel 1 verknüpft eine finite Form des Auxiliars *essere* mit dem Partizip Perfekt eines Vollverbs. Die Klausel ist ähnlich der in Abbildung 7.27 auf Seite 178 erläuterten Verknüpfung einer finiten Form des Auxiliars *essere* mit dem Partizip Perfekt für die Bildung zusammengesetzter Tempusformen. Das Muster des Satzanfangs trifft auf Nominalphrasen mit Substantiven, Pronomen oder Eigennamen als Kopf zu. Danach folgt eine finite Form des Auxiliars *essere*, was eindeutig am Wert `e'` im part-Attribut zu sehen ist. Das nächste Wort muss ein Partizip Perfekt sein. Konstruktionen wie *è stata data* werden über Klausel 2 gebildet. Der Unterschied zu Abbildung 7.27 auf Seite 178 ist, dass im cat-Attribut ein direktes Objekt vorhanden sein muss, denn die Variable `DIR'` bindet nur den Wert `dir'` an sich. Somit ist ausgeschlossen, dass beispielsweise intransitive Verben passivierbar sind. Der Constraint zwischen den Variablen `NP`, `GEN` und `AUX'` regelt wieder die Kongruenz bezüglich Numerus und Genus zwischen Subjekt und Partizip Perfekt, die in Passivkonstruktionen des Italienischen notwendig ist.

Während der Analyseableitung werden die Oberflächen von Auxiliar und Partizip Perfekt des Vollverbs miteinander verknüpft. Zusätzlich wird der verb-Wert des Partizip Perfekts referentiell auf den des verb-Attributs im Auxiliar gesetzt. Somit wird automatisch auch der Wert im fnc-Attribut des noun-Proplets überschrieben. Die Valenzinformationen, die sich im Proplet des Partizip Perfekts befinden, werden exklusiv in das des Auxiliars kopiert. Dadurch ist eine weitere mögliche Füllung von Valenzpositionen gewährleistet. Da das Verb *leggere* eine Valenzposition für ein direktes Objekt besitzt, kann es über diese Klausel eingelesen werden. Anderenfalls wäre eine Ableitung nicht möglich. Der Wert `ms'`, der für eine Verknüpfung mit dem Auxiliar *essere* nötig ist, wird gekürzt. Auch wird der Wert der Variablen `DIR'`, die Valenzposition für das ursprüngliche direkte Objekt, gekürzt, da das direkte Objekt die Funktion des Subjekts ausübt. In das cat-Attribut werden neben weiteren Valenzinformationen die Werte `da'` und `v` kopiert. Somit ist eine Verknüpfung mit dem ursprünglichen Subjekt, das in Passivkonstruktionen durch ein präpositionales Argument eingeleitet mit *da* realisiert ist, möglich. Um das Proplet als eine Passivkonstruktion zu markieren, wird der Wert pass in das sem-Attribut des nächsten Wortes kopiert.

Das Analyseergebnis zeigt ein verschmolzenes Proplet aus einer flektierten Form von *essere* und dem Partizip Perfekt des Verbs *leggere*. Durch das Kopieren einer Valenzposition `da'` ist eine Verknüpfung mit dem ursprünglichen Subjekt, das als Präpositionalargument optional realisiert werden kann, möglich.

Klausel 2 bildet eine zweiteilige Form des Auxiliars *essere*. Das Muster ist fast identisch mit dem der ersten Klausel, jedoch wird kein direktes Objekt benötigt, da noch keine vollständige Passivkonstruktion gebildet wird. Es werden als nächstes Wort nur Formen des Partizip Perfekts von *essere* zugelassen. Abbildung 7.31 zeigt, wie das präpositionale Argument ableitbar ist. Eine ähnliche Klausel ist für die Verknüpfung einer finiten Form von *venire* mit dem Partizip Perfekt eines Vollverbs implementiert.
Während der Analyseableitung verschmelzen die beiden Proplets miteinander und es wird ein Wert `passpross'` in das sem-Attribut kopiert. Dieser besagt, dass es sich um eine nicht vollständige Passivkonstruktion handelt. Deshalb wird auch der verb-Wert des Partizip Perfekts von *stata* nicht referentiell auf den des verb-Attributs von *è* gesetzt. Das Proplet kann jedoch über Klausel 1 wiederum mit dem Partizip Perfekt eines Vollverbs verknüpft werden und somit eine vollständige Passivkonstruktion bilden, weil an die Variable `AUX_PASS` auch der Wert `passpross'` gebunden ist.
Abbildung 7.31 zeigt Klausel 1 der Regel `VF+MAIN` und Klausel 1 von `S+IP`, die das durch ein präpositionales Argument realisierte ursprüngliche Subjekt ableiten oder, im Fall von `S+IP`, auch Sätze ohne dieses als wohlgeformt zulassen.

Klausel 1 von `VF+MAIN`[46] verknüpft eine Passivkonstruktion mit einem präpositionalen Argument, das mit der Präposition *da* eingeleitet ist. Das Muster des Satzanfangs lässt nur Passivkonstruktionen zu, wie am Wert `pass` des sem-Attributs zu sehen ist. Das cat-Attribut muss mit der Variable `DA'` eingeleitet sein, die nur den Wert `da'` an sich bindet. Vor der Variable `DA'` muss kein weiterer Wert stehen, da bei Passivkonstruktionen `da'` immer an die erste Stelle im cat-Attribut kopiert wird. Das Muster des nächsten Wortes kann nur auf die Präposition *da* zutreffen, was sowohl am verb-Wert als auch an der Variable `DA` zu sehen ist. Zwischen den Variablen `DA'` und `DA` ist zusätzlich ein Constraint aufgebaut. Somit darf das präpositionale Argument nur mit dieser Präposition beginnen.

[46] Weitere Ableitungen innerhalb der Regel finden sich in den Abschnitten 7.3.6 und 7.3.7.

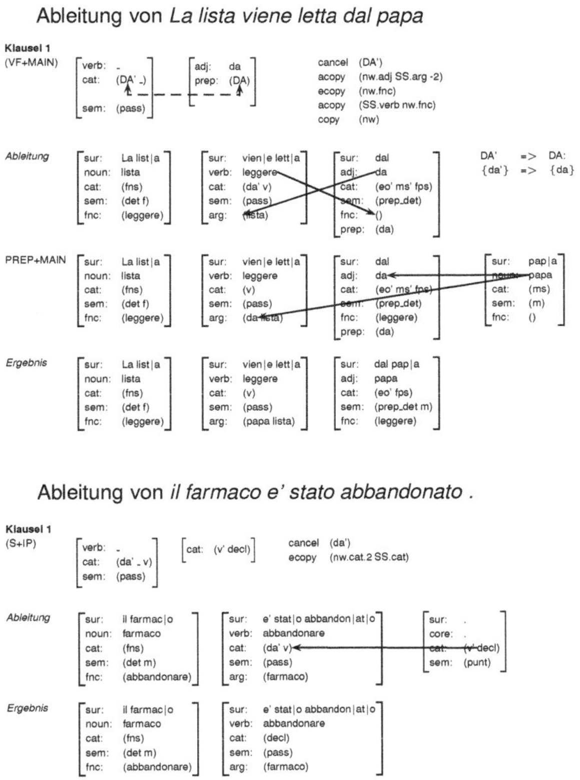

Abbildung 7.31: VF+MAIN und S+IP: Passivkonstruktionen mit präpositionalem Argument

Während der Analyseableitung werden die Proplets der Passivkonstruktion und der eingelesenen Präposition bidirektional miteinander verzeigert. Im Unterschied zu anderen direkten Objekten, die über VF+MAIN eingelesen werden, wird der adj-Wert der Präposition in das arg-Attribut des Verbs kopiert. Wie auch bei der nominalen Apposition, bei der das noun-Proplet aufgrund seiner modifizierenden Funktion mit einem Attribut mdd ausgestattet ist, muss auch im Fall der Passivkonstruktionen von der üblichen Attributstruktur abgewichen werden, da das adj-Proplet das ursprüngliche Subjekt darstellen soll. Aus diesem Grund bekommt es zusätzlich ein Attribut fnc über die Operation `ecopy(nw.fnc)`. Der verb-Wert der Passivkonstruktion wird in dieses kopiert. Eine weitere Besonderheit der Ableitung ist, dass der adj-Wert der Präposition explizit an die erste Stelle in arg kopiert wird. Durch diesen Vorgang ist es möglich, das ursprüngliche Subjekt auch in den Proplets der Ableitung wiederzugeben. Das Analyseergebnis ist bezüglich des Attributs arg identisch mit der Ableitung des Satzes *Il papa legge la lista.* Unterschiede sind jedoch in den Attributen sur und sem zu finden. Außerdem wird die Variable `DA'` gekürzt, sodass kein mehrfaches Anhängen von präpositionalen Argumenten möglich ist. Dies gilt jedoch nur für das als präpositionales Argument realisierte ursprüngliche Subjekt. Präpositionale Argumente wie in *Le manovelle sono state date dal sagrestano* ***ai vigili del fuoco***. aus dem Repubblica-Korpus sind über eine Ausführung von `VF+MAIN` kombinierbar. In der Ableitung ist zudem die Kombination der Präposition mit dem Substantiv *papa* über die Regel `PREP+MAIN` zu sehen. Da der noun-Wert referentiell auf den des adj-Attributs gesetzt wird, überschreibt er auch den arg-Wert in der Passivkonstruktion.

Das Analyseergebnis zeigt, dass Ableitungen mit Passivkonstruktionen das ursprüngliche Subjekt im Attribut arg identisch darstellen wie nicht passivische Konstruktionen. Der verzeigerte Wert für das Subjekt steht immer an erster Stelle, der des direkten Objekts an zweiter. Durch die Markierung pass im sem-Attribut des verb-Proplets ist dieses eindeutig als Passivkonstruktion analysiert und somit von nicht passivischen Konstruktionen abgegrenzt.

Klausel 1 von `S+IP`, die allgemein für die Setzung von Interpunktionszeichen am Satzende zuständig ist[47], kombiniert eine Ableitung mit einer vorhandenen Passivkonstruktion, bei der das präpositionale Argument mit der Funktion des ursprünglichen Subjekts noch nicht gekürzt wurde, mit einem Punkt. Am Muster des Satzanfangs ist ersichtlich, dass einerseits im Attribut cat eine Valenzposition `da'` noch vorhanden sein muss, es sich andererseits gleichzeitig um eine Passivkonstruktion wegen des Wertes pass im Attribut sem handeln muss. Das Muster für das nächste Wort legt eindeutig den Punkt fest, was am Wert `decl` im Attribut cat zu erkennen ist.

Während der Analyseableitung wird der Wert `decl` des nächsten Wortes exklusiv in das Attribut cat der Passivkonstruktion kopiert. Dies ist trotz der nicht

[47]Weitere Ableitungen sind in Abschnitt 7.5 zu finden.

gefüllten Valenzposition möglich, da das als Präpositionalargument realisierte ursprüngliche Subjekt nicht unbedingt realisiert sein muss. Schwarze (1995, S. 178) geht bei dessen Nichtvorhandensein hauptsächlich von Abstraktion oder Ellipse aus. Diese Methode der Kürzung ist nur bei Passivkonstruktionen möglich. Nicht unbedingt zu realisierende, optionale Argumente werden in LA-it üblicherweise durch Multikats dargestellt, wie in Abschnitt 6.2 zu sehen ist.

Im Analyseergebnis ist die Ableitung als deklarativer Hauptsatz dargestellt. Der Wert `decl` im Attribut `cat` der Passivkonstruktion drückt dies aus. Die nicht realisierte Valenzposition des ursprünglichen Subjekts ist nicht mehr vorhanden und der Satz ist wohlgeformt.

7.3.4 Modalverben

Das Inventar der italienischen Sprache an Modalverben wird in der Literatur unterschiedlich angegeben. Lepschy u. Lepschy (1981) und Ruch (2008) nennen die drei Modalverben *potere*, *volere* und *dovere*. Bosco Coletsos (1997) listet weiterhin *sapere* auf. In Sabatini u. Coletti (2008) gibt es insgesamt zehn Modalverben, die neben den bereits genannten beispielsweise noch aus drei präfigierten Formen bestehen. In LA-it ist die Variante von Bosco Coletsos (1997) mit vier Modalverben integriert. Bei der Implementierung ist vor allem auf die Tatsache zu achten, dass, wie Lepschy u. Lepschy (1981, S. 133) erläutern, in zusammengesetzten Tempusformen mit einer Konstruktion aus einem Vollverb, das das Auxiliar *essere* fordert, und einem Modalverb eine alternative Konstruktion auf *avere* möglich ist. Dardano u. Trifone (1985, S. 200) geben diese Konstruktionen allgemein als regelmäßig an, vor allem wenn dem Modalverb *essere* folgt.

Bosco Coletsos (1997, S. 38) erklärt im Hinblick auf das Deutsche und das Italienische, dass die italienischen Modalverben nicht immer den deutschen entsprechen. Als Beispiel ist *dürfen* zu nennen, für das es kein Äquivalent in der italienischen Sprache gibt. Für eine Übersicht der deutschen Modalverben mit ihren möglichen italienischen Übersetzungen sei auf Ruch (2008, S. 73) verwiesen. Das Italienische besitzt zudem die Eigenschaft, Modalität durch das Konditional oder unpersönliche Ausdrücke mit *bisogna* auszudrücken.[48] Formen mit doppeltem Infi-

[48]Vgl. Figge u. de Matteis (1976, S. 57).

nitiv wie beispielsweise *Ich habe nicht kommen können.* gibt es in der italienischen Sprache nicht. Hier würde die Konstruktion mit *Non sono potuto venire.* wiedergegeben werden.
Innerhalb von LA-it sind folgende Konstruktionen für Modalverben implementiert:

1. Modalverb + Infinitiv:
   La vicenda ***dovrebbe trovare*** *il suo definitivo sbocco ...*
   Il presidente ***voleva inaugurare*** *una mostra sull'Austria ...*

2. Auxiliar + Modalverb + Infinitiv:
   Molti osservatori ***hanno voluto leggere*** *nelle parole ...*
   La foto ***sarebbe dovuta uscire*** *sul supplemento illustrato ...*
   Gli italiani ***avrebbero dovuto uscire*** *più ricchi ...* (alle REP)

Insgesamt sind vier Klauseln für Modalverben in `AUX+PP` eingebettet. Abbildung 7.32 zeigt die Verknüpfung einer finiten Form eines Modalverbs mit einem Verb im Infinitiv.

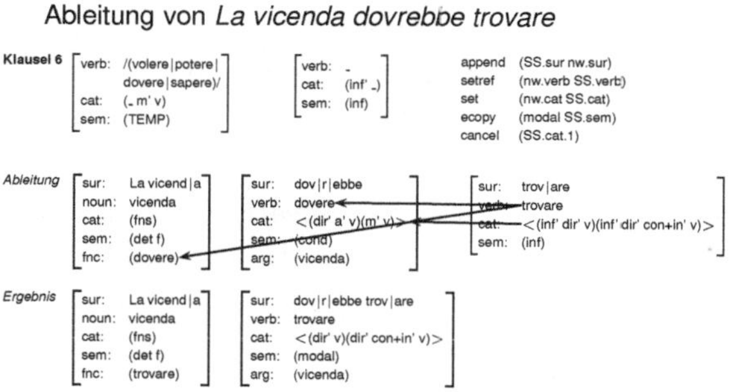

Abbildung 7.32: AUX+PP: Modalverb + Infinitiv

Das Muster des Satzanfangs passt auf flektierte Formen der vier implementierten Modalverben *volere*, *potere*, *dovere* und *sapere*. Diese wurden bereits über die Regel `MAIN+VF` (siehe Abschnitt 7.3.5) mit dem Subjekt verknüpft. Das Attribut `cat` besteht aus einem Wert `m'`, der die Form als Modalverb kennzeichnet. Alle vier

genannten Verben sind über das semantische Lexikon zusätzlich mit diesem Wert ausgestattet. Der Ansatz richtet sich nach Hausser (2000, S. 380) für die Implementierung der Modalverben in der deutschen Sprache. Das Muster des nächsten Wortes liest Vollverben im Infinitiv ein.
Während der Analyseableitung verschmelzen die Proplets des finiten Modalverbs und des Infinitivs. Die Oberflächen werden miteinander verknüpft und der verb-Wert des Infinitivs referentiell auf den des finiten Modalverbs gesetzt. Somit überschreibt er auch den Wert im Attribut fnc des bereits eingelesenen Subjekts der Ableitung. Der Valenzrahmen des Infinitivs wird zudem übernommen, um gegebenenfalls weitere Argumente ableiten zu können. In das Attribut sem wird der Wert `modal` geschrieben, um das Proplet als eine Konstruktion mit einem beteiligten Modalverb zu kennzeichnen.
Das Analyseergebnis zeigt, dass die beiden verb-Proplets zu einem verschmolzen sind und dieses mit dem Subjekt der Ableitung bidirektional verzeigert ist. Da die Valenzrahmen des Infinitivs übernommen sind, kann in diesem Fall in einem weiteren Ableitungsschritt über `VF+MAIN` beispielsweise ein direktes Objekt eingelesen werden.
Abbildung 7.33 auf Seite 192 stellt die Verknüpfung einer finiten Form von *essere*, einem Modalverb im Partizip Perfekt und einem Vollverb im Infinitiv dar.

Für die Ableitung sind zwei Klauseln notwendig. In Klausel 7 wird die finite Form von *essere*, welche zuvor mit dem Subjekt verknüpft wurde, mit einem Modalverb im Partizip Perfekt kombiniert. Da wie bei den zusammengesetzten Tempusformen (siehe auch Abbildung 7.27 auf Seite 178) sowohl eine Numerus- als auch eine Genuskongruenz des Partizip Perfekts mit dem Subjekt bestehen muss, sind Muster für zwei Satzanfänge definiert. Das erste Muster liest Nominalphrasen mit Substantiven, Pronomen oder Eigennamen als Kopf ein, während das zweite Muster auf eine finite Form von *essere* passt. Das Muster des nächsten Wortes liest alle Modalverben, die im verb-Attribut deklariert sind, im Partizip Perfekt ein. Dies legt der Wert `partpass` im Attribut sem fest. Ein Constraint zwischen den Variablen `NP`, `GEN` und `AUX'` regelt die Kongruenz bezüglich Numerus und Genus zwischen dem Subjekt und dem Partizip Perfekt des Modalverbs.

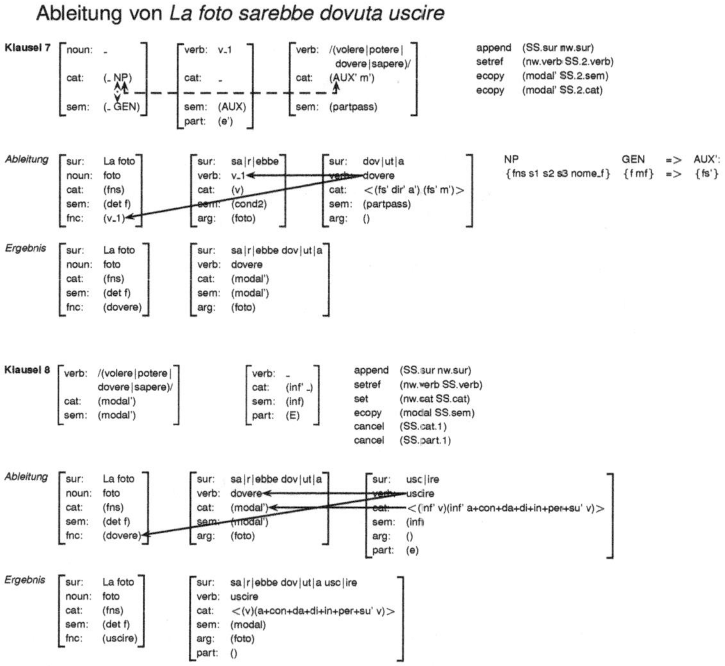

Abbildung 7.33: AUX+PP: Finite Form von *essere* + Modalverb im Partizip Perfekt + Infinitiv

Die Kongruenz des Subjekts mit der finiten Form von *essere* wurde bereits in der vorher ausgeführten Regel `MAIN+VF` überprüft.

Während der Analyseableitung verschmelzen die Proplets der finiten Form von *essere* und des Partizip Perfekts. Da noch kein Infinitiv eingelesen ist, werden auch keine Valenzinformationen in das Proplet geschrieben, sondern der Wert `modal'` in die Attribute cat und sem. Somit ist das Proplet als unvollständig markiert, da der Infinitiv noch fehlt. Der verb-Wert des Modalverbs überschreibt den des Attributs verb im finiten Auxiliar.

Das vorläufige Analyseergebnis besteht aus einer noch nicht vollständigen Konstruktion mit einem Modalverb, die erst nach Ausführung von Klausel 8 vollständig wird.

Das Muster für den Satzanfang in dieser Klausel liest nur verb-Proplets ein, die über Klausel 7 gebildet wurden. Die Werte in den Attribut cat und sem verdeutlichen dies. Als nächstes Wort kommt nur ein Vollverb im Infinitiv in Frage, welches als Auxiliar *essere* fordert. Die Variable E im Attribut part bindet die Werte e und a_e an sich. Somit ist ausgeschlossen, dass Vollverben, die nur das Auxiliar *avere* fordern, über diese Klausel abgeleitet werden können.

Während der Analyseableitung verschmelzen die beiden verb-Proplets, wie schon in der vorherigen Klausel, miteinander. Der verb-Wert des Infinitivs überschreibt den des Attributs verb im Proplet aus finiter Form von *essere* und Partizip Perfekt und somit auch den Wert im Attribut fnc des Subjekts. Ebenso wird der Valenzrahmen des Infinitivs exklusiv in das Proplet kopiert, damit weitere mögliche Argumente ableitbar sind. Der Wert `modal` wird exklusiv in das Attribut sem kopiert, um das Proplet als eine Konstruktion mit einem Modalverb zu kennzeichnen. Zudem wird der Wert im Attribut part gekürzt, da die Konstruktion nun vollständig ist.

Das Analyseergebnis zeigt, dass die drei ursprünglich an der Ableitung beteiligten verb-Proplets zu einem zusammengefasst sind. Dieses ist bidirektional mit dem Proplet des Subjekts verzeigert. Der Wert `modal` markiert es als eine zusammengesetzte Form, bei der ein Modalverb beteiligt ist. Durch Folgeregeln können weitere Argumente eingelesen und abgeleitet werden.

7.3.5 Kürzung des Subjekts

Das syntaktische Subjekt kongruiert mit einer finiten Form des Verbs bezüglich Numerus und Person. In zusammengesetzten Tempusformen kann auch Kongruenz bezüglich des Genus herrschen, wie beispielsweise in Abschnitt 7.3.1 zu sehen ist. Die mögliche Genuskongruenz stellt einen Unterschied zur deutschen Sprache dar. Im unmarkierten Grundmuster befindet sich das Subjekt vor dem Verb.[49] In der Regel `MAIN+VF` wird nur dieser Fall behandelt. Eine erste Ableitung ist in Abschnitt 7.1.5 bei den Relativsätzen gezeigt. Es sollen folgende Konstruktionen erkannt werden:

[49]Vgl. Schwarze (1995, S. 371).

1. Subjekt mit Substantiv als Kopf der Nominalphrase + finite Verbform[50]:
   I ragazzi dormivano *vicino ai dormitori ...* (WEBBIT)

2. Subjekt mit Pronomen als Kopf der Nominalphrase + finite Verbform:
   Anche ***lui dorme*** *sonni tranquilli.* (REP)

3. Subjekt mit Eigennamen als Kopf der Nominalphrase + finite Verbform:
   Moretti capisce. (LIP)

`MAIN+VF` kann zu Beginn einer syntaktisch-semantischen Ableitung ausgeführt werden, falls das Subjekt der Ableitung ein Eigenname oder ein Pronomen ist. Ebenso kann sie nach `DET+SOST` (Subjekt ist eine Nominalphrase mit Substantiv als Kopf), `DET+AGG` (Subjekt besitzt ein nachgestelltes Adjektiv), `MAIN+PREP` (Subjekt wird durch eine Präpositionalphrase modifiziert), `MAIN+PUNT` (Subjekt wird durch eine Apposition modifiziert) und `FN+PRON` (Subjekt wird durch einen Relativsatz modifiziert) ausgeführt werden. Ihr selbst können `VF+MAIN`, `S+IP`, `AUX+PASS` und `AUX+PP` folgen.
Klausel 2 von `MAIN+VF` in Abbildung 7.34 zeigt die Verknüpfung des syntaktischen Subjekts, realisiert durch eine Nominalphrase mit Substantiv als Kopf, mit einer finiten Verbform.

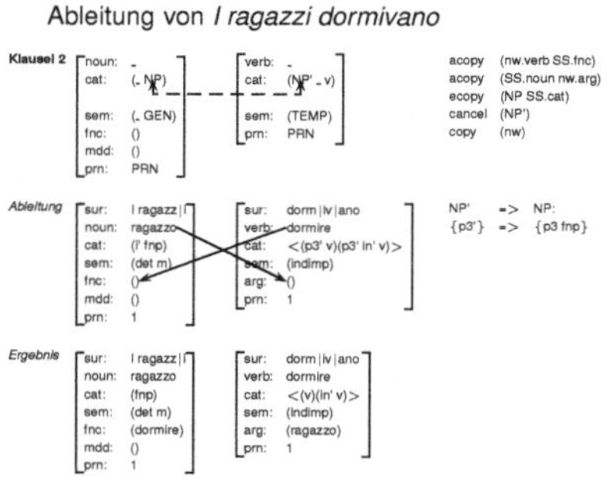

Abbildung 7.34: MAIN+VF: Subjekt + finite Verbform

---

[50]Hiermit sind in diesem und in den folgenden Abschnitten auch zusammengesetzte Tempusformen mit einbezogen.

Das Muster des Satzanfangs umfasst Nominalphrasen, die Substantive, Eigennamen oder Pronomina als Kopf besitzen können. Die Variable `NP` bindet die jeweiligen Werte des Attributs `cat` an sich. Das Muster des nächsten Wortes passt ausschließlich auf finite Verbformen in den Modi Indikativ oder Konditional[51], da die Variable `TEMP` auf die jeweiligen Werte beschränkt ist. Die Variable `NP'` beinhaltet alle gültigen Kategoriewerte für finite Verbformen.[52] Auch müssen beide eingelesenen Proplets dieselbe Propositionsnummer besitzen. Somit ist sichergestellt, dass das Kongruenzverhalten von Subjekt und finiter Verbform innerhalb einer Proposition geschieht und nicht fälschlicherweise zwischen dem Subjekt des Hauptsatzes und der finiten Verbform eines untergeordneten Nebensatzes. Ein Constraint zwischen den Variablen `NP'` und `NP` regelt das korrekte Kongruenzverhalten, wie Quellcode 7.3 zeigt. Der Constraint ist als `strict` definiert, da keine weiteren Werte, die nicht in den Beschränkungen deklariert sind, zugelassen werden sollen.

```
NP     <- {s1 s2 s3 p1 p2 p3 fns fnp nome_m nome_f}
NP'    <- {s1' s2' s3' p1' p2' p3' s12' s123'}

strict constraint
NP'    => NP:
s1'    => {s1}                                  .
s2'    => {s2}                                  .
s3'    => {s3 fns nome_m nome_f}                .
p1'    => {p1}                                  .
p2'    => {p2}                                  .
p3'    => {p3 fnp}                              .
s12'   => {s1 s2}                               .
s123'  => {s1 s2 s3 fns nome_m nome_f}          .
```

Quellcode 7.3: Auszug aus dem Constraint zur Regelung des Kongruenzverhaltens zwischen Subjekt und finiter Verbform

Finite Verbformen, die ein Subjekt in der Form ‚erste Person Singular', ‚zweite Person Singular', ‚erste Person Plural' oder ‚zweite Person Plural' fordern, können

[51] Für die Modi Konjunktiv und Imperativ sind eigene Klauseln implementiert.
[52] Die Kategoriewerte sind in Abschnitt 4.3.1 zu finden.

nur mit einem Wert kongruieren. So ist eine Kombination von *io* (`s1`) und *dormo* (`s1'`) zulässig. Es gibt jedoch keine weiteren Verknüpfungsmöglichkeiten für finite Verbformen mit dem cat-Wert `s1'`, da nur das Personalpronomen *io* den Wert `s1` besitzt. Finite Verben der Form ‚dritte Person Singular' können neben den Personalpronomina in der ‚dritten Person Singular' weiterhin mit Nominalphrasen im Singular, die ein Substantiv als Kopf besitzen (`fns`), oder mit Eigennamen (`nome_m` und `nome_f`) kombiniert werden. Finite Verben der Form ‚dritte Person Plural' können neben den Personalpronomina in der ‚dritten Person Plural' mit Nominalphrasen im Plural, die ein Substantiv als Kopf besitzen (`fnp`), kombiniert werden. Die mit Hilfe der distinktiven Kategorisierung zusammengefassten Kategorien `s12'` und `s123'` können mit zwei beziehungsweise sechs verschiedenen Werten kombiniert werden.
Während der Analyseableitung wird der noun-Wert des Satzanfangs in das Attribut arg des nächsten Wortes kopiert. Gleichzeitig wird der verb-Wert des nächsten Wortes in das fnc-Attribut des Satzanfangs kopiert, um die Funktor-Argument-Struktur zwischen den beiden Proplets darzustellen. Mögliche Stellen für nachgestellte Adjektive werden gekürzt, indem der Wert der Variablen `NP` exklusiv in das Attribut cat des Satzanfangs kopiert wird. Die Variable `NP'` wird gekürzt, da bei erfolgreichem Kongruenzverhalten die Valenzposition für das Subjekt besetzt ist. Das Analyseergebnis stellt die beiden Proplets als bidirektional miteinander verzeigert dar, was in den Attributen fnc und arg realisiert ist. Die Valenzposition für das Subjekt ist zudem getilgt, da die Kongruenzbedingungen zwischen Subjekt und finiter Verbform erfüllt sind.

7.3.6 Kürzung des direkten Objekts

Das direkte Objekt ist häufig durch eine Nominalphrase realisiert. Es können auch ganze Nebensätze das direkte Objekt darstellen. Der Realisierung durch ein klitisches Pronomen ist Abschnitt 7.3.10 gewidmet. In der unmarkierten Abfolge steht das direkte Objekt nach der finiten Verbform, auch wenn weitere Argumente wie Präpositionalargumente oder prädikative Komplemente vorhanden sind.[53] Die Behandlung des direkten Objekts wie auch der Präpositionalargumente ist in der

[53]Vgl. Schwarze (1995, S. 375).

Regel `VF+MAIN` implementiert. Es sollen folgende Konstruktionen in LA-it erkannt werden:

1. Finite Verbform + direktes Objekt, realisiert als Nominalphrase mit Substantiv als Kopf:
   Il presidente ***accoglie la richiesta*** *...*

2. Finite Verbform + direktes Objekt, realisiert als Nominalphrase mit Eigennamen als Kopf:
   Il problema ***riguarda Picasso*** *...* (alle REP)

`VF+MAIN` kann zu Beginn einer syntaktisch-semantischen Ableitung ausgeführt werden, falls die Subjektposition nicht besetzt ist (siehe Abschnitt 7.3.11). Ebenso kann sie nach `MAIN+VF` (direktes Objekt folgt der finiten Verbform), `DET+SOST` (Präpositionalargument folgt einem direkten Objekt) und `PREP+MAIN` (Präpositionalargument folgt Präpositionalargument) ausgeführt werden. `VF+MAIN` selbst können `DET+SOST`, `DET+AGG`, `PREP+MAIN` oder `S+IP` folgen.
Abbildung 7.35 zeigt die Verknüpfung einer finiten Verbform mit einem direkten Objekt.

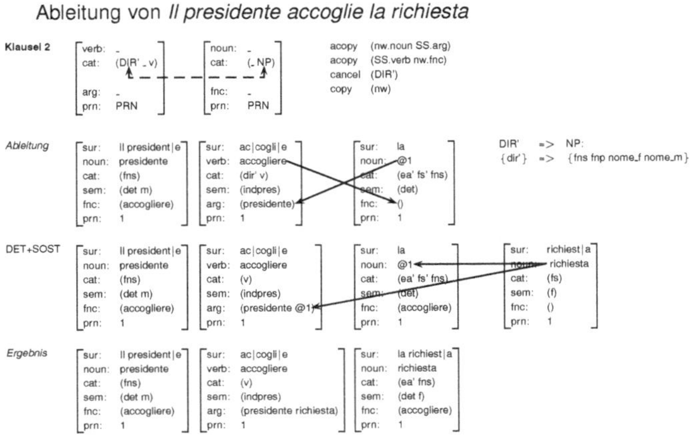

Abbildung 7.35: VF+MAIN: Finite Verbform + direktes Objekt

Das Muster des Satzanfangs liest Proplets für finite Verbformen ein, deren Subjektposition nicht mehr vorhanden ist. Aus diesem Grund steht die Variable `DIR'`, die den Wert `dir'` an sich bindet, zu Beginn des Attributs cat. Das Muster des nächsten Wortes passt auf bestimmte und unbestimmte Artikel sowie Eigennamen. Weiterhin müssen beide eingelesenen Proplets dieselbe Propositionsnummer besitzen. Somit ist sichergestellt, dass finite Verbform und der Beginn des direkten Objekts innerhalb einer Proposition sind und nicht fälschlicherweise in einem Haupt- und untergeordneten Nebensatz liegen. Ein Constraint zwischen den Variablen `DIR'` und `NP` regelt die korrekten Kombinationsmöglichkeiten der Werte. Während der Analyseableitung werden die beiden Proplets bidirektional miteinander verzeigert. Der verb-Wert des Satzanfangs wird in das Attribut fnc des nächsten Wortes kopiert, während der noun-Wert des nächsten Wortes in das Attribut arg des Satzanfangs kopiert wird. Die Variable `DIR'` wird gekürzt, da die Valenzposition für das direkte Objekt durch den Beginn der Nominalphrase belegt ist. In einem weiteren Ableitungsschritt wird die Nominalphrase vervollständigt, indem über die Regel `DET+SOST` (siehe auch Abbildung 7.2 auf Seite 138) das noun-Proplet für *richiesta* mit dem des bestimmten Artikels verschmilzt.
Das Analyseergebnis stellt dar, dass das Proplet für die finite Verbform *accoglie* zwei gefüllte Valenzpositionen besitzt. Der erste arg-Wert gibt das Subjekt an, der zweite das direkte Objekt. An das direkte Objekt können noch weitere Modifizierer aus Abschnitt 7.1 angehängt werden.

7.3.7 Kürzung des präpositionalen Arguments und indirekten Objekts

Das präpositionale Argument besitzt die Eigenschaft, dass die Präposition als Verbindungsglied zum Verb ihre eigentliche Bedeutung verliert und sie zudem mit diesem zu einer Bedeutungseinheit verschmilzt.[54] Aus diesem Grund muss bei der Implementierung strikt zwischen präpositionalen Argumenten und Adverbialen unterschieden werden, die in Abschnitt 7.4 behandelt sind. Kontrastiv betrachtet besitzt das Italienische ein kleineres Inventar an einfachen Präpositionen, deren deutsche Entsprechungen oftmals durch mehrere Präpositionen dargestellt werden

[54] Vgl. Kaiser (2008, S. 164).

können. So gibt Kaiser (2008, S. 166) beispielsweise an, dass ein mit *di* eingeleitetes präpositionales Argument im Deutschen durch die Präpositionen *von*, *über*, *um* oder *aus* realisierbar wäre. Für weitere Unterschiede zwischen deutschen und italienischen Präpositionalargumenten sei vor allem auf Bianco (1996) und Blumenthal u. Rovere (1998) verwiesen. Die Implementierung der präpositionalen Argumente richtet sich nach den in Abschnitt 6.2 erläuterten Valenzrahmen aus Sabatini u. Coletti (2008). Da das indirekte Objekt dort rein oberflächenbasiert als Präpositionalphrase beginnend mit *a* annotiert ist, wird dieses in gleicher Weise wie die präpositionalen Argumente behandelt. Eine strukturelle Trennung kann aufgrund der vorhandenen Daten nicht vorgenommen werden. Die Regeln zum korrekten Zusammenbau von Präpositionalphrasen sind in Abschnitt 7.2 anhand der Funktion eines Modifikators einer Nominalphrase dargestellt. Die dort gezeigten Implementierungen können auch für die Kombinationen mit finiten Verbformen verwendet werden. Diese sind, wie die Behandlung des direkten Objekts, in `VF+MAIN` eingebettet. Es sollen folgende Konstruktionen erkannt werden:

1. Finite Verbform + Präpositionalargument:
   ... di solito le ragazze ***pensano al fidanzato*** *...* (LIP)

2. Finite Verbform + zwei Präpositionalargumente:
   La figura ***passa dal naturalismo all'astrazione*** *...*

3. Finite Verbform + direktes Objekt + Präpositionalargument(e):
   ... un'emergenza ***sposta l'accento dalla cura alla prevenzione.*** (alle REP)

Abbildung 7.36 auf Seite 200 zeigt die Verknüpfung einer finiten Verbform mit einem präpositionalen Argument.

Die Variable `PP_VAL'` im Muster des Satzanfangs bindet alle möglichen Kombinationen von Werten an sich, die in den Einträgen für Verben im semantischen Lexikon stehen. Die verschiedenen Präpositionen eines Verbs, die ein Präpositionalargument einleiten können, sind durch ein Pluszeichen voneinander getrennt (siehe auch Quellcode 6.3 auf Seite 104).

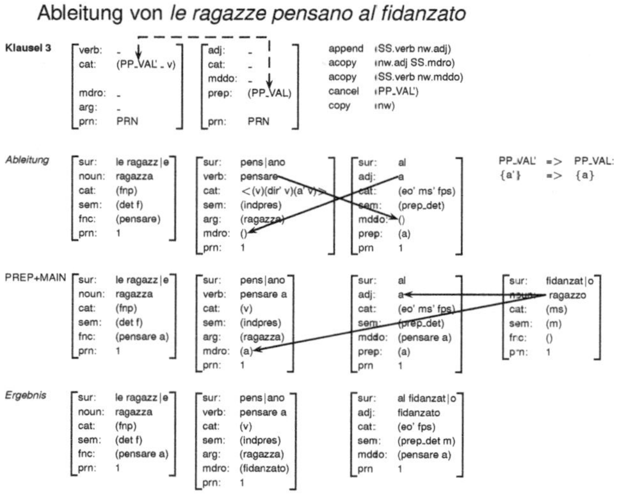

Abbildung 7.36: VF+MAIN: Finite Verbform + präpositionales Argument

Weiterhin muss die finite Verbform ein Attribut mdro (steht für „obligatorischer Modifizierer") besitzen. Dieses Attribut ist speziell für Präpositionalargumente reserviert. Die Darstellung der Funktor-Argument-Struktur ist im Vergleich zum Subjekt und zum direkten Objekt unterschiedlich, da der Kopf des Präpositionalarguments nicht in das Attribut arg kopiert wird, sondern in mdro. Hiermit soll zum Ausdruck gebracht werden, dass es sich bei dem Präpositionalargument zwar um ein Proplet des Typs adj handelt, dieses jedoch fest mit dem Verb in Verbindung steht. Somit können Präpositionalargumente und Adverbiale im Analyseergebnis einer Ableitung auf unterschiedliche Weise dargestellt werden, da Adverbiale im Gegensatz dazu in das Attribut mdr der verb-Proplets geschrieben werden. Das nächste Wort muss demzufolge dem Typ adj angehören und ein Attribut mddo (steht für „obligatorisch Modifiziertes") besitzen. Der jeweilige adj-Wert ist noch einmal im Attribut prep gespeichert mit dem Unterschied, dass bei komplexen Präpositionen Unterstriche anstatt Leerzeichen benutzt werden. Dies ist für den Aufbau des Constraints zwischen den Variablen PP_VAL' und PP_VAL wichtig.

In Abbildung 7.36 ist der Valenzrahmen des Proplets für *pensano* mit nur einer Präposition ausgestattet, jedoch sind auch komplexere Valenzrahmen möglich, wie Quellcode 7.4 am Beispiel von *deporre* illustriert.

```
[
core:  deporre
cat:   <()(dir')(dir' in+per+su')(contro_di+in_favore_di')>
]

strict constraint
PP_VAL' => PP_VAL:
in+per+su'                  =>  {in per su}                .
contro_di+in_favore_di'     =>  {contro_di in_favore_di}   .
```

Quellcode 7.4: Valenzrahmen des Verbs *deporre* mit dazugehörigen Constraints

In Kombination mit einem direkten Objekt können an das Verb *deporre* Präpositionalphrasen, die mit *in*, *per* oder *su* eingeleitet sind, angehängt werden. Der Constraint zeigt, dass nur diese drei Präpositionen in Frage kommen, da ihre jeweiligen Werte im Attribut prep rechts im Constraint zu finden sind.

Ohne direktes Objekt kann das Verb mit Präpositionalphrasen, beginnend mit den komplexen Präpositionen *contro di* oder *in favore di*, kombiniert werden. Am Constraint ist ersichtlich, warum die Bestandteile der komplexen Präpositionen mit einem Unterstrich voneinander getrennt sein müssen. Wären die Einzelbestandteile mit einem Leerzeichen separiert, wäre das Verb nicht mit den beiden komplexen Präpositionen, sondern mit den einfachen Präpositionen *contro*, *di* und *in* verknüpfbar. Für *favore* gäbe es keine gültige Kombination, da es sich hierbei um ein Substantiv handelt.

Während der Analyseableitung wird der verb-Wert des Satzanfangs in das Attribut mddo des nächsten Wortes kopiert. Gleichzeitig wird der adj-Wert des nächsten Wortes in das mdro-Attribut des Satzanfangs kopiert, um die Relation zwischen den beiden Proplets darzustellen. Im Unterschied zum Subjekt und direkten Objekt bekommt das präpositionale Argument somit ein eigenes Attribut mdro zugeschrieben. Ein weiterer Unterschied ist die Operation append, die die Werte des verb- und adj-Attributs verknüpft, obwohl beide Proplets nicht miteinander verschmelzen. Hiermit ist die Verbindung des Verbs mit der Präposition zu einer Bedeutungseinheit gekennzeichnet. Die Variable PP_VAL' wird gekürzt, da die Valenzposition für das präpositionale Argument besetzt ist. In einem weiteren Ableitungsschritt über PREP+MAIN (siehe auch Abbildung 7.23 auf Seite 169) wird die Präposition mit dem Substantiv *fidanzato* zu einer Präpositionalphrase verknüpft. Das Analyseergebnis zeigt die Relation zwischen den Proplets der finiten Verbform und des präpositionalen Arguments als eine Bedeutungseinheit. Einerseits steht im verb-Attribut des Proplets von *pensano* nun *pensare a*, andererseits sind die beiden Proplets über die Attribute mdro und mddo bidirektional miteinander verzeigert. Abbildung 7.37 zeigt die Verknüpfung einer finiten Verbform mit zwei präpositionalen Argumenten.

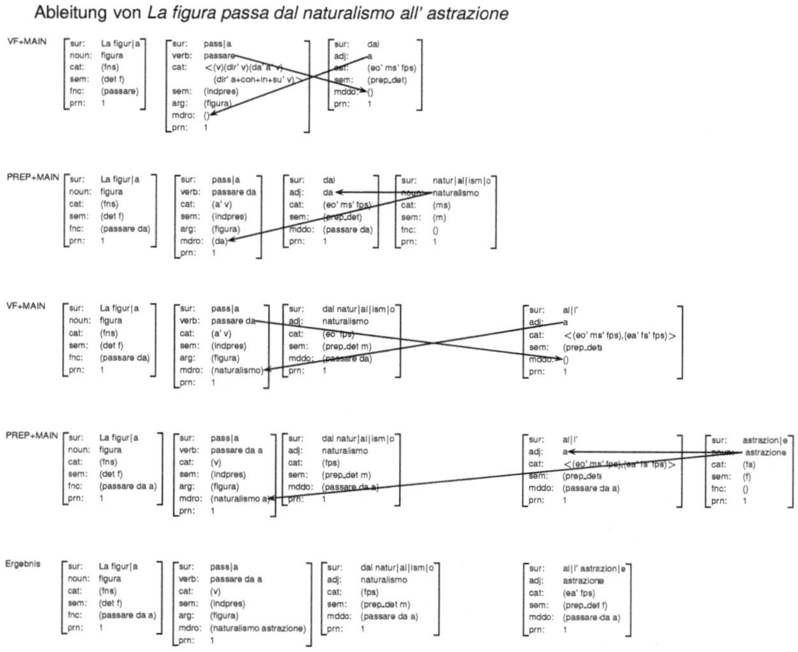

Abbildung 7.37: Finite Verbform + zwei präpositionale Argumente

Durch eine multiple Ausführung von `VF+MAIN` ist es möglich, mehrere Argumente einzulesen. Da die Präposition *dal* der finiten Verbform folgt, können alle weiteren im Valenzrahmen stehenden Möglichkeiten ausgeschlossen werden. Nach dem Einlesen der zweiten Präposition *all'* wird der Wert des Attributs adj wiederum an das verb-Attribut des Proplets für die finite Verbform angehängt, sodass in diesem nun *passare da a* steht. Hiermit ist ausgedrückt, dass beide Präpositionen mit dem Verb eine Bedeutungseinheit bilden. Die präpositionalen Argumente stehen außerdem im Attribut mdro des Verbs, wohingegen das Subjekt im Attribut arg zu finden ist. Ist ein Satz wie *L'agenzia ha trasferito la sede da Torino a Milano.* aus Abschnitt 6.2 zu analysieren, wird die Regel `VF+MAIN` insgesamt dreimal ausgeführt. Der noun-Wert der Nominalphrase *la sede* wird in diesem Fall additiv in das Attribut arg des verb-Proplets kopiert.

7.3.8 Kürzung bei Kopulaverben

Kopulaverben haben die Eigenschaft, dass sie das Subjekt mit einem weiteren Element verbinden.[55] Das Kopulaverb hat in seiner Funktion rein verknüpfenden Charakter und ist semantisch arm. Das Element, das mit dem Subjekt in Verbindung steht, bestimmt eine Eigenschaft des Referenten näher und wird als prädikatives Komplement bezeichnet. In Sabatini u. Coletti (2008) sind neben dem Kopulaverb *essere* noch weitere Verben mit prädikativen Komplementen ausgestattet. Sie begründen dies in Übereinstimmung mit Salvi (2001c) und Serianni (2006) dadurch, dass einige prädikative Verben, obwohl sie eine eigenständige Bedeutung besitzen, eine kopulative Funktion ausüben können. Als Beispiel geben sie das Verb *fare* an, wenn es im Sinne von *eine Funktion ausüben* verwendet wird. Innerhalb von LA-it soll jedoch eine Unterscheidung zwischen Kopulaverben und prädikativen Verben mit kopulativer Funktion in der Analyseableitung vorhanden sein. Die Einteilung der Kopulaverben folgt Salvi (2001c), der zu den Kopulaverben neben *essere* noch die Verben *stare*, *restare*, *rimanere*, *divenire* und *diventare* zählt.[56] Als Begründung gibt er unter anderem an, dass die Verben *diventare* und *divenire* als inchoative Varianten zu *essere* gesehen werden können. Dardano u. Trifone (1985)

[55] Vgl. Dardano u. Trifone (1985, S. 192).

[56] Beispiele sind nach Salvi (2001c) *Starò in casa tutto il giorno.*, *Tutti restarono in casa.* oder *Lucia è diventata più bella.*

listen hingegen nur *essere* als Kopulaverb auf. Alle Verben, die nach Salvi (2001c) keine Kopulaverben sind, aber ein prädikatives Komplement als Valenzposition besitzen, sind in Abschnitt 7.3.9 erläutert. Eine gute Übersicht zur Unterscheidung zwischen diesen beiden Arten von Verben bietet weiterhin die „Accademia della Crusca“ auf ihrer Internetpräsenz.
In der deutschen Fachliteratur ist die Anzahl der Kopulaverben unterschiedlich angegeben. So zählt beispielsweise Eisenberg (2006) die Verben *sein*, *werden* und *bleiben* zu den Kopulaverben, Wahrig (1986) zusätzlich noch *scheinen*. Bei Bußmann (2002) kommen darüber hinaus die Verben *erscheinen* und *heißen* dazu.
Vor der Implementierung der Kopulaverben und der Verben mit prädikativen Komplementen mussten die aus Sabatini u. Coletti (2008) entnommenen Valenzdaten modifiziert werden. Wie in Abschnitt 6.2 erläutert, wurden alle Verben mit kopulativer Funktion in ihrem Attribut `cat` mit dem Wert `comp'` annotiert. Dieser besagt, dass das Verb ein prädikatives Komplement als Valenzposition besitzt. Über die Art des prädikativen Komplements ist jedoch keine Aussage getroffen. Die Valenzrahmen der einzelnen Verben wurden aus diesem Grund modifiziert, je nachdem welche Art von prädikativen Komplementen sie fordern können. Für die Kopulaverben wurde eine Valenzposition `cop'` anstelle von `comp'` eingeführt. Die Vergabe für Valenzpositionen bei prädikativen Verben mit kopulativer Funktion ist in Abschnitt 7.3.9 erläutert.
Innerhalb von LA-it sollen folgende Konstruktionen bei Kopulaverben erkannt werden:

1. Kopulaverb + prädikatives Komplement, realisiert durch ein Substantiv:
   *Maurizio **è muratore**.*
   *... che invece così gli studenti **rimarranno prigionieri**.*

2. Kopulaverb + prädikatives Komplement, realisiert durch eine Nominalphrase:
   *Roma **è il campo centrale**.*
   *... ma il denaro **resta un argomento popolare** ...*

3. Kopulaverb + prädikatives Komplement, realisiert durch ein Adjektiv:
   *In realtà le innovazioni **sono discrete** ...*
   *La Roma **diventa coriacea** ...* (alle REP)

Die Implementierung der Kopulaverben und auch der prädikativen Verben mit kopulativer Funktion ist in die Regel `VF+COMP` eingebettet. Insgesamt 17 Klauseln behandeln die Verknüpfungen von Kopulaverben mit den jeweiligen prädikativen Komplementen. `VF+COMP` steht in der Startzustandsdefinition (nicht realisiertes Subjekt) sowie in den Regelpaketen von `DET+SOST` (prädikatives Komplement folgt direktem Objekt), `MAIN+VF` (prädikatives Komplement folgt finiter Verbform), `PREP+MAIN` (prädikatives Komplement folgt modifizierender Präpositionalphrase), `AUX+PP` (nach zusammengesetzter Tempusform) und `AUX+PASS` (nach Passiv). Ihr selbst können `PREP+MAIN` (bei als Präpositionalphrase realisiertes prädikatives Komplement) und `DET+SOST` (bei als Nominalphrase realisiertes prädikatives Komplement) folgen und sie kann rekursiv ausgeführt werden, falls das prädikative Komplement als eine subordinierte Phrase im Infinitiv realisiert ist.
Abbildung 7.38 zeigt die Verknüpfung einer finiten Form eines Kopulaverbs mit einem prädikativen Komplement, das als Substantiv realisiert ist.

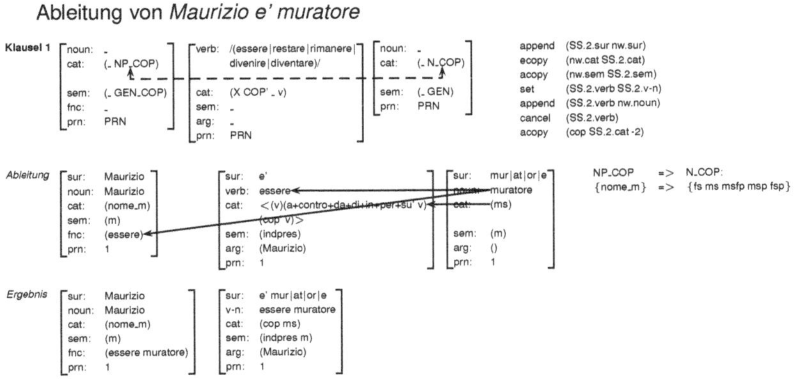

Abbildung 7.38: VF+COMP: Kopulaverb + prädikatives Komplement, realisiert als Substantiv

Um das Band zwischen dem Subjekt und dem prädikativen Komplement, das durch das Kopulaverb in seiner Funktion als verbindendes Element entsteht, in der Analyseableitung zu markieren, wird von der üblichen Darstellungsweise abgewichen. Im Analyseergebnis ist kein reines verb-Proplet mehr zu finden, sondern ein Attribut v-n, das die Verbindung eines verb-Proplets mit einem noun-Proplet kennzeichnen soll.

Das erste Muster des Satzanfangs ist vom Typ noun und liest das Subjekt der Ableitung ein. Die Variablen NP_COP und GEN_COP sind analog zu den Variablen NP und GEN aus Abbildung 7.34 auf Seite 194 aufgebaut. Das zweite Muster liest finite Formen der Kopulaverben *essere*, *restare*, *rimanere*, *divenire* und *diventare* ein. Diesen kann nach Salvi (2001a, S. 194f.) ein prädikatives Komplement, das als Substantiv realisiert ist, folgen. Für *stare* gilt dies jedoch nicht. Die Variable COP' bindet cop' an sich. Das Muster des nächsten Wortes liest Proplets für einzelne Substantive ein. Die Variable N_COP passt hierbei auf die jeweiligen cat-Werte mit den relevanten Numerus- und Genusinformationen. Alle drei Muster besitzen dieselbe Propositionsnummer. Ein Constraint zwischen den Variablen NP_COP des Subjekts und N_COP des prädikativen Komplements regelt die Numeruskongruenz der beiden Proplets, die nach Schwarze (1995, S. 141) unbedingt erforderlich ist. So ist neben der Kongruenz zwischen einer Nominalphrase mit maskulinem Substantiv, Pronomen oder Eigennamen als Kopf und einem maskulinen Substantiv auch die Kombination mit einem femininen Substantiv möglich, wie beispielsweise der Textbeleg *Il resto è storia recente.* aus dem Repubblica-Korpus zeigt.

Während der Analyseableitung werden die Werte der Attribute cat und sem des prädikativen Komplements exklusiv beziehungsweise additiv in die jeweiligen Werte der finiten Form des Kopulaverbs kopiert. Im Attribut sem sind folglich Informationen des Kopulaverbs und des prädikativen Komplements gespeichert. Das Attribut verb wird in v-n umgewandelt und beinhaltet die Werte der ursprünglichen verb- und noun-Proplets. Hiermit soll zum Ausdruck gebracht werden, dass Kopulaverb und prädikatives Komplement eine Einheit bilden, die bidirektional mit dem Subjekt der Ableitung verknüpft ist. Auch werden die beiden Oberflächen von Kopulaverb und prädikativem Komplement miteinander verknüpft. Der Wert cop wird an die erste Stelle des cat-Attributs kopiert, um das neu entstandene v-n-Proplet als Teil einer Konstruktion mit einem Kopulaverb zu markieren.

Das Analyseergebnis zeigt, dass die beiden Proplets bidirektional miteinander verzeigert sind. Da es sich um eine Konstruktion mit einem Kopulaverb handelt, ist die Verzeigerung in diesem Fall zwischen einem noun-Proplet und einem v-n-Proplet vollzogen. Die finite Form des Kopulaverbs ist in der Oberfläche des v-n-Proplets zu sehen, da ihre hauptsächliche Funktion die Verknüpfung zweier Elemente ist. Die Analyseergebnisse stellen einen Spezialfall in LA-it dar, da kein reines verb-Proplet im Analyseergebnis zu finden ist, obwohl es sich in diesem Beispiel schon um einen vollständigen Satz handelt.
Abbildung 7.39 stellt die Verknüpfung einer finiten Verbform eines Kopulaverbs mit einem prädikativen Komplement dar, das als Adjektiv realisiert ist.

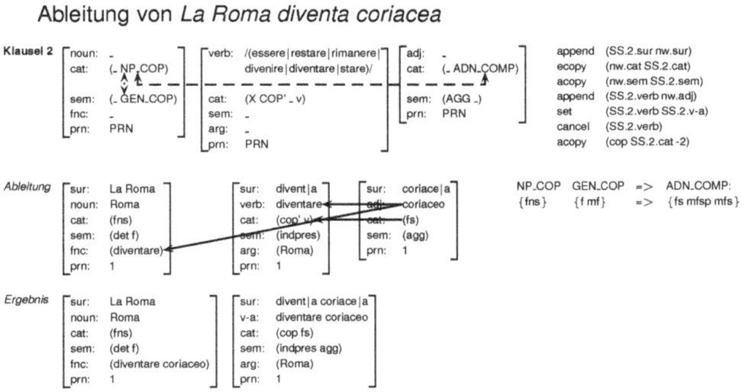

Abbildung 7.39: VF+COMP: Kopulaverb + prädikatives Komplement, realisiert als Adjektiv

Das Muster des ersten Satzanfangs ist identisch zu dem aus Abbildung 7.38 auf Seite 205. Der zweite Satzanfang liest im Gegensatz dazu auch finite Formen des Verbs *stare* ein, da dieses nach Salvi (2001a, S. 194) ein prädikatives Komplement, das durch ein Adjektiv realisiert ist, als Valenzposition besitzen kann. Das Muster des nächsten Wortes liest Proplets für Adjektive ein. Die Variable `ADN_COMP` ist analog zur Variable `ADN` aus Abbildung 7.6 auf Seite 146 aufgebaut und bindet alle möglichen Werte für Numerus- und Genusinformationen der Adjektive an sich. Ein Constraint zwischen den Variablen `NP_COP`, `GEN_COP` und `ADN_COMP` regelt die Numerus- und Genuskongruenz zwischen den beiden Proplets. Im Gegensatz zu den prädikativen Komplementen, die als Substantiv realisiert sind, ist bei den Adjektiven auch eine Numeruskongruenz notwendig, weshalb der Constraint auf drei Variablen erweitert werden muss.

Die Analyseableitung ist ähnlich zu Abbildung 7.38 auf Seite 205 mit einem Substantiv als prädikativem Komplement aufgebaut, jedoch wird ein v-a-Proplet anstatt eines v-n-Proplets angelegt. Am Constraint ist zu sehen, dass nur feminine Adjektive für die Ableitung zugelassen werden, da es sich um eine Nominalphrase mit femininem Substantiv[57] als Kopf handelt. Wieder wird ein Wert cop an die erste Stelle des cat-Attributs kopiert, um das neu entstandene v-a-Proplet als Teil einer Konstruktion mit einem Kopulaverb zu markieren.

Im Analyseergebnis sind die beiden Proplets bidirektional über die Attribute fnc und arg miteinander verzeigert. Die finite Form des Kopulaverbs ist in der Oberfläche des v-a-Proplets zu sehen.

Weitere nicht erläuterte Klauseln behandeln Konstruktionen mit einem Kopulaverb, falls das Subjekt nicht realisiert ist, sowie Konstruktionen mit einer Nominalphrase als realisiertes prädikatives Komplement.

7.3.9 Kürzung prädikativer Komplemente

Alle prädikativen Verben, die eine kopulative Funktion haben können, werden im Gegensatz zu den Kopulaverben nicht mit dem Proplet des prädikativen Komplements verbunden. Wie Sabatini u. Coletti (2008) ausführen, handelt es sich hierbei nicht um volle Kopulaverben. Wie in Abschnitt 7.3.8 mussten auch bei diesen Verben die Valenzrahmen modifiziert werden, in diesem Fall nach der Art der jeweiligen Realisierung. Die Einteilung erfolgte nach Salvi (2001a) und den Beispielen aus Sabatini u. Coletti (2008). In LA-it sind folgende prädikative Komplemente für prädikative Verben in kopulativer Funktion integriert:

- `comp_np'`: Die Valenzposition wird durch eine Nominalphrase besetzt.
- `comp_n'`: Die Valenzposition wird durch ein Substantiv besetzt.
- `comp_agg'`: Die Valenzposition wird durch ein Adjektiv besetzt.

[57] *La Roma* wird in dieser Ableitung als Nominalphrase analysiert, jedoch wäre auch eine Kategorisierung als Eigenname möglich.

- `comp_{da, di, in, per, con, come}'`: Die Valenzposition wird durch eine Präpositionalphrase besetzt, die mit den Präpositionen *da*, *di*, *in*, *per*, *con* oder *come* eingeleitet ist.

Einige Verben können mehrere Valenzpositionen für prädikative Komplemente besitzen. Beispielsweise kann das prädikative Komplement des Verbs *risultare* nach Sabatini u. Coletti (2008) durch Adjektive, Nominalphrasen oder Präpositionalphrasen realisiert sein. In den einzelnen Klauseln ist zudem unterschieden, ob es sich um ein prädikatives Komplement des Subjekts oder des Objekts handelt. Insgesamt sind folgende Konstruktionen implementiert:

- Prädikative Komplemente des Subjekts:
  1. Finite Verbform[58] + prädikatives Komplement, eingeleitet durch eine Präposition:
     La suora ***lavorava come insegnante*** *nella missione di Maua ...*
     ... in questo caso gli anticorpi ***fungono da segnali*** *nelle zone attaccate ...*
  2. Finite Verbform + prädikatives Komplement, realisiert durch ein Adjektiv:
     Il messaggio ***risultava sfocato*** *...*
  3. Finite Verbform + prädikatives Komplement, realisiert durch eine Nominalphrase:
     ... il testo ***pare un apologo*** *su certe premeditate solitudini ...*
- Prädikative Komplemente des Objekts:
  1. Finite Verbform + prädikatives Komplement, realisiert durch ein Adjektiv:
     L'ipotesi ***mi lascia perplesso****.*
  2. Finite Verbform + prädikatives Komplement, realisiert durch eine Nominalphrase:
     Molti paesi ***considerano il terrorismo un'arma*** *più o meno legittima ...*

[58]Ebenso sind die Konstruktionen in den folgenden Abschnitten auch für zusammengesetzte Tempusformen implementiert.

3. Finite Verbform oder zusammengesetzte Tempusform + prädikatives Komplement, realisiert durch ein Substantiv:
   Ha nominato una donna vicepresidente ... (alle REP)

Die Klauseln sind wie bei den Kopulaverben in `VF+COMP` eingebettet. Insgesamt sind 19 Klauseln implementiert, um alle oben genannten Konstruktionen ableiten zu können.
Abbildung 7.40 zeigt die Ableitung einer finiten Verbform mit einem prädikativen Komplement des Subjekts, das als Präpositionalphrase realisiert ist.

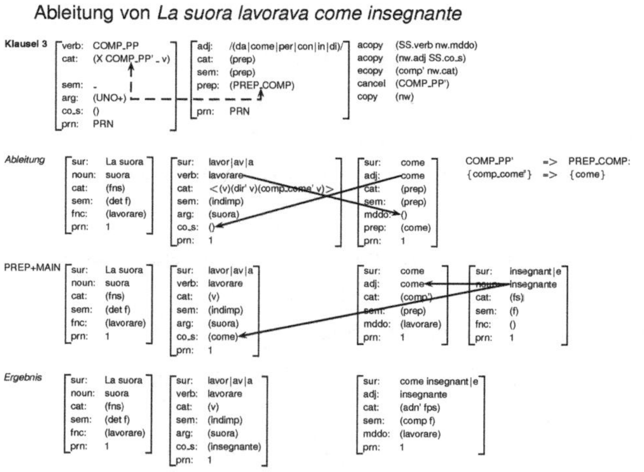

Abbildung 7.40: VF+COMP: Finite Verbform + prädikatives Komplement des Subjekts, realisiert als Präpositionalphrase

Die Kombination des Subjekts mit der finiten Verbform wurde bereits über die Regel `MAIN+VF` vollzogen. Das Muster des Satzanfangs liest prädikative Verben ein, die eine Valenzposition für eine Präpositionalphrase als prädikatives Komplement besitzen. Die Variable `COMP_PP` beinhaltet alle Grundformen der Verben, auf die diese Eigenschaft zutrifft. Die Variable `COMP_PP'` beinhaltet im Attribut `cat` alle möglichen Valenzpositionen für diese Art von prädikativen Komplementen. Auch muss bereits ein Wert im Attribut `arg` der finiten Verbform vorhanden sein.

Für Ableitungen mit nicht realisierten Subjekten sind eigene Klauseln implementiert. Eine Besonderheit ist das neu eingeführte Attribut co_s (*complemento del soggetto*) für prädikative Komplemente des Subjekts. Das Muster des nächsten Wortes liest einfache Präpositionen ein. Die Variable PREP_COMP im Attribut prep ist über einen Constraint mit der Variable COMP_PP' verbunden. Dieser stellt sicher, dass je nach Valenzposition nur korrekt eingeleitete Präpositionalphrasen angehängt werden. Insgesamt können nur die sechs erwähnten Präpositionen *da*, *come*, *per*, *con*, *in* und *di* eingelesen werden, wie am Attribut adj zu sehen ist.

Während der Analyseableitung werden die Proplets der finiten Verbform und der Präposition bidirektional über die Attribute co_s und mddo verzeigert. Im Gegensatz zu den präpositionalen Argumenten wird das Attribut co_s für die prädikativen Komplemente gewählt. Weiterhin verschmelzen die beiden Proplets nicht zu einem Proplet wie bei den Kopulaverben. Die Valenzposition für das prädikative Komplement wird gekürzt. Ein Wert comp' wird in das cat-Attribut der Präposition kopiert, um das Komplement als noch nicht vollständig zu markieren. Über eine neu implementierte Klausel in PREP+MAIN kann das Substantiv mit der Präposition verschmelzen und überschreibt somit auch den Wert im Attribut co_s der finiten Verbform.

Das Analyseergebnis zeigt die Argumentstruktur im Proplet der finiten Verbform in den Attributen arg und co_s. Das durch eine Präpositionalphrase realisierte prädikative Komplement bleibt in seiner Funktion als obligatorischer Modifizierer erhalten, jedoch ist es aufgrund der kopulativen Funktion des Verbs im Attribut co_s zu finden anstatt in mdro. An das Proplet des prädikativen Komplements können noch nachgestellte Adjektive angehängt werden.

Abbildung 7.41 auf Seite 212 zeigt die Verknüpfung einer finiten Verbform mit einem prädikativen Komplement des Objekts, das als Nominalphrase realisiert ist.

Das erste Muster des Satzanfangs liest über die Variable COMP_NP_OBJ alle Verben ein, die ein durch eine Nominalphrase realisiertes prädikatives Komplement des Objekts als Valenzposition besitzen können. Ein neu eingeführtes Attribut co_o (*complemento dell'oggetto*) ist für die Verzeigerung dieser Art von prädikativen Komplementen zuständig.

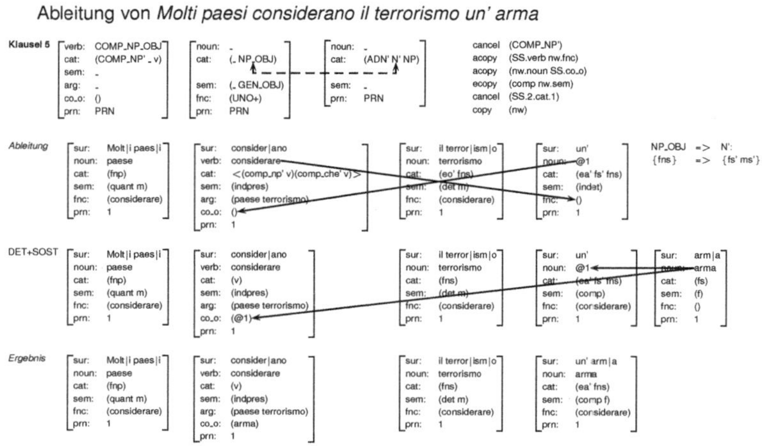

Abbildung 7.41: VF+COMP: Finite Verbform + prädikatives Komplement des Objekts, realisiert als Nominalphrase

Das zweite Satzanfangsmuster liest direkte Objekte ein. Die Variablen `NP_OBJ` und `GEN_OBJ` binden die Werte für Numerus- und Genusinformationen an sich. Das Muster des nächsten Wortes liest alle Arten von Artikeln und Demonstrativa ein. Zwischen den Variablen `NP_OBJ` und `N'` ist ein Constraint aufgebaut, der die Numeruskongruenz des direkten Objekts und des prädikativen Komplements regelt. So ist es in der Beispielableitung nur möglich, das direkte Objekt im Numerus Singular mit einem Determinierer oder Demonstrativum im Singular zu verknüpfen. Wie zu sehen ist, ist eine Genuskongruenz nicht notwendig.

Während der Analyseableitung werden die Proplets der finiten Verbform und des Beginns des prädikativen Komplements bidirektional über die Attribute co_o und fnc miteinander verzeigert. Die Valenzposition für das prädikative Komplement wird gekürzt. Außerdem wird ein Wert `comp` in das Attribut sem des Determinierers kopiert, um das Proplet zusätzlich als Komplement zu markieren. Über `DET+SOST` kann der Determinierer mit einem Substantiv zu einer Nominalphrase verbunden werden.

Das Analyseergebnis zeigt die Argumentstruktur im Proplet der finiten Verbform in den Attributen arg und co_o. Dem prädikativen Komplement können noch weitere Modifizierer folgen. Abbildung 7.42 stellt die Kombination einer zusammengesetzten Tempusform mit einem als Substantiv realisierten prädikativen Komplement dar.

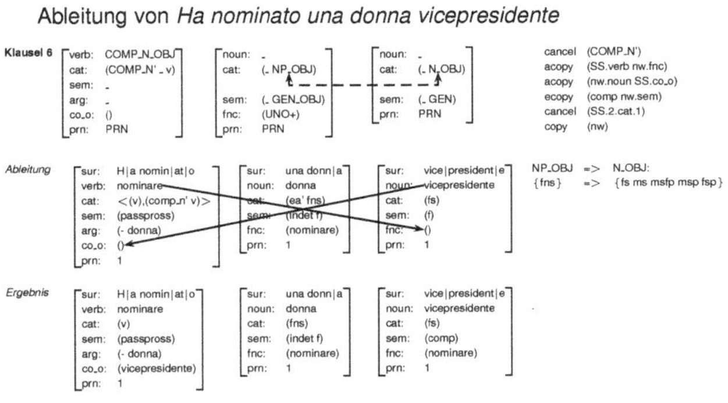

Abbildung 7.42: VF+COMP: Zusammengesetzte Tempusform + prädikatives Komplement des Objekts, realisiert als Substantiv

Die Muster der beiden Satzanfänge sind ähnlich wie in Abbildung 7.41, außer dass im ersten Satzanfangsmuster eine Variable `COMP_N_OBJ` alle Verben an sich bindet, die ein Substantiv als prädikatives Komplement besitzen können. Das Muster des nächsten Wortes liest einzelne Substantive ein. Zwischen den Variablen `NP_OBJ` des zweiten Satzanfangsmusters und `N_OBJ` des nächsten Wortes ist ein Constraint aufgebaut, der die Numeruskongruenz der beiden Proplets regelt. So kann nach der eingelesenen Nominalphrase *una donna* nur ein Substantiv im Numerus Singular folgen.

Während der Analyseableitung werden die beiden Proplets, wie in Abbildung 7.41, bidirektional über die Attribute co_o und fnc miteinander verzeigert. Die Valenzstelle für das prädikative Komplement wird gekürzt und ein Wert `comp` in das Attribut sem des nächsten Wortes kopiert.

Im Analyseergebnis ist die Argumentstruktur der zusammengesetzten Tempusform in den Attributen arg und co_o sichtbar. Auffällig ist, dass in diesem Fall das Subjekt nicht realisiert ist. Für Ableitungen dieser Art mussten eigene Klauseln implementiert werden.

Die nicht dargestellten Klauseln regeln die Kombination von finiten Verbformen mit prädikativen Komplementen, die als Adjektiv, Nominalphrase (Subjekt) oder wiederum als Adjektiv (Objekt) realisiert sind. Auch sind Konstruktionen implementiert, falls das Subjekt der Ableitung nicht realisiert ist, weitere zusammengesetzte Formen beteiligt sind oder das direkte Objekt als klitisches Pronomen realisiert ist.

7.3.10 Kürzung klitischer Pronomina

Die klitischen Pronomina stellen eine besondere Herausforderung für LA-it dar, da bei ihrer Implementierung mehrere Gesichtspunkte zu beachten sind. So können sie in präverbaler (proklitischer) und postverbaler (enklitischer) Position auftreten. Der zweite Fall ist jedoch nur möglich, falls es sich um eine Verbform im Infinitiv, Partizip, Gerund oder um einen Imperativ handelt.[59] Die Implementierungen für Imperative sind in Abschnitt 7.5.3 zu finden. Da Klitika einem direkten Objekt (Akkusativpronomen) oder einem präpositionalen Argument (Dativpronomen, aber auch lokatives und partitives Pronomen) entsprechen können, kann es in proklitischer Verwendung vorkommen, dass innerhalb einer Klausel drei Valenzpositionen gekürzt werden müssen. Dies passiert, wenn neben den beiden Pronomina noch ein Subjekt vorhanden ist. Der Grund dafür ist, dass das Verb als Valenzträger gemäß dem Prinzip der Zeitlinearität erst nach allen Argumenten eingelesen wird. Eine weitere Schwierigkeit für die Implementierung stellt das unbetonte Pronomen *gli* dar, wenn ihm *lo*, *la*, *li*, *le* oder *ne* folgt. Dardano u. Trifone (1985, S. 166) erläutern, dass aus *gli* ein genus- und numerusindifferentes *glie-* (*glielo*, *gliela*, *glieli*, *gliele*, *gliene*) wird. Da somit ein graphisches Wort zwei Argumente des Valenzträgers beinhaltet, müssen diese auch innerhalb der syntaktisch-semantischen Analyse in die jeweiligen Attribute des Valenzträgers kopiert werden. Im präverbalen Gebrauch gilt es außerdem zu beachten, dass die Anordnung der klitischen Pronomina untereinander einem festen Schema folgt und die Dativpronomina in Kombination mit einem Akkusativpronomen ein anderes Allomorph verwenden (siehe auch Tabelle 7.3 auf Seite 221). Falls das Pronomen ein Klitikon der ‚ersten' oder ‚zweiten Person' ist, kann das Pronomen mit

[59] Vgl. Cordin u. Calabrese (2001, S. 565).

dem Partizip Perfekt kongruieren.[60] Steht das klitische Pronomen in der ‚dritten Person', muss das Partizip Perfekt mit diesem kongruieren.[61] Einer fakultativen Elision unterliegen zudem *mi* (*m'*), *ti* (*t'*), *lo* (*l'*) und *la* (*l'*), falls eine zusammengesetzte Tempusform mit einem Partizip Perfekt folgt.[62]

Wegen der erläuterten Gründe und der damit verbundenen hohen Komplexität bei der Implementierung der klitischen Pronomina, die sich in der Erstellung von insgesamt 33 Klauseln äußert, sind nur die folgenden genannten Konstruktionen in LA-it eingebunden:[63]

1. Klitisches Pronomen im Dativ + finite Verbform:
   Ora ***ti spiego*** *il problema ...*

2. Klitisches Pronomen im Akkusativ + finite Verbform:
   Se, però, i quadri ***la interessano****, ...* (alle WEBBIT)

3. Klitisches Pronomen im Dativ + klitisches Pronomen im Akkusativ + finite Verbform:
   Se i miei capi religiosi ***me lo chiederanno****, ...*

4. Klitisches Pronomen im Dativ in der ‚dritten Person Singular' + klitisches Pronomen im Akkusativ in der ‚dritten Person Singular' + finite Verbform:
   Forse ***l'avvocato glielo spiegherà*** *nel viaggio di ritorno...*

[60]Ein Beispiel aus dem Repubblica-Korpus: Bei den Phrasen *e* ***mi ha lasciata*** *da sola con due figli* und *quando un anno fa sono rimasta incinta ed ero di tre mesi* ***mi ha lasciato*** *in mezzo alla strada con 50 mila lire in tasca ed un sacco a pelo*, in denen sich das Klitikon *mi* jeweils auf eine weibliche Person bezieht, ist die fakultative Kongruenz des Partizip Perfekts zu sehen. In der ersten Phrase gibt es eine Genuskongruenz bezüglich des Pronomens, in der zweiten jedoch nicht.

[61]Vgl. Cordin u. Calabrese (2001, S. 569).

[62]Vgl. Schwarze (1995, S. 322).

[63]Für weitere Verwendungsweisen des partitiven Pronomens *ne* sei auf Vanelli (1988) und Cordin (2001b) verwiesen. Weitere Gesichtspunkte, die nicht in LA-it implementiert sind, wie zum Beispiel das Verhalten der Klitika in koordinativen Strukturen oder spezielle Restriktionen bezüglich des Gebrauchs bestimmter Klitika, sind in Cordin u. Calabrese (2001) erläutert. Ein erster Ansatz zur Implementierung von Klitika in der LAG, jedoch für die albanische Sprache, ist in Kabashi (2007) zu finden.

5. Klitisches Pronomen im Dativ oder Akkusativ + Auxiliar + Partizip Perfekt:
   Juliano ***mi ha acquistato****, quindi ...*

6. Klitisches Pronomen im Akkusativ mit Elision + Auxiliar + Partizip Perfekt:
   Il capitano ***l'aveva ascoltata*** *senza tradire ...*

7. Klitisches Pronomen im Dativ + klitisches Pronomen im Akkusativ + Auxiliar + Partizip Perfekt:
   ... il vento ***glielo ha portato*** *...* (alle REP)

Tabelle 7.2 zeigt alle in LA-it eingebundenen klitischen Pronomina mit ihren in den Proplets markierten Informationen bezüglich Person, Numerus und Kasus.

Pronomen	Genus	Person	Dativ	Akkusativ	partitiv	lokativ
mi	mf	s1	x	x		
ti	mf	s2	x	x		
gli	m	s3/p3	x			
le	f	s3/p3	x	x		
ci	mf	p1	x	x		
vi	mf	p2	x	x		
lo	m	s3		x		
la	f	s3		x		
li	m	p3		x		
ci						x
ne[64]					x	

Tabelle 7.2: Auszug klitischer Pronomina in LA-it

Die Implementierung der klitischen Pronomina ist in die Regeln `MAIN+VF` (14 Klauseln), `MAIN+VF2` (10 Klauseln), `AUX+PP` (7 Klauseln) und `CLIT` (2 Klauseln) eingebettet. Die Aufspaltung von `MAIN+VF` in zwei Regeln ist in der Homographie

[64]Schwarze (1995, S. 322) sieht in diesem Klitikon einen markierten Kasus Genitiv realisiert. In der getaggten Grundformenliste des CoLFIS ist es als Pronomen im Akkusativ annotiert. Die Kategorisierung von *ne* als partitives Pronomen richtet sich nach Cordin (2001b).

einiger klitischer Pronomina begründet, die die Funktion eines Dativ- oder Akkusativpronomens einnehmen können. Würden alle Klauseln in eine Regel geschrieben werden, könnten Phrasen aus dem Repubblica-Korpus wie beispielsweise *mi diedero a lui* (*mi* als Akkusativpronomen) und *mi dà la sua risposta* (*mi* als Dativpronomen) nicht parallel geparst werden, da nur eine Klausel einer Regel pro Ableitungsschritt ausführbar ist. Die Aufteilung in zwei separate Regeln ermöglicht somit die Disambiguierung bestimmter klitischer Pronomina.
Abbildung 7.43 auf Seite 218 zeigt Klausel 1 von `MAIN+VF2`, welche die Verknüpfung eines Dativpronomens mit einer finiten Verbform regelt.

Das Muster des Satzanfangs beinhaltet die Variable `CAT_CLIT1`. Diese nimmt alle möglichen Kategoriewerte für klitische Pronomina auf. Die Variable `DAT` in `sem` restringiert das Proplet auf Dativpronomina. Das Muster des nächsten Wortes beinhaltet die Variable `NP'_PRO` zur Kürzung der Valenzposition des Subjekts, das nicht in der Oberfläche realisiert ist. Weiterhin gibt es eine auf ein bis zwei beliebige Werte restringierte Variable `Y`, falls eine Valenzposition für das direkte Objekt vorhanden ist, und die Variable `DAT'`. Diese bindet alle Werte für präpositionale Argumente an sich, in denen eine Valenzposition für Präpositionalphrasen beginnend mit *a* annotiert ist. Nach Schwarze (1995, S. 348) und Cordin u. Calabrese (2001, S. 571) realisieren klitische Pronomina im Dativ dieselbe grammatikalische Funktion wie präpositionale Argumente beginnend mit der Präposition *a*.[65] Zwischen den Variablen `DAT` und `DAT'` besteht deshalb ein Constraint.

[65] Wie in Abschnitt 7.3.7 erläutert, kann aufgrund der vorhandenen Daten keine strukturelle Trennung zwischen präpositionalen Argumenten und indirekten Objekten vollzogen werden. Eine Lösung würden die in Abschnitt 6.3.3 behandelten semantischen Restriktionen bieten, die jedoch programmiertechnisch noch nicht in JSLIM umgesetzt sind.

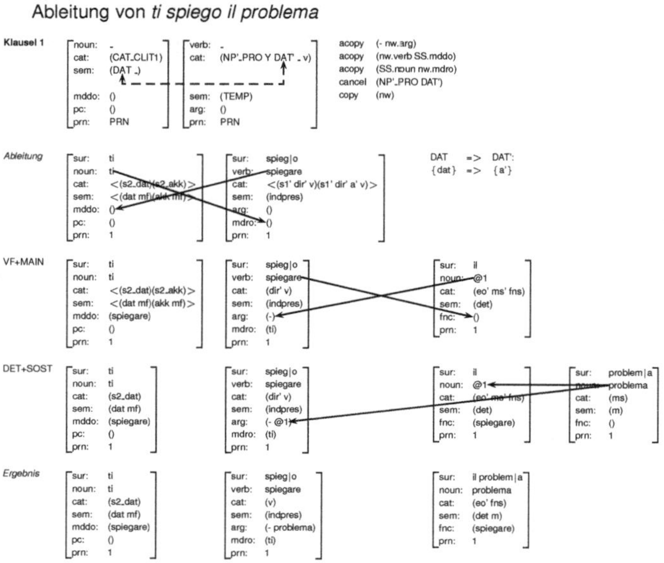

Abbildung 7.43: MAIN+VF2: Klitisches Pronomen + finite Verbform

Während der Analyseableitung wird das Minuszeichen an die erste Stelle im Attribut arg der finiten Verbform kopiert. Somit ist dargestellt, dass das Subjekt nicht in der Oberfläche realisiert ist. Der noun-Wert des Dativpronomens wird in das mdro-Attribut der finiten Verbform kopiert, äquivalent zu den präpositionalen Argumenten. Der verb-Wert der finiten Verbform wird in das Attribut mddo des Dativpronomens kopiert. Die bidirektionale Verzeigerung ist somit, bis auf die Markierung von *ti* als Typ noun, identisch zu der in Abschnitt 7.3.7 erläuterten Verzeigerung bei präpositionalen Argumenten. Die Valenzpositionen für das nicht realisierte Subjekt und das präpositionale Argument werden zudem gekürzt. Über zwei weitere Ableitungsschritte von VF+MAIN und DET+SOST ist es möglich, die Valenzposition für das direkte Objekt zu besetzen, da diese noch im Attribut cat der finiten Verbform vorhanden ist.

Das Analyseergebnis zeigt, dass die beiden Proplets für das Dativpronomen und die finite Verbform bidirektional über die Attribute mddo und mdro miteinander

verzeigert sind. Da das Dativpronomen dieselbe grammatikalische Funktion wie ein präpositionales Argument auf *a* besitzt, sieht das Analyseergebnis ähnlich wie beispielsweise in Abbildung 7.36 auf Seite 200 aus. Dasselbe gilt für die Akkusativpronomina, die ein direktes Objekt realisieren. Weiterhin ist am Analyseergebnis ersichtlich, dass das Proplet für das Dativpronomen disambiguiert ist. Zu Beginn der Analyseableitung konnte *ti* noch die mögliche Funktion eines Dativ- oder Akkusativpronomens einnehmen. Neben der aufgeführten Ableitung läuft parallel eine zweite, die das klitische Pronomen auch als potenzielles Akkusativpronomen analysiert. Erst nach Einlesen des direkten Objekts als weiteres Argument ist sichergestellt, dass es sich um ein Dativpronomen handelt. Deshalb ist der Multikat in den Attributen cat und sem aufgelöst.
Abbildung 7.44 auf Seite 220 skizziert die Verknüpfung zweier klitischer Pronomina sowie deren Kombination mit einer finiten Verbform.

Die Regel `CLIT` verknüpft entweder das Subjekt mit einem klitischen Pronomen oder zwei klitische Pronomina untereinander. Sie kann zu Beginn einer Ableitung ausgeführt werden, falls das Subjekt nicht realisiert ist, und nach `DET+SOST` oder `DET+AGG`, falls ein klitisches Pronomen dem Subjekt folgt. Darüber hinaus kann sie rekursiv ausgeführt werden, falls zwei klitische Pronomina miteinander verknüpft werden. Der Regel können weiterhin `MAIN+VF` und `MAIN+VF2` folgen.
Am Muster des Satzanfangs ist im Attribut sem ersichtlich, dass nur Dativpronomina eingelesen werden können. Die Variable `CAT_CLIT1` nimmt wieder alle möglichen Kategoriewerte für klitische Pronomina auf. Die Variable `CAT_CLIT2` nimmt dieselben Werte wie `CAT_CLIT1` auf. Die unterschiedliche Namensbezeichnung der beiden Variablen ist notwendig, da ansonsten nur jeweils identische Werte miteinander verknüpfbar wären.[66] Aufgrund des Attributs sem im nächsten Wort muss ein Akkusativpronomen eingelesen werden.

[66] Diese Eigenschaft der Variablendeklaration sieht man beispielsweise auch am Attribut prn. Da sowohl Satzanfang als auch nächstes Wort als Wert eine Variable `PRN` besitzen, muss die Propositionsnummer bei Ausführung der Regel identisch sein.

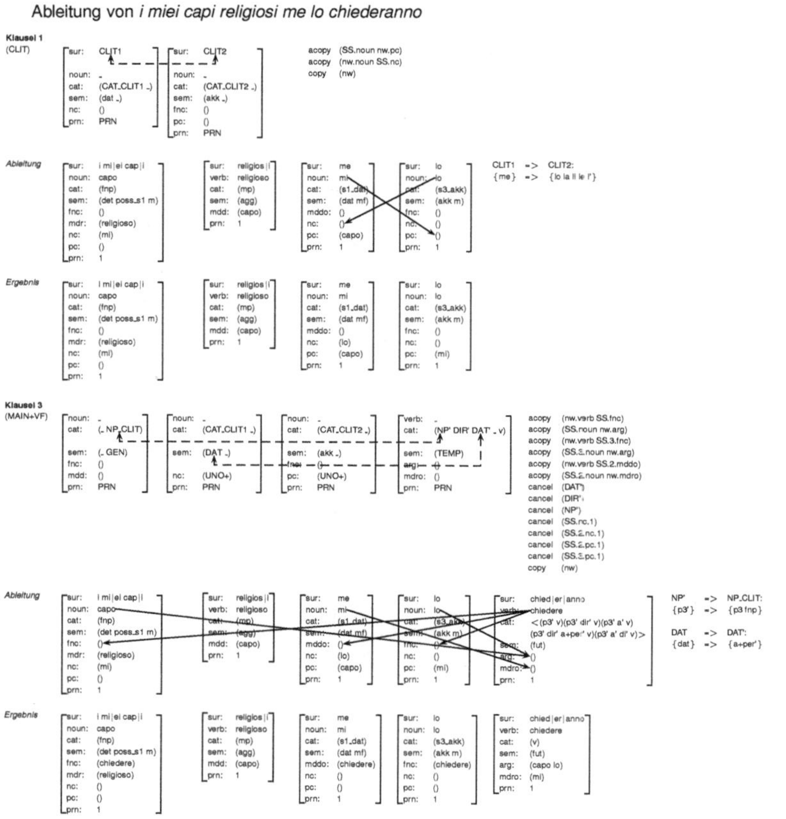

Abbildung 7.44: CLIT und MAIN+VF: Zwei klitische Pronomina + finite Verbform

Zwischen den Variablen `CLIT1` und `CLIT2`, die in den sur-Attributen zu finden sind, ist ein Constraint aufgebaut, der die Verknüpfbarkeit der klitischen Pronomina regelt. Diese sind in LA-it gemäß Schwarze (1995, S. 347) wie in Tabelle 7.3 zu sehen ist.

me lo	te lo	glielo	se lo	ce lo	ve lo	me l'
me la	te la	gliela	se la	ce la	ve la	me l'
me li	te li	glieli	se li	ce li	ve li	
me le	te le	gliele	se le	ce le	ve le	
me ne	te ne	gliene	se ne	ce ne	ve ne	
mi ci	ti ci			vi ci		

Tabelle 7.3: Auszug zur Verknüpfbarkeit klitischer Pronomina untereinander

Der Constraint regelt oberflächenbasiert, dass nur die in der Tabelle definierten Kombinationen zulässig sind. Nicht über den Constraint sind jedoch die Kombinationen von Dativ- und Akkusativpronomina in der ‚dritten Person' geregelt, da diese aus einer verschmolzenen Form bestehen. Dieser Fall ist in der noch folgenden Abbildung 7.45 auf Seite 223 zu sehen.

Während der Analyseableitung werden die beiden Proplets temporär über die beiden Attribute `nc` und `pc` miteinander verzeigert. Normalerweise dienen die beiden Attribute als Fortsetzungsattribute, vor allem bei koordinativen Strukturen. Die temporäre Verzeigerung dient der Abgrenzung zu Klausel 2 der Regel `MAIN+VF`, die Subjekt-Verb-Kombinationen ohne klitische Pronomina ableitet (siehe Abbildung 7.34 auf Seite 194). Da die Attribute `nc` und `pc` gefüllt sein müssen, unterscheiden sich beide Klauseln voneinander.

Das Analyseergebnis zeigt, dass die beiden Proplets der klitischen Pronomina temporär und bidirektional miteinander verzeigert sind und somit über Klausel 3 der Regel `MAIN+VF` eingelesen werden können.

Insgesamt gibt es vier Muster in Klausel 3. Dies ist notwendig, da insgesamt drei Argumente vor der finiten Verbform eingelesen sind. Es wird mit dem Subjekt begonnen, das mit der finiten Verbform kongruieren muss. Danach folgt das klitische Pronomen im Dativ. Das dritte Muster passt auf das klitische Pronomina im Akkusativ. An beiden Mustern ist ersichtlich, dass die Attribute `nc` beziehungsweise `pc` mit mindestens einem Wert gefüllt sein müssen. Zuletzt wird die finite Verbform eingelesen, die eine Valenzposition für ein direktes Objekt (`DIR'`) und ein präpositionales Argument auf *a* (`DAT'`) besitzen muss. Finite Verbformen, die nicht beide Valenzpositionen besitzen, können auch nicht über diese Klausel ein-

gelesen werden, da sie nicht alle erforderlichen Valenzpositionen für die bereits abgeleiteten klitischen Pronomina kürzen können. Zwischen den Mustern greifen darüber hinaus zwei Constraints. Der erste Constraint besteht zwischen der Variable NP_CLIT des ersten Satzanfangsmusters und der Variable NP' des nächsten Wortes, um Kongruenz zwischen dem Proplet für das Subjekt und dem des Verbs herzustellen. Der zweite Constraint betrifft die bereits in Abbildung 7.43 auf Seite 218 dargestellten präpositionalen Argumente beginnend mit *a*.
Während der Analyseableitung werden insgesamt 14 Operationen ausgeführt. Das Subjekt und das direkte Objekt, realisiert durch ein klitisches Pronomen im Akkusativ, werden bidirektional mit der finiten Verbform über die Attribute fnc und arg verzeigert. Das klitische Pronomen im Dativ wird mit der finiten Verbform über die Attribute mdro und mddo verzeigert. Die Valenzpositionen für das Subjekt, das direkte Objekt und das präpositionale Argument werden gekürzt. Am Proplet für *chiederanno* ist zu sehen, dass der Multikat im Attribut cat aufgelöst werden kann, da nur die vierte Liste die geforderten Valenzpositionen besitzt. Die temporäre Verknüpfung der Argumente wird aufgehoben, indem alle Werte in den Attributen nc und pc gelöscht werden. Somit wird das Analyseergebnis nicht fälschlicherweise als koordinative Struktur analysiert.
Das Analyseergebnis zeigt, dass die noun-Proplets der Argumente mit dem Proplet der finiten Verbform bidirektional verzeigert sind. Obwohl alle vor dem Verb eingelesen sind, ist eine Kürzung der Valenzpositionen möglich.
Abbildung 7.45 zeigt die Verknüpfung einer verschmolzenen Form zweier klitischer Pronomina mit einer finiten Verbform innerhalb von MAIN+VF.

Das erste Muster des Satzanfangs liest das Subjekt ein, weil Kongruenz zwischen Subjekt und finiter Verbform bestehen muss. Danach folgt eine verschmolzene Form eines klitischen Pronomens. Die korrekte Verknüpfung der beiden Pronomina ist in der Morphologiekomponente über Kombinationstabellen gelöst. So werden nur klitische Dativpronomina in der ‚dritten Person Singular‘ und klitische Akkusativpronomina in der ‚dritten Person Singular‘ miteinander zu einer Form kombiniert.

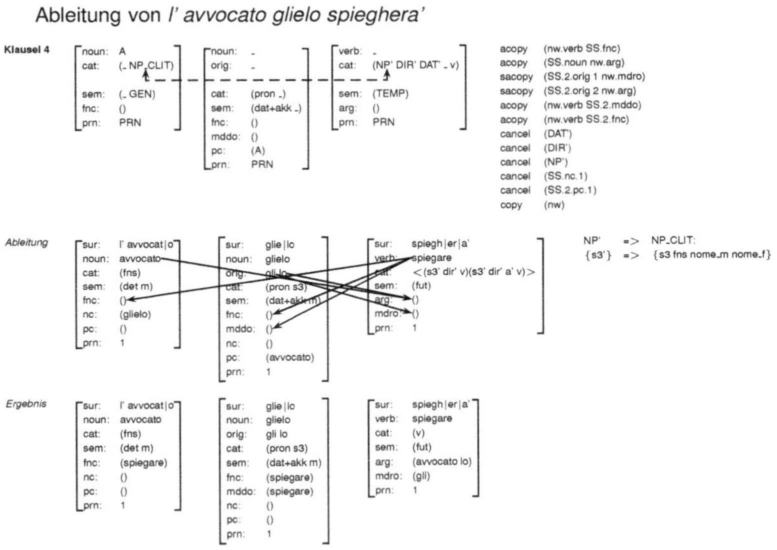

Abbildung 7.45: MAIN+VF: Verschmolzene Form zweier klitischer Pronomina + finite Verbform

Der Wert im Attribut sem, dat+akk, trifft nur auf diese Formen zu. Als nächstes Wort werden finite Verbformen eingelesen, die Valenzpositionen für ein direktes Objekt und ein präpositionales Argument beginnend mit *a* besitzen. Ein Constraint zwischen NP_CLIT und NP' regelt die Kongruenz zwischen Subjekt und finiter Verbform.

Während der Analyseableitung werden die Proplets des Subjekts und der finiten Verbform bidirektional miteinander verzeigert. Der Unterschied zu Abbildung 7.44 auf Seite 220 besteht darin, dass eine Wortform, in diesem Falle *glielo*, zwei Argumente beinhaltet. Die Lösung dieser speziellen Eigenschaft klitischer Pronomina in der praktischen Implementierung findet sich im Attribut orig, das innerhalb von LA-Morph Informationen zur Zusammensetzung eines Wortes liefert. Über das Attribut kann auf dessen Einzelbestandteile zugegriffen werden. Mit Hilfe der Operation sacopy, die analog zur Operation acopy für Zeichenketten gilt, können beide Werte des Attributs orig in die Attribute mdro beziehungsweise arg der fi-

niten Verbform kopiert werden. Ein weiterer Unterschied zur bisher vorgestellten bidirektionalen Verzeigerung ist das Kopieren des verb-Wertes in zwei Attribute innerhalb eines Proplets. Dadurch ist dargestellt, dass die finite Verbform sowohl Funktor im Falle von *lo* ist als auch obligatorisch von *gli* modifiziert wird. Zudem werden die Valenzpositionen für das Subjekt, das direkte Objekt und das präpositionale Argument gekürzt und die temporären Verzeigerungen der Argumente über die Attribute nc und pc aufgehoben.
Im Analyseergebnis ist zu sehen, dass das Proplet für das klitische Pronomen zweimal verzeigert ist, nämlich in den Attributen fnc und mddo. Somit wird die Darstellung der Tatsache gerecht, dass ein Proplet zwei Argumente zum Valenzträger, in diesem Falle die finite Verbform *spiegherà*, beinhaltet.
Abbildung 7.46 zeigt die Verknüpfung einer elidierten Form eines klitischen Pronomens im Akkusativ mit einer zusammengesetzten Tempusform.

Wie in den vorherigen Klauseln sind mehrere Satzanfangsmuster nötig. Das erste liest das Subjekt ein, das zweite passt auf ein klitisches Pronomen im Akkusativ. Hierzu gehört neben *lo*, *la*, *li* und *le* auch die elidierte Form *l'*. Das Muster des nächsten Wortes liest entweder *essere* oder *avere* ein, was am verb-Attribut zu sehen ist. Die Variable `AUX` ist dieselbe wie in Abbildung 7.26 auf Seite 176. Ein Constraint zwischen `NP_CLIT` und `NP'` regelt wieder die Kongruenz zwischen den Proplets des Subjekts und der finiten Verbform.
Während der Analyseableitung werden die Proplets des Subjekts und des klitischen Pronomens im Akkusativ bidirektional mit dem Proplet des Auxiliars verzeigert, indem die jeweiligen noun-Werte in dessen arg-Attribut kopiert werden. Die Proplets werden bereits zu diesem Zeitpunkt miteinander verzeigert, da im nächsten Ableitungsschritt über `AUX+PP` das Proplet des Partizip Perfekts mit dem Auxiliar verschmilzt. Weiterhin wird die Valenzposition für das Subjekt gekürzt. In einem zweiten Ableitungsschritt wird über `AUX+PP` das Auxiliar mit dem Partizip Perfekt verschmolzen. Aufgrund des ersten Satzanfangsmusters muss zuerst ein klitisches Pronomen im Akkusativ vorhanden sein, was am ersten Wert von sem zu sehen ist. Das zweite Muster liest flektierte Formen der Auxiliare *essere* oder *avere* ein. Für das nächste Wort kann sowohl die unmarkierte als auch die markierte Form eines Partizip Perfekts passen.

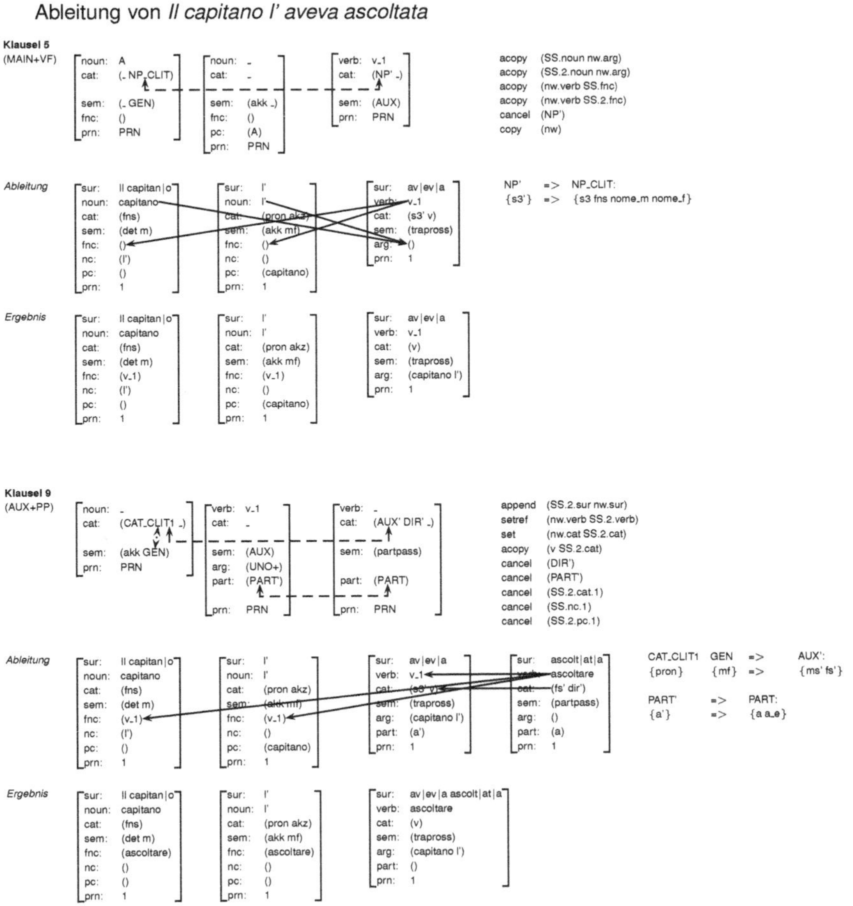

Abbildung 7.46: MAIN+VF und AUX+PP: Elidiertes klitisches Pronomen + zusammengesetzte Tempusform

Ebenso muss eine Valenzposition für das direkte Objekt, ausgedrückt durch die Variable `DIR'`, vorhanden sein. Für die Variablen gelten zwei Constraints, die von entscheidender Bedeutung für die korrekte Ableitung dieser Art von Konstruktionen sind. Wie in Abbildung 7.26 auf Seite 176 regelt der Constraint zwischen den Variablen `PART` und `PART'` die Kombinierbarkeit des Auxiliars mit der im Proplet des Partizip Perfekts stehenden Information zur Bildung von zusammengesetzten Tempusformen. Ein Constraint zwischen `CAT_CLIT1`, `GEN` und `AUX'` regelt die Kombinierbarkeit des jeweiligen eingelesenen klitischen Pronomens mit dem Partizip Perfekt. Im Fall von *l'*, das mit dem Wert `pron` ausgestattet ist, ist eine Kombination mit Partizipien der Formen maskulin Singular und feminin Singular möglich. Dieselben Beschränkungen gelten für klitische Pronomina der ‚ersten und zweiten Person Singular', da diese nach Cordin u. Calabrese (2001, S. 568) kongruieren können, aber nicht müssen. Striktere Beschränkungen gelten beispielsweise für die klitischen Pronomina *li* und *le*, die nur mit Partizipien in der Form maskulin Plural beziehungsweise feminin Plural verknüpft werden können.

Während der Analyseableitung werden die Oberflächen von Auxiliar und Partizip Perfekt des Vollverbs miteinander verknüpft. Auch wird der verb-Wert des Partizip Perfekts referentiell auf den des verb-Attributs im Auxiliar gesetzt. Somit wird automatisch auch der fnc-Wert in den beiden noun-Proplets überschrieben. Die Valenzinformationen, die sich im Proplet des Partizips befinden, werden exklusiv in das des Auxiliars kopiert. Dadurch ist eine weitere mögliche Füllung von Valenzpositionen gewährleistet. Die Variable `AUX'` wird gekürzt, genauso wie die Variable `DIR'`, da das direkte Objekt als klitisches Pronomen realisiert ist. Außerdem wird der Wert im Attribut part des Auxiliars gekürzt, da in diesem Falle keine weiteren Partizipien angehängt werden können. Die temporäre bidirektionale Verzeigerung der Argumente wird aufgehoben, indem alle Werte in den Attributen nc und pc gelöscht werden, sodass das Analyseergebnis nicht fälschlicherweise als koordinative Struktur analysiert wird.

Das Analyseergebnis zeigt, dass die Proplets für das Subjekt, das klitische Pronomen und die zusammengesetzte Tempusform bidirektional miteinander verzeigert sind. Durch die erläuterten Constraints sind keine beliebigen Kombinationen von klitischen Pronomina und Partizipien möglich. Die in der Ableitung dargestellten Proplets für das Auxiliar und das Partizip Perfekt sind miteinander verschmolzen.

Die nicht dargestellten Klauseln von `MAIN+VF` und `AUX+PP` behandeln weitere Kombinationsmöglichkeiten von klitischen Pronomina und einfachen und zusammengesetzten Tempusformen. Auch sind dem lokativen Pronomen *ci* und dem partitiven Pronomen *ne* einzelne Unterklauseln gewidmet.

7.3.11 Pro-Drop

Der Gebrauch der Personalpronomina in der Funktion des Subjekts ist in der italienischen Sprache sehr eingeschränkt. Dies bedeutet, dass für das Subjekt nicht obligatorisch eine phonische oder graphische Repräsentation bestehen muss.[67] Hierbei unterscheidet sich die italienische Sprache von der deutschen Sprache, die eine obligatorische Realisierung vorschreibt.[68] Lepschy u. Lepschy (1981, S. 106) erläutern, dass der Gebrauch des Personalpronomens nur in bestimmten Fällen notwendig ist. Als Beispiele geben sie Hervorhebungen oder koordinative Strukturen an. Rizzi (1986) unterscheidet zwischen formaler (deutsch) und inhaltlicher (italienisch) Lizenzierung. Schwarze (1995, S. 320f.) gibt für die Erläuterung des sogenannten „Null-Subjekts" zwei Deutungen an. Einerseits kann ein subjektloser Satz bezüglich seiner Valenz- und Kongruenzverhältnisse in einfacher Weise analysiert werden. Andererseits ist es auch möglich, die in der Verbendung ausgedrückte Information zu Numerus und Person als eine Art Subjektpronomen aufzufassen. In LA-it ist es möglich, die nicht obligatorische Verwendung des Personalpronomens als Subjekt zu analysieren. Die Ableitung eines Personalpronomens als Subjekt kann über Abbildung 7.34 auf Seite 194 vollzogen werden. Ableitungen mit nicht realisiertem Personalpronomen als Subjekt sind in `VF+MAIN` für finite Verbformen und `AUX+PP` für zusammengesetzte Tempusformen und Aspektperiphrasen eingebettet. Es werden folgende Konstruktionen erkannt:

1. Finite Verbform mit nicht realisiertem Subjekt + direktes Objekt:
   ... 39 ed invece saranno 42. ***Rischia una multa*** *pari al doppio del dovuto.*

2. Finite Verbform mit nicht realisiertem Subjekt + präpositionales Argument:
   ... per grandi coordinate. ***Partiamo dal ministro.***

3. Zusammengesetzte Tempusform mit nicht realisiertem Subjekt + weiteres Argument:
   ... per il povero. ***Ha condannato la scelta*** *di Comiso ...* (alle REP)

---

[67] Vgl. Schwarze (1995, S. 320).
[68] Vgl. Figge u. de Matteis (1976, S. 27).

Abbildung 7.47 zeigt die Verknüpfung einer finiten Verbform mit einem direkten Objekt in der Regel `VF+MAIN`, falls das Subjekt nicht realisiert ist.

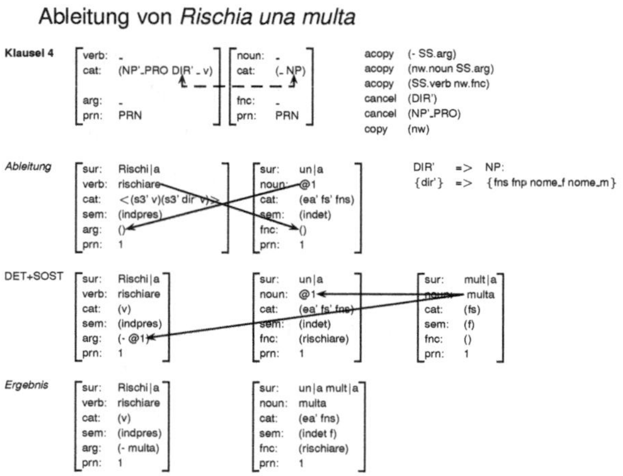

Abbildung 7.47: VF+MAIN: Pro-Drop

Das Muster des Satzanfangs besteht aus der Variable `NP'_PRO`, die alle Werte des `cat`-Attributs für das Subjekt beinhaltet. Hiermit ist sichergestellt, dass noch keine Valenzposition für das Subjekt gekürzt wurde. Ebenso muss ein direktes Objekt, dargestellt durch die Variable `DIR'`, vorhanden sein. Bei anderen Klauseln, die die Verknüpfung einer finiten Verbform mit Argumenten bei nicht realisiertem Subjekt behandeln, müssen gegebenenfalls andere Variablen in `cat` stehen.

Das Muster des nächsten Wortes ist äquivalent zu der in Abbildung 7.35 auf Seite 197 dargestellten Kombination mit einem direkten Objekt, wenn das Subjekt realisiert ist.

Während der Analyseableitung wird ein Minuszeichen an die erste Stelle das Attributs `cat` der finiten Verbform kopiert. Dieses stellt dar, dass die Valenzposition für das Subjekt nicht realisiert ist. Auch werden das Proplet der finiten Verbform und das Proplet des Beginn des direkten Objekts bidirektional über die Attribute `arg` und `fnc` verzeigert. Die Valenzpositionen für das Subjekt und das direkte

Objekt werden gekürzt. Über eine Ausführung von `DET+SOST` kann das direkte Objekt vollständig abgeleitet werden.
Das Analyseergebnis zeigt die Bedeutung des Minuszeichens als Annotation für das nicht realisierte Subjekt. Ohne dieses wäre im Proplet der finiten Verbform nicht zu erkennen, ob es sich bei dem Wert `multa` um das Subjekt oder um das direkte Objekt handelt. Durch die Markierung mit dem Minuszeichen ist eindeutig festgelegt, dass die Valenzposition für das Subjekt unbesetzt ist und das direkte Objekt aus einer Nominalphrase mit dem Substantiv *multa* als Kopf besteht.

7.4 Adverbiale

Die Funktion des Adverbials kann neben einem Adverb auch ein präpositionales Syntagma einnehmen. Als Beispiel gibt Lonzi (2001) *ultimamente* und *negli ultimi tempi* an. Aus diesem Grund müssen sowohl Adverb als auch Präpositionalphrase bezüglich ihrer Funktion als Adverbial in LA-it integriert sein. Die folgenden Abschnitte erläutern die Vorgehensweise bei der Implementierung.

7.4.1 Adverbien

Adverbien lassen sich in lexikalische Adverbien und abgeleitete Adverbien, die über das Suffix *(a-/e-)mente* aus Adjektiven gebildet werden, unterteilen. Die Adverbien sind in verschiedene Gruppen kategorisierbar, durch die auch ihre Stellung im Satz abhängig ist:[69]

- **Gradadverbien** (in LA-it: `grad`) können ein weiteres Adverb oder Adjektiv modifizieren (zum Beispiel *molto* oder *poco*).
- **Temporal- und Lokaladverbien** (`temp` und `loc`) determinieren einen Zeitpunkt beziehungsweise einen Ort näher (*domani* oder *presto*).

[69] Die folgende Aufzählung ist eine vereinfachte Kombination der Ausführungen von Lonzi (2001) und Schwarze (1995). Vor allem Lonzi (2001) unterteilt die Adverbien in einer feineren Weise. Beispielsweise findet man noch Adverbien des Wollens, die nicht das Verb direkt, sondern das gesamte Prädikat modifizieren. Tests zur Kategorisierung der Adverbien sind beispielsweise in Pecoraro u. Pisacane (1984, S. 15–30) zu finden.

- **Fokalisierende Adverbien** (`focal`) lenken ihren Fokus auf eine bestimmte Satzkonstituente (*anche* oder *solo*).
- **Adverbien der Art und Weise** (`man`) modifizieren fakultativ ein Verb (*accuratamente* oder *attentamente*).

Die Information, welcher Gruppe ein Adverb zugehörig ist, ist in das semantische Lexikon eingetragen und wird daher nach der morphologischen Analyse automatisch den jeweiligen Proplets hinzugefügt.[70] Eine Kodierung der Information im Allomorphlexikon ist nicht möglich, da einige Adverbien aus Adjektiven abgeleitet sind. Als Attribut steht misc zur Verfügung, das allgemein für verschiedenartige, über die morphologische Analyse hinausgehende Informationen zuständig ist.
Im Unterschied zur deutschen Sprache ist festzustellen, dass es in der italienischen Sprache möglich ist, auch über den Superlativ eines Adjektivs ein Adverb zu bilden, wie beispielsweise bei *rapidissimamente.*[71] Im Deutschen gibt es zudem mehrere Suffixe zur Bildung von Adverbien.[72] Weitere Unterschiede bezüglich der Stellungsmöglichkeiten italienischer und deutscher Adverbien finden sich in Catalini (1993). Die innerhalb von LA-it implementierten Stellungen von Adverbien sind größtenteils auch auf die deutsche Sprache übertragbar. In LA-it sind folgende Konstruktionen mit beteiligten Adverbien integriert:

1. Adverb als Spezifikator eines Adjektivs:
   Usano un arsenale ***molto vecchio.***
   Le dimensioni ***relativamente grandi*** *dello spazio ...* (alle WEBBIT)
2. Verb in einfacher oder zusammengesetzter Tempusform + Adverb:
   Ma la gente lo ***aspettava qui.***
   Io ***ho rotto definitivamente*** *ogni rapporto.*
3. Adverb + Adverb:
   Anche i bambini stanno ***abbastanza bene.*** (alle REP)

[70]Es gilt zu beachten, dass nur eine Teilmenge der Adverbien mit Informationen zu ihrer Gruppenzugehörigkeit ausgestattet ist, da nicht für alle Einträge ausreichend Daten vorhanden waren.
[71]Vgl. Lepschy u. Lepschy (1981, S. 105).
[72]Vgl. beispielsweise Fleischer u. Barz (1992), die über zehn Suffixe angeben, mit deren Hilfe Adverbien abgeleitet werden können.

4. Auxiliar + Adverb + Partizip Perfekt:
   Siamo appena arrivati *dalla pizza.*
   ... io ***avevo anche letto*** *qualcosa ...* (alle LIP)

5. Adverb zu Beginn einer Ableitung:
   Domani rivolgete *un pensiero alla sottoscritta.* (WEBBIT)

6. Adverb zu Beginn einer Ableitung, das durch ein Komma abgetrennt ist:
   Ovviamente, *la parte del leone l'hanno fatta quelli ...* (REP)

Wie an den Beispielen zu sehen ist, können Adverbien auch andere Wortklassen als Adjektive, Substantive oder Adverbien modifizieren.[73] Ein Großteil der Klauseln für Adverbiale ist in `AVV+MAIN` eingebettet. Ihr können eine Vielzahl an Regeln folgen, da Adverbiale an mehreren Positionen im Satz vorkommen können. Aus diesem Grund steht `AVV+MAIN` auch in sieben Regelpaketen und ist in der Startzustandsdefinition zu finden. Neben der Erstellung von `AVV+MAIN` mussten beispielsweise in `MAIN+VF` oder `DET+AGG` weitere Klauseln integriert werden, um die Verknüpfung mit finiten Verbformen oder Adjektiven zu regeln. Diese konnten nicht in `AVV+MAIN` eingebettet werden, da ansonsten eine Übergenerierung aufgrund paralleler Ableitungspfade möglich gewesen wäre.
Abbildung 7.48 auf Seite 232 zeigt zusammenfassend für `AVV+MAIN` eine Ableitung, an der drei verschiedene Adverbien beteiligt sind.

Klausel 1 verknüpft ein fokalisierendes Adverb mit dem Beginn einer Nominalphrase. Am Muster des Satzanfangs ist im Attribut misc ersichtlich, dass nur fokalisierende Adverbien eingelesen werden können. Das Muster des nächsten Wortes liest neben Artikeln auch Personalpronomina und Eigennamen ein. Die Markierung `+1` im Attribut wrd zeigt an, dass beide Proplets direkt nacheinander eingelesen werden müssen.
Während der Analyseableitung werden die Proplets des fokalisierenden Adverbs und des Artikels *i* bidirektional über die Attribute mdr und mdd verzeigert, da der Fokus des Adverbs auf die nachfolgende Nominalphrase gelenkt wird.

[73]Für weitere Beispiele der Modifikationen vgl. beispielsweise Salvi u. Vanelli (2004, S. 179ff.).

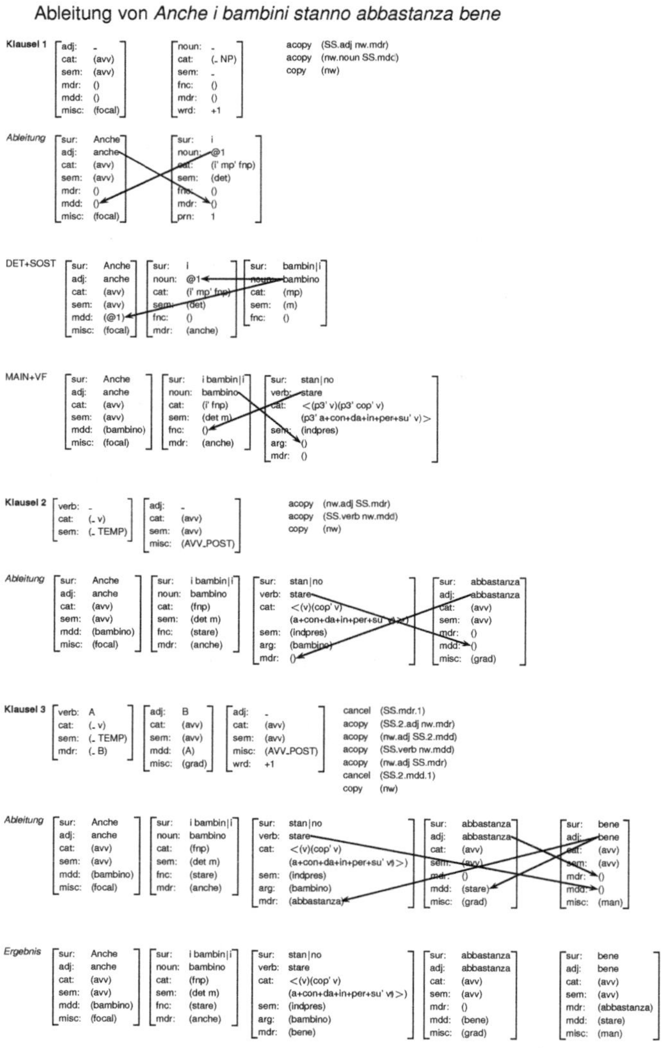

Abbildung 7.48: AVV+MAIN: Ableitung, an der drei Adverbien beteiligt sind

Es ist aufgrund der angesprochenen Funktion dieser Gruppe von Adverbien auch möglich, dass der Fokus auf andere Elemente wie beispielsweise das Verb gelenkt wird. Dies ist jedoch in anderen Klauseln behandelt. Ebenso wird das nächste Wort in das Analyseergebnis kopiert.

Die nächsten beiden Ableitungen über die Regeln DET+SOST und MAIN+VF bauen die vollständige Nominalphrase zusammen und verknüpfen diese mit der finiten Verbform.

Klausel 2 kombiniert eine finite Verbform mit einem nachgestellten Adverb. Die Variable AVV_POST im Muster des nächsten Wortes bindet alle Werte für Adverbien im Attribut misc, die nach Lonzi (2001) dem Verb nachgestellt sein können. Neben den in der Abbildung dargestellten Gradadverbien sind dies beispielsweise auch Temporal- oder Lokaladverbien.

Während der Analyseableitung werden die Proplets der finiten Verbform und des folgenden Gradadverbs bidirektional über die Attribute mdr und mdd miteinander verzeigert. Das nächste Wort wird wieder in das Analyseergebnis kopiert.

Klausel 3 verknüpft zwei Adverbien miteinander, falls das erste an der Ableitung beteiligte Adverb nach der finiten Verbform ein Gradadverb ist. Dies ist im Muster des zweiten Satzanfangs am Attribut misc zu erkennen. Das Muster des nächsten Wortes beinhaltet wiederum die Variable AVV_POST. Dies ist so zu erklären, dass im Fall eines vorangestellten Gradadverbs das nachfolgende Adverb von diesem modifiziert wird. Das zuletzt eingelesene Adverb hingegen modifiziert die finite Verbform.

Während der Analyseableitung werden die Proplets des Gradadverbs und des direkt danach eingelesenen Adverbs über die Attribut mdr und mdd miteinander verzeigert. Somit ist dargestellt, dass das Gradadverb das nachfolgende Adverb modifiziert. Eine Besonderheit an der Ableitung ist, dass die ursprüngliche bidirektionale Verzeigerung zwischen Gradadverb und finiter Verbform aufgelöst wird. Der Schritt muss vollzogen werden, weil über Klausel 2 sowohl Gradadverbien als auch weitere Adverbien eingelesen werden, die dann mit der finiten Verbform verzeigert werden. Im Falle der Gradadverbien ist die Verzeigerung bei einem direkt danach folgenden Adverb jedoch nicht korrekt, sodass für diesen Spezialfall die Verzeigerung aufgehoben werden muss. Stattdessen werden das zuletzt eingelesene Adverb und die finite Verbform bidirektional miteinander verzeigert.

Das Analyseergebnis zeigt die durch die drei an der Ableitung beteiligten Adverbien vorhandenen Verzeigerungen. Das fokalisierende Adverb zu Beginn modifiziert die direkt darauf eingelesene Nominalphrase. Die nach der finiten Verbform kommenden zwei Adverbien haben unterschiedliche Funktionen. Während das unmittelbar dem Verb folgende Gradadverb das Adverb der Art und Weise modifiziert, modifiziert Letztgenanntes die finite Verbform.
Die nicht dargestellten Klauseln behandeln äquivalent zu dem bereits Erläuterten die Modifikation von Adjektiven, die Integration eines Adverbs zwischen Auxiliar und Partizip Perfekt in zusammengesetzten Tempusformen sowie durch Kommata abgetrennte Adverbien.[74] Eine weitere Anreicherung des semantischen Lexikons mit Informationen zur Gruppenzugehörigkeit von Adverbien wäre von Vorteil, da nicht alle Adverbien im semantischen Lexikon zu finden sind.

7.4.2 Präpositionalphrasen mit adverbialer Funktion

Wie in der deutschen Sprache können Präpositionalphrasen neben ihrer Funktion als Argument oder Modifikator auch die eines Adverbials einnehmen. Im Unterschied zu den Argumenten sind sie somit nicht in der Valenzstruktur des Verbs verankert. Um der Tatsache gerecht zu werden, dass Präpositionalphrasen bezüglich ihrer Position im Satz ähnlich[75] wie die Adverbien zu behandeln sind, sind folgende Konstruktionen in LA-it implementiert:

1. Präpositionalphrase als Adverbial zwischen finiter Verbform und weiterem Argument:
   ... il letterato scriveva ***per l'artista*** *le lettere ...*

2. Präpositionalphrase als Adverbial zu Beginn einer Ableitung:
   Nel pomeriggio, *gli avvocati difensori hanno tentato di smantellare il castello accusatorio.*
   Nel frattempo *lo scopo del gruppo è ...*

[74] Vgl. hierzu auch Schwarze (1995, S. 263f.).
[75] Im Gegensatz zu den Adverbien sind beispielsweise keine Konstruktionen in LA-it implementiert, in denen eine Präpositionalphrase zwischen einem Auxiliar und einem Partizip Perfekt steht.

3. Präpositionalphrase als Adverbial am Ende einer Ableitung:
   ... *il telecomando scivola* ***dalla mano***. (alle REP)

Wie bei den Adverbien ist ein Großteil der Klauseln zur Behandlung der adverbial gebrauchten Präpositionalphrasen in `AVV+MAIN` eingebettet. Weiterhin sind mehrere Klauseln in andere Regeln integriert, um einer Übergenerierung vorzubeugen. Ob eine Präpositionalphrase als Argument oder Adverbial analysiert wird, hängt hauptsächlich von den Daten aus Sabatini u. Coletti (2008) ab. Ist eine Präposition im Valenzrahmen des Verbs verankert, wird die daraus gebildete Präpositionalphrase zuerst als präpositionales Argument analysiert. Wenn dies nicht der Fall ist, handelt es sich um ein Adverbial. Zur noch feineren Untergliederung zwischen präpositionalem Argument und Adverbial dienen die in Abschnitt 6.3.3 erläuterten semantischen Restriktionen bei den Verben, da bei diesen zusätzlich ein semantischer Typ des Arguments gefordert wird. Somit könnten Fälle, in denen ein Adverbial fälschlicherweise als Argument interpretiert wird[76], ausgeschlossen werden, da neben dem syntaktischen Vorkommen in der Oberfläche ein semantischer Typ benötigt wird. Als Beispiel ist die Phrase *mentre parliamo nel salotto buono* aus dem Repubblica-Korpus zu nennen, die in LA-it aufgrund der Valenzrahmen aus Sabatini u. Coletti (2008) als Phrase mit präpositionalem Argument analysiert wird. Dass eine Präpositionalphrase beginnend mit *in* als präpositionales Argument in das Valenzlexikon aufgenommen ist, trifft jedoch nur auf bestimmte Fälle zu.[77] Um die Präpositionalphrase *nel salotto buono* als Adverbial analysieren zu können, würden die semantischen Restriktionen einen zusätzlichen Nutzen bieten. Überschneidungen dieser speziellen Art treten jedoch nur vereinzelt in Sabatini u. Coletti (2008) auf.

Abbildung 7.49 auf Seite 236 zeigt eine Ableitung, an der eine Präpositionalphrase mit der Funktion eines Adverbials beteiligt ist.

---

[76]Siehe hierzu auch das Beispiel *scrivere nel cuore* aus Abschnitt 6.2, das dieselbe Problematik behandelt.

[77]Die Beschreibung bei Sabatini u. Coletti (2008, S. 1877) lautet „fare un discorso attraverso un mezzo di diffusione o in un luogo pubblico" („eine Rede mittels eines Verbreitungsmediums oder an einem öffentlichen Ort halten"). Als einziges Beispiel ist *parlare in pubblico* genannt. Aussagen, ob nur einfache oder auch verschmolzene Präpositionen die Position für das präpositionale Argument einleiten können, werden nicht gegeben.

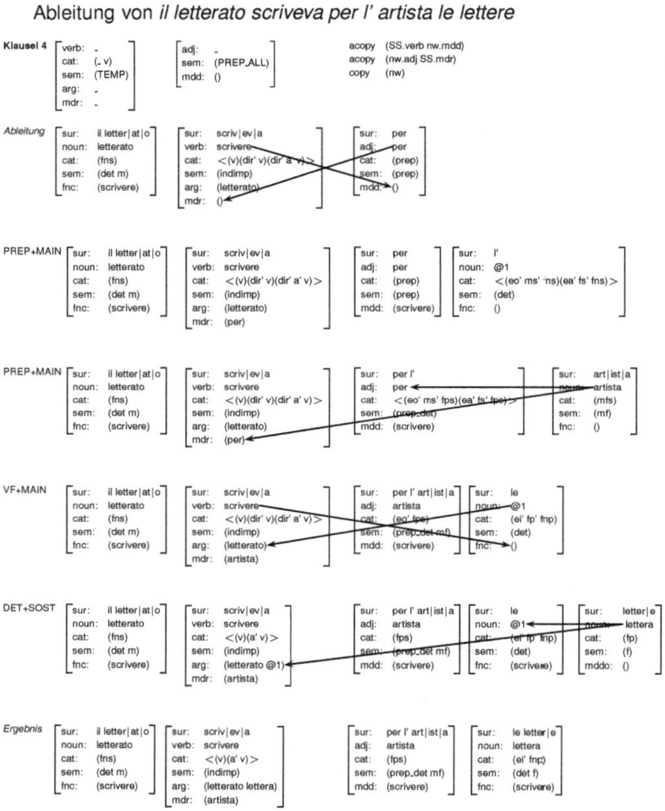

Abbildung 7.49: AVV+MAIN: Präpositionalphrase als Adverbial

Die Verknüpfung der Nominalphrase *il letterato* mit der finiten Verbform ist über `MAIN+VF` geregelt. In Klausel 4 von **`AVV+MAIN`** wird die finite Verbform mit dem Beginn des Adverbials verknüpft. Die Muster für Satzanfang und nächstes Wort sind bewusst relativ frei gestaltet, da das Adverbial mit einer Vielzahl finiter Verbformen kombinierbar sein soll. Auch die Art der Präposition ist variabel, sodass einfache, komplexe und verschmolzene Präpositionen zugelassen werden.[78]

[78]Eine Implementierung von Präpositionalphrasen als Adverbiale kann aufgrund ihrer flexiblen Position in der Ableitung eine Erhöhung der Ambi-

Während der Analyseableitung werden die Proplets der finiten Verbform und der Präposition, analog zu der Verknüpfung mit Adverbien, bidirektional über die Attribute mdr und mdd miteinander verzeigert. Es wird, im Gegensatz zu den präpositionalen Argumenten, keine Valenzposition im Proplet der finiten Verbform gekürzt. Über zwei Ausführungen von `PREP+MAIN` kann die komplette Präpositionalphrase zusammengebaut werden.

Die Ausführung von `VF+MAIN` für die Ableitung des direkten Objekts zeigt den Unterschied zwischen adverbial und als Argument fungierenden Konstituenten. Im Gegensatz zu der vorher eingelesenen adverbialen Präpositionalphrase werden die finite Verbform und der Artikel bidirektional über die Attribute fnc und arg miteinander verzeigert. Darüber hinaus wird die Valenzposition für das direkte Objekt, `dir'`, gekürzt. Die Regel `DET+SOST` bildet anschließend die vollständige Nominalphrase.

Im Analyseergebnis ist der funktionelle Unterschied zwischen Adverbial und Argument in der Art der Verzeigerung mit dem Proplet der finiten Verbform zu sehen. Während das direkte Objekt im Attribut arg der finiten Verbform steht, ist das Adverbial im Attribut mdr zu finden. Ein präpositionales Argument würde nach mdro kopiert werden.

Die nicht erläuterten Klauseln behandeln in gleicher Weise die Verwendung von adverbial verwendeten Präpositionalphrasen an weiteren möglichen Positionen innerhalb einer Ableitung.

7.5 Satztypen

Innerhalb von LA-it sind vier verschiedene Satztypen implementiert. Neben deklarativen Hauptsätzen sind dies Interrogativsätze, Exklamativsätze und Imperativsätze. Charakteristisch für die Satztypen sind die Satzabschlüsse mit ei-

---

guitätenrate zur Folge haben. Da eine Präpositionalphrase neben der Funktion als präpositionales Argument auch die Funktion eines Modifikators einer Nominal- oder Präpositionalphrase (siehe Abschnitt 7.2) besitzt, können hierdurch Doppelanalysen entstehen, wenn eine Präpositionalphrase einer Nominal- oder Präpositionalphrase folgt. Eine Lösung dieser Problematik bietet das in Hausser (2000, S. 259) erläuterte „semantic doubling", das jedoch noch nicht von der für LA-it verwendeten JSLIM-Version unterstützt wird.

nem Punkt (Deklarativsätze), Fragezeichen (Interrogativsätze) oder Ausrufezeichen (Exklamativ- und Imperativsätze). Für alle Satztypen außer den Imperativsätzen gilt in LA-it, dass sämtliche Valenzpositionen des Verbs besetzt sein müssen, ansonsten kann der Satz nicht als wohlgeformt analysiert werden. Eine Ausnahme bilden die in Abschnitt 7.3.3 erläuterten Passivkonstruktionen, in denen das ursprüngliche Subjekt der Ableitung, eingeleitet durch die Präposition *da*, nicht unbedingt realisiert sein muss. Die folgenden Abschnitte zeigen, wie Satzabschlüsse in LA-it integriert sind.

7.5.1 Deklarativsätze

Wie in der deutschen Sprache werden Deklarativsätze üblicherweise mit einem Punkt abgeschlossen, möglich sind jedoch auch beispielsweise Strich- oder Doppelpunkte. Als Unterschiede im Satzbau listet Catalini (1993) auf, dass das Italienische einen engeren Satzrahmen besitzt und Nebensätze grundsätzlich denselben Satzbau wie Hauptsätze aufweisen. Innerhalb von LA-it sind folgende Arten von deklarativen Hauptsätzen implementiert:

1. Deklarativsätze mit einfacher oder zusammengesetzter Tempusform am Satzende:
   Il termometro scende.
   Alberto ha sbagliato.

2. Deklarativsätze mit einfacher oder zusammengesetzter Tempusform am Satzende und nicht realisiertem Subjekt:
   Capisco.
   Urlava. (alle REP)

3. Deklarativsätze mit Nominalphrase am Satzende:
   Chomsky ha declinato l'invito.
   Lui suonava il violino. (alle WEBBIT)

4. Deklarativsätze mit Präpositionalphrase am Satzende:
   I commissari vorrebbero tornare al punto.
   Loro pensano al turismo. (alle REP)

5. Deklarativsätze mit Kopulakonstruktion am Satzende:
   Lui è pazzo.
   Antonietta è regina. (alle WEBBIT)

Die Klauseln für Satzabschlüsse sind in `S+IP` eingebettet. `S+IP` befindet sich im Regelpaket mehrerer Regeln, je nachdem ob nach deren Ausführung ein Satzabschluss möglich ist.[79] Sie ist die einzige Regel, die in der Endzustandsdefinition steht. Jedoch befindet sie sich auch in der Startzustandsdefinition, falls eine finite Verbform am Satzanfang mit einem Satzzeichen verknüpft wird bei nicht realisiertem Subjekt. Die Klauseln von `S+IP` haben die Funktion, neben der Überprüfung der gekürzten Valenzpositionen, mögliche Werte für nachgestellte Adjektive zu tilgen, wie Abbildung 7.50 zeigt. Dort wird eine dem Verb folgende Präpositionalphrase mit einem Punkt verknüpft.

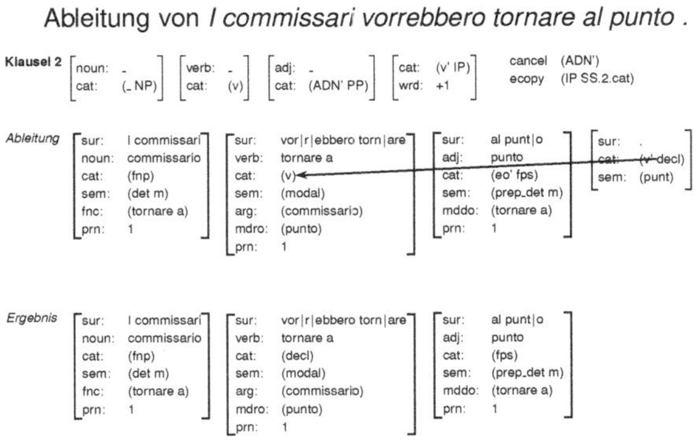

Abbildung 7.50: S+IP: Satzabschluss mit Punkt

Es gibt insgesamt drei Satzanfangsmuster für das Subjekt, das Verb und die Präpositionalphrase. Am Muster der finiten Verbform ist im Attribut `cat` zu sehen, dass alle Valenzpositionen besetzt sein müssen. Ansonsten ist es nicht möglich, die Klausel auszuführen. Die Präpositionalphrase und der abschließende Punkt, der

---

[79]Als Beispiel für eine Regel, nach der kein Satzabschluss erfolgen kann, ist `MAIN+PREP` aus Abschnitt 7.2 zu nennen.

durch das Muster des nächsten Wortes eingelesen wird, müssen direkt nebeneinander stehen, was durch den Wert `+1` im Attribut `wrd` ausgedrückt ist. Die Variable `IP` bindet neben `decl` auch `interrog` und `imp` an sich, sodass dieselbe Ableitung auch mit einem Fragezeichen oder einem Ausrufezeichen abgeschlossen werden könnte.[80]

Während der Analyseableitung wird der Wert `decl` exklusiv in das Attribut `cat` der finiten Verbform kopiert, jedoch nur, wenn alle Valenzpositionen besetzt sind. Dies ist in der Ableitung der Fall, da die Präpositionalphrase *al punto* im Valenzrahmen des Verbs verankert ist. Auch wird der Wert für mögliche nachgestellte Adjektive im Proplet der Präpositionalphrase gekürzt, da nach einem abschließenden Punkt keine Adjektive mehr angehängt werden können.

Das Analyseergebnis zeigt, dass es sich bei der Ableitung um einen Deklarativsatz handelt. Dies ist durch den Wert `decl` im Proplet des Verbs ersichtlich, der Punkt selbst ist nicht im Analyseergebnis zu sehen.

7.5.2 Interrogativsätze

Schwarze (1995, S. 387) unterscheidet zwei Typen von Interrogativsätzen: den totalen und den partiellen Interrogativsatz. Der totale Interrogativsatz unterscheidet sich vom Deklarativsatz in der syntaktisch-semantischen Analyse nur bezüglich des Fragezeichens am Satzende. Aus diesem Grund kann er in den Klauseln für Deklarativsätze behandelt werden, wie Abbildung 7.50 auf Seite 239 zeigt. Da der Wert `interrog` an die Variable `IP` gebunden ist, kann der Satz auch mit einem Fragezeichen als Satzabschluss abgeleitet werden. Der partielle Interrogativsatz wird durch ein Interrogativpronomen eingeleitet. Hierbei ähnelt er dem deutschen Interrogativsatz. Unterschiedlich ist jedoch nach Catalini (1993, S. 35–40) die Wortstellung. Als Beispiel gibt er an, dass im Italienischen das Subjekt nicht zwischen Auxiliar und Partizip Perfekt stehen darf (* *Quando ha Mario telefonato?*). Im Deutschen ist dies jedoch möglich (*Wann hat Mario telefoniert?*). Ein weiterer Unterschied zwischen den beiden Sprachen liegt in der Satzfunktion der italienischen Interrogativpronomina begründet, die die Komplexität bei der Implementierung in LA-it erhöht. So gibt Fava (2001, S. 76) an, dass das Inter-

[80] Dies gilt im Fall der totalen Interrogativsätze und Exklamativsätze.

rogativpronomen *chi* die Funktion des Subjekts, des direkten Objekts oder des präpositionalen Arguments (in Verbindung mit einer Präposition) übernehmen kann. Im Deutschen hingegen ist das Interrogativpronomen im Nominativ durch *wer* und im Akkusativ durch *wen* ausgedrückt.[81] Somit ist eine oberflächenbasierte Unterscheidung bezüglich der Funktion des Interrogativpronomens möglich, was für das Italienische nicht gilt. Ähnliches trifft auf *che cosa* und *che* zu. Die multiplen Satzfunktionen der Interrogativpronomina müssen in LA-it berücksichtigt werden, indem parallele Regeln für die jeweilige Verwendungsweise zu erstellen sind. Dies gilt jedoch nur, wenn das verb-Proplet der Ableitung ein Subjekt der ‚dritten Person Singular' fordert, da die genannten Interrogativpronomina diese grammatische Information besitzen.[82] Kongruiert das verb-Proplet nicht mit der ‚dritten Person Singular', so ist nur eine Realisierung als direktes Objekt möglich. Die Funktion des präpositionalen Arguments können Interrogativpronomina nur in Verbindung mit einer Präposition besitzen. Innerhalb von LA-it sind folgende Typen von Interrogativsätzen implementiert:

- Totale Interrogativsätze:
  1. Mit einfachen Tempusformen:
     Il centro chiude? (REP)
  2. Mit zusammengesetzten Tempusformen:
     Gli israeliani hanno capito?
- Partielle Interrogativsätze:
  1. Mit nominalem Interrogativpronomen als Subjekt:
     Chi canta? (alle WEBBIT)
     Chi vincerà?
     Chi ha pagato la festa?
     Chi ha pensato alla viabilità? (alle REP)
  2. Mit nominalem Interrogativpronomen als direktem Objekt:
     Che farà il governo?
     Che diranno? (alle WEBBIT)

[81]Vgl. Zifonun u. a. (1997, S. 41).
[82]Vgl. Fava (2001, S. 76–81).

3. Mit nominalem Interrogativpronomen als präpositionalem Argument:
   A chi toccherebbe la presidenza?
   A chi ho chiesto il permesso? (alle REP)
   Di che parlavano le maschere? (WEBBIT)

4. Mit adverbialem Interrogativpronomen:
   Dove sarebbe il rischio?
   Come ha fatto?
   Quando cominciamo?
   Perché vanno al risparmio? (alle REP)

Alle totalen Interrogativsätze werden über die Klauseln für Deklarativsätze mit abgedeckt. Für die partiellen Interrogativsätze gibt es eigene Regeln, je nach Verwendungsweise des Interrogativpronomens. Sie sind in `INT+MAIN` beim Gebrauch als Subjekt und präpositionales Argument eingebettet. Eine zweite Regel behandelt die Verwendungsweise als direktes Objekt oder Adverbial, welches nicht in der Valenzstruktur verankert ist. `INT+MAIN` steht zudem in der Startzustandsdefinition. Abbildung 7.51 zeigt die Verknüpfung eines Interrogativpronomens, das die Funktion eines Subjekts ausübt, mit einer einfachen Tempusform und einem Fragezeichen.

Klausel 1 von `INT+MAIN` verknüpft ein Interrogativpronomen mit einem verb-Proplet. Das Muster des Satzanfangs lässt nur Interrogativpronomina zu, die die Funktion des Subjekts ausüben können.[83] Somit scheiden beispielsweise adverbiale Interrogativpronomina aus, da diese mit dem Wert avv ausgestattet sind. Das Muster des nächsten Wortes lässt an der ersten Stelle des cat-Attributs aufgrund der Variable `NP'_S3` nur Werte zu, die ein Subjekt der ‚dritten Person Singular' fordern.

Während der Analyseableitung werden die Proplets für das Interrogativpronomen und die einfache Tempusform bidirektional über die Attribute fnc und arg miteinander verzeigert. Ebenso wird die Variable `NP'_S3` gekürzt.

[83] Es gilt zu beachten, dass alle Interrogativpronomina, die mehrere Funktionen in einer Ableitung ausüben können, in ihrem sem-Attribut dementsprechend über einen Multikat markiert sind. Bei *chi* wäre dies der Wert `<(interrog nom)(interrog akk)>`.

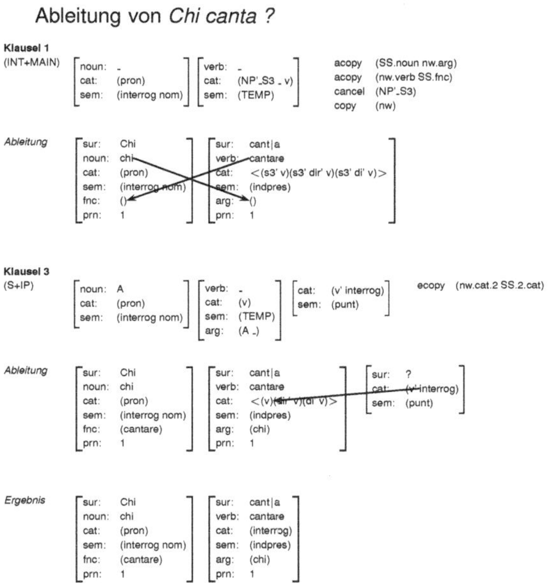

Abbildung 7.51: INT+MAIN und S+IP: Satz mit Interrogativpronomen und Fragezeichen als Satzabschluss

Klausel 3 von S+IP verknüpft das verb-Proplet mit einem Fragezeichen. An den Mustern ist ersichtlich, dass der noun-Wert des eingelesenen Interrogativpronomens im Attribut arg des Verbs stehen muss. Das Muster des nächsten Wortes lässt nur das Fragezeichen als Satzabschluss aufgrund des Wertes interrog im cat-Attribut zu.

Während der Analyseableitung wird der Wert interrog in das cat-Attribut des Verbs exklusiv kopiert, um die Ableitung als einen Interrogativsatz zu markieren. Dies funktioniert nur, wenn alle Valenzpositionen besetzt sind. Es wäre jedoch möglich gewesen, vor dem Satzabschluss noch ein direktes Objekt oder ein präpositionales Argument beginnend mit *di* einzulesen.

Das Analyseergebnis stellt die Ableitung als einen Interrogativsatz dar, in dem das Interrogativpronomen als Subjekt der Ableitung markiert ist, da es an erster Stelle im arg-Attribut des verb-Proplets steht.

Abbildung 7.52 zeigt die Ableitung eines Interrogativpronomens in der Funktion eines präpositionalen Arguments mit einer einfachen Tempusform und einem nachgestellten Subjekt.

Klausel 2 von INT+MAIN verknüpft eine einfache Präposition mit einem Interrogativpronomen in der Funktion des Subjekts. Die jeweiligen sem-Werte lassen keine anderen Proplets zu.
Während der Analyseableitung werden die beiden sur-Werte miteinander verknüpft und die Werte der Attribute noun, cat und sem des Interrogativpronomens exklusiv in die Attribute der Präposition kopiert. Der Wert nom im Attribut cat wird jedoch nicht kopiert, da das Interrogativpronomen nicht mehr die Funktion des Subjekts übernimmt, sondern in Kombination mit der Präposition die des präpositionalen Arguments.
In einem weiteren Ableitungsschritt von INT+MAIN, diesmal über Klausel 3, wird das mit der Präposition kombinierte Interrogativpronomen mit einer finiten Verbform verknüpft. Das Muster des Satzanfangs lässt nur mit einer Präposition kombinierte Interrogativpronomina zu. Innerhalb der Variable PP_VAL im Attribut prep ist die jeweilige Oberfläche der Präposition zu finden. Die Variable ist dieselbe wie aus Abbildung 7.36 auf Seite 200. Im Muster des nächsten Wortes müssen die Valenzpositionen für das Subjekt (NP') und das präpositionale Argument (PP_VAL') noch vorhanden sein. Letztgenannte ist über einen Constraint mit der Variable PP_VAL verbunden. Dieser ist wieder äquivalent zu Abbildung 7.36 auf Seite 200, da das Interrogativpronomen dieselbe Funktion in der Ableitung übernimmt wie die dort der finiten Verbform folgende Präpositionalphrase.
Während der Analyseableitung werden die beiden Proplets über die Attribute mdro und mddo bidirektional miteinander verzeigert. Die Valenzposition für das präpositionale Argument wird darüber hinaus gekürzt. Außerdem wird die Oberfläche der Präposition an den verb-Wert der finiten Verbform angehängt, um die Verbindung des Verbs mit der Präposition zu einer Bedeutungseinheit zu kennzeichnen.
Das Anhängen des Subjekts wird über Klausel 5 von VF+MAIN vollzogen. In der Ableitung muss bereits ein Interrogativpronomen in der Funktion des präpositionalen Arguments eingelesen sein, wie das Muster des ersten Satzanfangs verdeutlicht.

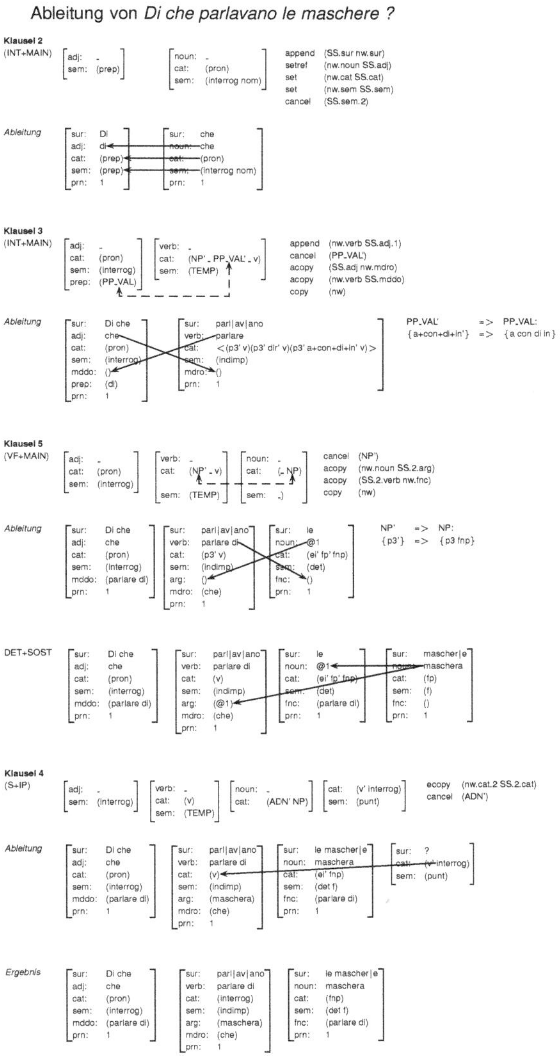

Abbildung 7.52: INT+MAIN und S+IP: Satz mit Interrogativpronomen als präpositionales Argument und Fragezeichen als Satzabschluss

Am Muster des zweiten Satzanfangs ist ersichtlich, dass die Valenzposition für das Subjekt, die an die Variable `NP'` gebunden ist, noch vorhanden sein muss. Diese ist, wie auch in Abbildung 7.34 auf Seite 194, über einen Constraint mit der Variable `NP` verbunden, der das korrekte Kongruenzverhalten zwischen den Proplets der finiten Verbform und dem Beginn des Subjekts regelt.
Während der Analyseableitung werden die Proplets der finiten Verbform und des Artikels bidirektional über die Attribute fnc und arg miteinander verzeigert und die Valenzposition für das Subjekt gekürzt. In einem weiteren Ableitungsschritt über `DET+SOST` wird die vollständige Nominalphrase zusammengebaut.
Der Satzabschluss funktioniert äquivalent zu Klausel 3 aus Abbildung 7.51 auf Seite 243. Da alle Valenzpositionen besetzt sind, kann das Fragezeichen durch das exklusive Kopieren des Werts `interrog` in das Attribut cat der finiten Verbform im Analyseergebnis gekennzeichnet werden.
Die nicht erläuterten Klauseln behandeln vorwiegend adverbiale Interrogativpronomina. Diese sind nicht in der Valenzstruktur des Verbs verankert. Darüber hinaus sind Klauseln für nicht realisierte Subjekte (*Che diranno?*), in denen das Minuszeichen für die Darstellung des Pro-Drop an die erste Stelle des arg-Attributs der finiten Verbform kopiert wird, und direkte Objekte in Verbindung mit Interrogativpronomina in der Funktion des Subjekts (*Chi ha pagato la festa?*) implementiert.

7.5.3 Exklamativ- und Imperativsätze

Nach Serianni (2006, S. 523) kann jeder deklarative Satz auch exklamativ verwendet werden, falls ihn eine Äußerung von Gefühlen wie Überraschung, Bewunderung, Enttäuschung oder Empörung begleitet. Der Unterschied in der geschriebenen Sprache macht sich hierbei in der Verwendung eines Ausrufezeichens deutlich. In der gesprochenen Sprache ist er durch eine im Gegensatz zum Deklarativsatz unterschiedliche Intonation charakterisiert.[84] Im Italienischen werden, wie auch in der deutschen Sprache, Imperativsätze mit einem Ausrufezeichen abgeschlossen. Eigenschaft dieser Sätze ist, dass ein Verb in der finiten Modusform Imperativ an der Ableitung beteiligt sein muss (siehe auch Abschnitt 4.3.1). Das Vorfeld bleibt

[84] Vgl. Benincà (2001, S. 127).

wie in der deutschen Sprache unbesetzt. In LA-it sind folgende Satzabschlüsse mit Ausrufezeichen implementiert:

1. Exklamativsätze:
   Tutti gli uomini mangiano!
   I conti tornavano!

2. Imperativsätze:
   Prendi una scelta!
   Prendete l'iniziativa! (alle WEBBIT)

3. Imperativsätze mit enklitischen Pronomina:
   Trovatela!
   Prendetelo! (alle REP)
   Ditemelo! (WEBBIT)

Die Exklamativsätze sind über die in Abbildung 7.50 auf Seite 239 dargestellte Klausel 2 abgedeckt, da die Variable `IP` auch den Wert `escl` an sich bindet. Die Imperativsätze sind auf ähnliche Weise wie die Deklarativsätze zu behandeln, nur mit dem Unterschied, dass kein Subjekt an der Ableitung beteiligt sein darf. Einen besonderen Fall für die Implementierung stellen die in Abschnitt 7.3.10 erläuterten enklitischen Pronomina dar, die direkt an den Imperativ angehängt sind. Sie werden bei der Eingliederung in LA-it als Spezialfall behandelt, da das Anhängen der Klitika an den Imperativ über die Morphologiekomponente gesteuert ist, die Ausstattung der Verben mit Valenzinformationen jedoch über das semantische Lexikon, welches erst nach der morphologischen Analyse abgeglichen wird. Abbildung 7.53 auf Seite 248 zeigt die Verknüpfung einer Imperativform mit zwei enklitischen Pronomina und einem Ausrufezeichen als Satzabschluss.

Am Muster des Satzanfangs ist ersichtlich, dass sowohl ein direktes Objekt (`DIR'`) als auch ein präpositionales Argument beginnend mit *a* (`DAT'`) vorhanden sein muss. Nur Verben mit dieser Valenzstruktur können über die Klausel abgeleitet werden. Die Valenzdaten kommen hierbei aus dem semantischen Lexikon. Zusätzlich muss im `sem`-Attribut der Wert `imp+datakkpron` markiert sein, den nur Imperativformen mit zwei angehängten enklitischen Pronomina haben können.

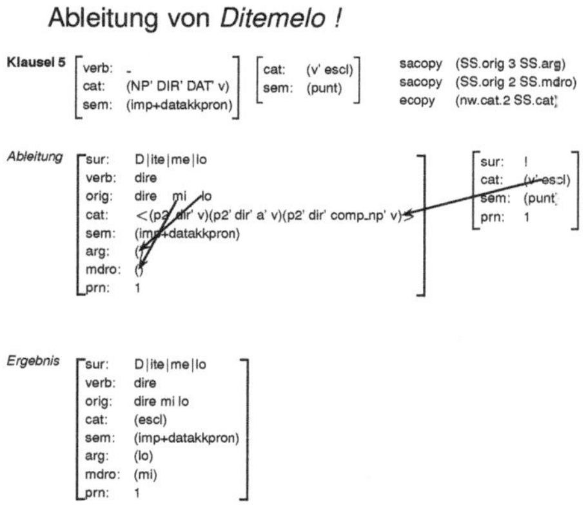

Abbildung 7.53: S+IP: Finite Verbform mit enklitischen Pronomina und Ausrufezeichen als Satzabschluss

Diese Information wird über die morphologische Analyse geliefert. Somit ist eine Ableitung nur möglich, falls beide, aus unterschiedlichen Bereichen von LA-it entnommenen Bedingungen, erfüllt sind. Das Muster des nächsten Wortes liest ausschließlich ein Ausrufezeichen ein.

Während der Analyseableitung werden die an die Imperativform angehängten enklitischen Pronomina in die Attribute arg und mdro kopiert. Wie auch in Abbildung 7.45 auf Seite 223 liefert das Attribut orig die Information über die Zusammensetzung des Wortes. Weiterhin wird der Wert `escl` exklusiv in das cat-Attribut des Verbs kopiert, sodass er auch alle Valenzinformationen überschreibt. Da das direkte Objekt und das präpositionale Argument über die enklitischen Pronomina realisiert sind und die Valenzposition für das Subjekt (`NP'`) bei Imperativformen gekürzt wird, ist diese Vorgehensweise möglich.

Im Analyseergebnis ist keine reine bidirektionale Verzeigerung von Proplets vorhanden, da die enklitischen Pronomina direkt mit dem Imperativ in einer Wortform zu finden sind. Jedoch ist in den Attributen arg und mdro zu sehen, welche Funktion sie ausüben. Durch `escl` im Attribut cat ist ausgedrückt, dass es sich um eine Ableitung mit einem Ausrufezeichen als Satzabschluss handelt.

Weitere Klauseln sind für Fälle implementiert, in denen nur eines der beiden enklitischen Pronomina (direktes Objekt oder präpositionales Argument beginnend mit *a*) an den Imperativ angehängt ist.

7.6 Weitere Phänomene und deren Implementierung

Die im Folgenden vorgestellten Ausführungen stellen Spezialfälle für die praktische Implementierung in LA-it dar. So ist bei den Linksversetzungen in Abschnitt 7.6.1 ein Constraint über insgesamt vier Variablen notwendig. Die Behandlung der reflexiven Verben in Abschnitt 7.6.2 stellt LA-it vor die Herausforderung, dass diese nicht immer denselben Valenzrahmen besitzen wie ihr nicht reflexives Äquivalent und daher ein Lookup im semantischen Lexikon während der syntaktisch-semantischen Analyse nötig ist.

7.6.1 Linksversetzungen

Charakteristikum der Linksversetzungen oder Linksanbindungen ist, dass eine Konstituente des Satzes mit thematischem Wert vor die weiteren Konstituenten gestellt wird. Die Konstituente ist funktional nicht in den Satz integriert, ihre grammatische Funktion wird jedoch durch ein koreferentes klitisches Pronomen repräsentiert. Die Konstituente wird somit im Satz durch das klitische Pronomen wieder aufgenommen.[85] Laut Blasco Ferrer (1999, S. 154) ist dieses Stilmittel vor allem in der gesprochenen Sprache und in Texten, die den „uso vivo" reproduzieren, frequent. Schwarze (1995, S. 381) nennt als Konstituenten, die dem Satz vorangestellt sein können, beispielsweise Subjekte, Präpositionalphrasen oder infinite Verbformen. Abbildung 7.54 auf Seite 250 zeigt eine Linksversetzung am Beispiel *La roba, la vuoi in una valigia?*, bei dem eine Nominalphrase vorangestellt ist und gleichzeitig ein koreferentes klitisches Pronomen beteiligt ist. Die Verknüpfung der Nominalphrase mit dem Komma zur Abtrennung der Linksversetzung vom Satz[86] `MAIN+PUNT` (siehe Abbildung 7.9 auf Seite 151) vollzogen.

---

[85] Vgl. Schwarze (1995, S. 379f.).

[86] Über weitere Klauseln sind auch Linksanbindungen ohne abtrennendes Komma möglich.

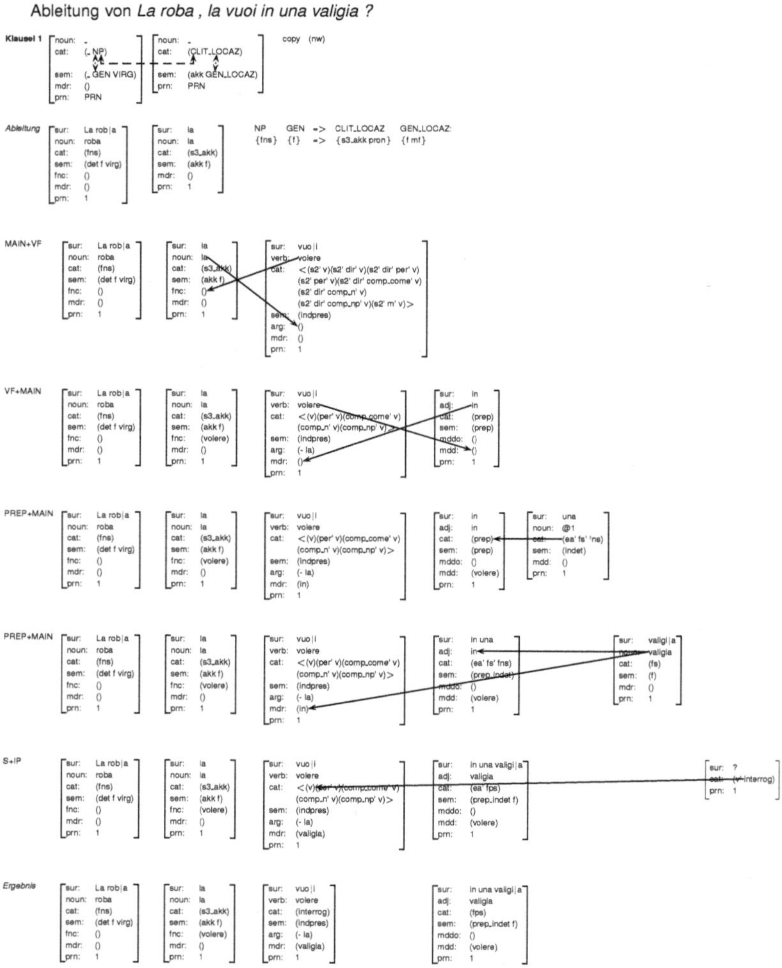

Abbildung 7.54: PUNT+LOCAZ: Linksversetzungen

Die Regel PUNT+LOCAZ, die im Regelpaket von MAIN+PUNT stehen muss, verknüpft die Linksversetzung mit dem koreferenten klitischen Pronomen. Nach ihr kann MAIN+VF folgen. Das Muster des Satzanfangs von Klausel 1 passt auf Nominalphrasen mit Substantiv, Pronomen oder Eigennamen als Kopf, nach denen bereits ein Komma eingelesen ist. Dies zeigt die Variable VIRG. Das Muster des nächsten Wortes liest klitische Pronomina im Akkusativ ein. Zwischen den Variablen NP und GEN der Nominalphrase und CLIT_LOCAZ und GEN_LOCAZ des klitischen Pronomens, in denen jeweils Numerus- und Genusinformationen gespeichert sind, ist ein Constraint aufgebaut. Bei NP und CLIT_LOCAZ wird eine Numerusüberprüfung vollzogen, während über GEN und GEN_LOCAZ die korrekten Generakombinationen zugelassen werden. So wäre in der Ableitung sowohl eine Kombination von *la roba* und *le* (falsche Numeruskombination) als auch von *la roba* und *lo* (falsche Genuskombination) nicht zulässig.
Während der Analyseableitung wird das Proplet für das klitische Pronomen der Ausgabe hinzugefügt. Ansonsten werden keine weiteren Operationen ausgeführt. Über MAIN+VF wird in einem weiteren Ableitungsschritt das klitische Pronomen mit der finiten Verbform verknüpft. Die beiden Proplets werden bidirektional über die Attribute fnc und arg miteinander verzeigert. In vier weiteren Ableitungsschritten über VF+MAIN, zweimal PREP+MAIN und S+IP wird der vollständige Satz eingelesen und analysiert. Das Analyseergebnis zeigt, dass die Nominalphrase als noun-Proplet vor die weiteren Konstituenten gestellt ist. Sie steht als erstes Proplet im Analyseergebnis und ist mit virg markiert.

7.6.2 Reflexive Verben

Eine besondere Herausforderung für LA-it stellen die reflexiven Verben dar, da diese in einigen Fällen einen anderen Valenzrahmen als ihr nicht reflexives Äquivalent besitzen. Ein Beispiel ist *stancare*, das nach Sabatini u. Coletti (2008) eine Valenzposition für ein Subjekt und ein direktes Objekt besitzt. Das reflexive Verb *stancarsi* hingegen besitzt noch zwei weitere Valenzen (nur Subjekt sowie Subjekt und präpositionales Argument beginnend mit *di*). Da im Gegensatz zur deutschen Sprache das klitische Reflexivpronomen vor der finiten Verbform steht[87],

[87]Vgl. die Beispiele von Schwarze (1995, S. 323f.) und Bianco (1996, S.74–78).

kann erst nach deren Kombination ein neuer Valenzrahmen hinzugefügt werden. Für die reflexiven Verben gibt es eine spezielle Operation **semlex**, weil der Abgleich mit dem semantischen Lexikon, wie in Abbildung 6.2 auf Seite 87 zu sehen, nach der morphologischen Analyse ausgeführt wird und nicht während der syntaktisch-semantischen Analyse. Mit Hilfe dieser Operation kann auch zur Laufzeit nachträglich ein Abgleich mit dem semantischen Lexikon gemacht werden. Dies ist unbedingt erforderlich, um dem reflexiv gebrauchten Verb andere Valenzen hinzufügen zu können. Dies gilt für die Verbindung der Reflexivpronomina *mi*, *ti*, *si*, *ci* und *vi* mit einer finiten Verbform.[88]

Abbildung 7.55 zeigt an der Phrase *i francesi si stancarono degli scioperi* aus dem Repubblica-Korpus die allgemeine Vorgehensweise bei der Implementierung der Reflexivpronomina und deren nachträglichen Abgleich mit dem semantischen Lexikon zur Laufzeit.

Der erste Ableitungsschritt wird über Klausel 2 von PUNT+LOCAZ vollzogen, die auch für Linksversetzungen zuständig ist. In dieser Klausel wird eine Nominalphrase mit einem klitischen Reflexivpronomen verknüpft. Das Muster das Satzanfangs liest Nominalphrasen mit Substantiv, Pronomen oder Eigennamen als Kopf ein. Alle klitischen Reflexivpronomina werden über das Muster des nächsten Wortes eingelesen. Die Variable RIFL bindet alle möglichen Werte im Attribut cat an sich. Diese sind ähnlich den Werten der anderen klitischen Pronomina aus Abschnitt 7.3.10, jedoch sind sie durch ein angehängtes _rifl eindeutig als Reflexivpronomina markiert. Im Attribut sem muss ein Wert rifl an erster Stelle vorhanden sein. Eine Besonderheit stellt der Wert si im Attribut noun dar, der für alle klitischen Reflexivpronomina gilt. So ist beispielsweise auch *mi* im noun-Attribut mit si ausgezeichnet. Der Grund hierfür ist in Klausel 7 von MAIN+VF erläutert. Ein Constraint zwischen den Variablen RIFL und NP regelt die korrekte Verknüpfung der Nominalphrase mit dem Reflexivpronomen. So ist beispielsweise eine Kombination von *i francesi* und *mi* nicht möglich.[89]

[88] Für weitere Erläuterungen zu den Reflexivpronomina sei auf Cordin (2001a) verwiesen. Ein nachträglicher Abgleich mit den dort beschriebenen freien Reflexivpronomina ist nicht implementiert.

[89] Dies gilt jedoch nur im Fall der Reflexivpronomina. Eine Verknüpfung mit *mi* als Dativ- oder Akkusativpronomen ist über die Regel CLIT in Abbildung 7.44 auf Seite 220 geregelt.

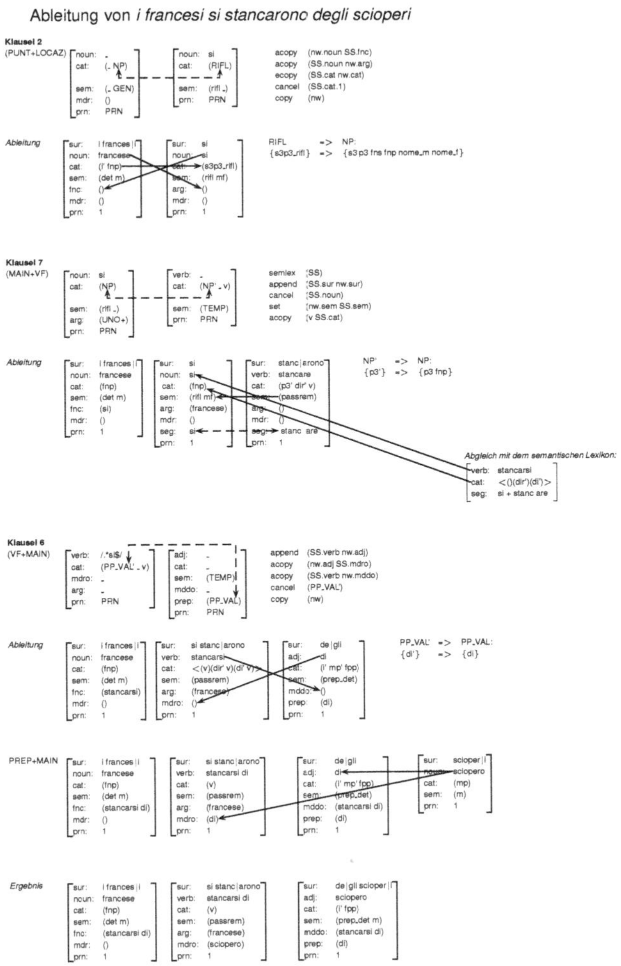

Abbildung 7.55: PUNT+LOCAZ und MAIN+VF: Reflexive Verben

Während der Analyseableitung werden die Proplets der Nominalphrase und des Reflexivpronomens bidirektional über die Attribute fnc und arg miteinander verzeigert. Die Verbindung zweier noun-Proplets über die beiden Attribute ist in diesem Sonderfall erlaubt, da das Reflexivpronomen in der folgenden Klausel mit dem Proplet der finiten Verbform verschmilzt. Weiterhin wird der cat-Wert der Nominalphrase exklusiv in den cat-Wert des Reflexivpronomens kopiert, um in der folgenden Klausel eine Numerusüberprüfung mit der finiten Verbform vollziehen zu können. Mögliche Positionen für nachgestellte Adjektive der Nominalphrase werden gekürzt.

Nach der Kombination der Nominalphrase mit dem Reflexivpronomen wird dieses in Klausel 7 von `MAIN+VF` mit einer finiten Verbform verknüpft. Am Muster des Satzanfangs ist zu erkennen, dass durch den Wert `rifl` im Attribut sem nur Reflexivpronomina eingelesen werden können. Diese besitzen im Gegensatz zur vorherigen Klausel im Attribut cat nicht die Werte der Variable `RIFL`, sondern von `NP` für die Nominalphrasen. Dies gilt aufgrund des exklusiven Kopierens des cat-Wertes der Nominalphrase in das Attribut des Reflexivpronomens. Ohne diese Maßnahme wäre auch eine Ableitung von **i francesi si stanca* möglich, da *si* mit Nominalphrasen sowohl im Singular als auch im Plural kombinierbar ist. Ebenso muss ein Argument in arg vorhanden sein. Eine weitere nicht dargestellte Klausel regelt den Fall, wenn kein realisiertes Subjekt an der Ableitung beteiligt ist. Das Muster des nächsten Wortes liest finite Verbformen ein. Ein Constraint zwischen den Variablen `NP'` und `NP` regelt die Kombinierbarkeit zwischen Reflexivpronomen und finiter Verbform.

Während der Analyseableitung wird zuerst die Operation `semlex(SS)` ausgeführt. Es werden die seg-Attribute der Proplets des Reflexivpronomens und der finiten Verbform automatisch verknüpft und der daraus resultierende Wert `si + stanc are` mit dem semantischen Lexikon abgeglichen. In einer zusätzlichen Datei ausschließlich für reflexive Verben, in der 3 365 neue Valenzrahmen zu finden sind, gibt es einen Eintrag für *stancarsi*, der ein neues verb-Attribut und einen alternativen Valenzrahmen liefert. Die Informationen werden jedoch nur hinzugefügt, wenn der Abgleich über das Attribut seg gelingt. Auch muss das ursprünglich vorhandene Attribut noun gelöscht und die beiden Oberflächen miteinander verbunden werden. Der sem-Wert der finiten Verbform wird übernommen und die Resultatskategorie `v` additiv in das Attribut cat kopiert. Somit entsteht ein umgebautes Proplet mit neuem Valenzrahmen und verb-Attribut. Da die beiden Attribute miteinander verschmelzen, bleibt auch das gefüllte arg-Attribut existent, sodass die Funktor-Argument-Struktur zwischen Subjekt und finiter Verbform korrekt dargestellt ist.

Über `VF+MAIN` kann entweder das direkte Objekt oder, wie in diesem Fall, ein präpositionales Argument beginnend mit *di* angehängt werden. Auffällig am Muster das Satzanfangs ist, dass der Wert des verb-Attributs auf `si` enden muss, sodass nur reflexive Verben eingelesen werden können. Alle weiteren Constraints und Operationen sind äquivalent zu Abbildung 7.36 auf Seite 200, in der finite Verbformen mit präpositionalen Argumenten verknüpft werden. Über die Regel `PREP+MAIN` wird die vollständige Präpositionalphrase gebildet.

Am Analyseergebnis ist zu sehen, dass die Proplets von Reflexivpronomen und finiter Verbform miteinander verschmolzen sind. Der zur Laufzeit stattfindende Abgleich mit dem semantischen Lexikon funktioniert, da ohne die zusätzlichen Valenzpositionen eine Verknüpfung mit dem präpositionalen Argument nicht möglich gewesen wäre. Die Proplets sind wie bei den nicht reflexiven Verben bidirektional über die Attribute fnc, arg, mdro und mddo miteinander verzeigert.

7.7 Zusammenfassung

Die Umsetzung syntaktischer Strukturen ist in fünf Hauptbereiche unterteilt: die Nominalphrasen, die Präpositionalphrasen, die Verbalphrasen, die Adverbiale und die Satztypen. Darüber hinaus sind in Abschnitt 7.6 drei Spezialfälle für die Implementierung genauer erläutert.

Innerhalb der Nominalphrasen ist ein Teilgebiet die Kombination von Substantiven mit verschiedenen Determinierern und Adjektiven in adnominaler Verwendung (vor- und nachgestellt). Mehrere Constraints regeln die Numerus- und Genuskongruenz. Ebenso sind weitere Regeln und Klauseln für modifizierende Präpositionalphrasen, Appositionen und Relativsätze implementiert. Wichtig ist hierbei die funktionierende Interaktion aller beteiligten Klauseln, wie Abschnitt 7.1.6 zeigt.

Bei den Präpositionalphrasen sind einfache, verschmolzene und komplexe Präpositionen integriert. Die Tatsache, dass Präpositionalphrasen verschiedene Funktionen im Satz ausüben können, ist zudem berücksichtigt.

Mögliche Valenzpositionen bei den Verbalphrasen sind das Subjekt, das direkte Objekt, das präpositionale Argument, das prädikative Komplement und die klitischen Pronomina. Mehrteilige Verbformen wie zusammengesetzte Tempusformen, Passive, Aspektperiphrasen und Konstruktionen mit einem Modalverb sind ebenso bildbar wie verschiedene Kopulastrukturen. Zusätzlich gibt es spezielle Klauseln für nicht realisierte Subjekte.

Die Funktion des Adverbials können in LA-it Adverbien oder Präpositionalphrasen übernehmen. Bei den Adverbien wurde vor allem auf ihre verschiedenen Stellungsmöglichkeiten im Satz geachtet.

Mögliche Satztypen, die in LA-it erkannt werden, sind Deklarativsätze, Interrogativsätze, Exklamativsätze und Imperativsätze. Je nach Satztyp können Ableitungen mit einem Punkt, einem Fragezeichen oder einem Ausrufezeichen beendet werden. Voraussetzung dabei ist, dass bis auf wenige Ausnahmen alle Valenzpositionen im cat-Attribut der verb-Proplets gekürzt sind.

Im folgenden Kapitel, der Evaluation, werden alle implementierten Konstruktionen am Repubblica-Korpus getestet und die Ergebnisse quantitativ und qualitativ ausgewertet.

8 Evaluation

Ein Großteil der im vorherigen Kapitel erläuterten Konstruktionen, die in LA-it implementiert sind, soll im Folgenden bezüglich zweier Gesichtspunkte untersucht werden. Zum einen soll in Abschnitt 8.1 an Korpusdaten aus dem Repubblica-Korpus getestet werden, welche Erkennungsraten LA-it für fest definierte Nominalphrasen- und Satzstrukturen liefert. Mit einbezogen ist auch eine Auswertung der Ambiguitätenraten. Zum anderen werden in den Abschnitten 8.2 und 8.3 bestimmte Teilkonstruktionen einer genauen Analyse unterzogen. Vor der Auswertung der Strukturen aus dem Repubblica-Korpus wurden die Regeln und Klauseln in LA-it an mehreren positiven und negativen Testlisten überprüft, um die korrekte Implementierung von allen Constraints und Kombinationen zu gewährleisten. Es wurden bei den Nominalphrasen 474 korrekte und 351 nicht korrekte Strukturen getestet, bei den Verbalphrasen waren es 637 korrekte und 349 nicht korrekte Formen. Konstruktionen mit Adverbien wurden an 180 positiven und 133 negativen Beispielen kontrolliert, die verschiedenen Satztypen an insgesamt 765 positiven Strukturen. Bei den folgenden Fehleranalysen gilt zu beachten, dass eine nachträgliche Ausbesserung der Fehler nicht getätigt wurde, um die Reproduzierbarkeit der Analyseergebnisse zu gewährleisten.

8.1 Erkennungsraten und Fehleranalyse

Um die implementierten Konstruktionen aus LA-it an Korpusdaten zu testen, wird die Online-Version des Repubblica-Korpus verwendet.[1] Diese hat den Vorteil, dass sie mit der „IMS CorpusWorkBench“ indexiert wurde und Suchanfragen

[1]Diese ist unter der URL http://dev.sslmit.unibo.it/corpora/corpus.php?path=\&name=Repubblica [Stand: 15.03.2012] zu finden.

über die Korpusanfragesprache „Corpus Query Processor" möglich sind.[2] Es sind beispielsweise Mechanismen für das Finden von speziellen Wortformoberflächen mittels regulärer Ausdrücke, das Suchen von Grundformen zu flektierten Formen oder die Ausgabe von Wortformabfolgen nach Tags unterteilt vorhanden. Die für die Evaluation verwendeten Tags sind folgende:[3]

- SOST: Substantiv
- VER: Verb
  - fin: einfache Tempusform
  - com: zusammengesetzte Tempusform oder Passiv
  - mod: Konstruktion aus Modalverb und Infinitiv
  - imp: Verbform in einem Imperativ- oder Exklamativsatz
  - imp:cli: Verbform mit einem oder zwei angehängten enklitischen Pronomina in einem Imperativ- oder Exklamativsatz
  - pp: Partizip Perfekt
- AUX: Auxiliar
- ADJ: Adjektiv
- ART: definiter oder indefiniter Artikel
- PREART: Präartikel
- DIM: Demonstrativum
- ADV: Adverb
- PRO:pers: Personalpronomen
- PRO:int: Interrogativpronomen

[2]Für eine Einführung in die Korpusanfragesprache sei auf Christ (1994) und Christ u. Schulze (1995) verwiesen.

[3]Die Namen der aufgelisteten Tags ähneln denen der Suchanfragesprache des Repubblica-Korpus, sind jedoch nicht identisch mit diesen. Sie werden als Kürzel in den folgenden Auswertungstabellen verwendet.

- CLI: klitisches Pronomen
- NP: Nominalphrase: Diese besteht in der spezifizierten Suchanfrage aus keinem oder einem bestimmten oder unbestimmten Artikel, vor- oder nachgestellten optionalen Adjektiven, einem Substantiv als Kopf sowie maximal drei nachgestellten modifizierenden Präpositionalphrasen, die optional sind.
- PP: Präpositionalphrase: Sie besteht aus einer einfachen oder verschmolzenen Präposition, vor- oder nachgestellten Adjektiven und einem Substantiv als Kopf.
- (opt): optionale Angabe

Die Testlisten sind in die Bereiche der Nominalphrasen (siehe Abschnitt 8.1.1), der deklarativen Hauptsätze mit einfachen und zusammengesetzten Tempusformen (siehe Abschnitt 8.1.2) sowie in Interrogativ-, Exklamativ- und Imperativsätze (siehe Abschnitt 8.1.3) unterteilt. In der Suchanfragesprache wurde markiert, dass die Ergebnisse per Zufallsprinzip auszugeben sind.[4] Die maximale Anzahl an möglichen Funden beläuft sich auf 10 000. Für einen Teil der Testlisten werden 100 nicht erkannte Analysen einer Untersuchung unterzogen und der Grund des Fehlschlagens näher betrachtet.

8.1.1 Nominalphrasen

Tabelle 8.1 auf Seite 260 zeigt die Ergebnisse für verschiedene Strukturen, die häufig innerhalb einer Nominalphrase zu finden sind und deren Implementierung in Abschnitt 7.1 erläutert ist.

Die Testlisten 1 und 2 unterscheiden sich nur darin, dass in der ersten Liste ein vorangestelltes Adjektiv vorhanden sein muss, in der zweiten hingegen ein nachgestelltes. Weitere Adjektive sind optional möglich, was durch `(opt)` ausgedrückt ist. Die Erkennungsrate liegt in vier Testlisten bei über 90%.[5] Nur Testliste 7 hat eine Erkennungsrate von unter 80%.

[4] Eine weitere Möglichkeit wäre gewesen, jeweils die ersten Funde aus dem Korpus aufzulisten.

[5] Alle Erkennungsraten sind auf zwei Nachkommastellen gerundet.

Nr.	Aufbau	Anzahl	Erkannt	in %	∅ Wörter
1	ART + ADJ + SOST + ADJ(opt)	10 000	9 337	93,37%	3,00
2	ART + ADJ(opt) + SOST + ADJ	10 000	8 681	86,81%	≈ 3,08
3	DIM + ADJ(opt) + SOST + ADJ(opt)	10 000	9 011	90,11%	≈ 2,08
4	PREART + ART(opt) + ADJ(opt) + SOST + ADJ(opt)	10 000	9 056	90,56%	2,22
5	ART/DIM + ADJ(opt) + SOST + ADJ(opt) + PP + 2PP(opt)	10 000	9 096	90,96%	≈ 4,29
6	ART/DIM + ADJ(opt) + SOST + ADJ(opt) + PP + PP + PP(opt)	10 000	8 566	85,66%	≈ 6,47
7	ART/DIM + ADJ(opt) + SOST + ADJ(opt) + PP + PP + PP	10 000	7 935	79,35%	≈ 8,68
	Gesamt	70 000	61 682	88,12%	≈ 4,26

Tabelle 8.1: Erkennungsraten für Nominalphrasen des Repubblica-Korpus

Diese ist durch die größte durchschnittliche Wortlänge der Suchergebnisse begründet. Je höher die Wortlänge der Ergebnisse ist, umso höher ist die Wahrscheinlichkeit, dass ein Wort des Suchergebnisses nicht im Lexikon enthalten ist. Insgesamt werden von den 70 000 analysierten Strukturen 61 682 erkannt, was einen Durchschnittsprozentsatz von 88,12% ergibt. Die Ambiguitätenrate liegt für alle erkannten Strukturen bei ungefähr 1,23 Lesarten pro Ergebnis.
Um die Arten der möglichen Fehlerquellen zu analysieren, wurden jeweils 50 fehlgeschlagene Analysen der Testlisten 1 und 2 herausgenommen und einer qualitativen Untersuchung unterzogen. Tabelle 8.2 stellt die Ergebnisse dar.

Anzahl	Fehlerart	Beispiel
37	Fehlendes Adjektiv	la costa **veneto-romagnola** una scissione **filo-cinese** la frontiera **afghana**
20	Fehlendes Substantiv	i grandi **battenti** l'autentico **poeta-saldatore** un autorevole **esponente**
16	Falsche Substantivkategorie	un supremo **moderatore** il piccolo **siamese** le **prigioni** californiane
12	Restriktionsverletzung des Anlauts	**una efficace** attività **una incontrastata** egemonia **la opinione** pubblica
7	Fehler beim Tagging	i **teen agers** la **break dance** l'**autodefinirsi** manager
4	Mögliche oder scheinbare Kongruenzfehler	i settori **cristiano**
4	Mögliche Tipp- oder Kodierungsfehler	la crudele **bizzarri'a**

Tabelle 8.2: Fehlerquellen bei Nominalphrasen

Die größte Anzahl an Fehlerquellen machen nicht erkannte Adjektive aus. Frequent sind hierbei Bindestrichkomposita (*veneto-romagnola*) oder Adjektive, die die Herkunft aus einem Land bezeichnen (*afghana*).
Fehlende Substantive sind die zweithöchste Fehlerquelle. Hier schlagen die Analysen wieder häufig wegen Bindestrichkomposita (*poeta-saldatore*) fehl. Zudem sind Adjektive oder Partizipien, die als Substantive verwendet werden, eine Fehlerquelle (*battenti*). Die Wortformen werden hierbei zwar erkannt, jedoch nicht als Substantive. Aber auch Fremdwörter wie *folk-tale*, die nicht im Lexikon zu finden sind, können nicht analysiert werden.
Falsche Substantivkategorien, die ursprünglich aus dem CoLFIS übernommen wurden, stellen eine Fehlerquelle vor allem bei Substantiven mit der Endung *-e*

dar. Im Beispiel *un supremo moderatore* schlägt die Analyse aufgrund der Tatsache fehl, weil *moderatore* mit dem Kategoriewert `fs` annotiert ist. Folglich wird die Kongruenz mit dem Adjektiv *supremo* (`ms`) nicht eingehalten. Lexikoneinträge der Substantive sind auch oftmals nur mit einem Genus ausgestattet. So hat *siamese* den Kategoriewert `fs`, nach Sabatini u. Coletti (2008) wäre jedoch der Kategoriewert `mfs` richtig. Durch eine Neukategorisierung wäre *il piccolo siamese* aufgrund der Restriktionsbeschränkungen analysierbar.

Eine interessante Beobachtung stellen die zwölf Fehlanalysen dar, die aufgrund einer Restriktionsverletzung des Anlauts des Substantivs oder des Adjektivs nach einem eingelesenen Artikel entstanden sind. So wäre in LA-it anstelle der Konstruktion *la opinione pubblica* nur *l'opinione pubblica* korrekt. Abschnitt 8.2, in dem weitere Untersuchungen bezüglich des Anlauts erläutert werden, widmet sich diesem Thema. Am Beispiel der Restriktionsverletzung des Anlauts zeigt sich die Wichtigkeit einer genauen und grammatikalisch fehlerfreien Implementierung. Wären keine Constraints aus Abschnitt 7.1.1 für die Kombination der Artikel mit Substantiven und Adjektiven bezüglich des Anlauts vorhanden, könnte die Beobachtung, dass immerhin zwölf der 100 überprüften Fehlanalysen diesem Phänomen zuzuordnen sind, nicht gemacht werden. Die Konstruktionen wären alle als wohlgeformt analysiert worden, da in allen Beispielen die Numerus-Genus-Kongruenz eingehalten ist. Folglich würde jedoch auch eine Kombination **l'ragazzo* nicht als unkorrekt analysiert werden.

Die letzten drei Arten von Fehlanalysen stellen falsch getaggte Wortformen, vor allem bei Fremdwörtern (*break dance*), mögliche oder scheinbare Kongruenzfehler (*i settori cristiano*) sowie Tipp- oder Kodierungsfehler (*bizzarri'a* anstatt *bizzarrìa*) dar. Der Zusatz „scheinbar" im Fall von *i settori cristiano* spielt hierbei eine Rolle. Bei der Online-Version des Repubblica-Korpus ist es nicht möglich, direkt innerhalb von Nominalphrasen zu suchen, das heißt es gibt kein Tag, das eine Struktur bereits als vollständige Nominalphrase ausgibt. Daher ist zu beachten, dass rein quantitativ nach Strukturen, die in einer Nominalphrase vorkommen können, gesucht wurde. Der Suchraum für diese Strukturen wurde zudem eingegrenzt. Betrachtet man die Umgebung von *i settori cristiano* genauer, so lässt sich feststellen, dass die Wortfolge ausschließlich im Kontext von *i settori cristiano e musulmano* auftritt. In diesem Fall müsste genauer untersucht werden, ob

die Kongruenz zwischen *settori* und den Adjektiven *cristiano e musulmano* eingehalten ist. Eine Überprüfung der Testlisten ergab, dass abweichende Strukturen nur sehr vereinzelt vorkommen.
Die Untersuchungen zeigen, dass 73 der 100 fehlgeschlagenen Analysen behoben werden könnten, indem die Lexikondateien um die fehlenden Adjektive und Substantive erweitert oder die falsch kategorisierten Substantive berichtigt werden würden. Der Frage, ob die Restriktionen bezüglich des Anlauts bei den Artikeln *la* und *una* erweitert werden sollten, widmet sich Abschnitt 8.2. Die restlichen Fehlanalysen sind durch falsches Tagging im Repubblica-Korpus, scheinbare Kongruenzfehler oder mögliche Tipp- und Kodierungsfehler entstanden.

8.1.2 Deklarativsätze

Die Deklarativsätze sind in einfache (siehe Tabelle 8.3 auf Seite 264) und zusammengesetzte (siehe Tabelle 8.6 auf Seite 270) Tempusformen unterteilt. Es sind Testlisten mit und ohne realisiertem Subjekt analysiert. Das realisierte Subjekt besteht entweder aus einer Nominalphrase oder einem Personalpronomen. Darüber hinaus sind in einigen Testlisten klitische Pronomina und Adverbien eingebaut. Tabelle 8.3 auf Seite 264 zeigt die Erkennungsraten für deklarative Hauptsätze mit einfachen Tempusformen.

Testliste 1 und 2 unterscheiden sich in der Realisierung des Subjekts. Zudem sind in Testliste 2 noch eine weitere Nominalphrase und drei Präpositionalphrasen nach der finiten Verbform optional möglich. Testliste 3 verwendet anstelle von Nominal- oder Präpositionalphrasen als direktes Objekt oder präpositionales Argument klitische Pronomina. In Testliste 4 muss eine Nominalphrase direkt nach der finiten Verbform vorhanden sein, in 5 mindestens eine Präpositionalphrase. Bei Testliste 6 beginnt der deklarative Hauptsatz mit einem Adverb. Jede Testliste erreicht eine Erkennungsrate von über 50%, insgesamt wird eine Erkennungsrate von 63,65% erzielt. Die Ambiguitätenrate liegt für alle 29 257 erkannten Sätze bei ungefähr 1,22 Lesarten pro Ergebnis.

Nr.	Aufbau	Anzahl	Erkannt	in %	∅ Wörter
1	NP/PRO:pers + VER:fin	4 051	2 315	57,15%	≈ 3,44
2	VER:fin + NP(opt) + 3PP(opt)	10 000	6 868	68,68%	≈ 3,90
3	NP/PRO:pers + 2CLI(opt) + VER:fin	7 324	4 198	57,32%	≈ 3,84
4	NP/PRO:pers + VER:fin + NP + 3PP(opt)	10 000	6 148	61,48%	≈ 7,28
5	NP/PRO:pers + VER:fin + PP + 2PP(opt)	9 712	6 371	65,60%	≈ 6,66
6	ADV + NP/PRO:pers + VER: fin + NP(opt) + 3PP(opt)	4 876	3 357	68,85%	≈ 6,77
	Gesamt	45 963	29 257	63,65%	≈ 5,47

Tabelle 8.3: Erkennungsraten deklarativer Hauptsätze des Repubblica-Korpus (einfache Tempusformen)

Tabelle 8.4 gibt Aufschluss über häufige Fehlerquellen innerhalb von Testliste 1 an 100 fehlgeschlagenen Analysen.

Der häufigste Grund für Fehlanalysen innerhalb der 100 Testsätze liegt darin, dass nicht alle Valenzpositionen gekürzt sind. Bei *rifiuta* beispielsweise bleibt der Wert `dir'` für das direkte Objekt bestehen, sodass der Satz aufgrund der nicht gefüllten Valenzposition als unvollständig zurückgewiesen wird. Allen der 38 Fehlanalysen ist also gemein, dass innerhalb der Valenzrahmen der finiten Verbformen keine intransitive Verwendung zugelassen ist. Einer genaueren Analyse dieser Art von fehlgeschlagenen Testsätzen widmet sich Abschnitt 8.3.
Insgesamt 33-mal schlägt eine Analyse aufgrund eines möglichen Taggingfehlers fehl. So sind in den drei dargestellten Beispielsätzen Substantive oder Eigennamen im Repubblica-Korpus als finite Verbformen annotiert. Dies mag damit zusammenhängen, dass in den Sätzen keine finiten Verbformen vorhanden sind.

Anzahl	Fehlerart	Beispiel
38	Nicht gekürzte Valenzposition	I ragazzi **guardano**. Lui **rifiuta**. Il pubblico **applaude**.
33	Mögliche Fehler beim Tagging	Il ritiro dal **libano**. Sciopero dei dirigenti contro riforma **pensioni**. Le invenzioni di **mollino**.
16	Fehlendes Substantiv	Il **vescovone** respira. Gli **egiziani** esitano. I **liberisti** inneggiano.
4	Fehlendes Adjektiv	Il regime **comunista** polacco barcollò.
4	Mögliche oder scheinbare Kongruenzfehler	**Le piccole panda** crescono.
3	Fehlendes Verb oder fehlende Verbform	Il bambino **sopravviverà**.
1	Falsch kategorisiertes Substantiv	Le piccole **labbra** impallidiscono.
1	Mögliche Kodierungsfehler	Il **brusi'o** aumenta.

Tabelle 8.4: Fehlerquellen bei Sätzen mit Subjekt und einfacher Tempusform am Satzende

Die falsche Zuordnung ist möglicherweise dadurch zu begründen, dass für die drei Wortformen *libano*, *pensioni* und *mollino*[6], die in diesem Fall als Substantiv beziehungsweise Eigenname annotiert sein müssten, auch jeweils eine Kategorisierung als finite Verbform mit identischer Oberfläche möglich ist. In den Beispielsätzen wären dies flektierte Formen der Verben *libare*, *pensionare* und *mollare*. Der Tagger scheint die Kategorisierung als finite Verbform vorzuziehen, da ansonsten kein Verb im Satz vorhanden wäre.

[6]Im Repubblica-Korpus handelt es sich um einen Artikel über den Architekten Carlo Mollino (1905-1973).

Die dritthäufigste Fehlerquelle liegt bei nicht erkannten Substantiven. Es handelt sich hauptsächlich um Derivate, für die keine regelbasierten Ableitungen in LA-Morph implementiert sind (*vescovone*, *liberista*) oder Herkunftsbezeichnungen, die nur als Adjektiv analysiert werden (*egiziani*). Auch Fremdwörter, die im Repubblica-Korpus als Substantiv kategorisiert sind, können nicht immer in LA-Morph erkannt werden.

Eine weitere, im Vergleich zu den Ergebnissen aus Tabelle 8.2 auf Seite 261 jedoch kleinere Fehlerquelle, sind nicht erkannte Adjektive. Beispielsweise wird *comunista* nur als Substantiv analysiert. Auch stehen Bindestrichkomposita wie *duri-dolci* nicht im Lexikon.

Darüber hinaus sind insgesamt vier der fehlgeschlagenen Analysen auf mögliche oder scheinbare Kongruenzfehler zurückzuführen. So ist bei *le piccole panda* das Substantiv *panda* mit der Kategorie `ms` ausgestattet, was in Einklang mit den Ausführungen in Sabatini u. Coletti (2008) und Garzantis *Grande Dizionario di Italiano 2.0* steht.[7] Deshalb dürfte es aufgrund des implementierten Constraints zwischen Substantiven und Adjektiven nur mit der Adjektivform *piccolo* kongruieren. Eine Überprüfung im Repubblica-Korpus ergab jedoch, dass es sich in diesem Fall um einen Fiat Panda, der nicht als Eigenname im Lexikon steht, handelt. Da Autonamen im Italienischen grundsätzlich feminin sind, könnte das Namenlexikon um weitere Einträge ergänzt werden.

In manchen Fällen ist eine flektierte Verbform nicht über die Kombinationstabellen der Verben bildbar. Es wird anstelle von *sopravviverà* beispielsweise nur *sopravvivrà* als wohlgeformt analysiert, in Sabatini u. Coletti (2008) sind jedoch beide Formen zugelassen. Zwei weitere Fehlanalysen sind wegen eines falsch kategorisierten Substantivs (*labbra* ist mit dem Kategoriewert `fs` anstatt `fp` ausgestattet) und wegen eines möglichen Kodierungsfehlers (*brusi'o* anstelle von *brusìo*) entstanden.

Insgesamt könnten in etwa ein Viertel aller Analysen durch Nachbessern des Lexikons verhindert werden. Dass die 33 Sätze, die aufgrund des fehlerhaften Taggings im Repubblica-Korpus überhaupt in die Analyse aufgenommen sind, als nicht wohlgeformt zurückgewiesen werden, hat seine Berechtigung. Der größten Fehlerquelle, den nicht gekürzten Valenzpositionen, ist Abschnitt 8.3 gewidmet.

---

[7] Das Lexikon ist unter der URL http://garzantilinguistica.sapere.it/ [Stand: 15.03.2012] abrufbar.

Eine zweite Untersuchung wurde an 100 fehlgeschlagenen Analysen von Testliste 4 vorgenommen. Tabelle 8.5 zeigt die möglichen Fehlerquellen mit der Häufigkeit ihres Vorkommens auf.

Anzahl	**Fehlerart**	**Beispiel**
31	Fehlendes Substantiv	Le banche bloccano il **turn-over**. I **finlandesi** cercano il relitto nel lago. La fine della demonizzazione comporta la fine della **pregiudiziale**.
18	Fehlende Klauseln	L'uomo **è un gran trafficone**. **Pirati malesi assaltano** una nave della marina usa. Loro sono **i rappresentanti dei nemici dello stato**.
10	Nicht gekürzte Valenzposition	L'opposizione **attacca** la giunta. I conservatori **incolpano** gli sceicchi. Il presidente **propone** la firma di presenza.
9	Mögliche Fehler beim Tagging	**Lunedì** arriva il fiorino. Porto a **spasso** il cane. **Gamba** allenerà una squadra di club.
8	Abweichungen in der Satzstellung	**Voi giornalisti** amate le immagini eccessive. La quarta incognita **sono i missini**. Grave forma di totalitarismo **dicono i giornali**.

Tabelle 8.5: Fehlerquellen bei Sätzen mit Subjekt und direktem Objekt, realisiert als Nominalphrase

6	Fehlendes Adjektiv	Grossa parte dell'opinione pubblica seguì la spinta **antiisraeliana**. La rimozione collettiva alimenta le polemiche **politiche**. Io cerco un movimento **teatralizzato**.
5	Mögliche oder scheinbare Kongruenzfehler	Trasporti partono **gli sciopero** dei sindacati autonomi.
5	Falsch kategorisiertes Substantiv	I **testimoni** d' accusa abbandonano l'aula.
5	Fehlende Verbform	La commissione **conferma** il congelamento.
2	Mögliche Tipp- oder Kodierungsfehler	Il segretario della **commisiione** grandi rischi fa il quadro della situazione.
1	Zahlen	I dati di novembre **'84** confermano la forte accelerazione dell'import.

Tabelle 8.5 (Fortsetzung): Fehlerquellen bei Sätzen mit Subjekt und direktem Objekt, realisiert als Nominalphrase

Den größten Anteil an Fehlern machen nicht erkannte Substantive aus. Wieder handelt es sich in den meisten Fällen um Herkunftsbezeichnungen, Fremdwörter oder als Substantiv verwendete Adjektive oder Partizipien.

Die zweithäufigste Fehlerquelle sind fehlende Klauseln für bestimmte Satzkonstruktionen. Dies ist vor allem bei Kopulakonstruktionen auffällig, bei denen das prädikative Komplement nicht nur durch ein Substantiv realisiert, sondern auch noch zusätzlich mit modifizierenden Adjektiven oder Präpositionalphrasen ausgestattet ist. Eine andere Konstruktion, die nicht in LA-it abgedeckt ist, ist die Kombination Substantiv + Adjektiv + finite Verbform. Diese Konstruktion wird nur erkannt und analysiert, falls vor dem Substantiv ein Determinierer eingelesen ist. Die Kombination Adjektiv + Substantiv + finite Verbform ist jedoch über eine Klausel abgedeckt.

Die nicht gekürzten Valenzpositionen machen im Gegenteil zu Tabelle 8.4 auf Seite 265 nicht die häufigste Fehlerquelle aus. Untersuchungen bezüglich der nicht gekürzten Valenzpositionen aus Testliste 4 sind in Abschnitt 8.3 zu finden.

Auch Taggingfehler finden sich seltener in den Fehlanalysen. Teilweise sind Substantive, die in der Ableitung als Adverb fungieren, für eine Analyse in LA-it falsch kategorisiert (*lunedì*). Am Beispiel von *Porta a spasso il cane.* ist auf den ersten Blick nicht zu erkennen, welche Konstituente der Tagger als finite Verbform gekenngezeichnet hat. Eine zusätzliche Überprüfung im Repubblica-Korpus ergab, dass *spasso* als finite Verbform annotiert wurde.

Abweichungen von der unmarkierten Satzstellung sind eine weitere Fehlerquelle. In manchen Ableitungen ist es in LA-it nicht möglich, nach der finiten Verbform eingelesene Subjekte analysieren zu können (*Grave forma di totalitarismo dicono i giornali.*). Auch gelingen Ableitungen nicht, in denen ein Substantiv direkt einem Personalpronomen folgt.

Sechs Ableitungen schlagen aufgrund nicht erkannter Adjektive fehl. Es handelt sich um Adjektive, die in LA-it nur als Substantive analysiert werden (*politiche*), Derivate (*antiisraeliana*) oder das Partizip Perfekt eines Verbs (*teatralizzato*) sind. Jeweils 5-mal können Ableitungen wegen möglicher Kongruenzfehler, falsch kategorisierter Substantive oder fehlender Verbformen nicht korrekt analysiert werden. Im Fall von *gli sciopero* ist nur die Kombination *gli scioperi* zugelassen. Hierbei könnte es sich jedoch auch um einen Tippfehler des Verfassers handeln. Das Substantiv *testimoni* ist mit dem Kategoriewert `fp` anstatt `mfp` ausgestattet, sodass der Constraint zwischen Artikel und Substantiv greift und die Kombination mit *i* als nicht korrekt zurückgewiesen wird. Bei den fehlenden Verbformen handelt es sich in allen fünf Fällen um die flektierte Form *conferma* des Verbs *confermare*. Niederfrequente Fehlerquellen sind Tipp- oder Kodierungsfehler wie bei **commisiione* oder Jahreszahlen, die einen Apostroph besitzen.

Zusammengefasst könnten in etwa drei Viertel der 100 fehlgeschlagenen Ableitungen durch die Implementierung neuer Klauseln, das Hinzufügen von Lexikoneinträgen oder die Berichtigung der Kategoriewerte verhindert werden. Wie bei Testliste 1 werden die Verben mit nicht gekürzten Valenzpositionen in Abschnitt 8.3 einer genaueren Untersuchung unterzogen.

In Tabelle 8.6 sind Erkennungsraten für verschiedenartige Typen von deklarativen Hauptsätzen, in denen eine zusammengesetzte Tempusform zu finden ist, aufgelistet.

Die Gesamterkennungsrate liegt in etwa um 1,70% höher als bei den deklarativen Hauptsätzen mit einfachen Tempusformen. Die höchste Erkennungsrate liefert Testliste 1, in der nur eine Nominalphrase oder ein Personalpronomen und eine zusammengesetzte Tempusform zu finden sind. Es wurden wie bei den Tests mit einfachen Tempusformen Listen mit obligatorisch vorhandenen Nominalphrasen oder Präpositionalphrasen nach der zusammengesetzten Tempusform analysiert. Auch Adverbien, klitische Pronomina und Modalverben sind in den Testlisten 2, 5 und 6 zu finden. Wiederum wird in allen Testlisten eine Erkennungsrate von über 50% erreicht. Die Ambiguitätenrate liegt für alle 15 045 erkannten Sätze bei ungefähr 1,72 Lesarten pro Ergebnis.

Nr.	**Aufbau**	**Anzahl**	**Erkannt**	**in %**	**∅ Wörter**
1	NP/PRO:pers + VER:com	4 924	4 115	83,57%	≈ 4,77
2	NP/PRO:pers(opt) + CLI + CLI(opt) + VER:com	1 023	541	52,88%	≈ 6,22
3	NP/PRO:pers + VER:com + NP + 3PP(opt)	4 123	2 362	57,29%	≈ 8,83
4	NP/PRO:pers + VER:com + PP + 2PP(opt)	6 347	3 906	61,54%	≈ 8,64
5	ADV + NP/PRO:pers + AUX + ADV(opt) + VER:pp + NP(opt) + 3PP(opt)	2 294	1 610	70,18%	≈ 7,78
6	NP/PRO:pers(opt) + VER:mod + NP(opt) + 3PP(opt)	4 312	2 511	58,23%	≈ 6,14
	Gesamt	23 023	15 045	65,35%	≈ 7,19

Tabelle 8.6: Erkennungsraten deklarativer Hauptsätze des Repubblica-Korpus (zusammengesetzte Tempusformen)

Für die Analyse der Fehlerquellen bei den zusammengesetzten Tempusformen wurden jeweils 25 fehlgeschlagene Ableitungen der Testlisten 1, 2, 3 und 4 genommen und qualitativ untersucht. Die Ergebnisse, nach der Häufigkeit des Vorkommens geordnet, sind in Tabelle 8.7 zu sehen.

Anzahl	**Fehlerart**	**Beispiel**
30	Fehlendes Substantiv	La macchina dell'**automobilista-assassino** viene sequestrata. Il papa viene ricevuto dai **potenti**. Un **ex-dirigente** è stato denunciato dall'azienda.
16	Fehlende Klauseln	**Poeta nero sudafricano venerdì** sarà impiccato. **Qualsiasi azienda** avrebbe licenziato un amministratore del genere. Il consiglio di amministrazione ha nominato il regista **direttore artistico**.
15	Fehlende Auxiliarinformation	Io gliel'ho **sconsigliato**. Un sasso acuminato gli aveva **sfondato** la fronte. Il presidente della regione ha **sollecitato** il compimento dell'intero piano di finanziamento del tronco autostradale.
9	Mögliche oder scheinbare Kongruenzfehler	La polizia ha ordinato **una autopsia**. **Lei è stato definito** una star multimediale. **Una inchiesta** è stata aperta dall'autorità militare.

Tabelle 8.7: Fehlerquellen bei Sätzen mit Subjekt und zusammengesetzter Tempusform am Satzende

7	Fehlendes Adjektiv	Tutti i **precedenti** record sono stati battuti. Il senatore **comunista** ha aperto i lavori del convegno sull'innovazione. L'attentato è rivendicato dalle cellule **comuniste combattenti.**
5	Mögliche Fehler beim Tagging	**Barile** ha rivolto una serie di domande alla corte.
5	Nicht gekürzte Valenzposition	I carabinieri **hanno applaudito.**
4	Fehler in Kopulakonstruktionen	L'occasione del discorso **è stata la prima riunione** dell'osservatorio economico sindacale diocesano.
3	Kein Partizip vorhanden	La notizia è stata **diffusa** da ambienti vicini al dirigente sindacale.
3	Falsch kategorisiertes Substantiv	L'**intervista** è finita.
3	Mögliche Tipp- oder Kodierungsfehler	I **quatro** pacifisti a bordo sono stati arrestati.

Tabelle 8.7 (Fortsetzung): Fehlerquellen bei Sätzen mit Subjekt und zusammengesetzter Tempusform am Satzende

Die häufigste Fehlerquelle sind nicht erkannte Substantive. Es handelt sich vorwiegend um Bindestrichkomposita wie *automobilista-assassino* oder *ex-dirigente* und als Substantiv verwendete Adjektive oder Partizipien (*potenti*).

Die zweithäufigste Fehlerquelle stellen fehlende Klauseln in LA-it für bestimmte Satzkonstruktionen dar. So kann in manchen Fällen bei zwei nachgestellten Adjektiven kein Adverb eingelesen werden. Auch fehlen Klauseln, falls ein prädikatives Komplement des Objekts, das durch ein Substantiv realisiert ist, durch ein nachgestelltes Adjektiv modifiziert wird.

Eine nur für die zusammengesetzten Tempusformen relevante Fehlerquelle sind fehlende Informationen im part-Attribut. Wie in Abschnitt 6.3.4 erläutert, beinhalten Einträge des semantischen Lexikons Informationen zu den benötigten Auxiliaren für zusammengesetzte Tempusformen in diesem Attribut. Jedoch sind nicht für alle Verbeinträge des semantischen Lexikons diese Informationen vorhanden. Da 2 722 nicht reflexive Verben im part-Attribut mit Werten aus dem SIMPLE-Projekt ausgestattet sind, besitzen über die Hälfte der Einträge keine Informationen für die benötigten Auxiliare. Dies ist auch bei den Verben *sconsigliare*, *sfondare* und *sollecitare* der Fall. Alle Verbeinträge des semantischen Lexikons, die somit eine leere Liste als part-Attribut besitzen, können keine zusammengesetzten Tempusformen bilden.

Mögliche Kongruenzfehler sind in neun der 100 fehlgeschlagenen Ableitungen zu beobachten. Bei *Lei è stato definito* handelt es sich nur um einen scheinbaren Kongruenzfehler, da *Lei* in diesem Fall als Höflichkeitsform verwendet wird. Bei *una inchiesta* und *una autopsia* greift eine Restriktionsverletzung des Anlauts bei weiblichen Artikeln, die in Abschnitt 8.2 noch näher untersucht wird.

Eine andere Fehlerquelle stellen fehlende Adjektive im Lexikon dar. Wie in den vorherigen Untersuchungen zu fehlgeschlagenen Ableitungen handelt es sich auch bei den zusammengesetzten Tempusformen um Adjektive, die nur als Substantiv erkannt werden oder um Partizipien, die in der Ableitung die Funktion eines Adjektivs besitzen. Im Beispiel *comuniste combattenti* sind sogar beide Fehlerarten in einer Ableitung zu finden.

Mögliche Taggingfehler machen fünf der 100 Fehlableitungen aus. Im Fall von *Barile* dürfte es sich um den Nachnamen des Anwalts Paolo Barile handeln. Im Repubblica-Korpus jedoch ist die Wortform als Substantiv *barile* kategorisiert.

Weitere fünf Ableitungen schlagen wegen nicht gekürzter Valenzpositionen fehl. In Abschnitt 8.3 folgt eine genauere Untersuchung der Valenzrahmen.

Zusätzliche Fehlerquellen finden sich vereinzelt in Kopulakonstruktionen, vor allem in Verbindung mit modifizierenden Adjektiven. Auch fehlende Partizipien (*diffusa*), falsch kategorisierte Substantive (*intervista* hat den Kategoriewert `ms` anstelle von `fs`) oder mögliche Tippfehler (**quatro* anstatt *quattro*) sind von Belang.

Insgesamt könnte ein Großteil der genannten Fehlanalysen durch eine Nachbearbeitung des Lexikons oder durch das Hinzufügen neuer Klauseln verhindert werden. Hilfreich wären hierbei weitere Informationen zu den benötigten Auxiliaren für zusammengesetzte Tempusformen von bisher nicht erfassten Verben, um diese ins semantische Lexikon einzubinden.

8.1.3 Interrogativ-, Exklamativ- und Imperativsätze

Ein Testverfahren an Sätzen aus dem Repubblica-Korpus soll überprüfen, inwieweit die in Abschnitt 7.5 erläuterten Konstruktionen für Interrogativ-, Exklamativ- und Imperativsätze hohe Erkennungsraten liefern. Tabelle 8.8 zeigt die Ergebnisse der Analyse.

Nr.	Aufbau	Anzahl	Erkannt	in %	∅ Wörter
1	PRO:int + 2CLI(opt) + VER:fin + NP(opt) + 3PP(opt)	10 000	7 354	73,54%	≈ 4,87
2	PRO:int + 2CLI(opt) + VER:com + NP(opt) + 3PP(opt)	3 481	2 498	71,76%	≈ 5,40
3	VER:imp + NP(opt) + 3PP(opt)	671	485	72,28%	≈ 3,49
4	VER:imp:cli + NP(opt) + 3PP(opt)	166	132	79,52%	≈ 2,71
	Gesamt	14 318	10 469	73,12%	≈ 3,91

Tabelle 8.8: Erkennungsraten für Interrogativ-, Exklamativ- und Imperativsätze

In allen vier Testlisten wird eine Erkennungsrate von über 70% erreicht. Insgesamt schafft es LA-it, 73,12% aller Sätze zu erkennen. Es wurden Interrogativsätze mit einfacher Tempusform (Nr. 1), zusammengesetzter Tempusform (Nr. 2) und Exklamativ- und Imperativsätze mit und ohne angehängte enklitische Pronomina getestet. Die Ambiguitätenrate liegt für alle 10 469 erkannten Sätze bei ungefähr 1,60 Lesarten pro Ergebnis.

Wie bei den Testlisten der vorherigen Abschnitte wurde auch bei den Interrogativ-, Exklamativ- und Imperativsätzen eine Fehleranalyse an 100 Beispielsätzen vorgenommen. Hierfür wurden jeweils 30 fehlgeschlagene Ableitungen der Testlisten 1, 2 und 3 sowie zehn fehlgeschlagene Ableitungen von Testliste 4 extrahiert und analysiert. Tabelle 8.9 stellt die Ergebnisse dar.

Anzahl	Fehlerart	Beispiel
31	Fehlende Klauseln	Chi **ne** è responsabile? Quali **ne** saranno le conseguenze? Attaccatevi **in mezzo**!
16	Nicht gekürzte Valenzposition	Come **risponderà** il mercato? Come **si articolerà** la rassegna? **Siete** una corte marziale!
15	Fehler in Kopulakonstruktionen	Quali **saranno i criteri generali della futura norma**? **Sarà la sessantacinquesima volta**! Quali **sono i problemi concreti nella trattativa**?
10	Fehlende Auxiliarinformation	Come **è sparita** la cartella clinica? Dove vi **sareste rifugiati**? Cosa **è accaduto**?
9	Mögliche Fehler beim Tagging	**Macchè** professore! **Acquetta**! **Bari** vergogna!
8	Fehlende Verbform	Chi **pose** il veto? Cosa **successe**? Quanti **sopravviveranno**?
6	Fehlendes Substantiv	Chi ha guadagnato dall'aumento dei **votanti**? Siamo tanti **candidati**! Chi è il **responsabile** delle irregolarità?
3	Mögliche Tippfehler oder Onomatopoetika	**Caricaaa**!
2	Mögliche oder scheinbare Kongruenzfehler	Dov'è **le grande** riforma?

Tabelle 8.9: Fehlerquellen bei Interrogativ-, Exklamativ- und Imperativsätzen

Die größte Fehlerquelle stellen fehlende Klauseln dar. So wird beispielsweise die Kombination des klitischen Pronomens *ne* mit einem Kopulaverb nicht erkannt (*Chi ne è responsabile?*). Auch die Kombination von Imperativformen mit Adverbialen stellt eine häufige Fehlerquelle dar (*Attaccatevi in mezzo!*).

Insgesamt 16 Ableitungen schlagen wegen nicht gekürzter Valenzpositionen fehl. Nach Sabatini u. Coletti (2008) gibt es im Interrogativsatz *Come risponderà il mercato?* keinen Valenzfüller, der als präpositionales Argument beginnend mit der Präposition *a* realisiert ist. Bei *Come si articolerà la rassegna?* fehlt ein präpositionales Argument beginnend mit den Präpositionen *con*, *in* oder *su*. Zusätzliche Untersuchungen bezüglich der nicht gekürzten Valenzpositionen sind in Abschnitt 8.3 zu finden.

Fehler in Kopulakonstruktionen sind in insgesamt 15 der 100 nicht korrekten Ableitungen festzustellen. Hauptursachen sind hierbei nachgestellte Adjektive oder Präpositionalphrasen nach dem prädikativen Komplement (*Quali saranno i criteri generali della futura norma?*).

Eine bereits erläuterte Fehlerquelle stellen die fehlenden Auxiliarinformationen dar. Dies betrifft jedoch nur die zusammengesetzten Tempusformen. So gibt es für Einträge der Verben wie *sparire* oder *accadere* im semantischen Lexikon keine Information im Attribut part.

Mögliche falsch getaggte Ergebnisse bezüglich der Suchanfrage stellen neun Fehlableitungen dar. Bei *Macchè professore!*, *Acquetta!* und *Bari vergogna!* werden *macchè*, *acquetta* und *Bari* als finite Verbformen kategorisiert, jedoch handelt es sich um eine Interjektion (*macchè*), ein Substantiv (*acquetta*) und um den Namen einer italienischen Stadt (*Bari*).

In acht Fällen wird eine finite Verbform nicht über die jeweilige Kombinationstabelle gebildet. In den ersten beiden Fällen handelt es sich um eine Form des *passato remoto* (*pose*, *successe*), im dritten Fall um das einfache Futur (*sopravviveranno*). Insgesamt 6-mal sind Substantive nicht im Lexikon vorhanden. Diese werden in den meisten Fällen nur als Adjektive erkannt. Fehlerquellen stellen auch Tippfehler und Onomatopoetika (*Caricaaa*) sowie mögliche oder scheinbare Kongruenzfehler dar (*le grande*).

Insgesamt könnten in etwa zwei Drittel der Fehlableitungen durch Nachbessern des Lexikons oder durch das Einfügen von neuen Klauseln behoben werden.

8.1.4 Ambiguitätenraten

In den vorherigen Abschnitten sind bereits die durchschnittlichen Lesarten pro Analyse für die vier Gesamttestlisten genannt. Inhalt dieses Abschnitts ist eine Auflistung der Ambiguitätenverteilungen. Dies ist direkt in JSLIM möglich, da am Ende einer Analyse einer Testliste das genaue Resultat bezüglich der Ambiguitäten dargestellt wird. Tabelle 8.10 fasst die Ergebnisse zusammen.

Lesarten	Tabelle 8.1 NP	Tabelle 8.3 Dekl. einfach	Tabelle 8.6 Dekl. zusammen	Tabelle 8.8 Interrog. & Imperativ
1	82,22%	83,48%	51,61%	59,35%
2	14,22%	13,49%	33,09%	29,76%
3	2,54%	1,77%	10,60%	5,62%
4	0,83%	0,90%	3,14%	3,30%
5	0,06%	0,14%	0,35%	1,64%
6-9	0,12%	0,20%	1,11%	0,29%
>=10	0,01%	0,02%	0,11%	0,05%
∅ Lesart	1,23	1,22	1,72	1,60

Tabelle 8.10: Ambiguitätenraten aller Testlisten

Insgesamt ist in allen vier Testlisten eine niedrige Ambiguitätenrate zu beobachten, die dank vieler implementierter Klauseln für einzelne Konstruktionen innerhalb der syntaktisch-semantischen Analyse erreicht werden konnte.[8] Bei den Nominalphrasen (NP) und deklarativen Hauptsätzen mit einfachen Tempusformen (Dekl. einfach) haben weniger als 1% der erfolgreichen Ableitungen fünf oder mehr Lesarten, bei den Deklarativsätzen mit zusammengesetzten Tempusformen (Dekl. zusammen), Interrogativ-, Exklamativ- und Imperativsätzen (Interrog. & Imperativ) sind es weniger als 2%. In allen Testlisten haben über die Hälfte der Ergebnisse nur eine Lesart, bei den Nominalphrasen und deklarativen Hauptsätzen mit einfachen Tempusformen sogar über 80%.

[8]Die Prozentsätze in JSLIM sind auf zwei Nachkommastellen gerundet. Aus diesem Grund kann es vorkommen, dass die Addition aller Prozentsätze nicht genau 100% ergibt.

Die folgenden Ausführungen zeigen für alle der vier Gesamttestlisten die Gründe für vereinzelte Analyseergebnisse mit mehr als zehn Lesarten.

- NP: Innerhalb der Nominalphrasen sind drei Fälle zu erkennen, warum es in geringem Maße zu einem Analyseergebnis mehr als zehn Lesarten gibt. Der erste Fall trifft zu, wenn drei oder mehr Präpositionalphrasen einer Nominalphrase folgen.[9] Hier ist es bei der ersten oder zweiten Präpositionalphrase möglich, dass ein Substantiv, wenn es direkt einer Präposition folgt und auch als Adjektiv analysiert werden kann, zwei Lesarten ergibt. Als Beispiel ist *il quadro completo dei detenuti in attesa di giudizio* zu nennen. Die Präpositionalphrase *dei detenuti* wird in der Kombination Artikel + Adjektiv auch als vollständig erkannt, obwohl kein Substantiv mehr innerhalb der Phrase eingelesen wird. Der zweite Fall ist eine nur scheinbare Ambiguität. Betrachtet man die Analyseergebnisse der Phrase *un collega assente con diritto alla conservazione del posto* genauer, so wird *assente* als Adjektiv, aber auch als flektierte Form von *assentire* analysiert. Somit sind auch Lesarten der Form Nominalphrase + finite Verbform + drei Präpositionalphrasen möglich, da die Numeruskongruenz zwischen der Nominalphrase *un collega* und der finiten Verbform *assente* eingehalten ist. Eine Ableitung von *i colleghi assente con diritto alla conservazione del posto* mit finiter Verbform *assente* wäre hingegen wegen der implementierten Constraints nicht zugelassen. Der dritte Fall betrifft das Lexikon, in dem neben einfachen Präpositionen auch komplexe Präpositionen eingebunden sind. So ist in der Ableitung von *i partiti della sinistra svedese a favore dei conservatori* zu beobachten, dass *a favore dei conservatori* einerseits als Kombination aus der komplexen Präposition *a favore dei* und dem Substantiv *conservatori*, andererseits als die zwei Präpositionalphrasen *a favore* und *dei conservatori* analysiert wird. Durch die Einbindung zusätzlicher Klauseln könnten der erste und der dritte Fall vermieden werden. Die parallele Analyse eines Adjektivs als finite Verbform ist nicht zu verhindern, da die Kombination Nominalphrase + finite Verbform gültig ist.

[9] Diese könnten jedoch, wie in Abschnitt 8.1.1 angedeutet, im Gesamtsatz, aus dem die Struktur entnommen ist, auch als Adverbiale oder Argumente fungieren.

- Dekl. einfach: Die vereinzelt hohen Ambiguitäten bei den Deklarativsätzen mit einfachen Tempusformen lassen sich in vier Fälle aufteilen. Der erste ist identisch zu dem ersten Fall bei den Nominalphrasen, da drei oder mehr modifizierende Präpositionalphrasen auch in Deklarativsätzen vorkommen. Dasselbe gilt für die komplexen Präpositionen. Ein neuer Aspekt hingegen ist die Ableitung bei *I ragazzi giocavano su campetti in cemento vicino agli ombrelloni.*, in der *vicino* einerseits als Adverb, andererseits in Verbindung mit *agli* als komplexe Präposition *vicino agli* analysiert wird, sodass daraus Ambiguitäten entstehen. In einem anderen Fall wird das Substantiv *telefonini* schon in LA-Morph als ambig analysiert und kann zudem nicht über das semantische Lexikon disambiguiert werden.

- Dekl. zusammen: Am häufigsten lassen sich Ergebnisse mit über zehn Lesarten bei den Deklarativsätzen mit zusammengesetzten Tempusformen finden. An der Ableitung von *Il ministro della difesa ha presentato gli emendamenti al decreto sugli aumenti alle forze armate.* lässt sich beispielsweise beobachten, dass bei drei Präpositionalphrasen nach der zusammengesetzten Tempusform die Ambiguitäten erhöht werden, weil das Verb *presentare* ein präpositionales Argument beginnend mit *a* in seinem Valenzrahmen hat. Daher wird die Präpositionalphrase *al decreto* einmal als präpositionales Argument, jedoch unter Umständen auch als Adverbial oder Modifizierer analysiert. Ein Großteil der hochambigen Ableitungen wird durch Kopulakonstruktionen verursacht. Als Beispiel ist der Satz *Una feroce spirale di violenza è esplosa nelle ultime ore nella cittadina calabrese.* zu nennen, in dem *esplosa* als Partizip Perfekt zu *esplodere* analysiert wird. Das part-Attribut des Proplets besitzt den Wert a_e, weshalb in Verbindung mit *è* die zusammengesetzte Tempusform *passato prossimo* gebildet wird. Jedoch wird *esplosa* auch als Adjektiv analysiert, weshalb es theoretisch auch als prädikatives Komplement zum Kopulaverb *essere* fungieren könnte. Da allein aufgrund dieser Tatsache schon zwei Ambiguitäten entstehen, erhöhen sich die Lesarten bei jeder neu eingelesenen Präpositionalphrase. Ein ähnliches Problem betrifft die Verben *venire* und *avere*. Beide haben in ihrem Valenzrahmen ein prädikatives Komplement als Valenzposition stehen, das als Adjektiv realisiert ist. Jedoch bilden beide Verben in Verbindung mit einem Partizip Perfekt das Passiv (*venire*) und als Auxiliar verwendet das *passato prossimo* (*avere*). Als Beispielsatz dient *Un telegramma analogo viene inviato ai direttori dei quotidiani a diffusione nazionale.* Die Fälle 1 und 3 bei den Nominalphrasen sind ebenso in manchen Ableitungen zu finden.

- Interrog. & Imperativ: Innerhalb der Interrogativ-, Exklamativ- und Imperativsätze gibt es keine neuen Fälle zu beobachten. Es handelt sich bei den Ergebnissen mit hohen Ambiguitäten hauptsächlich um Sätze mit drei oder mehr modifizierenden Präpositionalphrasen oder um Kopulakonstruktionen.

Die Ergebnisse zeigen, dass auch bezüglich der Ambiguitätenraten nachträglich ein noch besseres Ergebnis erzielt werden könnte. Dies ist hauptsächlich durch die Implementierung zusätzlicher Klauseln für Fälle wie bei drei oder mehr modifizierenden Präpositionalphrasen oder durch Nachbessern des Lexikons wie im Fall von *telefonini* zu schaffen. Die korrekten Segmentierungen aus Abschnitt 6.1 halten die Ambiguitäten, die in LA-Morph entstehen können, jedoch insgesamt niedrig.

8.2 Analyse elidierter und nicht elidierter Artikel

Die folgenden Untersuchungen beziehen sich auf die Verwendung der Artikel *la* und *una*. Wie in Abschnitt 7.1.1 erläutert, gelten für beide Artikel Restriktionsbeschränkungen bezüglich des Anlauts des nächsten Wortes. So kann laut implementiertem Constraint das nächste Wort bei eingelesenem Artikel *la* oder *una* nur mit einem Konsonant beginnen. Fängt das nächste Wort mit einem Vokal an, kann der zuvor eingelesene Artikel nur *l'* oder *un'* sein. Nach Lepschy u. Lepschy (1981, S. 95) und Schwarze (1995, S. 28) ist jedoch eine Tendenz zu beobachten, dass bei den beiden Artikeln in der Schriftsprache und vor allem vor „gelehrten“ Wörtern die Elidierung entfallen kann. Aus diesem Grund wurden die Testlisten Nummer 1 und 2 bei den Nominalphrasen mit insgesamt 20 000 Strukturen aus einem Artikel, optionalem vor- oder nachgestellten Adjektiv und Substantiv einer genauen Prüfung unterzogen. Es wurde untersucht, in welcher Häufigkeit die Kombination aus *la* und *una* mit Vokal im Anlaut des nächsten Wortes zu finden sind und mit dem Gebrauch der in dem Constraint definierten Restriktionsbeschränkungen, dass beide Artikel nur mit einem Wort, das als Anlaut einen Konsonant hat, verglichen. Die Trennung der Analyseergebnisse ist dahingehend erleichtert, da alle Kombinationen von *la* und *una* mit Vokal beginnendem nächsten Wort als nicht wohlgeformt zurückgewiesen werden. Tabelle 8.11 zeigt die Ergebnisse der Untersuchung.[10]

Artikel	**Anlaut**	**Häufigkeit**	**Beispiele**
la	Vokal	23	la attuale quotazione la eventuale continuazione la ironica vena
	Konsonant	2 572	la fortezza industriale la fase finale la settimana scorsa
una	Vokal	171	una immagine unitaria una umanità famelica una operazione chirurgica
	Konsonant	2 506	una stazione ferroviaria una visione globale una ricerca nuova

Tabelle 8.11: Vorkommen von *la* und *una* in Testlisten für Nominalphrasen

Insgesamt kommt der Artikel *la* 2 595-mal in Verknüpfung mit unterschiedlichen Adjektiven oder Substantiven vor. Die 23 Kombinationen mit einem nächsten Wort, das als Anlaut einen Vokal besitzt, machen ungefähr 0,009% des Gesamtvorkommens aus. Für den Artikel *una*, der 171-mal in Verbindung mit einem Vokal beginnenden nächsten Wort gefunden wurde, sind dies ungefähr 0,064% zum Gesamtvorkommen (2 677). Bis auf *u* als Anlaut des nächsten Wortes in Kombination mit dem Artikel *la* finden sich alle Vokale als Anlaut in den Testlisten.[11]

[10]Strukturen mit identischer Oberfläche wurden nur einmal analysiert. Grund dafür ist, dass es wegen der ähnlichen Syntax der beiden Suchanfragen von Testliste 1 und 2 bei den Nominalphrasen zu Überschneidungen bei den Ergebnissen kommen kann.

[11]Bei *la* verteilen sich die Anlaute folgendermaßen: 9-mal *i*, 8-mal *e*, dreimal *o*,

Um die Analysen weiter zu vertiefen, wurde eine Untersuchung bezüglich der Anlaute am gesamten Repubblica-Korpus vorgenommen. Insgesamt sind 12 033 Kombinationen aus *la* mit Substantiven oder Adjektiven, die einen Vokal als Anlaut haben, vorhanden. Die Folge *la* + Konsonant ist 4 360 400-mal belegt. Somit sind ungefähr 0,003% der Kombinationen im gesamten Korpus mit einem Vokal als Anlaut. Für *una* + Vokal finden sich 99 182 Textbelege, für *una* + Konsonant zusammengenommen 2 402 401 Vorkommen. Dies bedeutet, dass in etwa 0,040% der Kombinationen mit einem Vokal beginnen.
Die dargestellten Erhebungen zeigen, dass eine Kombination aus *la*/*una* mit einem Substantiv oder Adjektiv, das als Anlaut einen Vokal besitzt, verwendet wird, im Vergleich zum Gesamtvorkommen jedoch nur in geringer Weise. Zudem ist wegen der gezeigten Ergebnisse festzuhalten, dass der Artikel *una* häufiger in Verbindung mit einem Substantiv oder Adjektiv, das als Anlaut einen Vokal besitzt, gebraucht wird. Auf eine zusätzliche Integration der Kombinationsmöglichkeit von *la/una* + Konsonant im Anlaut wurde in LA-it aufgrund der niedrigen Frequenz im Vergleich zum Gesamtvorkommen verzichtet.

8.3 Analyse der Valenzrahmen

Die Ergebnisse der Untersuchung der häufigsten Fehlerquellen zeigen, dass einige Ableitungen wegen nicht gefüllter Valenzpositionen entstanden sind. Aufgrund dieser Beobachtung wurden die Testlisten 1 und 4 aus Tabelle 8.3 auf Seite 264 einer weiteren Untersuchung bezüglich der fehlgeschlagenen Ableitungen unterzogen. Ziel bei Testliste 1 war es, Verben zu finden, bei denen oft eine Ableitung wegen des Valenzrahmens fehlschlug. Tabelle 8.12 zeigt die Ergebnisse.[12]

dreimal *a*. Für *una* gilt: 70-mal *i*, 42-mal *a*, 41-mal *e*, 10-mal *u*, 8-mal *o*.

[12]Falls innerhalb der fehlgeschlagenen Ableitungen Sätze mit identischer Oberfläche vorhanden waren, wurde der Satz nur einmal analysiert und in das Ergebnis aufgenommen. Grund dafür ist, dass es innerhalb der Online-Version des Repubblica-Korpus vorkommen kann, dass Sätze in Einzelfällen mehrfach im Suchergebnis stehen.

Häufigkeit	Verb	Beispiel
42	smentire	L'interessato smentisce.
35	negare	L'ex presidente della regione nega.
33	applaudire	La gente ai bordi della strada applaude.
32	insistere	Il segretario di rifondazione insiste.
19	rifiutare	Lui rifiutò.
18	dilagare	Una febbre di iniziative strane dilaga.
	indagare	Gli ispettori del ministro indagano.
17	rispondere	L'autore risponde.
15	raccontare	La forza dell'occhio raccontava.
14	ringraziare	L'ex docente ringrazia.
12	decidere	Il tribunale deciderà.
11	approvare	La maggioranza dei presenti approva.
	sparare	Il brigadiere spara.
10	seguire	Altri provvedimenti seguiranno.
	reagire	Lo stato reagisce.
	acconsentire	La chiesa acconsentiva.

Tabelle 8.12: Analyse bezüglich der Valenzrahmen von Testliste 1

Insgesamt schlugen 307 Ableitungen fehl, weil die aus Sabatini u. Coletti (2008) entnommenen Valenzrahmen im semantischen Lexikon keine Kategorisierung als intransitives Verb ohne weiteres mögliches Argument besitzen. Interessant ist hierbei, dass *insistere*, *dilagare*, *indagare*, *rispondere*, *raccontare*, *decidere*, *sparare*, *seguire*, *reagire* und *acconsentire* im Lexikon selbst als intransitiv kategorisiert sind, der Valenzrahmen jedoch mit `[sogg-v-prep.arg]` definiert ist. Da die Valenzrahmen in dieser Form übernommen wurden, schlagen bei den genannten Verben die Ableitungen fehl.

Auf den Ergebnissen aus Tabelle 8.12 aufbauend wurde ein Vergleich der Verben mit den Valenzrahmen aus Blumenthal u. Rovere (1998) getätigt. So ist dort in elf der 16 Fälle eine fakultative Ergänzung[13] im Satzbauplan der Verben veran-

[13]Die Begriffe bezüglich der Valenzinformationen aus Blumenthal u. Rovere (1998)

kert. Bei den Verben *negare*, *applaudire*, *insistere* und *sparare* ist explizit eine Valenz `N-V` ohne fakultative Ergänzung angegeben. Diese entspricht dem Valenzrahmen `[sogg-v]` aus Sabatini u. Coletti (2008). Das Verb *acconsentire* ist nicht in Blumenthal u. Rovere (1998) aufgelistet.

Die Unterschiede der Darstellung in den beiden Valenzlexika sind in der allgemeinen Lexikonstruktur begründet. Sabatini u. Coletti (2008) fassen viele als intransitiv kategorisierte Verben wie *andare* oder *salire* genauso wie transitive Verben als zweiwertig auf. Jedoch ist über die Valenz `[sogg-v-prep.arg]` nicht ersichtlich, ob es sich um ein fakultatives oder obligatorisches präpositionales Argument handelt.[14] Die Textbeispiele beziehen sich hierbei auf die Verwendung mit einem realisierten präpositionalen Argument. Blumenthal u. Rovere (1998) hingegen trennen genauer zwischen fakultativen und obligatorischen Ergänzungen bezüglich des präpositionalen Arguments, was für die Einbindung der Valenzrahmen in LA-it von Vorteil gewesen wäre. Die Ergebnisse zeigen, dass alle 16 Verben auch ohne präpositionales Argument im Repubblica-Korpus verwendet werden können.

Auffällig ist darüber hinaus, dass die Textbelege in Blumenthal u. Rovere (1998) für die Verwendung der Valenz `N-V` ohne zusätzliche Ergänzungen hauptsächlich aus der Tageszeitung „Il Sole 24 Ore" stammen. Somit stimmen die Beobachtungen bei 15[15] der genannten Verben mit den Beobachtungen aus dem Repubblica-Korpus überein. In beiden ist eine Verwendung der Valenz `N-V` beziehungsweise `[sogg-v]` möglich.

Eine weitergehende Untersuchung wurde bezüglich der Position der einzelnen Belege im jeweiligen Artikel vorgenommen. Es wurden hierfür alle Vorkommen der 16 genannten Verben im Repubblica-Korpus analysiert, nicht nur die Funde aus Testliste 1. Als Ergebnis kam heraus, dass insgesamt 80,5% im Text, 10,6% im Untertitel, 5,9% im Titel und 3% in der Zusammenfassung der jeweiligen Artikel zu finden sind.

---

sind entsprechend der dort definierten Terminologie entnommen. Diese richtet sich nach Helbig (1992).

[14]Sabatini u. Coletti (2008, S. 11) geben als Valenzeigenschaft dieser Art von intransitiven Verben an, dass sie das Subjekt und ein Argument, das mittels einer Präposition an das Verb gebunden ist, verlangen.

[15]Das Verb *acconsentire* wird nicht berücksichtigt, da es nicht in Blumenthal u. Rovere (1998) zu finden ist.

Tabelle 8.13 listet die prozentuale Verteilung der Verben in den Artikeln des Repubblica-Korpus auf.

Verb	Text	Zusammenfassung	Titel	Untertitel
smentire	39,4%	7,6%	19,7%	33,3%
negare	71,4%	3,6%	17,9%	7,1%
applaudire	91%	4,5%	3%	1,5%
insistere	85,1%	4,2%	2,1%	8,6%
rifiutare	96,7%	-	-	3,3%
dilagare	100%	-	-	-
indagare	42,8%	5,7%	22,9%	28,6%
rispondere	74,1%	-	11,1%	14,8%
raccontare	38,9%	5,5%	38,9%	16,7%
ringraziare	88,8%	-	5,6%	5,6%
decidere	57,1%	-	14,3%	28,6%
approvare	83,3%	-	-	16,7%
sparare	78,6%	-	14,3%	7,1%
seguire	100%	-	-	-
reagire	100%	-	-	-
acconsentire	91,7%	-	-	8,3%

Tabelle 8.13: Distribution der Verben in Artikeln des Repubblica-Korpus

Auffällig bei den Verben *smentire*, *indagare* und *raccontare* ist, dass sie insgesamt häufiger in Titeln oder Untertiteln zu finden sind als im Text selbst. Andere Verben wie *seguire* und *reagire* werden hingegen ausschließlich im Text des Artikels verwendet.

Für die praktische Implementierung in LA-it wäre insgesamt die Notation der intransitiven Verwendungsweise in Sabatini u. Coletti (2008) von Vorteil gewesen. Die Prozentsätze in Tabelle 8.13 zeigen, dass die Verben, trotz der bereits genannten Abweichungen bei *smentire*, *indagare* und *raccontare*, größtenteils im Text der Artikel vorkommen. Die Ergebnisse könnten weiterhin als Ansatz für zusätzliche textstrukturelle Untersuchungen dienen. Da es über die Suchanfragesprache des Repubblica-Korpus nicht möglich ist, beispielsweise das Vorkommen der intransitiven Verwendungsweisen an markanten Stellen eines Artikels wie Absatzenden zu evaluieren, müssten hierfür jedoch alle Einzelbelege der „La Repubblica“ mit ihrer Struktur hinzugenommen und analysiert werden.

Die Valenzrahmen wurden darüber hinaus an Testliste 4 der deklarativen Hauptsätze mit einfachen Tempusformen aus Abschnitt 8.1.2 evaluiert. Auch hier sollten bei fehlgeschlagenen Ableitungen Fälle herausgefunden werden, in denen nicht alle Valenzpositionen gekürzt wurden. Die Suche gestaltete sich im Gegensatz zu Testliste 1 schwieriger, da die finite Verbform nicht am Ende des Satzes steht. Auch das direkte Objekt muss nicht am Ende des Satzes sein, da aufgrund der Suchanfrage weitere modifizierende Präpositionalphrasen möglich waren. Weiterhin mussten diejenigen Fälle herausgefiltert werden, bei denen eine Ableitung nicht möglich war, weil der Abgleich mit dem semantischen Lexikon nicht funktionierte. Tabelle 8.14 zeigt die Ergebnisse der Untersuchung.

Verb	**Valenzrahmen**	**Beispiel**
invitare	(dir' a')	La dc invita l'opposizione.
dettare	() (dir' a+su')	Gli operai dettano le condizioni.
trasportare	() (dir' a+in+su' v) (dir' da' a+in' v)	Le ragazze dei primi corsi trasportano le cassette stracolme di bottiglie incendiarie.

Tabelle 8.14: Analyse bezüglich der Valenzrahmen von Testliste 4

Das Verb *invitare* verlangt ein direktes Objekt und ein präpositionales Argument, beginnend mit der Präposition *a*. Die Verben *dettare* und *trasportare* können transitiv und intransitiv verwendet werden. Ist ein direktes Objekt eingelesen, muss mindestens ein präpositionales Argument folgen.
Auch in diesem Fall lohnt ein Vergleich mit den Valenzinformationen aus Blumenthal u. Rovere (1998). Für die Verben *invitare*, *dettare* und *trasportare* sind Realisierungen für ein Subjekt und ein direktes Objekt ohne weitere Argumente

vorhanden. Im Fall von *invitare* wäre dies `N-V-N1-(a N3)-(Avv`$_{loc}$`)-(Avv`$_{modo}$`)`[16], bei *dettare* `N-V-(N1)-(N2/a N3)`[17] und bei *trasportare* beispielsweise die Valenz `N-V-N1-(Avv`$_{loc}$`)-(Avv`$_{modo}$`)`[18]. Somit würden die fehlgeschlagenen Ableitungen mit den Valenzrahmen aus Blumenthal u. Rovere (1998) möglicherweise korrekt analysiert werden.[19]
Die gefundenen Textbelege wurden weiterhin, wie in Tabelle 8.13 auf Seite 285, bezüglich ihrer Position im Artikel analysiert. Als Ergebnis kam heraus, dass die Sätze *La dc invita l'opposizione.* und *Gli operai dettano le condizioni.* in einer Überschrift vorkommen, *Le ragazze dei primi corsi trasportano le cassette stracolme di bottiglie incendiarie.* hingegen im Text des Artikels.
Die Frage, ob die gefundenen Belege nur Einzelbeispiele sind oder ob die in Sabatini u. Coletti (2008) nicht vorhandenen Valenzen häufiger im Repubblica-Korpus zu finden sind, wurde anhand weiterer Suchanfragen evaluiert. Es wurde hierbei von der Struktur `NP/PRO:pers+VER:fin+NP+3PP(opt)` aus Tabelle 8.3 auf Seite 264 abgewichen und weitere Elemente wie Klitika, Frage- und Ausrufezeichen, zusammengesetzte Tempusformen oder auch Eigennamen in die Suchanfrage eingebaut, um möglichst viele relevante Ergebnisse zu erhalten. Zudem wurde in Nebensätzen gesucht. Titel und Untertitel wurden nicht analysiert, da spezifische Vorkommen im Text der Artikel gefunden werden sollten. Tabelle 8.15 auf Seite 288 zeigt einen Ausschnitt der Ergebnisse.

Am Verb *invitare* fällt auf, dass in den meisten Fällen ein präpositionales Argument bereits einige Sätze vorher realisiert ist, wie am Beispiel „*Ma solo la Russia può fermare la guerra. Oggi il Parlamento di Tbilisi le ha chiesto di volare immediatamente a Mosca per parlare con Eltsin. Pensa di farlo?*“ „*Lo farei, certo. Ma per questo è necessario che Eltsin mi inviti.*“ zu sehen ist.

---

[16]Subjekt - Verb - direktes Objekt - (präpositionale Ergänzung beginnend mit *a*) - (lokale Adverbialbestimmung) - (modale Adverbialbestimmung).
[17]Subjekt - Verb - (direktes Objekt) - (indirektes Objekt/präpositionale Ergänzung beginnend mit *a*).
[18]Subjekt - Verb - direktes Objekt - (lokale Adverbialbestimmung) - (modale Adverbialbestimmung).
[19]Die korrekte Ableitung hängt auch davon ab, ob alle einzelnen Wortformen der Ableitungen analysierbar und alle Constraints eingehalten sind.

Verb	Beispiele
invitare	Ma perché Fidel ha invitato il papa?
	„Ma solo la Russia può fermare la guerra. Oggi il Parlamento di Tbilisi le ha chiesto di volare immediatamente a Mosca per parlare con Eltsin. Pensa di farlo?“ „Lo farei, certo. Ma per questo è necessario che Eltsin mi inviti.“
	Martini lo invitereste?
	Ma io, stavolta, non c'entro per niente. Anzi spero che Gianni mi inviti.
	In fondo, noi invitiamo tutti i leader politici.
dettare	Dacia Maraini e Maurizio Costanzo hanno dettato un omaggio affettuoso.
	Il primo ha dettato troppe condizioni.
	Il richiamo vero e proprio è arrivato alla fine del discorso, quando Biffi ha dettato alcuni consigli pratici.
	I privilegi dettano legge.
	E che succederà quando Bossi detterà condizioni?
trasportare	E di non fiatare, il vento trasporta le voci.
	Quel che non ha detto MacEwen è che le navi cipriote in genere trasportano beni iracheni.
	Il convoglio trasportava materiale edile.

Tabelle 8.15: Textbelege von *invitare*, *dettare* und *trasportare* im Repubblica-Korpus

Für die Implementierung in LA-it wäre jedoch explizit die Valenz „Subjekt-Verb-direktes Objekt“ notwendig, um den Satz mit *invitare* als wohlgeformt ableiten zu können. Das präpositionale Argument *a Mosca* ist bereits vorher realisiert und aus diesem Grund in *Ma per questo è necessario che Eltsin mi inviti.* nicht mehr wiederholt, da aus dem Kontext bereits ersichtlich ist, dass die Einladung nach Moskau erfolgt. Das Argument *a Mosca* kann hierbei schon über den Valenzrahmen des Verbs *volare* abgeleitet werden.

Für das Verb *dettare* konnten insgesamt über 50 Belege im Repubblica-Korpus gefunden werden, die der Valenz „Subjekt-Verb-direktes Objekt“ entsprachen.

Erkennbar war, dass in den Textstellen *dettare* häufig mit *legge* im Sinne von *vorschreiben* und mit *condizioni* im Sinne von *aufzwingen* vorkam. Wie am Beispiel *I privilegi dettano legge.* zu sehen ist, muss, auch nach der Überprüfung des Kontextes des Belegs, nicht unbedingt ein präpositionales Argument beginnend mit *a* oder *su* realisiert sein.
Für *trasportare* wurden im Vergleich zu den anderen beiden Verben weniger Belege gefunden. Bei *Quel che non ha detto MacEwen è che le navi cipriote in genere trasportano beni iracheni.* ist ersichtlich, dass nicht unbedingt ein präpositionales Argument realisiert sein muss. Das Adverbial *in genere* drückt hierbei aus, dass Güter allgemein transportiert werden, ohne die explizite Angabe eines Ziels.

8.4 Zusammenfassung

Die in den vorherigen Abschnitten dargestellten Ergebnisse zeigen, dass LA-it für eine Vielzahl von Korpusextrakten (Nominalphrasen, Deklarativsätze mit einfachen und zusammengesetzten Tempusformen, Interrogativ-, Exklamativ- und Imperativsätze) hohe Erkennungsraten liefert. Es wurde an der Online-Version des Repubblica-Korpus getestet, da diese eine geeignete Suchanfragesprache bereitstellt. Neben der Analyse der Erkennungsraten wurden bei verschiedenen Testlisten jeweils 100 fehlgeschlagene Ableitungen nach ihrer Fehlerquelle analysiert. Es ist festzustellen, dass viele Fehlableitungen durch die Integration zusätzlicher Klauseln oder durch Nachbessern des Lexikons vermieden werden könnten. Eine nachträgliche Ausbesserung der Fehler wurde nicht gemacht, um die Reproduzierbarkeit der Analyseergebnisse zu gewährleisten. Auch drücken Taggerfehler oder mögliche Tippfehler die Erkennungsraten nach unten. Zudem sind alle vier Gesamttestlisten bezüglich ihrer Ambiguitätenraten analysiert und mögliche Gründe für hohe Lesarten diskutiert.
Die qualitative Analyse von Fehlanalysen bringt zwei Phänomene zu Tage, da einige unvollständige Ableitungen einer genaueren Untersuchung unterzogen wurden. Die Frage, ob die Artikel *la* und *una* auch mit Wörtern, die im Anlaut einen Vokal besitzen, kombinierbar sind, kann anhand der Ergebnisse des Repubblica-Korpus bestätigt werden, jedoch ist die Häufigkeit bezüglich der Verwendung mit nichtvokalischem Anlaut gering.

Für Ableitungen, die aufgrund nicht gekürzter Valenzpositionen fehlschlugen, wurden mehrere Bearbeitungsschritte vorgenommen. Aufgrund der detailgenauen Implementierung war es möglich, Verben, bei denen eine intransitive Verwendungsweise nicht in Sabatini u. Coletti (2008) markiert war, wegen der Häufigkeit in den Fehlableitungen ausgewählter Testlisten herauszufiltern und nach ihrer Frequenz zu ordnen. Anschließend wurden die Valenzrahmen der gefundenen Verben mit einem weiteren Valenzlexikon (Blumenthal u. Rovere 1998) verglichen. Weiterführende Untersuchungen am Repubblica-Korpus identifizierten, ob die fehlgeschlagenen Sätze im Text, im Titel, im Untertitel oder in der Zusammenfassung des jeweiligen Artikels vorkamen.
Die Vorgehensweise bei Verben, bei denen die Valenz „Subjekt-Verb-direktes Objekt" nicht in Sabatini u. Coletti (2008) vorhanden war, war ähnlich. Nach der Identifizierung der Verben über Fehlableitungen in LA-it wurde anschließend im Repubblica-Korpus nach weiteren Funden gesucht. Das Vorhandensein von weiteren Textbelegen bestätigte die Annahme einer sinnvollen zusätzlichen Eingliederung der Valenz „Subjekt-Verb-direktes Objekt" für die Verben *invitare*, *dettare* und *trasportare*.
Die Frage, warum bestimmte Valenzen bei einigen Verben in Sabatini u. Coletti (2008) nicht vorhanden sind, kann nicht vollständig beantwortet werden. Auffällig ist jedoch, dass die fehlenden Valenzen sowohl im Repubblica-Korpus als auch in der Tageszeitung „Il Sole 24 Ore" zu finden sind. Da die Beispiele in Sabatini u. Coletti (2008) nicht auf Korpusdaten basieren und keine Angaben gemacht werden, ob Beispiele aus Zeitungen entnommen wurden, könnte das Fehlen der Valenzen damit zusammenhängen, dass bei der Erstellung des Lexikons Zeitungstexte mit ihrer teilweise spezifischen Struktur nicht berücksichtigt wurden.

9 Zusammenfassung

Die syntaktisch-semantische Analyse des Italienischen ist mit Hilfe des Parsers JSLIM, der auf Grundlage der SLIM-Sprachtheorie und LAG entwickelt wurde, implementiert. Das Projekt LA-it stellt ein funktionierendes Gesamtsystem dar, welches die Teilbereiche der Morphologie inklusive Allomorphinventar, der Syntax und der Semantik abdeckt. Dies zeigen nicht nur die implementierten Konstruktionen aus Kapitel 7, sondern auch die Evaluationsergebnisse aus Kapitel 8.

Zusammenfassend sollen die vier in Abschnitt 1.1 erläuterten Zielsetzungen bezüglich ihrer Erreichung bewertet werden. Abschließend folgt ein Ausblick auf mögliche Anschlussarbeiten und Erweiterungen für LA-it.

9.1 Beurteilung der Zielsetzungen

Die in Abschnitt 1.1 postulierten vier Zielsetzungen an LA-it sollen im Folgenden noch einmal genauer betrachtet werden, um zu überprüfen, ob die genannten Ziele der Arbeit praktisch umgesetzt werden konnten. Auch sollen Hinweise für mögliche Optimierungen gegeben werden.

Genauigkeit der Implementierung

Aufgrund der vielen implementierten Regeln, Klauseln und Constraints konnte beispielsweise die Verwendungsweise elidierter und nicht elidierter Artikel in Abschnitt 8.2 genauer untersucht werden. Auch die Valenzrahmen konnten in Abschnitt 8.3 nur deswegen analysiert werden, weil zuvor eine korrekte und ausführliche Implementierung zur Kürzung der einzelnen Valenzpositionen ausgearbeitet wurde.

Ein weiteres gutes Beispiel für eine genaue Implementierung stellen die klitischen Pronomina aus Abschnitt 7.3.10 dar, die wegen der erläuterten Eigenschaften eine hohe Komplexität für die Integration in LA-it mit sich brachten. 33 Klauseln mussten erstellt werden, um zum Beispiel alle verschiedenen Anordnungen der klitischen Pronomina untereinander oder ihre Kongruenzbestimmungen mit Partizipien korrekt ableiten zu können. Trotz der hohen Komplexität bei der Implementierung konnten jeweils über 50% an deklarativen Hauptsätzen mit einfachen und zusammengesetzten Tempusformen sowie jeweils über 70% an Interrogativ-, Exklamativ- und Imperativsätzen aus dem Repubblica-Korpus bei der Evaluation erkannt werden.
Auch für das in Abschnitt 1.1 erläuterte Beispiel der Determinierer innerhalb der Nominalphrasen wurde eine geeignete Vorgehensweise gefunden, wie in Abschnitt 7.1 und den zugehörigen Erkennungsraten in Abschnitt 8.1.1 zu sehen ist.

Interaktion der einzelnen Komponenten

Die funktionierende Interaktion der einzelnen Komponenten kann am deutlichsten am semantischen Lexikon, der Schnittstelle zwischen morphologischer und syntaktisch-semantischer Analyse, aus Kapitel 6 verifiziert werden. Ohne die korrekte Segmentierung der Derivate, die Einbindung der Valenzrahmen oder das Hinzufügen von Informationen zu den benötigten Auxiliaren für die Bildung zusammengesetzter Tempusformen bei den Verben hätten keine weitreichenden Ableitungen und folglich auch abschließende Evaluierungen vollzogen werden können. Ein Großteil der Sätze wäre aufgrund der fehlenden Valenzrahmen nicht analysierbar. Auch gäbe es deutlich höhere Ambiguitätenraten.
Aber auch die Generierung neuer Allomorphe in Abschnitt 4.4.1 zeigt, dass das syntaktisch-semantische Analysesystem mit seinen einzelnen Komponenten funktioniert und zudem für die Integration weiterer Lexikoneinträge offen ist.

Vermeidung von Über- und Untergenerierung

Eine vollständige Analyse, ob ein System über- oder untergeneriert, ist nicht leicht nachzuvollziehen. Jedoch geben die Tests an Listen mit insgesamt 833 nicht wohlgeformten Konstruktionen aus Kapitel 8 Grund zur Annahme, dass eine Übergenerierung für die implementierten Konstruktionen zu einem großen Teil verhindert werden konnte. Einen weiteren Hinweis für eine Vermeidung von Übergenerierung stellen die niedrigen Ambiguitätenraten aus Abschnitt 8.1.4 dar. In allen vier analysierten Gesamttestlisten haben jeweils über 80% der Konstruktionen nur eine oder zwei Lesarten. Ergebnisse mit mehr als zehn Lesarten sind entweder nur scheinbar hochambig oder könnten auf Basis der in Abschnitt 8.1.4 genannten Gründe nachträglich ausgeschlossen werden.

Bezüglich der Untergenerierung wurden bei der Untersuchung der Fehlanalysen in Kapitel 8 Konstruktionen ermittelt, die teilweise nicht oder noch zu fehlerbehaftet in LA-it implementiert sind. Auch das Hinzufügen nicht erkannter Wortformen aus Kapitel 8 oder der Typelisten aus Abschnitt 4.5 könnten eine Untergenerierung verringern. Zudem spielt die Genauigkeit der Implementierung bei der Vermeidung von Untergenerierung eine bedeutende Rolle. Je mehr Klauseln für einzelne Phänomene implementiert werden, umso höher ist die Wahrscheinlichkeit besserer Erkennungsraten und niedrigerer Ambiguitätenraten für diese Konstruktionen.

Nutzung von Korpusdaten

Die Implementierung von LA-it in Kapitel 7 wurde bei allen Konstruktionen an Korpusdaten illustriert. Hierfür standen mehrere Datenquellen mit unterschiedlichen Textsorten zur Verfügung. Die meisten Konstruktionen wurden aus der Online-Version des Repubblica-Korpus entnommen. Auch wurde LA-it an Satz- und Satzteilkonstruktionen aus dem Repubblica-Korpus in Kapitel 8 evaluiert. Insgesamt wurden 153 304 Strukturen analysiert. Mit einer Erkennungsrate von ungefähr 75,96% konnten über drei Viertel davon korrekt abgeleitet werden. Weiterhin standen das LIP-Korpus für Beispiele aus der gesprochenen Sprache sowie die Online-Recherchewerkzeuge von itWaC und WEBBIT für verschiedenartige Textbelege aus dem Internet zur Verfügung.

Das LA-it zugrunde liegende Morphologiesystem wurde in Abschnitt 4.5 an drei Korpora und sechs digitalisierten Versionen von Büchern mit insgesamt 316 446 Types und 6 979 557 Tokens getestet. Hier lagen die Erkennungsraten zusammengenommen bei 89,86% für die Types und 99,13% für die Tokens.

9.2 Ausblick

Als Abschluss der vorliegenden Arbeit werden vier Optimierungs- und Erweiterungsvorschläge genannt, wie die Gesamtimplementierung von LA-it in Anschlussarbeiten verfeinert werden könnte.

Semantische Typen und semantische Restriktionen

Ein Optimierungsansatz, in Verbindung mit einer Weiterentwicklung des Parsers JSLIM, ist die praktische Implementierung des erläuterten Modells zur Einbindung semantischer Informationen in Abschnitt 6.3. Semantische Typen und semantische Restriktionen der Verben stehen bereits als digitale Daten zur Verfügung. Durch die Ausführung eines zusätzlichen Schritts bei der Generierung des semantischen Lexikons in Abschnitt 6.4 könnten die semantischen Typen den Einträgen hinzugefügt werden. Darüber hinaus müsste eine separate Datei mit den relevanten Informationen für eine Restriktionsüberprüfung mit allen im SIMPLE Projekt verfügbaren Verben erstellt werden. JSLIM müsste dahingehend ergänzt werden, dass Klassenhierarchien und Notionen eingebunden werden können. Außerdem müsste es nach einer Ableitung möglich sein, syntaktisch wohlgeformte Ergebnisse bezüglich der Argumentstellen semantisch überprüfen zu lassen.
Der Nutzen der Eingliederung semantischer Typen und semantischer Restriktionen wäre vielfältig. Eine Kategorisierung der Analyseergebnisse in „Well-formed complete“ und „Well-formed anomalous“, wie in Abschnitt 6.3.3 vorgeschlagen, würde dem Anwender einen Hinweis darauf geben, ob dem eingegebenen Satz eine semantisch eher ungewöhnliche Struktur zugrunde liegt. Dem Entwickler würden nicht bestandene Typenüberprüfungen andeuten, dass die betroffenen semantischen Restriktionen zu eng gewählt und gegebenenfalls zu erweitern sind. Dies könnte über weitere Tests an Korpusdaten wie dem Repubblica-Korpus überprüft und verifiziert werden.
Eine vollständige Einbindung der semantischen Typen und Restriktionen wäre zudem von Vorteil für mögliche Verwendungen in anderen Teilbereichen der maschinellen Sprachverarbeitung wie beispielsweise den Übersetzungsprogrammen, da Ableitungen bereits semantisch disambiguiert wären, wie die Modellierung in Abschnitt 6.3.3 zeigt.

Optimierung der Erkennungsraten

Die in Kapitel 8 erläuterten Fehlanalysen wurden aufgrund der Reproduzierbarkeit der Testergebnisse belassen. Um höhere Erkennungsraten zu erzielen, müsste beispielsweise das Lexikon um die gefundenen fehlenden Wortformen erweitert werden. Zudem könnten zusätzliche Valenzrahmen oder Auxiliarinformationen in das semantische Lexikon integriert werden. Interessant wäre auch zu analysieren, welche Erkennungsraten LA-it für Testlisten liefert, die von Tagging- und Tippfehlern bereinigt sind.
Im Bereich der Evaluationsergebnisse der morphologischen Analyse aus Abschnitt 4.5 könnten vor allem hochfrequente Tokens, deren Analyse fehlschlug, herausgefiltert und in das Lexikon integriert werden. Nach deren Einbindung müssten sich folglich die Erkennungsraten bei den Type- und Tokenlisten verbessern. Aber auch die Erkennungsraten bei der Evaluation der Daten aus dem Repubblica-Korpus müssten steigen, vorausgesetzt, die neu eingegliederten Lexikoneinträge werden in den dortigen Texten verwendet.

Neue Konstruktionen

Die in Kapitel 7 vorgestellten Konstruktionen stellen nur einen Teilbereich aller möglicher implementierbarer Syntaxregeln dar. Wünschenswert wäre es, LA-it schrittweise um neue Grammatikregeln auszubauen. Die folgenden Beispiele geben eine Auswahl für mögliche Erweiterungen wieder:

- Zusätzliche Arten von subordinierten Sätzen: In der vorliegenden Arbeit sind Relativsätze und subordinierte Phrasen als prädikatives Komplement integriert. Weitere Nebensatztypen wie Adverbialsätze, deklarative Komplementsätze als Argumente von Verben oder freie Pronominalsätze[1] würden eine sinnvolle Implementierung darstellen.

- Eingliederung von Interjektionen: Hier müssten vor allem die verschiedenen Stellungsmöglichkeiten im Satz beachtet werden.

[1]Für eine theoretische Einführung sei auf Schwarze (1995, S. 412–459) verwiesen.

- Negation: Eine Implementierung von Negationsausdrücken vor finiten Verbformen durch beispielsweise *non* würde keine besondere Herausforderung an LA-it darstellen, da diese nach Schwarze (1995, S. 358) nur unmittelbar vor der Verbform stehen. Schwieriger zu implementieren sind aufgrund der linksassoziativen Ableitungsordnung jedoch diskontinuierliche Elemente bei Negationsausdrücken wie *non ... più*.

- Abweichungen vom unmarkierten Grundmuster: Markierte Satzabfolgen wie die Linksversetzungen sind bereits in Abschnitt 7.6.1 implementiert. Weitere Abweichungen vom Grundmuster, die nach Schwarze (1995, S. 376–386) wegen der kommunikativen Dynamik oder des Rhythmus entstehen, wären vor allem für eine Analyse des LIP-Korpus interessant. Aber auch eine Integration von Spaltsätzen wäre von Relevanz, da diese ein großes Spektrum an möglichen Realisierungen besitzen.

Tests an weiteren Korpusdaten

Satz- und Satzteilkonstruktionen wurden bisher nur an Texten des Repubblica-Korpus getestet. Der Grund hierfür ist, dass eine geeignete Suchanfragesprache zur Verfügung steht. So können beispielsweise optionale Tags definiert werden, die nicht zwingend in der Oberfläche vorkommen müssen. Folglich ist es möglich, viele verschiedene Konstruktionen innerhalb einer Testliste zu bündeln. Für das LIP-Korpus ist diese Funktion nicht vorhanden. Eine ähnliche Suchanfragesprache wie beim Repubblica-Korpus stellen WEBBIT und itWaC bereit, jedoch ohne optionale Tags definieren zu können. Weitere Tests an diesen Korpora sollten dennoch vollzogen werden, um zu überprüfen, ob die Erkennungsraten aus Kapitel 8 auch auf andere Korpora übertragbar sind. Eine anschließende ausführliche Fehleranalyse wäre auch hier von großem Nutzen, um LA-it sukzessive zu optimieren. Ein wichtiges Ziel der syntaktisch-semantischen Analyse sollte zudem sein, Tests an kompletten Korpora durchlaufen zu lassen. Bisher wurde nur an bestimmten Satz- oder Satzteilkonstruktionen getestet. Um hierfür ausreichend hohe Erkennungsraten gewährleisten zu können, müsste LA-it immer weiter um Regeln und Klauseln für neue Konstruktionen wie die vier vorher genannten Erweiterungsbeispiele ergänzt werden.

Literaturverzeichnis

Abney 1991
ABNEY, Steven: Parsing by Chunks. In: BERWICK, Robert (Hrsg.); ABNEY, Steven (Hrsg.); TENNY, Carol (Hrsg.): *Principle-Based Parsing.* Dordrecht: Kluwer Academic Publishers, 1991, S. 257–278

Ágel 1995
ÁGEL, Vilmos: Valenzrealisierung, Grammatik und Valenz. In: *Zeitschrift für Germanistische Linguistik* 23(1), 1995, S. 2–32

Antonacci u. a. 1989
ANTONACCI, Francesco; RUSSO, Marina; PAZIENZA, Maria Teresa; VELARDI, Paola: A system for text analysis and lexical knowledge acquisition. In: *Data & Knowledge Engineering* 4(1), 1989, S. 1–20

Baroni u. a. 2004
BARONI, Marco; BERNARDINI, Silvia; COMASTRI, Federica; PICCIONI, Lorenzo; VOLPI, Alessandra; ASTON, Guy; MAZZOLENI, Marco: Introducing the „la Repubblica" corpus: A large, annotated, TEI(XML)-compliant corpus of newspaper Italian. In: *Proceedings of the 4th International Conference on Language Resources and Evaluation (LREC 2004), Lissabon.* Paris: ELRA, 2004, S. 1771–1774

Baroni u. a. 2009
BARONI, Marco; BERNARDINI, Silvia; FERRARESI, Adriano; ZANCHETTA, Eros: The WaCky wide web: a collection of very large linguistically processed web-crawled corpora. In: *Language Resources and Evaluation* 43(3), 2009, S. 209–226

Bates 1978
BATES, Madeleine: The Theory and Practice of Augmented Transition Network Grammars. In: BOLC, Leonard (Hrsg.): *Natural Language Communication with Computers.* Berlin/Heidelberg/New York: Springer Verlag, 1978 (Lecture Notes in Computer Science 63), S. 191–254

Battaglia u. Pernicone 1980
BATTAGLIA, Salvatore; PERNICONE, Vincenzo: *La grammatica italiana.* 2. ed. migliorata, ristampa. Torino: Loescher editore, 1980

Benincà 2001
BENINCÀ, Paola: Il tipo esclamativo. In: RENZI, Lorenzo (Hrsg.); SALVI, Giampaolo (Hrsg.); CARDINALETTI, Anna (Hrsg.): *Grande grammatica italiana di consultazione 3.* 2001, S. 127–152

Benincà u. a. 2001
BENINCÀ, Paola; SALVI, Giampaolo; FRISON, Lorenza: L'ordine degli elementi della frase e le costruzioni marcate. In: RENZI, Lorenzo (Hrsg.); SALVI, Giampaolo (Hrsg.); CARDINALETTI, Anna (Hrsg.): *Grande grammatica italiana di consultazione 1.* 2001, S. 129–239

Bertinetto 1986
BERTINETTO, Pier Marco: *Tempo, aspetto e azione nel verbo italiano.* Firenze: Accademia della Crusca, 1986 (Studi di grammatica italiana 4)

Bertinetto 1995
BERTINETTO, Pier Marco: Le perifrasi abituali in italiano ed in inglese. In: *Studi Orientali e Linguistici* 6, 1995/96, S. 117–133

Bertinetto 2001
BERTINETTO, Pier Marco: Il verbo. In: RENZI, Lorenzo (Hrsg.); SALVI Giampaolo (Hrsg.); CARDINALETTI, Anna (Hrsg.): *Grande grammatica italiana di consultazione 2.* 2001, S. 13–161

Bianco 1996
BIANCO, Maria Teresa: *Valenzlexikon deutsch-italienisch. Dizionario della valenza verbale.* Heidelberg: Groos, 1996 (Deutsch im Kontrast 17)

Bianco 2006
BIANCO, Maria Teresa: Kontrastive Fallstudie: Deutsch-Italienisch. In: WIEGAND, Herbert E. (Hrsg.): *Dependenz und Valenz. Dependency and Valency.* Berlin/New York: Walter de Gruyter Verlag, 2006 (Handbücher zur Sprach- und Kommunikationswissenschaft 25.2), S. 1187–1197

Bisetto 2004
BISETTO, Antonietta: Composizione con elementi italiani. In: GROSSMANN, Maria (Hrsg.); RAINER, Franz (Hrsg.): *La formazione delle parole in italiano.* Tübingen: Max Niemeyer Verlag, 2004, S. 33–50

Blasco Ferrer 1999
BLASCO FERRER, Eduardo: *Italiano e Tedesco. Un confronto linguistico.* Torino: Paravia Scriptorium, 1999 (Confronti linguistici. Manuali per l'università)

Blumenthal u. Rovere 1998
BLUMENTHAL, Peter; ROVERE, Giovanni: *PONS Wörterbuch der italienischen Verben. Konstruktionen, Bedeutungen, Übersetzungen.* Stuttgart: Klett Verlag, 1998

Bobrow u. a. 1982
BOBROW, Rusty; BATES, Madeleine; WEBBER, Boanie: The RUS Parsing System and PSI-KLONE Semantic Interface Bolt, Beranek, and Newman. In: *ACM SIGART Bulletin* 79, 1982, S. 32

Boella u. Lesmo 1998
BOELLA, Guido; LESMO, Leonardo: Automatic Refinement of Linguistic Rules for Tagging. In: *Proceedings of the 1st International Conference on Language Resources and Evaluation (LREC 1998), Granada.* Paris: ELRA, 1998, S. 923–929

Bopp 1993
BOPP, Stephan: *Computerimplementation der italienischen Flexions- und Wortbildungsmorphologie.* Hildesheim: Georg Olms Verlag, 1993 (Informatik und Sprache 2)

Bosco 2000
BOSCO, Cristina: An Annotation Schema for an Italian Treebank. In: PILIÈRE, Catherine (Hrsg.): *Proceedings of 12th European Summer School in Logic, Language and Information Student Session, Birmingham*, 2000, S. 22–33

Bosco 2001
BOSCO, Cristina: Grammatical relation's system in treebank annotation. In: MILTSAKAKI, Eleni (Hrsg.); MONZ, Christof (Hrsg.); RIBEIRO, Antonio (Hrsg.): *Proceedings of Student Research Workshop of Joint ACL/EACL Meeting, Toulouse.* Stroudsburg: Association for Computational Linguistics, 2001, S. 1–6

Bosco 2006
BOSCO, Cristina: Linguistic knowledge extraction from corpus parallel annotations. In: *Proceedings of XL Congresso della Società di Linguistica Italiana, Vercelli.* Roma: Bulzoni, 2006, S. 205–220

Bosco u. Lombardo 2003
BOSCO, Cristina; LOMBARDO, Vincenzo: A Relation-Based Schema for Treebank Annotation. In: CAPPELLI, Amedeo (Hrsg.); TURINI, Franco (Hrsg.): *AI*IA 2003: Advances in Artificial Intelligence.* Berlin/Heidelberg: Springer, 2003 (Lecture Notes in Computer Science 2829), S. 462–473

Bosco u. Lombardo 2004
BOSCO, Cristina; LOMBARDO, Vincenzo: Dependency and relational structure in treebank annotation. In: KRUIJFF, Geert-Jan M. (Hrsg.); DUCHIER, Denys (Hrsg.): *COLING 2004 Recent Advances in Dependency Grammar.* Geneva: COLING, 2004, S. 1–8

Bosco u. Lombardo 2006
BOSCO, Cristina; LOMBARDO, Vincenzo: Comparing linguistic information in treebank annotations. In: *Proceedings of the 5th International Conference on Language Resources and Evaluation (LREC 2006), Genoa.* Paris: ELRA, 2006, S. 1770–1775

Bosco u. a. 2007
BOSCO, Cristina; MAZZEI, Alessandro; LOMBARDO, Vincenzo: Evalita parsing task: un'analisi della prima competizione tra sistemi di analisi sintattica per la lingua italiana. Evalita parsing task: an analysis of the first parsing system contest for Italian. In: *Intelligenza artificiale* IV(2), 2007, S. 30–33

Bosco u. a. 2008
BOSCO, Cristina; MAZZEI, Alessandro; LOMBARDO, Vincenzo; ATTARDI Guiseppe; CORAZZA, Anna; LAVELLI, Alberto; LESMO, Leonardo; SATTA, Giorgio; SIMI, Maria: Comparing Italian parsers on a common Treebank: the Evalita experience. In: *Proceedings of the 6th International Conference on Language Resources and Evaluation (LREC 2008), Marrakech.* Paris: ELRA, 2008, S. 2066–2073

Bosco Coletsos 1997
BOSCO COLETSOS, Sandra: Capitolo I. Morfologia e sintassi. In: BOSCO COLETSOS, Sandra (Hrsg.): *Italiano e tedesco: un confronto. Appunti morfosintattici, lessicali e fonetici.* Alessandria: Edizioni dell'Orso s.r.l, 1997, S. 15–60

Brants 1997
BRANTS, Thorsten: *The NEGRA Export Format.* CLAUS Report 98, Universität des Saarlandes, Computerlinguistik, Saarbrücken, 1997

Brants 2000
BRANTS, Thorsten: Inter-Annotator Agreement for a German Newspaper Corpus. In: *Proceedings of the 2nd International Conference on Language Resources and Evaluation (LREC 2000), Athens.* Paris: ELRA, 2000

Brants u. a. 1997
BRANTS, Thorsten; HENDRIKS, Roland; KRAMP, Sabine; KRENN Brigitte; PREIS, Cordula; SKUT, Wojciech; USZKOREIT, Hans: *Das NEGRA-Annotationsschema.* Negra Project Report, Universität des Saarlandes, Computerlinguistik, Saarbrücken, 1997

Bußmann 2002
BUSSMANN, Hadumod (Hrsg.): *Lexikon der Sprachwissenschaft.* 3., aktualisierte und erweiterte Auflage. Stuttgart: Alfred Kröner Verlag, 2002

Calzolari u. a. 1995
CALZOLARI, Nicoletta (Hrsg.); BAKER, Mona (Hrsg.); KRUYT, Truus (Hrsg.): *Towards a Network of European Reference Corpora: Report of the NERC Consortium Feasibility Study.* Pisa: Giardini Editori e Stampatori in Pisa, 1995 (Linguistica Computazionale XI)

Calzolari u. Zampolli 1999
CALZOLARI, Nicoletta; ZAMPOLLI, Antonio: Harmonised large scale syntactic/semantic lexicons: a European multilingual infrastructure. In: *MT Summit VII, Proceedings.* Singapore: Kent Ridge Digital Labs, 1999, S. 358–365

Cappelli u. a. 1977
CAPPELLI, Amedeo; FERRARI, Giacomo; MORETTI, Lorenzo; PRODANOF, Irina; STOCK, Oliviero: *An Experimental ATN Parser for Italian Texts.* Laboratorio di Linguistica Computazionale, Pisa, 1977

Cappelli u. a. 1978a
CAPPELLI, Amedeo; FERRARI, Giacomo; MORETTI, Lorenzo; PRODANOF, Irina; STOCK, Oliviero: An ATN Parser for Italian: an experiment. In: *Atti del COLING 78, Stoccolma.* Prague: Academia Praha, 1978

Cappelli u. a. 1978b
CAPPELLI, Amedeo; FERRARI, Giacomo; MORETTI, Lorenzo; PRODANOF, Irina; STOCK, Oliviero: *Parsing an Italian Text with an ATN Parser.* Laboratorio di Linguistica Computazionale, Pisa, 1978

Cappelli u. a. 1980a
CAPPELLI, Amedeo; FERRARI, Giacomo; MORETTI, Lorenzo; PRODANOF,

Irina; STOCK, Oliviero: Analisi automatica dell'italiano: alcune osservazioni. Palermo: Il Vespro, 1980, S. 246–267

Cappelli u. a. 1980b
CAPPELLI, Amedeo; FERRARI, Giacomo; MORETTI, Lorenzo; PRODANOF, Irina; STOCK, Oliviero: Analisi di un testo italiano con un analizzatore ATN. In: *Rivista di Informatica* X(3), 1980, S. 5–13

Catalini 1993
CATALINI, Luigi: *Die Stellung der Satzelemente im Deutschen und im Italienischen.* Frankfurt am Main: Peter Lang Verlag, 1993

Chomsky 1965
CHOMSKY, Noam: *Aspects of the Theory of Syntax.* Cambridge, Mass.: MIT Press, 1965

Chomsky 1978
CHOMSKY, Noam: *Aspekte der Syntax-Theorie.* 2. Auflage. Frankfurt: Suhrkamp Verlag, 1978

Christ 1994
CHRIST, Oli: A modular and flexible architecture for an integrated corpus query system. In: *Proceedings of the 3rd International Conference on Computational Lexicography (COMPLEX '94).* Budapest: Research Institute for Linguistics, Hungarian Academy of Sciences, 1994, S. 23–32

Christ u. Schulze 1995
CHRIST, Oli; SCHULZE, Bruno M.: Ein flexibles und modulares Anfragesystem für Textcorpora. In: *Tagungsbericht des Arbeitstreffen Lexikon + Text.* Tübingen: Niemeyer, 1995, S. 121–134

Cinque 2001
CINQUE, Guglielmo: La frase relativa. In: RENZI, Lorenzo (Hrsg.); SALVI, Giampaolo (Hrsg.); CARDINALETTI, Anna (Hrsg.): *Grande grammatica italiana di consultazione 1.* 2001, S. 457–517

Cordin 2001a
CORDIN, Patrizia: I pronomi riflessivi. In: RENZI, Lorenzo (Hrsg.); SALVI, Giampaolo (Hrsg.); CARDINALETTI, Anna (Hrsg.): *Grande grammatica italiana di consultazione 1.* 2001, S. 607–617

Cordin 2001b
CORDIN, Patrizia: Il clitico «ne». In: RENZI, Lorenzo (Hrsg.); SALVI

Giampaolo (Hrsg.); CARDINALETTI, Anna (Hrsg.): *Grande grammatica italiana di consultazione 1.* 2001, S. 647–655

Cordin u. Calabrese 2001
CORDIN, Patrizia; CALABRESE, Andrea: I pronomi personali. In: RENZI, Lorenzo (Hrsg.); SALVI, Giampaolo (Hrsg.); CARDINALETTI, Anna (Hrsg.): *Grande grammatica italiana di consultazione 1.* 2001, S. 549–606

Cresti 1999
CRESTI, Arianna: Il passivo in italiano. Occorrenze e funzioni nel parlato e nello scritto. In: *Romanische Forschungen* 111(2), 1999, S. 161–177

Curcio 1999
CURCIO, Martina Lucia: *Kontrastives Valenzwörterbuch Italienisch-Deutsch. Grundlagen und Auswertung.* Mannheim: Institut für deutsche Sprache, 1999 (Arbeitspapiere und Materialien zur deutschen Sprache Nummer 3)

Dardano 1978
DARDANO, Maurizio: *La formazione delle parole nell'italiano di oggi.* Roma: Bulzoni Editore, 1978 (Biblioteca di cultura 148)

Dardano u. Trifone 1985
DARDANO, Maurizio; TRIFONE, Pietro: *La lingua italiana.* Bologna: Zanichelli, 1985

De Mauro u. a. 1993
DE MAURO, Tullio; MANCINI, Federico; VEDOVELLI, Massimo; VOGHERA, Miriam: *Lessico di frequenza dell'italiano parlato-LIP.* Milano: EtasLibri, 1993

Del Gratta u. a. 2008
DEL GRATTA, Riccardo; RUIMY, Nilda; TORAL, Antonio: Simple-Clips ongoing research: more information with less data by implementing inheritance. In: *Proceedings of the 6th International Conference on Language Resources and Evaluation (LREC 2008), Marrakech.* Paris: ELRA, 2008, S. 2380–2385

Duden 2003
DUDEN: *Deutsches Universalwörterbuch.* 5., überarbeitete und erweiterte Auflage. Mannheim, 2003

Eisenberg 2006
EISENBERG, Peter: *Grundriss der deutschen Grammatik. Band 2: Der Satz.* 3., durchgesehene Auflage. Stuttgart/Weimar: J.B. Metzler, 2006

Elia u. a. 1984
ELIA, Annibale; MARTINELLI, Maurizio; D'AGOSTINO, Emilio: *Lessico e strutture sintattiche. Introduzione alla sintassi del verbo italiano.* Prima edizione italiana. Napoli: Liguori Editore, 1984

Fava 2001
FAVA, Elisabetta: Il tipo interrogativo. In: RENZI, Lorenzo (Hrsg.); SALVI, Giampaolo (Hrsg.); CARDINALETTI, Anna (Hrsg.): *Grande grammatica italiana di consultazione 3.* 2001, S. 70–127

Ferrari u. Prodanof 1982
FERRARI, Giacomo; PRODANOF, Irina: Revising an ATN parser. In: HORECKÝ, Ján (Hrsg.): *Proceedings of the 9th Conference on Computational Linguistics (COLING '82) - Volume 2.* Prague: Academia Praha, 1982, S. 101–105

Ferrari u. Stock 1980
FERRARI, Giacomo; STOCK, Oliviero: Strategie selection for an ATN syntactic parser. In: HENDRIX, Gary (Hrsg.): *Proceedings of the 18th annual meeting on Association for Computational Linguistics (ACL '80).* Stroudsburg: Association for Computational Linguistics, 1980, S. 113–115

Figge u. de Matteis 1976
FIGGE, Udo L.; DE MATTEIS, Mario: *Sprachvergleich Italienisch - Deutsch.* Düsseldorf: Pädagogischer Verlag Schwann, 1976

Fleischer u. Barz 1992
FLEISCHER, Wolfgang; BARZ, Irmhild: *Wortbildung der deutschen Gegenwartssprache.* Tübingen: Max Niemeyer Verlag, 1992

Gaeta 2004
GAETA, Livio: Nomi d'azione. In: GROSSMANN, Maria (Hrsg.); RAINER, Franz (Hrsg.): *La formazione delle parole in italiano.* Tübingen: Max Niemeyer Verlag, 2004, S. 314–351

GENELEX Consortium 1993
GENELEX CONSORTIUM: *Report on the Syntactic Layer, Project EUREKA GENELEX, Version 4.0.* GSI-ERLI, Paris, 1993

GENELEX Consortium 1994
GENELEX CONSORTIUM: *Report on the Semantic Layer, Project EUREKA GENELEX, Version 2.1.* GSI-ERLI, Paris, 1994

Giorgi u. a. 1991
GIORGI, Alessandra; LAVELLI, Alberto; PIANESI, Fabio; SATTA, Giorgio; STOCK, Oliviero: Tre parser per una lingua. In: ROLSHOVEN, Jürgen (Hrsg.); SEELBACH, Dieter (Hrsg.): *Romanistische Computerlinguistik*. Tübingen: Max Niemeyer Verlag, 1991 (Linguistische Arbeiten 266), S. 77–104

Gislimberti 1989
GISLIMBERTI, Silvio: *Deutsch-Italienisch: Syntaktische und semantische Untersuchungen*. Wilhelmsfeld: Gottfried Egert Verlag, 1989 (Pro lingua 4)

Graffi 1994
GRAFFI, Giorgio: *Sintassi*. Bologna: il Mulino, 1994 (Le strutture del linguaggio. Strumenti: Linguistica e critica letteraria)

Graffi u. Scalise 2003
GRAFFI, Giorgio; SCALISE, Sergio: *Le lingue e il linguaggio. Introduzione alla linguistica*. 2. edizione. Bologna: il Mulino, 2003 (Manuali: Linguistica)

Grossmann u. Rainer 2004
GROSSMANN, Maria (Hrsg.); RAINER, Franz (Hrsg.): *La formazione delle parole in italiano*. Tübingen: Max Niemeyer Verlag, 2004

Hajicová u. a. 2001
HAJICOVÁ, Eva; HAJIC, Jan; HLADKÁ, Barbora; HOLUB, Martin; PAJAS, Petr; REZNÍCKOVÁ, Veronika; SGALL, Petr: The Current Status of the Prague Dependency Treebank. In: MATOUSEK, Václav (Hrsg.); MAUTNER, Pavel (Hrsg.); MOUCEK, Roman (Hrsg.); TAUSER, Karel (Hrsg.): *Proceedings of the 4th International Conference on Text, Speech and Dialogue (TSD '01)*. Železná Ruda: Springer-Verlag, 2001 (Lecture notes in computer science 2166: Lecture notes in artificial intelligence), S. 11–20

Handl 2008
HANDL, Johannes: *Entwurf und Implementierung einer abstrakten Maschine für die oberflächenkompositionale inkrementelle Analyse natürlicher Sprache*, Friedrich-Alexander-Universität Erlangen-Nürnberg, Diplomarbeit, 2008

Handl u. a. 2009
HANDL, Johannes; KABASHI, Besim; PROISL, Thomas; WEBER, Carsten: JSLIM - Computational Morphology in the Framework of the SLIM Theory of Language. In: MAHLOW, Cerstin (Hrsg.); PIOTROWSKI, Michael (Hrsg.): *State of the Art in Computational Morphology: Workshop on Systems and Frameworks for Computational Morphology (SFCM 2009), Zurich*. Berlin/Heidelberg: Springer, 2009 (Communications in Computer and Information Science 41), S. 10–27

Handl u. Weber 2010
HANDL, Johannes; WEBER, Carsten: A Multilayered Declarative Approach to Cope with Morphotactics and Allomorphy in Derivational Morphology. In: *Proceedings of the 7th conference on Language Resources and Evaluation (LREC 2010), Valletta.* Paris: ELRA, 2010, S. 2253–2256

Hausser 1986
HAUSSER, Roland: *NEWCAT: Parsing Natural Language Using Left-Associative Grammar.* Berlin/Heidelberg/New York: Springer-Verlag, 1986 (Lecture Notes in Computer Science 231)

Hausser 1989
HAUSSER, Roland: *Computation of Language. An Essay on Syntax, Semantics and Pragmatics in Natural Man-Machine Communication.* Berlin/Heidelberg/New York: Springer-Verlag, 1989

Hausser 1996
HAUSSER, Roland (Hrsg.): *Linguistische Verifikation. Dokumentation zur Ersten Morpholympics 1994.* Tübingen: Max Niemeyer Verlag, 1996 (Sprache und Information 34)

Hausser 1999
HAUSSER, Roland: *Foundations of Computational Linguistics. Human-Computer Communication in Natural Language.* Berlin/Heidelberg: Springer-Verlag, 1999

Hausser 2000
HAUSSER, Roland: *Grundlagen der Computerlinguistik. Mensch-Maschine-Kommunikation in natürlicher Sprache.* Berlin/Heidelberg: Springer-Verlag, 2000

Hausser 2001
HAUSSER, Roland: *Foundations of Computational Linguistics. Human-Computer Communication in Natural Language.* 2nd edition, revised and extended. Berlin/Heidelberg: Springer-Verlag, 2001

Hausser 2006
HAUSSER, Roland: *A Computational Model of Natural Language Communication. Interpretation, Inference, and Production in Database Semantics.* Berlin/Heidelberg: Springer-Verlag, 2006

Hausser 2009a
HAUSSER, Roland: Center Fragments for Upscaling and Verification in Database Semantics. In: KIYOKI, Yasushi (Hrsg.); TOKUDA, Takahiro (Hrsg.);

JAAKKOLA, Hannu (Hrsg.); CHEN, Xing (Hrsg.); YOSHIDA, Naofumi (Hrsg.): *Information Modelling and Knowledge Bases XX*. Amsterdam: IOS Press, 2009 (Frontiers in artificial intelligence and applications 190), S. 22–44

Hausser 2009b
HAUSSER, Roland: Modelling Natural Language Communication in Database Semantics. In: KIRCHBERG, Markus (Hrsg.); LINK, Sebastian (Hrsg.): *Sixth Asia-Pacific Conference on Conceptual Modelling (APCCM 2009), Wellington*. Sydney: Australian Computer Society, 2009 (CRPIT 96), S. 17–26

Helbig 1992
HELBIG, Gerhard: *Probleme der Valenz- und Kasustheorie*. Tübingen: Max Niemeyer Verlag, 1992

Hellwig 1989a
HELLWIG, Peter: Parsing natürlicher Sprachen: Grundlagen. In: BÁTORI, István S. (Hrsg.); LENDERS, Wilfried (Hrsg.); PUTSCHKE, Wolfgang (Hrsg.): *Computational Linguistics - An International Handbook on Computer Oriented Language Research and Applications*. Berlin/New York: Walter de Gruyter Verlag, 1989 (Handbücher zur Sprach- und Kommunikationswissenschaft 4), S. 348–377

Hellwig 1989b
HELLWIG, Peter: Parsing natürlicher Sprachen: Realisierungen. In: BÁTORI, István S. (Hrsg.); LENDERS, Wilfried (Hrsg.); PUTSCHKE, Wolfgang (Hrsg.): *Computational Linguistics - An International Handbook on Computer Oriented Language Research and Applications*. Berlin/New York: Walter de Gruyter Verlag, 1989 (Handbücher zur Sprach- und Kommunikationswissenschaft 4), S. 378–432

Hopcroft u. a. 2003
HOPCROFT, John E.; MOTWANI, Rajeev; ULLMAN, Jeffrey D.: *Introduction to Automata Theory, Languages, and Computation*. 2. edition, international edition. Upper Saddle River: Pearson Addison-Wesley, 2003

Kabashi 2007
KABASHI, Besim: Pronominal clitics and valency in Albanian. A computational linguistics perspective and modelling within the LAG-Framework. In: HERBST, Thomas (Hrsg.); GÖTZ-VOTTELER, Katrin (Hrsg.): *Valency. Theoretical, descriptive and cognitive issues*. Berlin/New York: Mouton de Gruyter, 2007 (Trends in Linguistics. Studies and Monographs 187), S. 339–352

Kaiser 2008
KAISER, Marita: Verben mit Präpositivergänzung und ihre Pro-Formen. In: NIED CURCIO, Martina (Hrsg.): *Ausgewählte Phänomene zur kontrastiven Linguistik italienisch-deutsch. Ein Studien- und Übungsbuch für italienische DaF-Studierende.* Milano: FrancoAngeli, 2008, S. 158–183

Kilgarriff u. a. 2004
KILGARRIFF, Adam; RYCHLÝ, Pavel; SMRŽ, Pavel; TUGWELL, David: The Sketch Engine. In: *Proceedings of the Eleventh EURALEX International Congress, Lorient.* Lorient: Faculté des Lettres et des Sciences Humaines, Université de Bretagne Sud, 2004, S. 105–116

Klabunde 2010
KLABUNDE, Ralf: Automatentheorie und formale Sprachen. In: CARSTENSEN, Kai-Uwe (Hrsg.); EBERT, Christian (Hrsg.); EBERT, Cornelia (Hrsg.); JEKAT, Susanne (Hrsg.); KLABUNDE, Ralf (Hrsg.); LANGER, Hagen (Hrsg.): *Computerlinguistik und Sprachtechnologie. Eine Einführung.* 3., überarbeitete und erweiterte Auflage. Heidelberg: Spektrum Akademischer Verlag, 2010, S. 66–93

Knuth 1968
KNUTH, Donald E.: Semantics of context-free languages. In: *Theory of Computing Systems* 2(2), 1968, S. 127–145

Kycia 2004
KYCIA, Arkadius: *Implementierung der Datenbanksemantik für die natürlichsprachliche Kommunikation*, Friedrich-Alexander-Universität Erlangen-Nürnberg, Magisterarbeit, 2004

Laudanna u. a. 1995
LAUDANNA, Alessandro; THORNTON, Anna M.; BROWN, Giorgina; BURANI, Cristina; MARCONI, Lucia: Un corpus dell'italiano scritto contemporaneo dalla parte del ricevente. In: BOLASCO, Sergio (Hrsg.); LEBART, Ludovic (Hrsg.); SALEM, André (Hrsg.): *III Giornate internazionali di Analisi Statistica dei Dati Testuali - Volume I.* Roma: CISU, 1995, S. 103–109

Lenci 2001
LENCI, Alessandro: Building an Ontology for the Lexicon: Semantic Types and Word Meaning. In: JENSEN, Per Anker (Hrsg.); SKADHAUGE, Peter (Hrsg.): *Ontology-Based Interpretation of Noun Phrases.* Kolding: Department of Business Communication and Information Science, University of Southern Denmark, 2001, S. 103–120

Lenci u. a. 2000a
LENCI, Alessandro; BEL, Nuria; BUSA, Federica; CALZOLARI, Nicoletta; GOLA, Elisabetta; MONACHINI, Monica; OGONOWSKI, Antoine; PETERS, Ivonne; PETERS, Wim; RUIMY, Nilda; VILLEGAS, Marta; ZAMPOLLI, Antonio: SIMPLE: A General Framework for the Development of Multilingual Lexicons. In: *International Journal of Lexicography* 13(4), 2000, S. 249–263

Lenci u. a. 2000b
LENCI, Alessandro; BUSA, Federica; RUIMY, Nilda; GOLA, Elisabetta; MONACHINI, Monica; CALZOLARI, Nicoletta; ZAMPOLLI, Antonio; PUSTEJOVSKY, James; GUIMIER, Emilie; RECOURCÉ, Gaëlle; HUMPHREYS, Lee; VON REKOVSKY, Ursula; OGONOWSKI, Antoine; MCCAULEY, Clare; PETERS, Wim; PETERS, Ivonne; GAIZAUSKAS, Robert; VILLEGAS, Marta: *SIMPLE Work Package 2 - Linguistic Specifications, Deliverable D2.1.* 2000

Lepschy u. Lepschy 1981
LEPSCHY, Anna Laura; LEPSCHY, Giulio: *La lingua italiana.* Milano: Bompiani, 1981

Lesmo u. a. 2002
LESMO, Leonardo; LOMBARDO, Vincenzo; BOSCO, Cristina: Treebank development: the TUT approach. In: *Proceedings of the International Conference on Natural Language Processing.* New Delhi: Vikas Publishing House, 2002, S. 61–70

Lonzi 2001
LONZI, Lidia: Il sintagma avverbiale. In: RENZI, Lorenzo (Hrsg.); SALVI, Giampaolo (Hrsg.); CARDINALETTI, Anna (Hrsg.): *Grande grammatica italiana di consultazione 2.* 2001, S. 341–412

Lowe u. a. 1997
LOWE, John B.; BAKER, Collin F.; FILLMORE, Charles J.: A Frame-Semantic Approach to Semantic Annotation. In: *Proceedings of the SIGLEX workshop on Tagging Text with Lexical Semantics: Why, What, and How?* Somerset, NJ: Association for Computational Linguistics, 1997, S. 18–24

Magnini u. a. 2008
MAGNINI, Bernardo; CAPPELLI, Amedeo; TAMBURINI, Fabio; BOSCO Cristina; MAZZEI, Alessandro; LOMBARDO, Vincenzo; BERTAGNA Francesca; CALZOLARI, Nicoletta; TORAL, Antonio; BARTALESI LENZI, Valentina; SPRUGNOLI, Rachele; SPERANZA, Manuela: Evaluation of Natural Language Tools for Italian: EVALITA 2007. In: *Proceedings of the 6th International*

Conference on Language Resources and Evaluation (LREC 2008), Marrakech. Paris: ELRA, 2008, S. 2536–2543

Marcus u. a. 1994
MARCUS, Mitchell; KIM, Grace; MARCINKIEWICZ, Mary Ann; MACINTYRE, Robert; BIES, Ann; FERGUSON, Mark; KATZ, Karen; SCHASBERGER, Britta: The Penn Treebank: Annotating Predicate Argument Structure. In: *ARPA Human Language Technology Workshop.* San Francisco: Morgan Kaufmann, 1994, S. 114–119

Marcus u. a. 1993
MARCUS, Mitchell; SANTORINI, Beatrice; MARCINKIEWICZ, Mary Ann: Building a Large Annotated Corpus of English: The Penn Treebank. In: *Computational Linguistics* 19(2), 1993, S. 313–330

Milan 1985
MILAN, Carlo: *Das Passiv im Deutschen und Italienischen. Die Partizipialkonstruktionen mit werden/sein und essere/venire.* Heidelberg: Carl Winter Universitätsverlag, 1985 (Germanische Bibliothek: Reihe 3, Untersuchungen)

Müller u. Riemer 1998
MÜLLER, Natascha; RIEMER, Beate: *Generative Syntax der romanischen Sprachen.* Tübingen: Stauffenberg Verlag, 1998

Monachini u. a. 1994
MONACHINI, Monica; ROVENTINI, Adriana; ALONGE, Antonietta; CALZOLARI, Nicoletta; CORAZZARI, Ornella: *Linguistic Analysis of Italian Perception and Speech Act Verbs.* Centre National de la Recherche Scientifique Paris, Paris, 1994. – DELIS Deliverable D-II

Nespor 2001
NESPOR, Marina: Il sintagma aggettivale. In: RENZI, Lorenzo (Hrsg.); SALVI, Giampaolo (Hrsg.); CARDINALETTI, Anna (Hrsg.): *Grande grammatica italiana di consultazione 1.* 2001, S. 439–455

Neumann 1996
NEUMANN, Julius: *Die Italienische Konjugation.* Göppingen: dnf-Verlag, 1996

Nied Curcio 2008
NIED CURCIO, Martina (Hrsg.): *Ausgewählte Phänomene zur kontrastiven Linguistik italienisch-deutsch. Ein Studien- und Übungsbuch für italienische DaF-Studierende.* Milano: FrancoAngeli, 2008

Nivre 2008

NIVRE, Joakim: Treebanks. In: LÜDELING, Anke (Hrsg.); KYTÖ, Merja (Hrsg.): *Corpus Linguistics. An International Handbook.* Berlin/New York: Walter de Gruyter Verlag, 2008 (Handbücher zur Sprach- und Kommunikationswissenschaft 29.1), S. 225–241

Pecoraro u. Pisacane 1984

PECORARO, Walter; PISACANE, Chiara: *L'avverbio.* Bologna: Zanichelli, 1984 (Fenomeni Linguistici 4)

Peirce 1933

PEIRCE, Charles S.; HARTSHORNE, Charles (Hrsg.); WEISS, Paul (Hrsg.): *Collected papers of Charles Sanders Peirce.* Cambridge: Harvard Univ. Press, 1933. – Volume 4: The simplest mathematics

Prodanof u. Ferrari 1983

PRODANOF, Irina; FERRARI, Giacomo: Extended access to the left context in an ATN parser. In: *Proceedings of the first conference on European chapter of the Association for Computational Linguistics (EACL '83).* Stroudsburg: Association for Computational Linguistics, 1983, S. 58–65

Pustejovsky 1991

PUSTEJOVSKY, James: The Generative Lexicon. In: *Computational Linguistics* 17(4), 1991, S. 409–441

Pustejovsky 1995

PUSTEJOVSKY, James: *The Generative Lexicon.* Cambridge, Mass.: MIT Press, 1995

Renzi u. a. 2001

RENZI, Lorenzo (Hrsg.); SALVI, Giampaolo (Hrsg.); CARDINALETTI, Anna (Hrsg.): *Grande grammatica italiana di consultazione.* Nuova edizione. Bologna: il Mulino, 2001. – 3 Bände

Reumuth u. Winkelmann 2001

REUMUTH, Wolfgang; WINKELMANN, Otto: *Praktische Grammatik der italienischen Sprache.* 6. Auflage. Wilhelmsfeld: Gottfried Egert Verlag, 2001

Rizzi 1986

RIZZI, Luigi: Null Objects in Italian and the Theory of pro. In: *Linguistic Inquiry* 17(3), 1986, S. 501–557

Roventini u. a. 2000

ROVENTINI, Adriana; ALONGE, Antonietta; CALZOLARI, Nicoletta;

MAGNINI, Bernardo; BERTAGNA, Francesca: ItalWordNet: a Large Semantic Database for Italian. In: *Proceedings of the 2nd International Conference on Language Resources and Evaluation (LREC 2000), Athens.* Paris: ELRA, 2000, S. 783–790

Roventini u. Ruimy 2008
ROVENTINI, Adriana; RUIMY, Nilda: Mapping Events and Abstract Entities from PAROLE-SIMPLE-CLIPS to ItalWordNet. In: *Proceedings of the 6th International Conference on Language Resources and Evaluation (LREC 2008), Marrakech.* Paris: ELRA, 2008, S. 1839–1845

Ruch 2008
RUCH, Klaus: Die Modalverben. In: NIED CURCIO, Martina (Hrsg.): *Ausgewählte Phänomene zur kontrastiven Linguistik italienisch-deutsch. Ein Studien- und Übungsbuch für italienische DaF-Studierende.* Milano: FrancoAngeli, 2008, S. 65–80

Ruimy 2006
RUIMY, Nilda: A Computational Multi-Layered Italian Lexicon for HLT Applications. In: *Proceedings XII EURALEX International Congress, Atti del Congresso Internazionale di Lessicografia, Torino.* Alessandria: Edizioni dell'Orso, 2006, S. 221–227

Ruimy 2007
RUIMY, Nilda: Enhancing SIMPLE Semantic Relations: A Proposal. In: VETULANI, Zygmunt (Hrsg.): *Proceedings of 3rd Language & Technology Conference.* Poznań: Fundacja Uniwersytetu im A. Mickiewicza, 2007, S. 119–123

Ruimy u. a. 1998
RUIMY, Nilda; CORAZZARI, Ornella; GOLA, Elisabetta; SPANU, Antonietta; CALZOLARI, Nicoletta; ZAMPOLLI, Antonio: The European LE-PAROLE Project: The Italian Syntactic Lexicon. In: *Proceedings of the 1st International Conference on Language Resources and Evaluation (LREC 1998), Granada.* Paris: ELRA, 1998, S. 241–248

Ruimy u. a. 2003a
RUIMY, Nilda; CORAZZARI, Ornella; GOLA, Elisabetta; SPANU, Antonietta; CALZOLARI, Nicoletta; ZAMPOLLI, Antonio: The PAROLE Model and the Italian Syntactic Lexicon. In: *Linguistica Computazionale - Computational Linguistics in Pisa* Special Issue - XVIII-XIX, 2003, S. 793–820

Ruimy u. a. 2001
RUIMY, Nilda; MONACHINI, Monica; CALZOLARI, Nicoletta: *Specifiche Linguistiche e Manuale di Codifica. Livello Semantico. CLIPS-WP5 Costruzione*

di un lessico computazionale dell'Italiano, Deliverable Progetto MURST, Versione Preliminare. 2001

Ruimy u. a. 2006
RUIMY, Nilda; MONACHINI, Monica; CALZOLARI, Nicoletta: *Lessico Computazionale Multilivello dell'Italiano PAROLE-SIMPLE-CLIPS - Specifiche Linguistiche del Livello Sintattico - Versione Finale.* Laboratorio di Linguistica Computazionale, ILC-CNR, Pisa, 2006

Ruimy u. a. 2002
RUIMY, Nilda; MONACHINI, Monica; DISTANTE, Raffaella; GUAZZINI Elisabetta; MOLINO, Stefano; ULIVIERI, Marisa; CALZOLARI, Nicoletta; ZAMPOLLI, Antonio: CLIPS, A Multi-level Italian Computational Lexicon: a Glimpse to Data. In: *Proceedings of the 3rd International Conference on Language Resources and Evaluation (LREC 2002), Las Palmas.* Paris: ELRA, 2002, S. 792–799

Ruimy u. a. 2003b
RUIMY, Nilda; MONACHINI, Monica; GOLA, Elisabetta; CALZOLARI Nicoletta; DEL FIORENTINO, Cristina; ULIVIERI, Marisa; ROSSI, Sergio: A Computational Semantic Lexicon of Italian: SIMPLE. In: *Linguistica Computazionale - Computational Linguistics in Pisa* Special Issue - XVIII-XIX, 2003, S. 821–864

Ruimy u. Toral 2008
RUIMY, Nilda; TORAL, Antonio: More Semantic Links in the SIMPLE-CLIPS Database. In: *Proceedings of the 6th International Conference on Language Resources and Evaluation (LREC 2008), Marrakech.* Paris: ELRA, 2008, S. 3555–3560

Russo 1987a
RUSSO, Marina: A generative grammar approach for the morphologic and morphosyntactic analysis of Italian. In: *Proceedings of the third conference on European chapter of the Association for Computational Linguistics (EACL '87).* Stroudsburg: Association for Computational Linguistics, 1987, S. 32–37

Russo 1987b
RUSSO, Marina: A Rule Based System for the Morphologic and Morphosyntactic Analysis of the Italian Language. In: *Natural Language Understanding and Logic Programming Workshop.* Amsterdam: North Holland, 1987, S. 225–237

Sabatini u. Coletti 1997
SABATINI, Francesco; COLETTI, Vittorio: *DISC compact. Dizionario italiano Sabatini Coletti.* Firenze: Giunti, 1997

Sabatini u. Coletti 2008
SABATINI, Francesco; COLETTI, Vittorio: *il Sabatini Coletti. Dizionario della Lingua Italiana 2008. Con CD-ROM.* Milano: RCS Libri S.p.A., 2008

Salvi 1988
SALVI, Giampaolo: Syntax / Sintassi. In: HOLTUS, Günter (Hrsg.); METZELTIN, Michael (Hrsg.); SCHMITT, Christian (Hrsg.): *Lexikon der Romanistischen Linguistik. Band 4: Italienisch, Korsisch, Sardisch.* Tübingen: Max Niemeyer Verlag, 1988, S. 112–132

Salvi 2001a
SALVI, Giampaolo: I complementi predicativi. In: RENZI, Lorenzo (Hrsg.); SALVI, Giampaolo (Hrsg.); CARDINALETTI, Anna (Hrsg.): *Grande grammatica italiana di consultazione 2.* 2001, S. 191–226

Salvi 2001b
SALVI, Giampaolo: L' accordo. In: RENZI, Lorenzo (Hrsg.); SALVI, Giampaolo (Hrsg.); CARDINALETTI, Anna (Hrsg.): *Grande grammatica italiana di consultazione 2.* 2001, S. 227–244

Salvi 2001c
SALVI, Giampaolo: Le frasi copulative. In: RENZI, Lorenzo (Hrsg.); SALVI, Giampaolo (Hrsg.); CARDINALETTI, Anna (Hrsg.): *Grande grammatica italiana di consultazione 2.* 2001, S. 163–189

Salvi u. Vanelli 2004
SALVI, Giampaolo; VANELLI, Laura: *Nuova grammatica italiana.* Bologna: Il Mulino, 2004

Schierholz 2001
SCHIERHOLZ, Stefan J.: *Präpositionalattribute. Syntaktische und semantische Analysen.* Tübingen: Max Niemeyer Verlag, 2001

Schmid u. a. 2007
SCHMID, Helmut; BARONI, Marco; ZANCHETTA, Eros; STEIN, Achim: The Enriched TreeTagger System. In: *Proceedings of the Evalita Workshop (10th Congress of Italian Association for Artificial Intelligence, AI*IA 2007), University of Roma „Tor Vergata“, Rome.* Berlin/Heidelberg: Springer, 2007, S. 22–23

Schneider 2002
SCHNEIDER, Stefan: An online database version of the LIP corpus. In: PUSCH, Claus D. (Hrsg.); RAIBLE, Wolfgang (Hrsg.): *Romanistische Korpuslinguistik.*

Korpora und gesprochene Sprache. Tübingen: Gunter Narr Verlag, 2002, S. 201–208

Schulze 2004
SCHULZE, Markus: *Ein sprachunabhängiger Ansatz zur Entwicklung deklarativer, robuster LA-Grammatiken mit einer exemplarischen Anwendung auf das Deutsche und das Englische*, Friedrich-Alexander-Universität Erlangen-Nürnberg, Dissertation, 2004

Schumacher 2008
SCHUMACHER, Nicole: Vergangenheitstempora im Italienischen und im Deutschen. In: NIED CURCIO, Martina (Hrsg.): *Ausgewählte Phänomene zur kontrastiven Linguistik italienisch-deutsch. Ein Studien- und Übungsbuch für italienische DaF-Studierende.* Milano: FrancoAngeli, 2008, S. 81–97

Schwarze 1995
SCHWARZE, Christoph: *Grammatik der italienischen Sprache.* 2., verbesserte Auflage. Tübingen: Max Niemeyer Verlag, 1995

Seewald 1996
SEEWALD, Uta: *Morphologie des Italienischen.* Tübingen: Max Niemeyer Verlag, 1996

Serianni 2006
SERIANNI, Luca: *Grammatica Italiana. Italiano comune e lingua letteraria.* 9. ristampa. Torino: UTET, 2006

Serianni u. Antonelli 2006
SERIANNI, Luca; ANTONELLI, Giuseppe: *L'italiano: istruzioni per l'uso. Storia e attualità della lingua italiana.* Milano: Mondadori, 2006

Sharoff 2006
SHAROFF, Serge: Creating General-Purpose Corpora Using Automated Search Engine Queries. In: BARONI, Marco (Hrsg.); BERNARDINI, Silvia (Hrsg.): *WaCky! Working Papers on the Web as Corpus.* Bologna: Gedit, 2006, S. 63–98

Skut u. a. 1997
SKUT, Wojciech; KRENN, Brigitte; BRANTS, Thorsten; USZKOREIT, Hans: An Annotation Scheme for Free Word Order Languages. In: JACOBS, Paul (Hrsg.): *Proceedings of the 5th Conference on Applied Natural Language Processing (ANLP'97).* Washington: Morgan Kaufmann Publishers Inc., 1997, S. 88–95

Sowa 1984
SOWA, John F.: *Conceptual structures: information processing in mind and machine.* Reading: Addison-Wesley, 1984

Stein 1998
STEIN, Achim: Elektronische italienische Wörterbücher: Devoto/Oli, Sabatini/Coletti, Gabrielli und Zingarelli im Vergleich. In: *Horizonte* 3, 1998, S. 143–164

Stock 1976
STOCK, Oliviero: *ATNSYS: Un sistema per l'analisi grammaticale automatica delle lingue naturali*, Università di Pisa, Tesi del Corso di Specializzazione in Calcolo Automatico, 1976

Teubert 1979
TEUBERT, Wolfgang: *Valenz des Substantivs. Attributive Ergänzungen und Angaben.* Düsseldorf: Pädagogischer Verlag Schwann, 1979

Vanelli 1988
VANELLI, Laura: Morphosyntax / Morfosintassi. In: HOLTUS, Günter (Hrsg.); METZELTIN, Michael (Hrsg.); SCHMITT, Christian (Hrsg.): *Lexikon der Romanistischen Linguistik. Band 4: Italienisch, Korsisch, Sardisch.* Tübingen: Max Niemeyer Verlag, 1988, S. 94–112

Vater 1985
VATER, Heinz: *Einführung in die Nominalphrasensyntax des Deutschen.* Trier: L.A.U.T., 1985 (Kölner Linguistische Arbeiten Germanistik 10)

Vater 1986
VATER, Heinz: Zur Abgrenzung der Determinantien und Quantoren. In: VATER, Heinz (Hrsg.): *Zur Syntax der Determinantien.* Tübingen: Gunter Narr Verlag, 1986 (Studien zur deutschen Grammatik 31), S. 13–31

Wahlster 1979
WAHLSTER, Wolfgang: ATNs und die semantisch-pragmatische Steuerung der Analyse und Generierung natürlicher Sprache. In: CHRISTALLER, Thomas (Hrsg.); METZING, Dieter (Hrsg.): *Augmented Transition Network Grammatiken. Aspekte des ATN-Formalismus in sprachverarbeitenden Systemen.* Berlin: Einhorn Verlag, 1979, S. 167–185

Wahrig 1986
WAHRIG, Gerhard: *Deutsches Wörterbuch: mit einem „Lexikon der deutschen Sprachlehre“.* Völlig überarbeitete Neuausgabe. München: Mosaik Verlag, 1986

Weber 2007
WEBER, Carsten: *Implementierung eines automatischen Wortformerkennungssystems für das Italienische mit dem Programm JSLIM*, Friedrich-Alexander-Universität Erlangen-Nürnberg, Magisterarbeit, 2007

Weber 2010
WEBER, Carsten: Das italiano-Projekt: Morphologie des Italienischen mit JSLIM. Erlangen: Abteilung für Computerlinguistik Uni Erlangen-Nürnberg (CLUE), 2010 (CLUE-Arbeitsberichte/CLUE Technical Reports 11)

Weber u. Handl 2010
WEBER, Carsten; HANDL, Johannes: A Base-form Lexicon of Content Words for Correct Word Segmentation and Syntactic-Semantic Annotation. In: PINKAL, Manfred (Hrsg.); REHBEIN, Ines (Hrsg.); SCHULTE IM WALDE Sabine (Hrsg.); STORRER, Angelika (Hrsg.): *Semantic Approaches in Natural Language Processing. Proceedings of the Conference on Natural Language Processing (KONVENS) 2010.* Saarbrücken: universaar, 2010, S. 175–179

Weber u. a. 2010
WEBER, Carsten; HANDL, Johannes; REIHL, Stefan; GREINER, Paul: JSLIM 2.1-Dokumentation: Morphologie, Syntax und formale Sprachen / The JSLIM 2.1 Documentation: Morphology, Syntax, and Formal Languages. Erlangen: Abteilung für Computerlinguistik Uni Erlangen-Nürnberg (CLUE), 2010 (CLUE-Arbeitsberichte/CLUE Technical Reports 10)

Wetzel 1996
WETZEL, Christian: *Erstellung einer Morphologie für Italienisch in MALAGA*, Friedrich-Alexander-Universität Erlangen-Nürnberg, Studienarbeit, 1996

Woods 1970
WOODS, William A.: Transition network grammars for natural language analysis. In: *Communications of the ACM* 13(10), 1970, S. 591–606

Woods 1980
WOODS, William A.: Cascaded ATN grammars. In: *Computational Linguistics* 6(1), 1980, S. 1–12

Zabokrtský 2000
ZABOKRTSKÝ, Zdenek: Automatic Functor Assignment in the Prague Dependency Treebank. In: *TDS '00: Proceedings of the Third International Workshop on Text, Speech and Dialogue.* London: Springer-Verlag, 2000, S. 45–50

Zanchetta u. Baroni 2005
ZANCHETTA, Eros; BARONI, Marco: Morph-it! A free corpus-based morphological resource for the Italian language. In: *Proceedings from the Corpus Linguistics Conference Series, Vol. 1, no. 1, Birmingham.* Birmingham: Centre for Corpus Studies, 2005

Zifonun u. a. 1997
ZIFONUN, Gisela; HOFFMANN, Ludger; STRECKER, Bruno: *Grammatik der deutschen Sprache. Band 1.* Berlin/New York: Walter de Gruyter Verlag, 1997 (Schriften des Instituts für deutsche Sprache 7.1)